영화문고

KB252148

영화문고

– 영화 출판과 읽기의 연대기, 1980년 이후

propaganda

차례

영화문고
– 영화 출판과 읽기의 연대기, 1980년 이후

간단히 말해서 영화책은 문화적 실천의 한 지류다. 하지만 이 명제를 넘어서면 상황이 까다로워진다. '어떤 책을 낼 것인가'에서부터 책의 효용성을 염두에 둔 기획과 형식, 독자의 요구, 지역들 사이의 문화적 간극에 대한 복합적 고려 등이 뒤따르기 때문이다. 한국에서 영화 출판은 지난 세기부터 이어진 영화문화의 격변과 흐름을 공유하고, 애호가 현상의 다발적인 징후라는 관점에서 전통적인 출판 관행을 넘어선다. 이와 같은 변혁기에 나타날 수 있는 실천의 맥락에서 영화 출판은 당대 영화문화의 동향이나 영화의 유행 경향에 따라 변화와 부침을 겪었다고 할 수 있다. 요컨대 출판이 문화와 트렌드를 이끌었다기보다 문화와 트렌드가 출판을 견인한 쪽에 가깝다.

그렇다면 한국인들은 어떤 영화책을 읽어 왔는가? 이 질문에 대한 응답의 연대기는 영화를 향한 대중들의 욕망의 지도를 그리는 한 방법이다. 야심이 넘치는 영화 창작자든, 출중한 통찰을 지닌 영화평론가든, 영화세계에서 위안을 찾는 관객이든, 저마다의 시각으로 영화책을 읽어 왔다 '어떤 책을 읽었는가'는 '어떻게 성장해 왔는가'와 연결된다. 학습과 사유의 지평을 반영한 영화 읽기에 대한 개요는 수십 년 동안 만들어진 지식의 성좌들에 관해 뭔가 이야기해 줄 수 있다 지난 30여 년간 한국의 영화 관객들은 어떤 영화 또는 감독에 주목했는가, 한국 영화산업의 화두는 무엇이었는가, 영화와 대중문화 사이의 상호 관계는 어떻게 형성되었는가, 영화감독들이 사랑하는 영화는 무엇인가, 학계에서는 어떤 영화 이론이 유행하였는가 따위의 물음에 대한 답을 책의 연대기는 담담히 증언한다.

이 책의 또 다른 목적 중 하나는 '애호가 현상'의 반영으로서 영화 출판의 변모에 대한 개괄적 샘플을 제공하는 것이다. 시네필 문화의 진화는 잡지, 개론서, 비평집, 역사책, 이론서, 작가론, 미학서 등 영화책의 연대기 서사 흐름과 연동된다. 지식을 향한 갈급함이 저개발의 상태에서 어떻게 체계를 갖추었는가를 가시화하는 것으로, '반영으로서의 영화책'의 또 다른 측면이다.

영화책은 각각 독특한 관점, 영화에 대한 사랑, 그리고 풍부한 지식을 제공한다. 스크린의 마법에 대한 영감을 제공하는 책들은 누군가에게는 영화연출과 촬영, 귀감이 되는 작가에 대한 동경, 영화비평을 실천하도록 이끈다. 이론과 비평, 저널리즘은 창의적인 영화 재능을 발굴하고, 그들이 스스로를 연마하도록 조력하며, 궁극에는 창작의 영감과 동행한다. 예술 창작의 비기를 습득한 영화감독이든, 보기와 읽기의 즐거움에 매료된 시네필이든, 단순한 정보와 지식을 원하는 대중이든, 이 연대기 목록에는 공감과 유익을 끌어낼 무언가가 있다.

이런 책을 읽어 왔다

– 애호가, 영화인, 문화계가 함께 읽어온
영화도서 99선

세기말 세기 초 대중문화 지형에서 영화의 급부상과 담론의 폭발, 산업의 르네상스, 자신의 뿌리를 찾으려는 정체성 모색기를 지나 오늘날 영화를 소재로 한 책들은 훨씬 다양해졌으며 다른 분야와 적극적으로 교류하고 접속한다. 지금은 영화가 특정 분야의 경계를 넘어 시각문화의 복합 산물로서 다뤄지는 시대이기 때문이다. 연대기적인 행로를 따라 영화 저술과 출판의 역사를 일별하는 작업은 따라서 현대적인 시각문화의 총아인 영화에 대해 한국의 대중들이 투사해온 기호와 욕망의 지도를 그릴 수 있는 틀을 제공한다. 영화서적이 영화팬 및 연구자의 지적 욕구와 관련이 있다는 측면에서 대중들의 문화 욕구와 호기심, 영화문화의 변천은 여기 소개하는 99권의 책에 새겨져 있다.

이런 책을 읽어 왔다
-   영화가, 영화인, 문화계가 함께 읽어온 영화책 99선

로저 에버트는 영화사상 가장 영향력 있는 영화평론가이자 저 널리스트이다. 가치 있는 영화에 치켜든 큰 엄지손가락, 아카데 미 시상식 사전 행사로 치러지는 레드카펫 세리머니의 사회자 로 유명했던 그는 영화의 재미와 가치를 날카로운 통찰과 감응 력이 넘치는 언어로 해설했던 대중 비평가였다. 1967년 〈시카고 선타임즈〉에 실린 단평으로 시작해 50년 가까이 퇴색하지 않았 던 에버트의 성실성과 객관적인 시각은 존 휴스턴과 마틴 스코 세이지, 구로사와 아키라 등의 공인된 작가들뿐 아니라 알렉산 더 맥켄드릭, 마이클 치미노, 에롤 모리스 같은 저평가된 감독 들의 가치를 발견한 안목에서 확인할 수 있다. 2013년 에버트가 암으로 사망하기 전까지 줄기차게 써온 평문들을 묶은 『위대한 영화』 시리즈의 완결판 『위대한 영화 4』(을유문화사)가 2019년 11월 한국에서 출간되었다. 『위대한 영화』 시리즈 4권의 완결 과 정은 한국에서 영화책에 대한 출판이 본격화되기 시작한 시기 부터 현재까지의 긴 시간에 걸쳐 있다. 1, 2권이 각각 2003년과 2006년에 나왔고, 에버트가 2010년에 낸 3권과 사후 출간된 4권 이 2019년에 묶여서 간행되었다.

유명 평론가들의 책들
2000년대 초반과 2019년 사이에 영화는 대중문화의 핵심 장르 로 위상이 높아졌고 영화책들이 다루는 의제는 양적, 질적으로 크게 확장됐다. 『위대한 영화』 같은 평론집 출판은 이 시기를 관 통한 굵직한 트렌드 중 하나였다. 이 책은 스타 평론가의 평론집 간행을 선도했는데, 이후 영화평론가 김영진의 평론집 『평론가 매혈기』(마음산책)와 『순응과 전복-현대 한국 영화의 어떤 경

향』(을유문화사), 정성일 영화평론집『언젠가 세상은 영화가 될 것이다』(바다출판사)와『필사의 탐독』(바다출판사), 허문영의 평론집『세속적 영화, 세속적 비평』(강), 문학평론가 신형철의 『정확한 사랑의 실험』(마음산책), 일본 비평가 하스미 시게히코 의『영화의 맨살』(이모션북스) 등이 줄지어 기획, 출간되었다. 평론의 품격을 보여준『위대한 영화』만 하더라도 영화에 대한 대중의 관심이 극적으로 고양되던 시기의 경향을 대표하는 책 이라고 할 수 있다. 한 평론가의 세계관, 가치 판단의 기준, 사고 의 편력을 묶은 평론집의 유행은 영화담론의 미분화를 방증하 는 현상이었기 때문이다. 로저 에버트의 저널리스트적인 격관 화, 정전들에 대한 역사적 재평가 작업에 견주었을 때 이후에 나 온 평론집들은 평론가 각자의 시각이나 편애에 기초해 개인의 영화관(觀)을 강조했고 독자들 역시 이와 같은 사적 글쓰기에 대 한 팬덤을 드러냈다.

시간의 틈새를 비상하여 영화담론의 변화를 보여주는 저술 의 사례는 더 있다.『영화보기의 은밀한 매력-비디오드롬』(삼호 미디어)은 지금은 세계적인 영화감독이 된 박찬욱이 1994년 저 술한 평론집이다. 루이스 부뉴엘의 〈부르주아의 은밀한 매력〉, 데이비드 크로넨버그의 〈비디오드롬〉의 제목을 패러디-짜깁기 한 표제에서 짐작할 수 있는 것처럼『영화보기의 은밀한 매력-비디오드롬』은 평론가로도 활동하던 박찬욱이 영화 잡지에 기 고했던 글들을 묶어 낸 앤솔로지 형식의 평론집이었다. 이 책이 처음 나왔을 때, 영화를 향한 신앙적 열의에 비해서 정보와 지 식이 태부족이었던 수많은 애호가들은 취향 좋은 영화광 감독 이 건넨 미지의 영화 목록을 엄청난 속도로 보급되고 있던 비디 오 대여점을 뒤져 찾아냈다. 당대에 부상하던 영화광 세대의 감 수성과 비디오 문화의 번성을 증언하는 이 책은『박찬욱의 오마 주』(마음산책)라는 새로운 제목을 달고 개정증보판으로 편집,

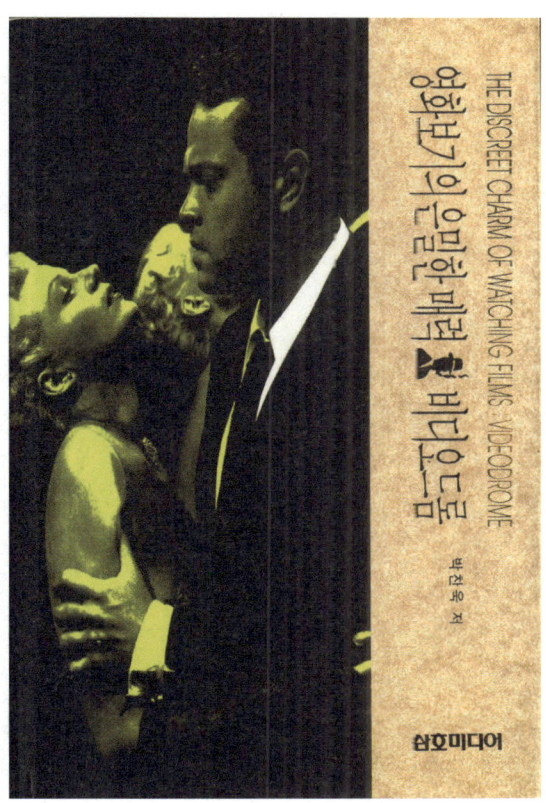

『영화보기의 은밀한 매력-비디오드롬』(박찬욱, 1994). 90년대 초반 부상하던 영화광 세대의 감수성과 비디오 문화의 번성을 증언하는 책. 영화 보기와 사적 글쓰기, 출판이 한몸을 이루던 시대를 대변한다.

보강되어 2005년 간행되었다. 그러나 『박찬욱의 오마주』에서는 『영화보기의 은밀한 매력-비디오드롬』을 감쌌던, 억압되고 음습한 기운을 찾아볼 수 없다. 1994년의 원전이 저평가된 3급 영화의 가치를 발견하는 사적인 글쓰기의 산물이었다면 거정 증보판은 존경하는 영화와 영화인에 대한 헌사를 바치며 공식적인 권위를 부여했기 때문이다. 전자가 영화 감상과 사적 글쓰기, 출판이 한몸을 이루던 시대를 대변하는 반면 후자는 영화담론의 체계화, 확산, 심화를 보여주는 정돈된 서술 체계를 가지고 있다. 어느 모로 보나 시대의 변화, 영화문화의 변화를 절감하게 하는 이종(異種) 판본 사례라 할 것이다.

80년대 영화도서의 풍경

영화평론집으로서 꾸준히 사랑받은 『위대한 영화』와 『영화보기의 은밀한 매력-비디오드롬』에서 알 수 있는 것처럼 한국의 영화 출판은 영화계에서 벌어지는 각종 현상과 제도, 산업, 미학, 교육 등 거의 모든 영역의 의제들을 반영하는 활동이다. 다른 한편으로 그것은 주력 관객층 또는 독자들의 영화에 대한 증대되는 관심과 분화되어가는 취향, 영화담론의 유행 경향, 아카데미 교육 등 제도와의 상호 관계, 영화연구자들의 새로운 이 슈 발굴과 긴밀하게 연동하면서 전개되었다. 무엇보다 현대 한국 영화의 역동적인 성장과 변화는 영화 출판 경향의 변화와 떼어 놓고 생각할 수 없다.

이런 관점에서 영화도서 연대기의 가장 앞 장에 놓여야 하는 시기는 1980년대로 거슬로 올라간다. 영화서적의 출판이 활발한 것은 아니었고 몇몇 책들조차 거의 읽히지 않았지만 시대와 조응하는 출판의 기류가 형성되었다는 점에서 1980년대를 언급할 만하다. 1980년대 한국영화계는 이전 10년 동안의 암흑기를 벗어나고자 하는 기운이 발아하는 뉴웨이브의 태동기였으며 정치적 폭압으로부터 예술적 자유를 획득하기 위한 저항기였다. 이런 분위기 탓인지 1980년대 출간된 영화책들은 '운동'과 '역사'라는 두 가지 키워드로 요약할 수 있다. 비(非) 제도권 독립영화의 요람으로 알려졌던 '서울영화집단'이 집단 저자로 참여한 『새로운 영화를 위하여』(학민사)와 『영화운동론』(화다)은 소위 영화운동의 관점에서 정치적 의제의 전면화, 영화운동을 통한 정치적 영향력, 한국영화계의 안일함과 반동적 영화문법을 혁파한 투쟁으로서의 영화를 주장하면서 독자들의 계몽에 주력했다. 1982년 나온 영화감독 하길종의 평론집 『사회적 영상과 반사회적 영상』(전예원)은 이들보다 조금 앞서서 한국영화의 퇴행적 상상력을 일신할 것을 주문한 반체제적인 저술로 기억할 만하다.

역사와 관련해서는 유현목 감독이 저술한 『한국영화발달사』(한진출판사)와 세계영화사를 주제로 한 최초의 책이었던 『세계영화사』(이론과실천)의 출간을 기념할 만한데, 특히 잭 C. 엘리스의 『세계영화사』는 영화사에 대한 정보와 지식이 전무했

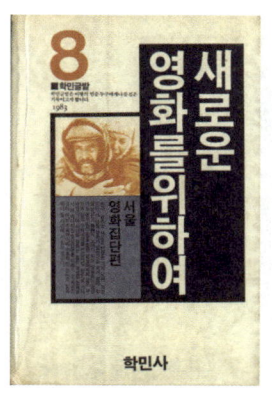
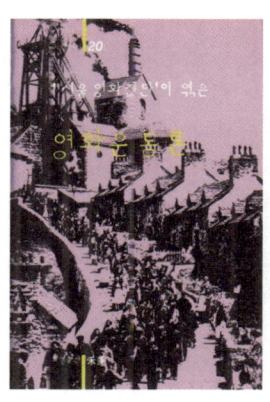

『새로운 영화를 위하여』(서울영화집단, 1983), 『영화운동론』(서울영화집단, 1985). 정치적 의제의 전면화, 한국영화계의 안일함과 반동적 영화문법을 혁파한 투쟁으로서의 영화를 주장했다.

던 당시 상황에서 세계영화의 연대기적 흐름을 축으로 삼아 영화사의 주요 경향과 유파, 미학적 조류 등을 체계적으로 정리한 책으로 역사 공부의 지침서였다. 『세계영화사』는 루이스 쟈네티가 쓴 영화개론서 『영화의 이해』(현암사)와 함께 전국 모든 대학 '영화개론' 과목의 교재로 유일무이한 선택지를 제공했다.

1990년대는 비약적인 성장과 변화의 시기이다. 영화에 쏠리는 영상 세대의 끌림과 관심이 전문서적 출판으로 이어졌고 영화담론의 세분화도 두드러졌다. 정보와 지식, 시각, 이론 등의 자료들을 아우르는 저작 활동은 영화의 대중화에 기여하는 한편 당대의 대중문화와 밀접한 영향 관계 아래서 이뤄졌다. 세기 말에는 몇 개 안 되던 전국의 영화학과가 늘어나기 시작했고, 영화에 대한 관심이 폭발적으로 증대되어 대중문화계에서 영화의 위세가 당당해지면서 각종 서적들이 범람하게 된다. 1990년대 중반 대형서점 예술 분야에 '영화' 코너가 만들어지기 시작한 것도 이러한 흐름과 겹친다. 1980년대까지만 해도 몇 권 없었던 것에 비해 국내, 해외 저자들을 막론한 개론서가 쏟아져 나왔

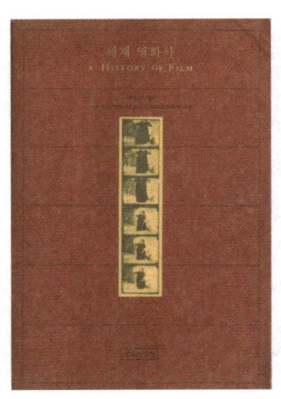 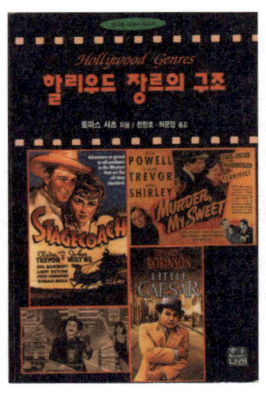

『세계영화사』(잭 C. 엘리스, 1988), 『할리우드 장르의 구조』(토마스 샤츠, 1995). 80년대 후반부터 90년대 이래 쏟아져 나온 권위 있는 영화사와 영화이론서의 대표적인 번역 출판 사례.

다. 데이비드 보드웰과 크리스틴 톰슨의 『영화예술』, 『세계영화사』(시각과언어), 그래엄 터너의 『대중영화의 이해』(한나래), 토마스 샤츠의 『할리우드 장르의 구조』(한나래)는 매체성과 역사, 장르, 산업 등 영화담론의 핵심 영역들을 다룬 권위 있는 저자들의 대표작이다. 내외적으로 1990년대는 영화학, 특히 이론 연구가 활발했던 시기로 영화이론서의 전성시대였는데, 해외에서 영화이론을 공부한 젊은 세대 영화인들이 국내로 돌아와 탄탄한 필자층을 형성했기 때문이다. 기초 지식과 정보를 축적한 독자들은 기호학과 페미니즘, 성정치학, 정신분석학, 후기 구조주의, 해체철학 등 보다 미시적이고 전문적인 의제로 관심을 확대했다. 이는 역사와 미학, 장르 등 영화 내적 주제에서 여성학과 정치학, 심리학 등 영화와 연관된 의적 주제로의 전개를 보여주는 현상이기도 하다.

한국영화사 연구서의 발간 붐

영화를 둘러싼 아카데미 제도의 의제와 관련한 서적들의 출판이 활발해지면서 해외에서 명성이 높은 저서의 번역본도 활발하게 출판되었다. 정신분석학에 기초한 대중문화 읽기 열풍을 일으킨 슬라보예 지젝의 『삐딱하게 보기』(시각과언어)와 『당신의 징후를 즐겨라: 할리우드의 정신분석』(한나래), 프랑스 철학자 질 들뢰즈가 쓴 영화책 『시네마』(시각과언어)가 대표적이다. 특히 학계를 중심으로 '들뢰즈 신드롬'을 낳은 『시네마』는 영화학과 이론의 정설에서 벗어난 참신한 관점과 철학적 사유를 분방하게 전개하면서 상당한 화제를 불러일으켰다. 영화이론을 공부하는 대학원 전공자뿐 아니라 철학과 미학, 문예이론 등의 영역에서도 『시네마』 세미나가 유행했고 각종 해설과 해석, 논쟁을 수록한 2차 저작물들의 출간도 이뤄졌다.

2000년대는 한국영화가 르네상스를 맞은 산업의 부흥기로

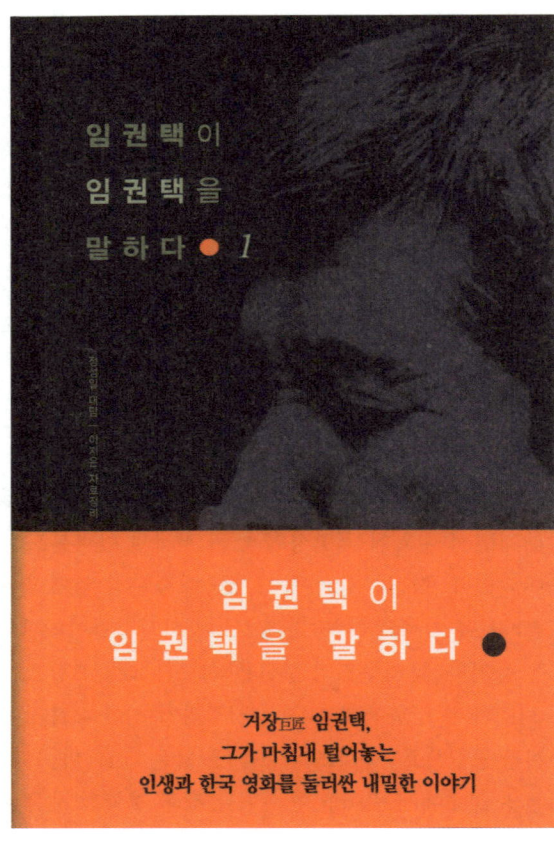

임권택이
임권택을
말하다 ● *1*

임권택 이
임권택을 말하다 ●

거장巨匠 임권택,
그가 마침내 털어놓는
인생과 한국 영화를 둘러싼 내밀한 이야기

『임권택이 임권택을 말하다』(임권택·정성일, 2003). 임권택이라는 인간, 영화감독이자
예술가의 족적과 역사, 미학, 세계관을 총체적으로 규명하려는 이 책은 한편으론 영화연
구에서 탐구 주제의 미분화를 보여준다.

영화 출판의 경향도 이런 분위기로부터 자유로울 수 없었다. 영화업계의 활기와 맞물려 대종을 이룬 것은 한국영화 관련 서적들이었다. 이전 시기까지 외국의 영화이론에 대한 경도가 뚜렷했던 것에 비해 한국영화의 정체성 찾기를 화두로 한 영화사 연구가 붐을 일으키기 시작했다. 이론 일변도 경향을 지양하면서 한국 영화감독에 대한 작가론, 비평적 탐구가 활발해졌고 실증적 자료를 토대로 하는 영화사 연구도 힘을 얻게 되었다. 영화연구자들의 탐구 주제가 세분화되면서 영화 관객과 테크놀로지, 영화문화사를 초점으로 한 책들까지 지평을 넓히게 된다. 이와 같은 당대 분위기를 알려주는 대표적인 사례가 『임권택이 임권택을 말하다』(현실문화)이다. 이 책은 한 작가에 대한 해부학적인 탐구를 넘어 한국영화의 진경을 찾고자 한 노력의 결과물이다. 영화평론가 정성일이 한국을 대표하는 감독 임권택을 오랜 기간 인터뷰해 묶어 낸 이 책은 임권택이라는 인간, 영화감독이자 예술가의 족적과 역사, 미학, 세계관을 총체적으로 규명하려는 지극한 의지를 보여준다. 한국영화사가(史家)인 이영일의 연구 작업을 기리기 위해 출간한 『이영일의 한국영화사 강의록』(소도) 역시 한국영화사 연구에 대한 길잡이가 될 수 있는 쟁점들을 포괄적으로 제기한 중요한 책이다.

　　2000년대 영화연구와 저술 활동에 중요한 전기는 한국영화를 모체로 한 고고학적인 발굴 작업과 함께 형성되었다. 한국영상자료원은 2004년에서 2006년 사이 중국전영자료관에서 1930~40년대의 영화를 발굴, 수집하는 프로젝트를 진행하는데, 이 작업은 필름 아카이빙의 진전된 성취였을 뿐 아니라 서지 자료로만 전해졌던 시대에 대한 실증적 사료 연구를 가능하게 하면서 일제강점기 한국영화사를 초점으로 한 연구서들이 쏟아지는 계기가 되었다. 무엇보다 발굴 작업은 친일과 반일의 관점으로 재단되었던 나이브한 접근에서 벗어나 당대의 맥락과 동인들을 고려하게 되었고 자료 접근의 한계를 넘어 텍스트의 내적 논리를 촘촘하게 분석할 수 있는 토대를 제공했다. 김려실의 『투사하는 제국 투영하는 식민지-1901~1945년 한국영화사를 되짚다』(삼인), 이영재의 『제국 일본의 조선영화-식민지 말의 반도: 협력의 심정, 제도, 논리』(현실문화) 등의 저서가 이런 분위기에서 출간되었다. 『제국 일본의 조선영화』는 새로 발굴된 〈지원병〉과 〈집 없는 천사〉, 〈반도의 봄〉, 〈시집가는 날〉에 대한 분석과 사료를 바탕으로 일제강점기 영화를 바라보는 새로운 관점을 제시하는데, 친일과 부역이라는 민족주의적인 시각에서 벗어나 식민 지배 논리와 그에 순응했던 피식민자들의 내면적인 정황, 제도의 작동을 사료를 중심으로 논증하려는 시도를 보여준다.

이 사회 시각문화를 반영하는 영화도서

최근 영화책의 추세는 영화담론의 확장과 더불어 과학과 역사학, 사회학, 심리학 등 다양한 학문 분야와 통섭을 시도하는 흐름에 맞춰진다. 이와 관련, 영화기자 이다혜와 범죄심리학자 이수정이 공동 저술한 『이수정 이다혜의 범죄영화 프로파일』(민음사), 인스타그램 힙스터들의 감성과 영화감독 웨스 앤더슨의 상상력을 교접한 사진책 『우연히, 웨스 앤더슨』(웅진지식하우스), 코로나 팬데믹 이후 영화의 운명을 성찰하는 『영화는 무엇이 될 것인가?-영화의 미래를 상상하는 62인의 생각들』(프로파간다) 등이 참신한 기획력을 보여줬다. 아울러 요즈막 몇 년 사이 급진전을 이룬 시대정신을 반영해 여성영화와 여성 영화인, 여성주의의 의제를 초점화한 책들도 뚜렷한 트렌드를 이루고 있다. 여성영화의 대모인 아녜스 바르다 인터뷰집 『아녜스 바르다의 말』(마음산책), 2000년대 이후 등장한 한국 여성영화 대표작들을 리뷰하고 여성영화의 역사를 회고적으로 재평가한 『당신이 그린 우주를 보았다-이토록 풍부한 여성영화의 세계(마음

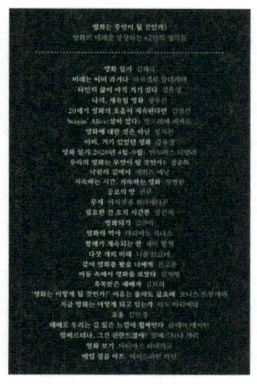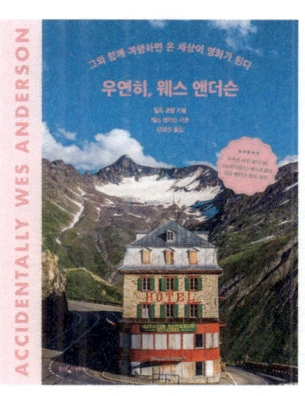

『영화는 무엇이 될 것인가?』(전주국제영화제, 2021), 『우연히, 웨스 앤더슨』(윌리 코발, 2021). 코로나 팬데믹이라는 시대 상황과 인스타 힙스터 문화와 조우한, 참신한 기획력을 보여주는 책들.

산책) 등이 눈에 띈다.

　　영화에 대한 애착은 단계적으로 성장하는 궤도를 그린다. 미지의 영화를 찾아 헤매고 탐독하는 좌충우돌의 시기를 거쳐 호기심과 재미가 앎에 대한 의지로 전환될 즈음 책을 찾게 된다. 세기말 세기 초 대중문화 지형에서 영화의 듣부상과 담론의 폭발, 산업의 르네상스, 자신의 뿌리를 찾으려는 정체성 모색기를 지나 오늘날 영화를 소재로 한 책들은 훨씬 다양해졌으며 다른 분야와 적극적으로 교류하고 접속한다. 지금은 영화가 특정 분야의 경계를 넘어 시각문화의 복합 산물로서 다뤄지는 시대이기 때문이다. 연대기적인 행로를 따라 영화 저술과 출판의 역사를 일별하는 작업은 따라서 현대적인 시각문화의 총아인 영화에 대해 한국의 대중들이 투사해온 기호와 욕망의 지도를 그릴 수 있는 틀을 제공한다. 영화서적이 영화팬 및 연구자의 지적 욕구와 관련이 있다는 측면에서 대중들의 문화 욕구와 호기심, 영화문화의 변천은 여기 소개하는 99권의 책에 새겨져 있다.

이런 책을 읽어 왔다
– 99책 목록

일러두기

- 99권의 책은 2021년, 영화평론 및 연구, 영화매체 분야에서 활동하는 전문가를 대상으로 한 설문조사를 비탕으로 편집부가 선정한 것이다.
- 설문에 응해준 분들: 권세미, 김경욱, 김정구, 김형석, 남기웅, 박유희, 백문임, 손희정, 안세정, 오성지, 위경혜, 이다혜, 이도훈, 이상용, 이선주, 이수연, 이순진, 이승민, 이화진, 장병원, 전지니, 정종화, 조준형, 하승우, 한상언, 황미요조
- 이 내용은 한국영상자료원 기관지 〈아카이브 프리즘〉 6호(2021년 가을)에 게재된 바 있다.

1 『한국영화발달사』
유현목 지음, 150×218mm,
311쪽, 한진출판사, 1980

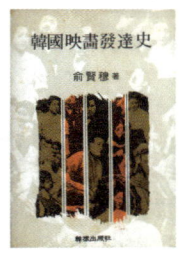

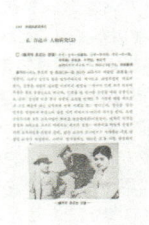

유현목의 『한국영화발달사』는 한국영화 60주년을 기념하여 출간된 식민지 시기 영화사이다. 이 책은 이영일의 『한국영화전사』(1969)가 나오고 10년 만에 출간된 것으로, 『한국영화전사』와 2000년을 전후로 일어난 한국영화통사 출판 붐 사이에 놓여 있는 책이다. 이 책은 한국영화 50주년을 맞이하여 영화계의 총력을 모아 집필한 『한국영화전사』의 사관을 계승하면서도 보다 서구 예술영화 지향적인 시각을 드러낸다. 우선 해방을 기준으로 한국영화사의 전·후반기를 나눔으로써 민족영화사의 정통성이 남한에 있음을 전제한다. 또한 한국영화사의 기점을 김도산의 〈의리적 구토〉로 보고, 식민지 시기 영화사의 중심에 나운규를 위치시키며 그에게 민족 예술영화의 선구자와 정통성의 권위를 부여하고 있는 점도 『한국영화전사』와 마찬가지다.

이와 같이 공통 기반 위에 서 있으면서도 구성 면에서는 『한국영화전사』와 차이를 드러내는데, 무엇보다 제1장에서 '세계영화의 발생과 성장'이라는 제하에 조르주 멜리에스부터 그리피스까지 구미영화 초창기의 약사를 서술하고 있는 점이 눈에 띈다. 그러고 나서 한국영화는 구미영화가 "삼차원적인 색채 영화시대로 발돋움한 다음에야 창생"되었다고 진술하며 '한국영화의 비극성과 후진성'을 한탄한다. 이에 더

해 최초의 문예작품 영화화를 의미 있게 다루면서 문예영화에 영화사적 의미를 크게 둠으로써 한국영화 발전의 방향이 문학예술의 반열에 오르는 것에 있으며 그 모델이 구미 예술영화임을 분명히 한다. 여기에서 드러나는 태도는 20세기 한국영화계에서 주효하게 작용하면서 한국 예술영화의 정체성을 구성했는데, 특히 1980~90년대에 큰 힘을 발휘한다. 이 영화사는 그 방향성을 뚜렷이 드러내며 2000년대에 반성적인 영화사들이 나오기 전까지 한국영화 비평의 관점과 한국영화사 서술의 방식을 오롯이 보여준다. 이로써 『한국영화발달사』는 그 자체가 이제 한국영화사의 사료이며 한국영화사에 관심 있는 사람이라면 비켜 갈 수 없는 필독서라고 하겠다.

2 『사회적 영상과 반사회적 영상-
하길종 평론집』
하길종 지음, 150×218mm, 380쪽,
전예원, 1982

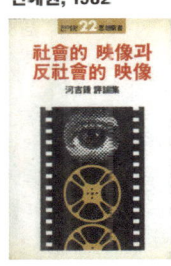

『사회적 영상과 반사회적 영상』의 의의는

그 내용보다는 한 세대의 영화 환경, 제도와 문화, 역사를 보여주는 사료로서의 가치에 있다. 한국영화사의 이단적 감독인 하길종이 영화평론가로 활동하던 시절 썼던 글을 모은 평론집으로 7년간 미국 유학을 다녀와 저개발 상태의 고국에서 감독 이력을 시작한 저자의 정신세계를 엿볼 수 있는 구성이 흥미롭다. 영화감독 하길종, 김호선, 홍파, 영화평론가 변인식 등이 가담했던 '영상시대'의 영화관(觀)을 보여주는 「영상시대의 논리」에서부터, 「외국 영화작가 연구」, 「영화단평」, 「한국영화의 현실」까지 5개 챕터로 구성되었다. 특별히 1970년대 한국영화의 현실과 전망을 담은 마지막 장은 당대 영화에 대한 반골 감독의 문제의식을 절감하게 한다. 이를테면 이 챕터의 첫 문장은 "한국에서 영화예술이 과연 가능한가"이다.

순수한 예술의 차원에서 볼 때 이 땅은 영화의 불모지라는 것이 하길종의 진단이다. 대종상의 문제점이나 문예영화의 지배 경향, 제작 여건이 미비한 충무로 상황, 검열의 가위질 등에 대한 격문은 암흑기 한국영화에 대한 비타협적인 비판을 담고 있다. 거친 수사에 논리의 비약이 적지 않으나 현실을 진실하게 담아내는 영화의 정수를 찾고자 했던 혁신의 목소리를 대변한다. 1982년 초판이 나왔으나 절판되었고 2009년 부산국제영화제 한국영화 회고전을 기념하여 출간된 하길종 전집 중 하나로 재작업되었다. 이 책에는 원작의 권말에 수록되었던 일본 영화평론가 요모타 이누히코의 글 중 당대 검열에 의해 일부 잘렸던 부분을 추가 수록했다.

3 『새로운 영화를 위하여』
서울영화집단 엮음, 150×223mm, 341쪽, 학민사, 1983

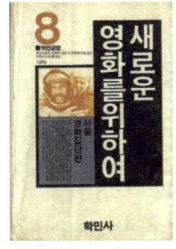

『새로운 영화를 위하여』는 서울대 동아리 '얄라성'을 모태로 1982년 재구성된 '서울영화집단'의 집단 토론 과정의 산물로, 1980년대 비제도권 영화운동사와 한국독립영화의 역사를 이해하는 데 중요한 책이다. 이들은 토론 과정을 통해 서구 이론들의 무비판적 적용이 아닌, 우리 고유의 주체적 영화 개념을 새롭게 정립하고 민중적인 언어를 회복하며 실천하기 위한 영화운동의 토대 작업으로서 이 책을 발간한다. 1985년 동일한 주체들에 의해 이와 같은 문제의식을 연장해 출간한 『영화운동론』과 더불어 시네필이나 영화이론가가 아닌 '제작 주체'의 입장에서 고민했던 한국영화의 제도와 미학을 조망하고 '코리안 뉴웨이브'와의 관계를 탐색하는 데도 긴요한 책이다.

책의 구성은 서장과 마지막 장을 제외하면 본론이 모두 외국의 '새로운 영화' 사조나 이론의 번역으로 이뤄져 있다. 2장은 전후 유럽의 네오리얼리즘, 누벨바그, 프리시네마 등 3장은 에릭 바누의 전후 다큐멘터리론, 4장은 미국영화의 기능과 구조 및 새로운 미국영화, 5장은 대안으로서의 제3세계 영화운동에 대한 글이다. 속편 격인

『영화운동론』의 경우 『새로운 영화를 위하여』에서 충분히 소개하지 못한 제3영화 (third cinema) 이론과 대담 등이 책의 절반 이상을 차지하는 것을 보면, 이 집단이 상업적인 할리우드 영화에 저항하며 치열하게 모색한 '새로운 영화'의 이념과 방법론의 지향점이 어디에 있었는지를 가늠할 수 있다. 그런 점에서 두 권의 책이 번역 글 위주로 이루어진 점은 한계로 지적할 수 있지만, 수록된 번역 글의 목록을 통해 1980년대 서울영화집단이 어떤 영화와 이론들에 '영향'을 받아 새로운 한국영화를 모색했는지를 파악하는 것도 의미 있는 수용사 연구가 될 것이다. 마지막 장에 실린 장선우의 「열려진 영화를 위하여」는 주체적인 한국영화의 양식을 찾으려는 시도로, 구전 예술이나 마당극의 열린 형식에서 착안하여 카메라가 대상과 상호 작용하는 '신명의 카메라'를 규정하는 등 민중문화운동으로서의 우리 영화를 모색하고 실천하고자 한 새로운 영화론이라고 할 수 있다.

많이 참여하지 못했다. 송능한 감독과 지금은 그인이 된 홍기선 감독 등이 큰 역할을 했다. 홍기선은 2000년에 발간된 제2판의 머리말도 썼다. 그는 머리말에서 80년대 초 우리의 고민을 이렇게 회상했다. "영화가 과연 사회 변혁에 복무할 수 있는가, 상업영화는 과연 자본의 논리라는 자기 한계를 극복할 수 있는가, 그렇다면 대안영화는 과연 어떻게 존재할 수 있을까..."

격변의 시기에 젊은이는 누구나 기성세대를 부정하려고 한다. 우리도 예외는 아니었다. 우리는, 적어도 나는 기성세대에 좋은 영화가 많이 있다는 것을 잘 몰랐다. 나이가 들면서 그런 것을 깨달았다. 그러나 『새로운 영화를 위하여』라는 책이 의미가 없다는 건 아니다. 당시로서는 생소한 중남미, 아시아, 아프리카, 동유럽 등지의 영화를 소개한 것만으로도 의의를 찾을 수 있을 것이다. '대안영화'의 구체적 형태는 제시하지 못했지간 새 영화 세대의 시야를 넓히는 데는 기여했다고 할 수 있다.

4 『영화운동론』
서울영화집단 엮음, 152×225mm, 320쪽, 화다출판사, 1985

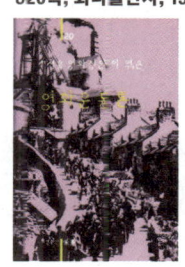

▶ 코멘트–문원립(서울영화집단 회원)
70년대 박정희 정부 때도 젊은이들이 저항 정신을 키웠지만 1980년 광주 5·18을 거치면서 대학가는 급격히 이념화되었다. '서울영화집단'이라는 모임도 그런 분위기 속에서 탄생되었고 이 책도 그런 시대를 배경으로 한다. 그렇다고 책 내용이 과격한 것은 아니다. 당시 다른 운동권에 비하면 우리 모임은 상대적으로 온건했다. 나는 그 무렵에 직장에 다니고 있었기 때문에 책 작업에

1980년대 한국의 영화운동은 두 가지 방향에서 작용한 힘에 의해 추동되었다. 1970년대 이래 지속된 한국영화의 위기에 맞서 영화적 대안을 모색하는 힘이 영화계 내부로부터 시작된 것이었다면, 두 번째 추동력은 1980년 신군부의 등장과 광주항쟁으로

27

부터 촉발된, 보다 넓은 사회운동의 흐름과 관계된 것이다.

독일문화원과 프랑스문화원 주변에 모였던 젊은 영화인들이 네오리얼리즘이나 누벨바그, 뉴저먼시네마 같은 2차대전 후 서유럽의 내셔널시네마 운동에 주목했던 것은 당대 한국영화를 지배했던 '저질 상혼(商魂)'에 대한 예술적 대안을 비(非)할리우드로부터 찾아야 한다고 인식했기 때문이다. 상품(할리우드 영화) 대 예술(유럽 영화)의 대립 구도는 한국영화가 세계영화를 이해하는 오래된 틀이었다. 그런 점에서 이른바 '문화원 세대'의 영화운동은 1960년대 유현목이 관여했던 '시네포엠' 운동, 하길종을 위시로 한 1970년대 전반의 '영상시대' 동인들과 여성실험영화집단 카이두의 활동으로 이어지는 전통 안에 놓인 것이다. 유현목이 원로급 영화인으로서 독일문화원 주변 영화청년들의 활동에 관여했던 것은 우연이 아니다.

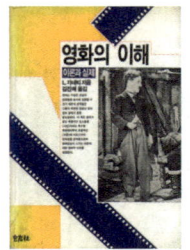

광주항쟁의 충격은 세계에서 유일한 '반미(反美)의 무풍지대'로 불렸던 한국에서 미국을 새롭게 인식하도록 했다. 광주항쟁에 대한 신군부의 폭력 진압이 미국의 승인 없이 이뤄질 수는 없었다는 깨달음, 그리고 뒤이어 출범한 전두환 군사정권에 대한 미국의 전폭적인 지지가 이러한 인식을 촉발했다. 미국에 대한 새로운 인식과 더불어 제3세계 민족해방운동에 대한 조명이 전 사회적으로 광범위하게 일어났는데 이는 한국사회에서 5·16쿠데타 이후에 억압

되었던, 제3세계의 비동맹운동에 대한 관심이 부활한 것이기도 했다. 냉전의 양극화된 세계에 도전했던 비동맹운동의 일부로서, 지구의 저편에서 1950년대 이래 지속되었던 제3세계 영화운동이, 1980년대에 비로소 한국에 도달할 수 있었던 것은 바로 그러한 맥락에서였다.

서울영화집단이 1983년과 1985년에 연달아 내놓은 『새로운 영화를 위하여』(학민사)와 『영화운동론』(화다)은, 사실은 이질적이라고 할 그 두 가지 흐름이 영화운동이 태동하는 시기에 어떻게 함께 얽혀 있었는지를 보여준다. 『새로운 영화를 위하여』가 한국영화의 모델로 서유럽의 내셔널시네마들을 제시했다면, 『영화운동론』은 제3세계의 전투적 영화운동에서 한국영화가 나아갈 바를 보았다. 한국사회의 민주화에 대한 열망이 고조되고 사회운동이 격화되는 것과 함께, '영화는 1초에 24발의 탄환이 나가는 총'이라는 『영화운동론』의 모토는 점점 더 설득력을 얻어갔다. 한국사회의 절차적 민주주의가 어느 정도 확보되고 예술영화전용관과 국제영화제들이 등장하며 시네필 문화가 전면화되었던 1990년대 중반 무렵까지 『영화운동론』이 제시한 전투적 영화운동의 이념은 한국의 영화운동을 이끌어가는 핵심적인 동력이었다.

5 『영화의 이해』
L. 쟈네티 지음, 김진해 옮김, 177×248mm, 556쪽, 현암사, 1987

이 책은 『수학의 정석』이나 『성문 기본영어』 같은 책이다. 모든 영화 공부는 이 책에서 시작하며, 어떤 사람들은 이 책을 떼는 것으로 영화 공부를 마무리하기도 한다. 영화 관련 입시생부터 체계적 지식을 원하는 영화광과 현장 스태프를 원하는 사람까지, 『영화의 이해』는 무조건 읽어야 한다. 영화라는 언어의 자음과 모음을 익히는 데 이 책만큼 쉽고 유용한 가이드는 없기 때문이다. 1972년에 미국에서 초판이 나온 『Understanding Movies』는 1987년에 한국에 『영화의 이해』로 소개된다. 번역자는 영화감독 김진해, 출판사는 현암사였다. 이후 『Understanding Movies』는 끊임없이 개정판을 냈고, 한국에선 1999년에 개정판이 출간된다. 영화서적 중에 이처럼 긴 세월에 걸쳐 개정판이 나온 건 『영화의 이해』가 처음이었고, 이후 케이북스로 판권이 넘어가 현재 13판이 번역되어 출간된 상태다.

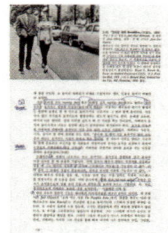

한편 『영화의 이해』는 가장 학대받는 책이기도 했다. 1990년대에 이 책은 종종 책등 부분이 떨어져 재제본을 해야 했으며 페이지마다 형광펜 밑줄과 각종 메모의 흔적이 가득했다. 그런 만큼 수많은 사람들의 손때를 탔던 스테디셀러였으며, 우린 모두 이 책에서 시작했다. 안타까운 건 한국에선 저자 루이스 쟈네티의 부지런함이 제대로 반영되지 않았다는 점. 『Understanding Movies』는 2014년 13판이 나오기까지 2년 간격으로 새 버전을 내놓았지만, 대한민국

에선 12년 동안 노란색 표지에 〈황금광 시대〉 사진이 있는 『영화의 이해』가 장기 집권을 했고 이후 11년 동안 같은 디자인에 연두색으로 색깔만 바뀐 개정판이 지속되었다. 대학 영화 동아리부터 시네마테크 모임까지 '스터디'가 필요한 곳이라면 반드시 교재가 되었던 『영화의 이해』. 그때 함께 밑줄 긋던 그 친구들은 어디에 있는지 문득 궁금해진다.

6 『세계영화사』
잭 C. 엘리스 지음, 변재란 옮김, 168×240mm, 511쪽, 이론과실천, 1988

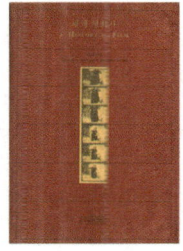

크리스틴 톰슨과 데이비드 보드웰의 『세계영화사』가 번역되기 전에, 혹은 『옥스퍼드 세계 영화사』가 나오기 전에, 잭 C. 엘리스의 『세계영화사』는 10여 년 동안 우리가 읽을 수 있는 '유일한 세계영화사'였다. 1979년에 초판이 나온 이 책은 1985년에 첫 개정판이 나오는데, 한국엔 이 버전이 1988년에 번역되었고 90년대 한국 영화광들의 교과서가 되었다. '영화 역사서'라는 관점에서 본다면 이 책은 그다지 뛰어난 저작은 아니다. '세계'영화사라고는 하나 책의 절반가량을 할리우드 영화에 할애하고 있으며, 특히 아시아 영화와 제3세계 영화의 비중은 인색한 구색 맞추기 수준이다. 그럼에도 이 책이 소중했던 건, 우리에게 수많은 기지의 감독들을 소개해주었기 때문이다.

잉마르 베리만 이전의 스웨덴에 칼 테오도르 드레이어라는 거장이 존재했음을, 세르게이 예이젠시테인뿐만 아니라 푸도프킨과 도브첸코도 있었음을, 누벨바그가 나오기 전에 자크 페데, 마르셀 카르네, 줄리앙 뒤비비에 등이 만들어 놓은 위대한 프랑스 영화의 전통이 흐르고 있었음을 우린 이 책을 통해 알게 되었다. 에른스트 루비치, 요제프 폰 스턴버그, 막스 오퓔스... 존 포드나 오슨 웰스나 하워드 호크스 정도로 고전영화의 거장들을 섭렵했다고 착각했던 우리들에게, 『세계영화사』는 각 챕터마다 '주요 감독들'이라는 이름으로 엄선된 리스트를 선사했다. 우린 그렇게, 희미하나마 작가들의 지형도를 그렸고, 각 장르와 감독을 연결할 수 있었고, 유럽 각국의 '뉴시네마'에 대한 정보를 얻을 수 있었다. 특히 당시 소장학자였던 변재란(현 순천향대학교 교수)의 번역은, 그 시절 조악했던 영화 번역서 수준을 감안하면 단연 돋보이는 퀄리티였다. 1990년대 영화과 대학원 지망생이라면 반드시 읽어야 했던 『세계영화사』, 지금은 잭 C. 엘리스에서 버지니아라이트 웩스먼으로 펜이 넘어갔고, 7번째 에디션까지 나온 상태다.

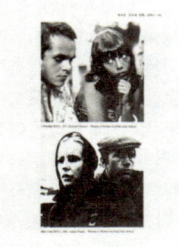

▶ 코멘트-변재란(옮긴이)
이론과실천사 김태경 사장님, 안녕하세요? 오늘 아침 30여 년 만에 『세계영화사』를 들여다보고 있습니다. 막 석사 과정에 진학한 새내기 영화학도였던 제가 감히 번역에 도전한 것은 아무래도 무모하기 짝이 없는 일이었습니다. 역자 후기에 썼듯 "80년대 이후 영화운동의 확산과 영화인들의 단결된 힘"에 기대어 "'하나의' 역사인 이 책이 민족영화에 대한 가열찬 논의와 함께 세계영화사와의 연관성을 찾는 데 최소한의 도움이 되기를 열망하는 마음"으로 사명감만큼은 하늘을 찔렀던 당시의 저를 확인하는 순간입니다. 그럼에도 아녜스 바르다 감독의 최초의 작품인 〈라 푸앵트 쿠르트로의 여행(La Pointe Courte)〉을 〈짧은 송곳〉으로 번역한 것은 두고두고 부끄러움으로 남아 있습니다. 그럼에도 "빠른 시일 내에 좀더 충실한 역주와 오역의 수정"이라는 약속을 지키지 못했습니다. 그 사이 세월은 참 빨리도 흘러갔습니다. 세월호 참사로 전국이 충격과 애도로 경황이 없던 시절 2014년 4월 18일 사장님의 부고는 정말 뼈아픈 것이었습니다. 원망도 많지만 그동안 출판운동에 헌신하신 시간과 한 시대가 또 서서히 문을 닫는 중이라는 생각 때문이었지요. 또 7년이 흘렀네요. 이제 운동화 끈을 다시 맬 시간인 것 같습니다. 약속을 지킬 시간인 것입니다. 언젠가 하늘나라에서 뵙겠지요. 그때까지 편안하시기 바랍니다.

7 『예술로서의 영화』
루돌프 아른하임 지음, 김방옥 옮김, 150×225mm, 251쪽, 기린원, 1990

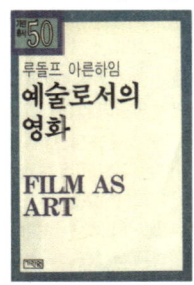

독일 태생의 예술이론가로 알려진 루돌프

아른하임이 쓴 영화에 관한 글을 모은 책이다. 아른하임은 1923년에 베를린대학에 입학하여 박사학위를 받기까지 철학과 심리학을 공부했으며, 비슷한 시기에 영화 비평을 쓰기도 했다. 영화에 대한 그의 관심은 1933년에 『예술로서의 영화(Film als Kunst)』의 출간으로 이어졌다. 이 책은 한동안 절판되었다가 1957년 미국에서 개정 증보판으로 재출간되었다. 미국에서 발간된 책은 독일 초판본의 일부를 발췌하고, 아른하임이 1930년대 중반 이탈리아에서 썼던 세 편의 글을 포함한 것이다.

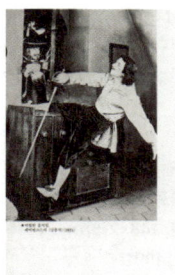

루돌프 아른하임은 세르게이 예이젠시테인, 앙드레 바쟁, 지그프리트 크라카우어 등과 함께 영화이론의 토대를 구축하는 데 공헌한 사람 중 한 명으로 평가받고 있다. 그의 책은 영화에 색채, 사운드를 도입하기 위한 실험이 이뤄지던 1930년대를 다루고 있다. 그리고 저자 스스로 밝히고 있듯이 영화가 가지고 있는 '시각예술상의 독특한 실험'의 의미를 밝히는 데 집중한다. 아른하임은 영화가 현실을 기계적으로 복제하는 것이라는 일각의 평가를 부정한다. 그는 영화가 3차원의 입체를 2차원의 평면으로 옮기고, 깊이감이 없고, 조명과 색채가 부재하며, 공간과 시간의 연속성도 결여되어 있는 등의 여러 '결함'을 가지고 있다고 주장한다. 여기서 결함은 단순히 부정적인 의미만을 품지 않는다. 오히려 아른하임은 영화가 가지고 있는 여러 결함으로부터 예술적 효용이 발생한다고 보았다. 예를 들어 침묵을 버우의 몸짓으로 대체하고, 시·공간적인 연속성의 결여를 몽타주 미학으로 극복하는 것 등이 그러하다. 아른하임은 섣불리 영화가 기술적으로 '완전한 영화'(the complete film)가 될 것이라고 확언하기브다는 영화의 기술적 조건과 그것에 기초한 일련의 손성들이 조형적 예술로 비약하는 순간에 주목했다. 마치 영화는 언제나 그 자신의 불완전성에 기초한 예술이라는 것처럼 말이다.

8 『영화에 대하여 알고 싶은 두세 가지 것들』
구회영 지음, 165×240mm, 347쪽, 한울, 1991

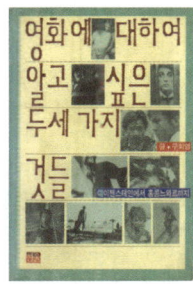

영화평론가 정성일이 편집장으로 있었던 월간 영화잡지 <로드쇼>에 지금은 한국예술종합학교 영소원 교수, 당시는 조감독이던 乙 홍준이 구회영이라는 필명(筆名)으로 연재했던 글을 모은 책이다. 장 뤽 고다르의 <그녀에 대해 알고 있는 두세 가지 것들>을 패러디한 이 책의 의미와 맥락은 초판이 발행된 1991년이라는 시점과 관련성이 깊다. 영화에 대한 정보를 접하기 힘들었던 당시 잡지는 영화 담론의 생성과 유통을 매개한 유일무이한 플랫폼이었다. 대중문화의 총아로 영화가 각광을 받기 시작했으며, 방구석에서 영화를 탐독할 수 있는 비디오 문화가 만개했고, 풍문으로만 듣던 영화와 감독에 대한 호기심이 폭발하던 시대에 몇몇 잡지가 애호가들의 갈증을 해갈해줬다. 각자의 사정과 경로에 따라 영화에 몰입해 가던 독자들은 이 책을 통해 몽타주와 롱테이크, 딥 포커스, 미장센, 컬트 따위의 용어를 알게 되었고, 〈시민 케인〉과 〈현기증〉을 동경하게 되었다. 문화원 세대로 선진(?) 문물을 접한 저자는 영화를 향한 신심과 열의에 들떠 있는 시네필들을 위한 입문서로 이 책을 기획한 것으로 보인다.

책의 제목에서 알 수 있듯이 하나의 테마로 묶이지 않는 다양한 주제를 다루는데 할리우드 영화, 영화사, 영화 용어, 감독, 장르, 유파, 미학, 당대의 유행 경향인 홍콩 누아르에 이르기까지 두서가 없다. 이는 잡지 연재물의 모음이라는 특성을 보여주는 동시에 논리와 체계를 넘어 확산하던 영화에 대한 폭발적인 관심을 반영한다. 11장과 12장에는 각각 1895~1991년까지의 91편의 고전, 1980년대 세계영화 100선 리스트가 부록처럼 달려 있다. 당시까지 쉽게 볼 수 없었던 이 미지의 영화 리스트는 시네필들의 탐구욕을 자극하여 역사적인 걸작들에 대한 갈망을 충동질하기도 했다. 당대를 초월하여 귀동냥으로만 들었던 영화 용어나 개념, 사적 정보를 해설한 교양서로 동시대 영화문화의 융성에 일조한 책이다.

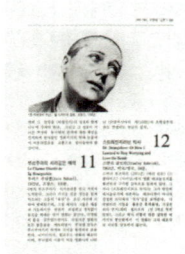

▶ 코멘트—김홍준(지은이)
이 책은 지금은 폐간된 월간 〈로드쇼〉의 '도시에'(dossier)라는 코너에 1990년 5월

호에서 1991년 5월호까지 실렸던 글들을 엮은 것이다. 한 달에 하나씩 큰 주제를 정해 200자 원고지 약 140장 분량을 '육필'로 메워나간 결과물이다. 책은 '구회영'이 단독 저술한 것으로 되어 있지만, 연재 당시에는 구회영, 오윤평, 김주현이 공동 필자로 올라 있었다.

물론 모두 내가 만든 필명들이다. '오윤평'은 홍콩영화에 대한 오마주로 '오'우삼, 주'윤'발, 방육'평'에서 한 글자씩 따서 조합했고, '김주현'은 내 딸 '김수연'의 이름에 획을 더하여 만들었으며, '구회영'은 그날 신문의 부고란에서 눈이 띈 이름을 그대로 가져왔다. 물론 '구십년대를 회고하는 영화광'의 줄임말로 해석하는 것은 독자의 자유이다.

9 『봉인된 시간』
안드레이 타르코프스키 지음,
김창우 옮김, 148×215mm, 311쪽,
분도출판사, 1991

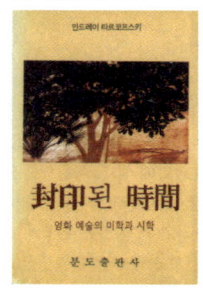

최근 『시간의 각인』이라는 제목으로, 중역이 아닌 러시아어 원전 번역본이 나오며 다시 주목받게 된 책이 한 권 있다. 바로 1991년에 나온 『봉인된 시간』이다. 당시 펴낸 곳은 가톨릭 서적 전문의 분도출판사. 2013년에 세상을 떠난 임인덕 신부가 이 책의 산파였다. 독일에서 태어나 40년 동안 한국에서 문화 선교를 하며 살았던 그는 영상 속에 깃든 영성의 탐구자였다. 그는 베네딕도 미디어를 통해 타르코프스키의 〈거울〉, 〈잠입자〉, 〈안드레이 류블로프〉, 〈솔라리스〉 등을 VHS 비디오로 출시했는데, 그전에 이 책이 있었다. 사실『봉인된 시간』은 출간 당시엔 별 반응을 얻지 못했다. 아직 타르코프스키의 영화가 한국에 상륙하지 못했기 때문이다. 이후 1995년에 〈희생〉(1986)이, 1996년에 〈노스텔지아〉(1983)가 개봉되면서 이 책이 갑자기 소환되었고, 그의 영화에 매료된 관객들은 밑줄을 그어가며 읽었다.

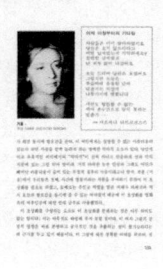

『봉인된 시간』은 타르코프스키가 자신의 영화에 궁금증을 지닌 관객들에게 보낸 편지였다. 영화를 만들면서 그는 직간접적으로 혹은 서신으로 관객들의 반응을 접했고, 사람들이 자신의 영화를 이해하는 데 어려움을 겪고 있다는 걸 느끼게 된다. 그래서 한 권의 책에 자신의 예술관과 각 작품에 대한 설명을 꼼꼼히 담아냈고, 책이 나온 지 얼마 되지 않아(1986년) 세상을 떠났다. 유언과도 같은 책이었고, 죽은 지 10년쯤 되었을 때 한국에서 타르코프스키는 되살아났으며『봉인된 시간』은 뒤늦게 주목받았다. 한편 이 책은 감독이 자신의 영화에 대해 직접 상술한 최초의 번역 서적이기도 했다. 이후『히치콕과의 대화』나『잉그마르 베르이만의 창작 노트』등이 나오긴 했지만,『봉인된 시간』은 이 분야에서 가장 인상적인 텍스트이며, 위대한 예술가가 자신의 인생과 작품을 있는 그대로 투

영해 써 내려간 척이다. 바람이 있다면『타르코프스키의 순교일기』도 제대로 된 원전 번역본이 나왔으면 한다.

10 『한국영화역사강의 1』
이효인 지음, 153×223mm, 300쪽, 이론과실천, 1992

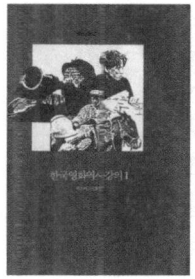

한국영화사 연구의 역사는 크게 세 시기로 나눠볼 수 있다. 이영일의『한국영화전사』(1969)가 노만, 이청기 등 1세대 영화사가의 연구 업적을 대표한다면, 이 책은 두 번째 세대의 저술 작업을 대변한다. 1세대의 저작이 냉전적 사고와 우파 민족주의에 고착되어 쓰였다면, 2세대의 작업은 이효인, 변재란 등 80년대 영화운동 세대들이 아카데미의 안팎에 포진해 수정주의 역사관을 기치로 일제강점기와 해방기의 좌파 영화 활동을 복원한 것이다. 2000년대 이후 새로운 세대의 연구자들은 통사 서술의 권위에 얽매이지 않고, 사료의 양과 분석 수준으로도 연구의 깊이로도 앞 세대의 저작들을 극복하고 앞으로 나아가고 있다.

사실『한국영화전사』의 저술 작업은 문헌에만 기초하지 않았고, 이 책이 기술된 1969년 시점에도 생존해 있었던, 일제강점기 영화계를 직접 경험했던 영화인들의 구술 인터뷰가 결정적인 서술 동력이 되었다. 한편『한국영화역사강의 1』은 앞선 저작들의 행간을 정교하게 해석하고 1세대들에게 선택되지 않은 문헌들을 부각시키는 방

식으로 서술되었다. 이 책 역시 활동사진의 유입부터 일제 말기 국책영화의 제작까지 통사 형식을 취하고 있지만, 1세대가 노정한 일제강점기 영화사 기술의 한계인 이데올로기적 불균형을 돌려놓는 데 열중한다. 신화적인 평가를 과감히 거둬들인 것도 중요한 서술 전략이다.

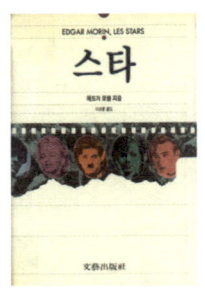

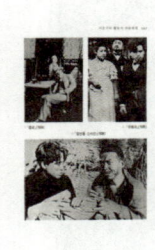

지금이야 다 파악하기도 힘들 만큼 디지털 자료가 온라인상에 대거 공개되어 있지만, 2000년대 초반까지만 해도 연구를 위한 사료의 확보는 마이크로필름을 손으로 돌려보고 복사하는 형태로 가능한 것이었다. 당시 재야연구자였던 저자가 3년간 강화도에서 종이로 출력한 자료를 씨름하며 원고를 써낸 것은 꽤 알려진 스토리다. 이제 이효인 역시 이 책의 관점과 해석들을 일부는 폐기하고 일부는 발전시킴으로써 3세대 연구 지형과 함께하고 있다. 저자 개인의 연구사로도 일제강점기 영화사 연구 맥락에서도 『한국영화역사강의 1』과 『한국근대영화사–1892년에서 1945년까지』(2019)는 짝과 같은 책으로 읽혀야 한다.

11 『스타』
에드가 모랭 지음, 이상률 옮김, 153×225mm, 279쪽, 문예출판사, 1992

『스타』는 스타의 신화에 대한 최초의, 본격적인 탐구서로 큰 가치가 있다. 1990년대 초반 한국에서 에드가 모랭은 일부 애호

가들에게 혁신적인 다큐멘터리 영화 〈어떤 여름의 연대기〉를 장 루슈와 공동 연출한 다큐멘터리 감독이자 사회학자로만 알려져 있었다. 이 단조로운 제목의 책에서 모랭은 대중문화의 중요한 현상 중 하나인 스타덤을 사회학적 현상으로 탐구하겠다는 취지를 가지고 산업사, 대중 비평, 철학, 인류학, 사회 심리학, 수용미학을 결합한다. 모랭은 이 책에서 스타의 영향력이 탄지 TV나 영화 안에 머무는 것이 아니라 대중들의 일상적 생활사, 패션, 라이프스타일, 음식, 욕망의 취향을 좌우한다고 주장한다. 스타 시스템의 문화적, 사회적 중요성에 대한 모랭의 통찰은 영화의 초창기, 그러니까 찰리 채플린, 그레타 가르보, 루돌프 발렌티노와 같은 스타가 팬들과 멀리 떨어져 살았던 시대부터 전후 시기까지의 진화에 걸쳐 있다.

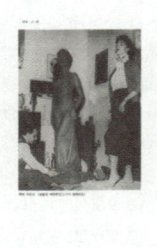

'스타덤의 사회학'이라고 불릴 만한 이 책은 우리들이 동경하고 숭배하던 스타들

이 어떻게 현실과 상상을 매개하는 중개자 역할을 하는지를 흥미로운 분석을 통해 알려준다. 할리우드 여배우 캐서린 헵번의 미묘한 메이크업 변화, 할리우드의 신체 상품화 제도에 대한 조사를 담은 글들은 흥미로운 관점을 제공하며 특히 제임스 딘을 분석한 마지막 장은 스타덤 연구를 위한 표준이 되는 에세이로 지금까지 회자되고 있다.

12 『시나리오란 무엇인가-시나리오 쓰기의 실제』 시드 필드 지음, 유지나 옮김, 153×223mm, 263쪽, 민음사, 1992

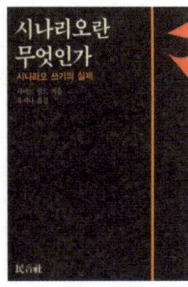

"시나리오란 대사와 묘사로 이루어져 있고 극적 구조로 짜여 있는, 영상으로 들려주는 이야기다." 미국 할리우드 시나리오 업계를 주름잡은 시드 필드(1935~2013)는 1979년 첫 출간된 『시나리오란 무엇인가』에서 시나리오에 대해 이렇게 정의한다. 이 책이 나오기 전에는 연극 각본과 시나리오 쓰기의 기술에 있어서 실질적 차이는 존재하지 않는 것으로 여겨졌다. 그러나 이 책은 영화 시나리오가 연극이나 TV 드라마 각본과 어떻게 다른지를 구체화한 거의 최초의 교과서라 할 만하다. 1979년 첫 출간되자마자 베스트셀러가 되었고, 이후 40쇄를 찍으면서 22개 이상의 언어로 번역되었다.

모든 시나리오에는 주제가 있고, 그 주제는 행동과 인물로 극화되며, 모든 드라마는 갈등이고, 행동이 곧 인물이라는 명쾌한 설명은 모든 시나리오 작가들이 명심해야 할 대전제가 되었다. 무엇보다 이 책은 '3막 구조'의 시나리오 작법을 정립한 것으로 유명하다. 예는 영화의 이야기가 '극적 구조' 속에 놓여야 하고, 그것은 '설정-대립-해결'이라는 3막 구조를 갖추고 있으며, 각 막의 끝에는 '구성점'이 있어야 한다는 새로운 관점이었다. 로버트 타우니가 쓴 〈차이나타운〉(1974)에 대한 상세한 분석 덕분에 이 작품은 이후 위대한 시나리오의 표본으로 널리 회자되었다. 시드 필드가 타계하기 전까지 네 번의 개정판이 나오는 동안 새롭게 탄생한 할리우드의 여러 명작들이 사례로 추가되었다.

국내에서도 이 책은 1992년 첫 번역 출간된 이래 지금까지 시나리오 작법의 고전적 교과서로 30년 동안 널리 읽혀왔다. 〈비트〉, 〈태양은 없다-〉의 시나리오를 쓴 심산 작가는 자신의 저서 『한국형 시나리오 쓰기』에서 과거에는 1950~70년대 일본에서 출간된 시나리오 작법서를 조악하게 짜깁기한 책들만이 국내 작가들 사이에 돌았으나, 시드 필드의 이 책이 시나리오 쓰기의 새롭고 품위 있는 패러다임을 제시했다고 회고한다. 90년대 초반 신진 영화평론가로 주목받았던 유지나 동국대 교수의 번역으로 출간된 이 책은 한국영화에 새로운 르네상스를 견인한 젊은 영화인들이 좋은 시나리오란 무엇인지를 고민하도록 견인했다고 해도 과언이 아니다.

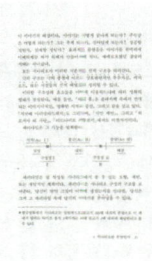

▶ 코멘트-유지나(옮긴이)

영화 창작의 구체적 작업이자 설계도는 시나리오 작업으로 출발한다. 1991년, 그런 소중한 시나리오 창작 수업을 시나리오작가협회 주문으로 맡게 되어 시나리오 관련 책을 집중적으로 찾아봤다. 그 와중에 시드 필드의 『Screenplay: The Foundations of Screenwriting』이 번쩍 눈에 띄었다. 당시 수강생들을 위해 몇 개 장들을 번역하고 복사해서 돌리던 작업이 어느 순간 책 전체를 번역하는 일로 확대된 셈이다. 영화가 하나의 건축물이라면 그 토대를 탄탄히 짓도록 해주는 작업은 시나리오에서 시작된다. 시나리오 작업이 이루어지는 구체적 수순에 따라 구성된 이 책에서 시각적으로 다가오는 패러다임 구조와 도표, 그에 따른 '설정-대립-해결'로 이루어진 3단계 내러티브 구조는 기존의 기승전결 4단계론과 차별화되는 신선한 드라마틱 구성점과 인물 창조의 매혹을 느끼게 해준다. 특히 시드 필드의 자전적 경험인 장 르누아르 감독과의 작업을 비롯해서 그가 할리우드 씨네 모빌에서 2천여 편의 시나리오를 검토하고 요약하며 얻은 경험이 생생하게 다가와 나 자신의 영화학 연구 작업에 큰 도움을 얻었다. 이 책이 시나리오 관련 스테디 베스트셀러로 가진 생명력 덕에 2017년 증보개정 번역판으로 나온 것 또한 독자분들의 호응 덕이다. 그런 점에서 번역도 '제2의 창작'이란 점을 절감하며 잘 읽히는 번역 글쓰기의 즐거움을 일깨워준 책이기도 하다.

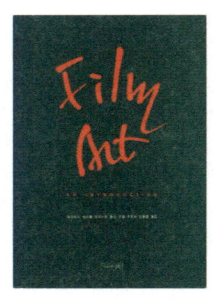

13 『FILM ART: 영화예술』
데이비드 보드웰·크리스틴 톰슨 지음, 주진숙·이용관 옮김, 184×258mm, 628쪽, 이론과실천, 1993

오늘날과 같은 대중문화의 새로운 기류가 형성된 것은 대략적으로 1990년대 초반이었다. '서태지와 아이들'로 대변되는 음악의 변화가 전방위적으로 펼쳐졌고, 대학가에서도 여러 영화제(실은 비디오 상영회)가 열렸다. 영화에 눈을 뜬 사람들은 새로운 영화를 찾아 나서는 것으로 갈증을 해결했지만(어렵게 구할 수 있던 비디오 중에는 NHK에서 방영하는 영화를 카피한 것도 많았는데, 동시대 걸작을 보기가 그만큼 어려웠다) 영화의 원리와 앎에 대한 갈증도 커졌다. 이를 충족시켜 준 개론서가 '초록책'으로 불리던 『FILM ART: 영화예술』이다. 봉준호 감독 역시 1990년에 아직 번역되어 있지 않았던 책의 내용을 강연으로 듣기 위해 '영화공간 1895'를 찾기도 했다.

형식주의 영화이론가로 분류할 수 있는 보드웰의 백미는 '숏 바이 숏' 분석을 통해 영화의 형식과 내용의 의미를 일치시키려고 부단히 노력한다는 점이다. 이를 보여주는 2장 「영화형식」과 3장 「영화양식」이 가장 매력적인 페이지라고 할 수 있는데 보드웰은 고전적 할리우드 영화(Classical Hollywood Cinema, 고전영화와 다른 개념이다)의 숏 구성을 기초로 유럽 스타일이나 대안적 스타일에 대한 비교를 시도한다. 장 뤽 고다르의 〈주말〉이나 오즈 야스지로의 〈동경 이야기〉 숏 분석을 통해 고전적 할리우드 스타일과 다른 것이 무엇인지를 확연하게 보여준다. 두 감독은 할리우드 영화를 기초로 삼아 자신만의 스타일을 만들어낸 거장이라 할 수 있는데, 책에 이러한 설명이 곁들여져 있지는 않았지만 수록된 스틸 사진과 설명으로도 보드웰의 고

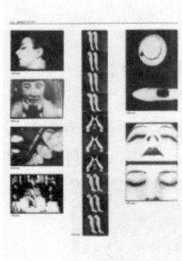

전적 스타일에 대한 관심과 영향 사이의 관계를 엿볼 수 있다. 고전적 할리우드 영화의 공간인 180도 법칙이나 30도 법칙에 대한 상세한 설명도 도움이 되었고, 히치콕의 〈새〉의 주요소 폭파 장면을 '편집: 쇼트와 쇼트의 관계'라는 항목에서 분석한 스틸 사진들은 고전적 형식 체계를 바탕으로 영화를 어떻게 보아야 하는지에 대한 기초적 입장을 일러주고 있다. 꽤 친절한 영화 형식의 안내서이며, 지금까지도 이 가이드는 유효하다.

14 『페미니즘/영화/여성』
유지나·변재란 엮고 옮김,
145×217mm, 335쪽, 여성사, 1993

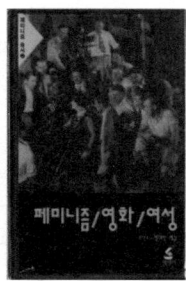

1993년에 발행된 『페미니즘/영화/여성』은 책머리에 스스로 자부하듯, 한국에서 단행본으로 발간된 최초의 페미니스트 영화연구서이다. 책의 구성은 영미 대학교재로 주로 쓰이는 "XXX연구 리더(reader)"와

같은 형식으로, 1970~80년대 영미 페미니스트 영화비평의 주요 논문을 모아 세 파트로 나눴고, 편집자 유지나와 변재란이 각 파트역 길잡이가 되는 발문을 파트별 첫 챕터로 작성하였다. 세 파트는 각각 "페미니스트 영화비평의 시작과 전개", "페미니스트 영화비평의 장르 및 작가분석", "페미니스트 영화비평의 틀과 관심"으로, 클레어 존스턴의 「대항영화로서 여성영화」, 로라 멀비의 「시각적 쾌락과 내러티브 영화」, 타니아 모들레스키의 「히치콕, 페미니즘, 그리고 가부장적 무의식」, 그리고 공포영화와 멜로드라마에 대한 논의 등 영화연구가 제도화되는 데 기여하고 페미니스트 영화비평의 기틀을 좋은 대표적인 논문들을 수록하고 있다. 당시 비판이론들의 특징상, 구조주의적 정신분석의 이데올로기론에 기반한 논의들이 다수이지만, 여성들 간 차이와 기데올로기적 주체론에 반박하는 수용자 소의를 다룬 문화연구적 시각의 논문 역시 찾아볼 수 있다.

페미니즘 영화비평 이론의 기본적 전제들을 학습하는 초기 한국어 자료라는 것뿐 아니라, 한국 페미니즘 영화연구사에 있어서도 이 책은 중요한 의의를 가진다. 1990년대 초반은 한국영화사에서 본격적인 영화연구와 영화사 쓰기가 시작된 시기이고, 학생운동데서부터 시작한 영화운동 출신 여성 연구자들과 해외에서 학위를 받고 한국에 돌아와 연구 활동을 시작한 여성 연구자들로 페미니스트 영화비평 1세대가 형성되었다. 이 책은 서구 페미니스트 영화연구의 유산을 한국의 영화비평 문화에도 개입시키고, 한극영화 안에서 독자적인 영역을 마련하고자 한 노력의 성과이다. 또한 당시 '페미니즘'의 유행이 여성의 주체성을 '성적 개방'이나 서구 지향적 마케팅 용어로 환원시키는 것을 경계하자고 독자들에게 당부하는 책머리 글은 당시 '페미니즘'이 놓인 또 다른 위치와 맥락을 엿볼 수 있게 한다.

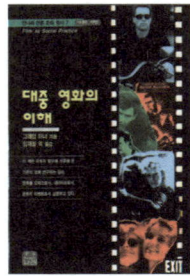

▶ 코멘트–유지나(옮긴이)
공동 작업으로 탄생한 『페미니즘/영화/여성』을 돌아보며 30여 년에 가까운 시간의 소용돌이 속으로 빠져드는 감회에 젖는다. 그런 공동 작업이 가능했던 것은 1990년대 초부터 영화연구에서 본격적으로 페미니즘 관점을 접목시킨 입문서의 필요성에 대한 공감대이다. 우연의 일치처럼 당시 '여성관점의 세상보기 책세상'을 내걸며 출범한 '여성사'의 온현정 대표가 페미니즘 관점의 영화 입문서를 강력하게 요청해준 것도 또 다른 동기 유발로 작용했다. 김경욱, 변재란, 서인숙, 조혜정, 주진숙 선생님들과 스터디 그룹처럼 함께 공부하며 작업했던 학구적 기억이 되살아나기도 한다. 현재 이 책은 출판사 폐업으로 절판되었다. 한 시대가 지나 동국대학교 예술대 학부 교과목으로 탄생한 '예술과 젠더' 수업이나 젠더 관점 연구를 수행하는 대학원 학우들이 이 책의 복사본을 참고 자료로 활용하는 경우를 만나기도 한다. 영화 탄생 한 세기를 기념하며 장 뤽 고다르가 영화로 만든 영화사에서 할리우드를 비롯한 상업영화를 '여성과 총'(A Girl and A Gun)으로 정의한 것도 이에 공명하는 상황을 보여준다. 백래시도 벌어지는 시간의 소용돌이 속에서 젠더 관점의 영화 만들기/보기의 필요성이 절실하게 다가온다. 그런 성찰의 기회를 제공해주신 (이 책을 선정해주신) 영화연구자님

들께 감사의 마음을 전한다.

15 『대중영화의 이해』
그래엄 터너 지음,
임재철·곽한주·유영구·이영기 옮김,
152×220mm, 271쪽, 한나래, 1994

1990년대는 한국의 영화문화에서 가장 뜨거웠던 시절이다. 베를린 장벽이 무너지고 공산권이 몰락하면서 이념에 대한 관심은 문화로 넘어갔고, 몇몇 시네마테크를 중심으로 암암리에 파급되던 마니아 문화는 예술영화 전용관이라는 이름으로 양지로 나왔다. 안드레이 타르코프스키부터 왕가위까지, 그 시절 영화청년들은 작가주의와 예술영화의 거센 파도 속에서 '크쥐시토프 키에슬로프스키'나 '테오 앙겔로풀로스' 같은 거장들의 난해한 이름을 외우는 데 열중했고, 몇몇은 머리를 쥐어뜯으며 들뢰즈에 도전했다. 바로 1990년대 중반에 일어났던 일이다.

하지만 그 시절, 정작 우리에게 중요한 건 대중영화였을지도 모른다. 충무로는 기획영화의 흐름 속에서 로맨틱코미디를 찍어내기 시작했고, 직배 영화의 위력은 정점에 도달했다. 이때(1994년) 번역되어 등장한 그래엄 터너의 『대중영화의 이해』는 시의적절하면서도 충격적인 가이드였다. 첫 챕터는 「극영화 산업」이었는데, 한국의 영화서적 시장에서 체계적 서술을 통해 영화를 산업의 관점에서 본격적으로 소개한 건

이 책이 최초였다. 이후 영화연구의 역사, 영화 언어, 영화 내러티브, 영화 관객 등을 거쳐 「영화, 문화, 그리고 이데올로기」까지 『대중영화의 이해』는 철저히 사회적 기호와 문화적 상품으로서 영화를 분석한다.

한계는 있었다. 워낙 넓은 범위의 내용을 300페이지도 안 되는 분량에 담다 보니, 개론은 가능했지만 각론은 쉽지 않았다. 그래서 각 챕터의 끝에 적절한 참고 도서를 소개했는데, 대부분 한국에선 거의 만나기 힘든 책들이었지만 다행히 『현대 영화이론의 이해』, 『영화이론의 개념들』 등이 출간되어 조금이나마 『대중영화의 이해』의 행간을 채울 수 있었다. "이 책은 미학적 탐구에 치중해온 기존의 영화연구와는 달리 영화를 오락으로서, 내러티브로서, 이벤트로서 설명하고 있다"는 표지 설명은 한 자도 더하거나 뺄 것 없는, 이 책에 대한 충실한 정의다. 질 높은 번역도 책의 가치를 높인 중요한 요인이었다.

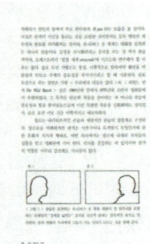

16 『영화보기의 은밀한 매력- 비디오드롬』
박찬욱 지음, 150×223mm, 320쪽, 삼호미디어, 1994

"영화관이 선남선녀의 연회장이라면 비디오 숍은 공동묘지. 이 책은 그들에 대한 검시 보고서이다. 연인의 시신을 해부하는 의사의 심정! 칼을 대려 했더니 주검들은 좀비로 되살아났다. 나는 오히려 팔뚝을 깨물렸다.-'살아 있는 시체들의 밤'에. 박찬

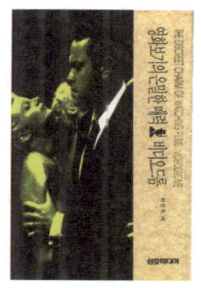

욱." 한국 출판 역사에 전무후무할 서문으로 시작하는 『영화보기의 은밀한 매력』은 '비디오드롬'이라는 부제처럼 박찬욱 감독이 비디오로 섭렵했던 영화들에 대한 기록이다. 하지만 결코 한가한 영화감독의 과시욕은 아니다. 이 책은 그가 살인적 마감 일정 속에서 잡지에 썼던 글들을 모은, 생계를 위한 처절한 몸부림의 기록이기도 하다. 1992년 〈달은... 해가 꾸는 꿈〉으로 데뷔한 후 두 번째 영화를 위해 수없이 영화사 문턱을 드나들어야 했지만, 한동안 그를 찾는 영화사는 없었다. 그래서 그는 감독으로 데뷔해 평론가가 되는 기구한(?) 삶을 살게 되었다. 지금 박찬욱의 위상을 생각하면 상상하기 힘들지만, 이젠 마음산책에서 나온 매끈한 디자인과 표지의 『박찬욱의 오마주』로는 500페이지가 넘는 두툼한 책으로 변모해 있지만, 1994년에 나올 때만 해도 이 6,000원짜리 책은 생계에 조금이라도 보탬이 되길 바란던 절박한 그 무엇이었다.

『영화보기의 은밀한 매력』의 가장 큰 미덕은 '재미'였다. 영화평론은 고루하다고 생각했던 독자들에게 박찬욱의 해박한 영화 지식과 펄떡펄떡 뛰는 듯한 문체는 진정 신선했다. 그는 내려다보며 비판하는 부감의 권위가 아니라, 올려다보며 숭배하는 앙각의 열정으로 영화를 대했다. 평론가보다는 영화광의 관점이었고, 그는 어설픈 비평보다는 충실한 소개를 선택했다. 특히 이 책은 그 시기 마니아들의 '숨은 비디오 찾

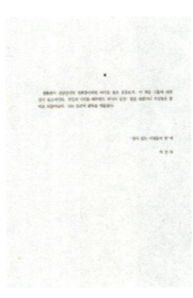

기'와 '영화 순위 매기기' 문화를 그대로 반
영하는데, 비디오 대여점 체인 '영화마을'
주소록과 함께 지인들이 보내준 '나만의 컬
트 베스트 10' 목록이 있다. 이것만큼 당대
의 영화문화를 구체적으로 보여주는 콘셉
트가 있을까? 『영화보기의 은밀한 매력』
은 가장 1990년대적인 영화서적인 셈이다.

17 『베트남에서 레이건까지-
할리우드 영화읽기: 성의 정치학』
로빈 우드 지음, 이순진 옮김,
173×235mm, 398쪽, 시각과언어,
1994

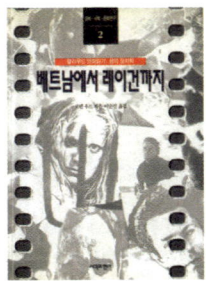

로빈 우드는 할리우드의 대중영화를 진지
하게 보는 입장을 대변한다. 로버트 올트
먼, 마틴 스코세이지와 마이클 치미노와 같
은 진지한 감독은 물론이고, 1970년대 미국
의 호러영화들과 조지 로메로와 브라이언
드 팔마의 영화를 통해 하위문화에 잠재된
독해를 끌어낸다. 로빈 우드의 비교 속에

서 진지한 감독과 B급 영화를 만드는 감독
들은 차이 없이 서로 상통하고 같은 지점을
다르게 말하는 것처럼 보이기도 한다. 조
지 로메로의 〈살아있는 시체들의 밤〉 시리
즈가 호러나 좀비라는 통상적인 장르적 규
범 이외의 것을 어떻게 호명하는지 이처럼
폭발적으로 논증하는 경우는 없었다.

이 책의 가장 유명한 용어는 '불균질
성'(incoher-ence)이다. 잘 짜여진 한 작품
에 질서와 균질적인 것을 벗어나 파편화되
거나 예외 상태를 보여주는 장면을 언급하
는 텍스트의 불균질성은 예외적 영화가 자
주 튀어나오는 한국영화사를 바라보는 유
용한 참조점이 됐다. 가령 김영진 평론가는
저작 『순응과 전복』에서 2000년대 이후의
주요한 한국영화에 등장하는 불균질성을
읽어내고자 한다. 영화의 불균질성은 한마
디로 정의하기는 어렵지만 기존의 관습이
나 질서를 거부하는 감독의 자의식인 동시
에 영화가 사회에 부딪혀 일어나는 파열음
이다. 로빈 우드는 70~80년대 할리우드의
대표적인 감독들의 영화에서는 물론이고,
공포영화들을 경유하면서 이 작품들이 주
류 사회에 어떻게 저항하고 거부하는지 상
세히 읽어가고 있다.

주류 시스템에서 나온 〈오멘〉과 저예
산 영화였던 〈텍사스 전기톱 대학살〉(책에
번역된 제목을 따름)의 비교를 통해 우드
는 B급 영화가 지닌 예술적 측면에 손을 들
어준다. 대중영화는 주류 질서에 포섭되기
마련이지만 장르, 여성, 독립, 대안의 방식
들이 그 속에 혼재되어 있으며 로빈 우드의
유명한 말처럼 "가장 개인적(사적)인 것이
정치적인 것"이라는 것을 글을 통해, 영화
속에서 발견하고 실천한다.

▶ 코멘트-이순진(옮긴이)
대학교 영화 동아리 출신이기는 했지만 습
작으로라도 영화평을 써본 적이 없던 나는,
서울영상집단에 들어가자마자 조직의 명

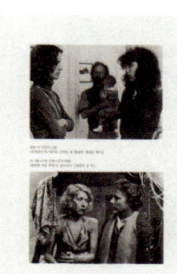

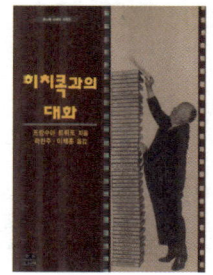

18 『히치콕과의 대화』
프랑수아 트뤼포 지음,
곽한주·이채훈 옮김, 177×248mm,
488쪽, 한나래, 1994

(?)을 받고 근본 없는 글을 써대고 있던 중이었다. 마른 수건 쥐어짜듯 영화에 대한 얄팍한 지식을 쥐어짜는 일이 꽤 고통스러웠지만, 그래도 그것이 영화운동 조직의 일원으로 내게 주어진 소임이라는 생각에 간신히 버티고 있던 그 무렵에 김소영 선생을 만났다. 미국에서 영화 공부를 마치고 귀국한 선생은 당시 신생 출판사로 미술이론 관련 서적을 의욕적으로 출판하던 '시각과언어'에서 일련의 영화책을 기획했고, 그 가운데 이 책도 있었다. 김소영 선생이 뭘 믿고 내게 번역을 맡겼는지는 지금도 의문이다. 당시의 나는 번역 경험도, 이렇다 할 성취도 없던 스물다섯 살의 젊은이였기 때문이다. 모든 일이 어려웠지만 가장 곤란했던 것은 이 책에서 언급하는 영화들 대부분을 볼 수가 없다는 사실이었다. 상업적인 이유에서든 검열 때문이든 난도질당한 채 엉터리 화질과 화면 사이즈로 출시된 비디오테이프를 찾아 서울 시내 유명 비디오 가게를 뒤지고 다녔던 기억이 선명하다. 책이 출간될 즈음, 나는 영화평론을 그만뒀다. 할리우드 영화가 그렇게 간단치 않다는 것도 알게 되었지만, 정치적 실천으로서의 영화평론에 자신을 온전히 내던지는 로빈 우드를 붙잡고 몇 달을 씨름하고 난 후, 더 이상 나의 얄팍한 글쓰기를 지속할 자신이 없어졌던 것이다.

한국의 영화애호가들이 앨프리드 히치콕을 발견한 것은 VHS 비디오를 통해서였다. 비디오 문화가 번성하던 시기 히치콕의 대표작들은 일련의 시리즈물로 출시되었고 그 작가의 위대함에 대한 자각도 싹텄다. 수많은 숭배와 찬사에도 불구하고 히치콕에 대한 최고의 헌사이자 연구서는 프랑수아 트뤼포가 쓴 이 책으로 공인돼 있다. 『히치콕과의 대화』는 한국의 시네필들에게 한 작가의 세계를 독파하기 위한 지침서로 경성을 얻었다. 그의 필모그래피를 하나씩 섭렵하면서 트뤼포와 나눈 대화와 견주어보는 관람 방법으로 히치콕을 마스터하는 사람들이 였을 정도였다.

느벨바그 운동의 주동자였던 트뤼포는 '작가정책'의 기치 아래 할리우드의 위대한 감독들을 재평가했는데 그중 가장 높은 자리에 추대된 감독이 히치콕이었다. 존경과 흠모의 마음을 담아 수행한 이 대화 모음집은 히치콕을 스튜디오 시스템 아래에서 작업한 최고의 감독으로 추인했을 뿐 아니라 걸작의 제작 과정에 대한 고전적인 가이드 중 하나가 되었다. 출간까지의 과정도 장대하다. 6일 동안 LA에서 진행된 히치콕과의 기나긴 대화 끝에 트뤼포는 50시간 분량의 테이프를 얻었고 그 후 4년 동안 테이프는

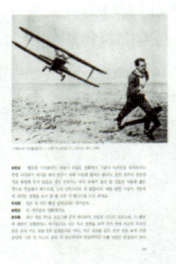

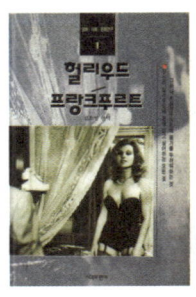

필사되었으며 책으로 편집되어 나왔다. 트뤼포는 베스트셀러를 만들기 위해 책을 낸 것이 아니라 작가 비평에 대한 새롭고 심오한 관점을 통해 스튜디오의 예술가들을 폄훼했던 뉴욕 비평가들의 오만함을 뒤흔들고자 했다.

무엇보다 『히치콕과의 대화』의 가치는 가장 순수한 영화를 만들고자 했던 히치콕의 충동과 예술의 비밀에 대해 알 수 있게 해준다는 것이다. 우리들이 히치콕에 대해 궁금해하던 것들, '배우들을 어떻게 다루는가?', '영화에 형태를 부여하는 방법은 무엇인가?', '죄책감과 원죄로 가득 차 있는 당신은 가톨릭 예술가인가?', '영화는 꿈의 논리를 보여주려는 것인가?' 등의 질문에 대한 답을 얻게 된다. 2016년 비평가이자 영화감독인 켄트 존스는 다큐멘터리 영화 〈히치콕/트뤼포〉에서 데이비드 핀처, 마틴 스코세이지, 웨스 앤더슨 같은 현대 감독의 논평과 통찰력으로 이 책의 이야기를 재구성하기도 했다.

19 『헐리우드/프랑크푸르트』
김소영 엮고 옮김, 155×235mm, 262쪽, 시각과언어, 1994

이 책은 소위 '인문학' 전공자들이 영화이론에 관심을 갖게 만든 촉매제가 아니었을까 한다. 한국에 '영상의 시대'가 갑작스럽게 열리던 1990년대 초반, 대학에서 인문학을 공부했던 친구들이 하나둘 영화학과

에 진학한다는 소식이 들려오고 있었다. 나역시 뒤늦게 아버지가 집에 VCR을 들여놓으시자 제일 처음으로 박광수 감독의 〈그들도 우리처럼〉을 대여해 봤고, 영화 일기장을 만들어 언젠가는 영화에 대한 글을 쓰리라 꿈(?)을 키우고 있었다. 대학원에서는 식민지 시대 한국문학을 공부하고 있었지만, 영화는 점차 국경과 언어를 넘어 사유와 수다를 풍부하게 하는 흥분을 제공해 줬다.

당시 인문학도들은 (경우에 따라 다르겠지만) 소비에트 미학이나 루카치의 리얼리즘론을 여전히 기초 지식으로 삼고 있었고, 알튀세르나 정신분석학으로 관심들 옮겨가고 있었다. 또 인문학계를 강타한 '근대성' 담론은 제임슨과 하비의 (탈)근대성론 및 하버마스 등의 프랑크푸르트 학파를 빠르게 숙지하도록 만들기도 했는데, 벤야민의 『기술복제 시대의 예술작품』을 꼼꼼히 읽은 것도 그즈음이었던 것 같다.

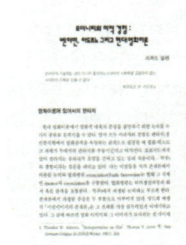

『헐리우드/프랑크푸르트』는 영화에 대해서'도' 이런 이론적 논의가 가능하다는 것, 아니 한국에는 그간 많이 알려지지 않았지만 외국에서는 이미 오랫동안 이런 논의가 이뤄져왔다는 것을 알려준 충격적인 책이었다. 벤야민의 '경험/체험' 개념이나 아도르노의 '자명성(투명성)' 같은 것은 영화가 어떻게 해서 근대의 지각 변화와 딱 맞물리는 매체인지 매혹적으로 설명해주는 것 같았다. 역자가 밝혔듯 이 책에 실린 안드레아스 후이센, 필립 로젠, 미리엄 한센 등의 글은 뉴욕대학교 영화이론학과의 대학원 수업에서 다뤘던 것인데(이미 80년대에 출간된 것이었다), 이런 논의들을 한국에서는 1994년에야 접할 수 있었다는 사실이 억울하게 느껴지기도 했다. 이 책을 통해 알게 된 미리엄 한센은 그 후로도 오랫동안 나에게는 '셀럽'이었다.

20 『삐딱하게 보기』
슬라보예 지젝 지음, 김소연 옮김, 153×223mm, 352쪽, 시각과언어, 1995

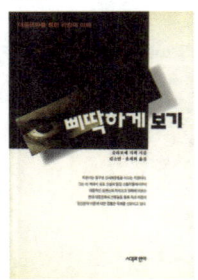

자크 라캉이라는 이름이 한국의 문화 연구 트렌드를 주도하던 시기가 있었다. 정신분석학 연구 분야에서 라캉의 영향력은 지금도 막대하지만 문화의 정신분석이 유행하던 1990년대 말 라캉은 거의 모든 연구자들이 거쳐야만 하는 관문으로 통했다. 라캉을 연구하는 학회나 스터디 모임이 범람했고 대중문화를 통한 라캉 읽기의 권위자였던 학자 슬라보예 지젝이 학회 초청을 받아 한국을 방문하기도 했다. 지젝의 대표 저서 중 하나인 『삐딱하게 보기』가 출간된 것은 이러한 열풍의 전조라고 할 수 있었다. 따라서 정신분석을 통한 대중문화 읽기가 정점에 오르기 직전인 1995년 번역된 이 책에는 나름의 선구적인 의미가 있다. 동유럽의 새로운 사회운동을 주도한 학자로 평판이 높았던 지젝은 공포소설과 탐정물, 앨프리드 히치콕의 서스펜스 영화, 조지 로메로의 호러영화에 이르기까지 현대 대중문화의 작품들을 통해 자크 라캉의 정신분석학적 이론을 풀이한다.

책의 부제는 '대중문화를 통한 자크 라캉 입문'. 이 문구에 충실하게 지젝의 분석은 영화에만 초점화된 것이 아니라 소설과 대중 로맨스 등 다양한 장르를 아우른다. 책의 본론이자 백미는 히치콕의 영화를 라캉을 경유해 해석한 2장이다. 지젝은 대중 매체의 실천들을 통해 라캉의 기본 범주인 상상계/상징계/실재계의 차이를 해설하고 무엇보다 히치콕의 영화에서 충동과 욕망이 대립하는 대상 소문자 a, 분리된 주체 등의 개념을 발견한다. 『삐딱하게 보기』는 라캉에 대해 관심이 없거나 모르는 사람들까지 욕망의 정신분석에 빠져들게 했으며 텍스트의 이면에 주목하는 '틈새 읽기'라는 창조적 해석의 방법론을 대중문화 비평에 도입하는 계기가 되었다.

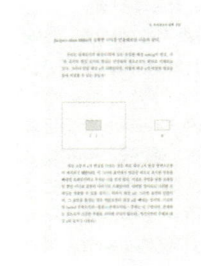

▶ 코멘트–김소연(옮긴이)

1995년, 벌써 까마득한 옛일이다. 출판사 '시각과언어'에 취직한 후 대학원 시절 세미나했던 책을 번역했다. 거기서 일하는 동안 불가피하게 번역에 참여해야 했던 책들이 제법 있는데 『삐딱하게 보기』도 그중 하나다. 제목의 경량함에 비하면 결코 초심자를 위한 책은 아니다. 그러니 아직 뭣도 모르던 내가 어찌 끙끙대지 않을 수 있었으랴. 그래서 두고두고 남은 치명적 오류. 결국 'enjoyment'가 'jouissance'(향유)의 의미로 쓰인 것을 몰라 'pleasure'(쾌락)라는 물을 타버렸다. 독자들은 '쾌락'이라는 용어가 나올 때 이것이 '향유'일 수도 있음을 의심해야 한다. (죄송합니다.)

이 책은 나오자마자 기자들의 '촉'을 자극했다. 책을 보내달라는 매체들의 요청이 빗발쳤다. 부쩍 '삐딱하게'라는 말도 여기저기에서 들려왔다. 'awry'를 '삐딱하게'로 번역할 수 있었던 것은 당시 출판사의 동료 덕분이었다(긴 세월에 이름을 까먹었으나 뒤늦게나마 공을 돌려드린다). 지젝은 이후 민주주의에 관해 이 책에서 피력했던 입장을 번복했다. 나에게도 이 책은 미숙함의 표상이다. 그러나 이십여 년이 지났어도 사람들은 나를 『삐딱하게 보기』를 번역한 사람이라고 소개한다. 이 책보다 더 많이 팔리는 책을 쓰는 것은 그래서 내 필생의 과제가 되어버렸다.

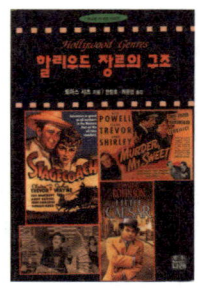

기념할 '한나래 시네마' 시리즈 중 하나로 기획된 이 책은 영화 장르의 본산인 힐리우드에서 생성, 진화, 발전한 장르의 역사와 범주들, 개별 장르의 특성, 작가와 장르성 등의 쟁점을 총체적으로 다룬다. 영화를 애호하는 대중들에게 장르는 친숙한 개념이었으나 당시까지 국내에 영화 장르에 대한 정의와 역사, 효용을 주제로 한 전문서적은 찾아볼 수 없었다. 이런 사정으로 인해 이 책은 영화 장르에 관한 최고의 입문서로 공인되었다.

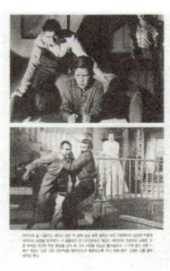

21 『할리우드 장르의 구조』
토마스 샤츠 지음, 한창호·허문영 옮김, 150×223mm, 480쪽, 한나래, 1995

『할리우드 장르의 구조』는 영화문화의 부흥기인 1990년대 중반 영화이론의 기초를 학습하는 데 일조한 책으로 꼽히는 스테디셀러다. 한국에서 뿐 아니라 서구 학계에서도 장르라는 주제를 다룬 표준 학술 텍스트로 널리 간주된다. 영화 탄생 100주년을

샤츠의 핵심 주장은 장르적 접근이 할리우드 영화를 이해하고 분석하고 감상하는 가장 효과적인 수단을 제공한다는 것이다. 영화 제작의 형식적, 미학적 측면뿐만 아니라 다양한 문화적 측면을 고려하여 장르적 접근은 영화산업과 관객 사이의 역동적인 교환 과정으로 간주된다. 스튜디오 시스템에 의해 구현된 이 과정은 주로 서브극, 뮤지컬, 갱스터 영화와 같은 대중적인 서사

형식을 통해 유지되었다. 『할리우드 장르의 구조』를 통해 우리는 할리우드에서 장르의 개발이 어떻게 관객들의 취향과 긴장을 이루었고, 장르 시스템이 글로벌 영화 세계에 어떻게 지배력을 행사하게 되었는가를 이해할 수 있게 된다. 딱 들어맞는 것은 아니지만 책 안에서 한국의 장르 지형에 적용할 요소들을 찾을 수도 있다.

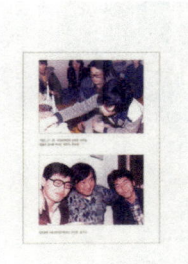

22 『변방에서 중심으로-한국 독립영화의 역사』
서울영상집단 엮음, 170×242mm, 360쪽, 시각과언어, 1996

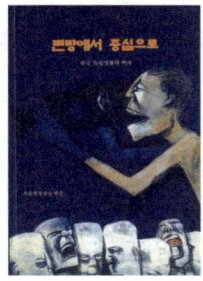

이 책은 서울영상집단이 한국 독립영화의 역사를 정리하는 다큐멘터리 〈변방에서 중심으로〉를 제작하면서 모은 독립영화 관련 자료들을 정리하여 수록한 자료집이다. 각종 선언문, 전단들, 관련 기사, 독립영화 작품 목록, 독립영화 관련 사진 등을 모아 일목요연하게 정리했다. 공식적인 출간물의 형태로 나온 적이 없는, 그래서 자칫 유실되기 쉬운 각종 자료들을 한데 모은 책으로 1980년대 이후 영화운동의 역사에 접근하기 위해서라면 필수적인 자료를 남겼다는 점에서 의미가 있다. 1980년대 영화운동의 기원으로 1970년대의 영화 소모임과 이른바 '문화원 세대'를 위치 짓는 시각을 최초로 제시한 책이기도 하다.

한국 독립영화의 역사를 개괄하는 이 책의 1부는 다큐멘터리 〈변방에서 중심으로〉를 연출한 홍형숙 감독이 썼고(책에는 필자의 이름이 기록되지 않았다. 작가의 개별성에 크게 의미를 두지 않았던 1980년대 이래 사회운동, 학술운동의 흔적이라고 나는 본다), 이 책에 수록된 자료들을 정리하는 일은 다큐멘터리 제작팀의 연출부원들이 맡았다. 한때 서울영상집단 회원이었고 당시에는 도서출판 '시각과언어'의 영화담당 편집자였던 ㅇ순진이 서울영상집단에 제안함으로써 출간 작업이 성사되었으며, 책이 출간된 후에는 과거 서울영화집단 회원을 비롯한 독립영화 관련 인물들이 참석한 출판기념회가 강남역 시티극장에서 있었다. 마치 한 시대를 결산하는 것과 같은 그 출판기념회의 모습이 다큐멘터리 〈변방에서 중심으로〉에 남아 있다.

23 『카메라 폴리티카-현대 할리우드 영화의 정치학과 이데올로기』
마이클 라이언·더글라스 켈너 지음, 백문임·조만영 옮김, 175×245mm, 310쪽(상)·258쪽(하), 시각과언어, 1996-1997

1967년부터 1980년대 중반의 할리우드 영화를 다룬다는 점에서 로빈 우드의 『베트남에서 레이건까지』와 겹치는 영화들이 꽤 있다. 하지만 마르크스주의자인 마이클 라이언과 더글라스 켈너의 작업은 시대와 정치 그리고 이데올로기가 펼쳐지는 '사회적 장소'에 집중한다. 1990년대 중·후반 영

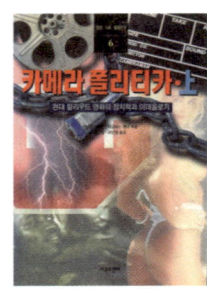

화에 대한 이데올로기적 독해가 한국사회에서 전반적으로 시도되었을 때 이 책은 주요한 영화 이데올로기의 참고서였다. 『카메라 폴리티카』는 제목 그대로 영화사회학의 기초를 보여준다. 저자들은 〈뉴스위크〉지와 〈타임〉지의 표지를 끼워 넣으며 시사 주간지와 영화가 어떻게 만나는지 다채롭게 설명한다. 풍성한 예시들이 할리우드 영화의 이데올로기적 독해를 가능케 해준다는 점에서 영화가 한 사회의 집단무의식이 표출되는 장소임을 보여주고 있다.

책에서 위기의 영화로 언급한 〈죠스〉, 〈엑소시스트〉, 〈대부〉, 〈에어포트〉는 파국의 은유를 통해 사회적 이상에 대한 위협을 막아내는 일종의 미학적이고 심리적인 방어 기제이며, 저자들은 이를 둘러싼 상징과 징후적 독해를 시도한다. 이러한 범주 속에서 블록버스터와 SF와 호러가 장르를 넘어서 서로 만날 수 있다. 영화의 장르나 스타일은 불안과 위기의 이데올로기를 표출하는 각자의 방식인 셈이다.

은유로서의 영화를 독해하는 이 책의 매력적인 지점은 신뢰의 위기 혹은 위기의 영화가 만연했던 1970년대를 지나 미국 사회가 1980년대에 '우익 대통령의 집권으로 현실화' 됐음을 토로할 때이다. 사회의 불안이 영화 속에 반영될 뿐만 아니라 영화가 예언하는 장면들이 사회적 현실이 되어버렸다는 지적은 영화와 사회의 상호 거울 작용으로 나아간다. 그 가운데 놓인 여성, 계급, 인종이라는 1960년대부터 제기된 예민한 문제들을 끌어안으며 이것들이 할리우드 영화에 어떻게 반영되고, 재현의 정치학이 펼쳐지는지 풍부하게 설명한다.

이러한 해설은 한국영화에서도 여전히 유효한 지점일 것이다. 여전히 한국영화의 흐름을 차지하며 유행하는 시대극은 재현의 정치학이라는 점에서 이데올로기적 비평을 피해 갈 수가 없는데(그럼에도 불구하고 한국에서는 이러한 관점의 비평이 여러 이유로 쇠퇴하고 있다), 『카메라 폴리티카』는 개별 작품에 대한 언급뿐만이 아니라 재현의 정치학이 보여주는 은폐와 모순을 반복적으로 건드리고 한데 모아 펼쳐놓는다. 영화가 시대의 산물임을 망각하지 않는다는 점에서, 영화가 욕망하는 지점이 무엇인지를 보여준다는 점에서, 영화사회학의 많은 것들이 이 책에 담겨 있다.

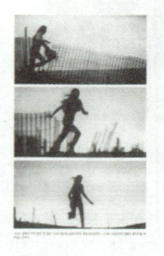

▶ 코멘트—백문임(옮긴이)

25년 전, 대학원생 때였다. 번역 원고를 이메일이 아니라 디스크로 전달했던 시절. 그리고 무엇보다도, 유튜브가 없던 시절. 1960~80년대 할리우드를 다룬 이 책에는 수백 편의 영화가 언급되는데, 그것들을 (다시) 보지 않은 채 번역을 한다는 건 불가능했다. 그래서 가장 시간과 공을 들인 건 해당 영화들의 비디오를 찾는 일이었다. 강남, 신촌, 종로, 대학로의 오래된 비디오 가게들을 뒤져 완성한 것이 부록의 '비디오 출시 영화목록'이다. 이 책에서 가장 인상 깊었던 부분은 68혁명 언저리의 자유주의적이고 급진주의적인 기운이 미국 사회문화에 남긴 '영구적인' 흔적이다(요사이는 그것이 '가역적'일 수도 있겠다는 생각이 들지만). 번역 직후 대학원 총학생회에 관여하면서 '반(反)문화 영화제'를 기획한 것도 그 기운을 동학들과 공유하고 싶어서였을 것이다. 서너 명의 친구들과 며칠 밤을 새워가며 팸플릿과 포스터를 만들고 대강당을 빌려 영화제를 치렀던 것은, 내 20대 후반의 가장 빛나는 기억 중 하나다. 저화질 VHS를 그저 스크린에 영사했을 뿐이지만, 부산국제영화제가 막 출범했던 시절 뜨거웠던 영화열의 자장 안에 이 책도 있었던 셈이다.

24 『영화언어-1989년 봄에서 1995년 봄까지 I, II』
영화언어 편집위원회 엮음,
172×243mm, 391쪽,
시각과언어, 1997

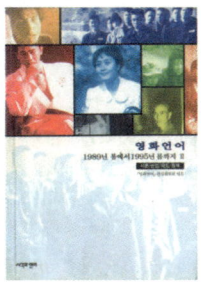

이 책은 1989년부터 1995년까지 발간되며 한국 영화비평의 과학성과 작가주의 담론을 확립한 계간지 『영화언어』 15권의 주요 글들을 두 권의 단행본으로 묶은 선집이다. 1권에는 이론 및 비평, 텍스트 분석 성격의 글을, 2권에는 산업, 제도 및 정책에 관한 담론을 모았다. '새로운 영화비평'을 향한 집단적 모색에서 나온 이 담론들은 1980년대 후반의 '코리안 뉴웨이브'와 함께 비평

담론과 영화적 실천이 하나의 학파이자 시대정신을 형성하며 1990년대 한국영화의 르네상스를 견인한 기록들이다. 이전 비평세대와의 차별화를 선언했던 『영화언어』의 '과학주의'는 데이비드 보드웰의 신형식주의나 앤드류 새리스의 작가주의, 앙드레 바쟁의 리얼리즘론 등 서구 이론 및 비평의 수용을 통해 한국영화의 내러티브와 미장센을 정밀하게 분석하는 방법론으로 구체화되었다. 이용관의 〈나그네는 길에서도 쉬지 않는다〉의 치밀한 구조 분석이나 김지석의 〈황진이〉 미학 연구 등을 통해 그 비평적 열기를 가늠할 수 있다.

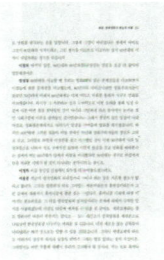

이 책의 축사를 쓴 안병섭은 『영화언어』의 공적을 영화에 대한 분석적 연구와 한국영화의 옹호, 그리고 진정한 영화연구를 열망하는 '동인제' 시스템의 결속으로 요약한다. 김소영이 제언하듯 『영화언어』가 서구 영화이론과 비평을 수용하면서 보드웰로 대표되는 특정 이론에 치우친 결과, 문화연구 및 페미니즘 등 동시대 인접 학문과의 교류 및 방법들을 창조적으로 수용하고 이를 국내의 영화연구 및 비평에 생산적으로 조응하지 못했다는 점은 한계로 지적될 수 있다. 그러나 『영화언어』는 '다안영화'에서 '대항영화'에 이르는 이론적 기획을 끊임없이 '한국영화'에 적용하며 동시대 한국영화의 현실에 개입하고 질문을 건지려는 태도를 견지했다. 이러한 탐색은 『영화언어』의 동인이던 김지석, 이용

관, 전양준 등이 주도한 부산국제영화제의 탄생으로 이어졌고, '코리안 뉴웨이브'라는 사조, 〈씨네21〉, 〈키노〉 등 비평 저널리즘, 예술영화(관객)의 열기, 독립영화 집단의 활력 등과 함께 1990년대를 '영화의 시대'로 이끌며 선순환되었다.

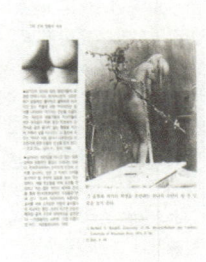

25 『전위영화의 세계』
아모스 보겔 지음,
권중운·한국실험영화연구소 옮김,
174×223mm, 509쪽, 예전사, 1997

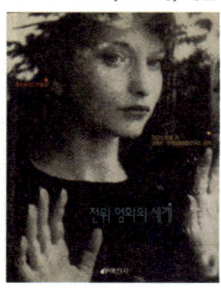

1990년대 중반, 한국영화가 미학적·예술적 전통이 빈곤한 상태에 있다는 문제의식을 가진 청년들이 있었다. 1992년 서울대 미학과 강사 권중운을 중심으로 결성되어 16mm 실험영화와 전위영상을 제작하고 연구 활동을 했던 '뉴이미지그룹'이 바로 그들이었다. 이들은 서구 아방가르드, 특히 미국 동부 실험영화의 전통을 계승하는 작품들을 발표함으로써 1960년대 이래 한국에서는 독립영화의 일부분으로 여겨졌던 실험영화를 별도의 장으로 분리시켜 여러 제도화된 활동을 펼쳐나갔다. 1994년 4월, 국내 최초로 열린 대대적인 실험영화 축제인 '황홀한 비전: 뉴미디어 영상의 미학'은 그 대표적인 행사였다. 연구 활동으로서 이들은 실험영화의 역사에서 대표적인 글과 비디오나 뉴미디어 등 전자영상 관련 연구 논문 20여 편을 모아 편역한 『뉴미디어 영상미학』(민음사, 1994)을 출간했으며, 이

어 단체의 이름을 '한국실험영화연구소'로 바꾸고 그들의 예술적 지향을 반영하는 책 『전위영화의 세계』를 공역했다.

이 책의 저자인 아모스 보겔(1921~2012)은 20세기 뉴욕의 대표적인 아방가르드 영화예술 단체인 '시네마 16'(Cinema 16, 1947~1963)과 지금도 계속되고 있는 뉴욕영화제를 창립(1963)한 인물이다. 한때 회원 수가 7천여 명에 달했던 '시네마 16'은 할리우드의 상업주의에 맞서 '성인들을 위한 영화단체'를 표방하고 '다른 곳에서는 볼 수 없는 영화'를 소개한다는 지향점을 가지고 있었다. '전복적 예술로서의 영화'(Film as a Subversive Art)라는 제목으로 1974년 출간된 책의 원제는 영화의 내용, 형식, 주제 등에 있어서 대안적인 세계관을 추구했던 그의 관점을 잘 드러낸다. 주로 유럽과 미국에서 금기시된 주제를 다루며 급진적인 태도를 담고 있는 수백 편의 작품들이 요약되어 있다. 2021년 4월 오스트리아영화박물관은 영화의 역사에서 가장 영향력 있었던 프로그래머이자 큐레이터로 평가되어온 저자의 탄생 100주년을 맞아 이 책에 수록된 일부 작품들을 재상영하는 특별전을 갖기도 했다.

26 『한국영화측면비사』
안종화 지음, 150×225mm, 304쪽,
현대미학사, 1998

임성구가 이끌던 '혁신단'의 배우로 극계

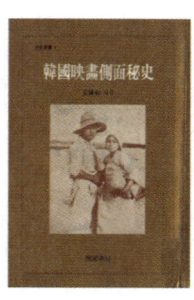

에 들어온 안종화는 평생을 무대와 스크린에서 배우이자 연출가로 활약했다. 일찍부터 교육을 통한 후진 양성에 큰 관심을 기울였던 그는 자신이 직접 듣고 겪었던 연극·영화계의 이야기를 남기는 데 많은 노력을 기울였다. 역사의 산증인으로 자신의 경험을 후배들이 반면교사로 삼길 바랐기에 작은 경험이라도 소중히 생각했던 것이다. 그가 수십 년간 여러 매체에 남긴 기록은 일종의 체험으로서의 역사이자 생생하게 살아 있는 역사의 재료였다. 일제강점기부터 해방 이후까지 신문과 잡지에 게재했던 연극·영화계의 비사들은 『신극사 이야기』(진문사, 1955)와 『한국영화측면비사』(춘추각, 1962)라는 두 권의 책으로 묶여 발간되었다.

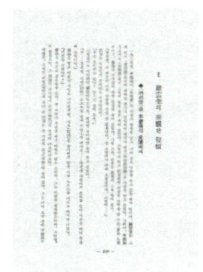

오래전 발간된 책이 다시 빛을 보게 된 것은 이 책의 가치를 잘 알고 있던 사람들의 관심 덕분이었다. 영화평론가이자 영화사가인 김종원은 어느 자리에서 현대미학사의 김태원 대표와 『한국영화측면비사』의 의기에 대해 이야기를 나누었고 김 대표는 후배 연구자들이 보다 편리하게 참고할 수 있도록 이 책의 재발간을 결정했다. 결국 1998년 현대미학사판 『한국영화측면비사』가 세상에 다시 그 얼굴을 드러냈다. 1962년 발간 당시 기억과 체험으로 서술되어 생긴 오류는 정오표를 달아 바로잡았다.

이 책은 2000년대 들어 일제강점기 영화들이 발굴되어 영화사 연구의 붐이 일기 시작하면서 그 가치를 보다 뚜렷이 인정받을 수 있게 되었다. 특히 사료들이 감추고 있는 그 시대 영화인들의 생생한 모습을 보다 선명하게 전달해주는 자료이자 한국영화사의 다양한 풍경을 보다 풍성하게 제시해주는 자료로서 그 의미가 빛을 발하게 된 것이다.

27 『영화란 무엇인가?』
앙드레 바쟁 지음, 박상규 옮김, 152×223mm, 480쪽, 시각과언어, 1998

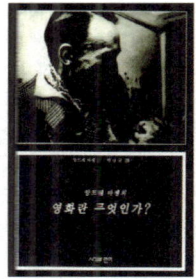

1959년 프랑스 티평가 앙드레 바쟁이 마흔 살의 나이로 사망한 뒤 후학들이 바쟁의 글을 모아 엮은 두 권의 책에 실린 에세이들 중 일부를 선별, 번역한 한국판이다. '영화란 두엇인가?'라는 본질주의적인 질문을 표제로 단 이 책은 영화연구의 전설이며, 한국게서는 영화이론에 대한 본격적인 관심이 발아하던 시기의 경향을 반영한다. 책

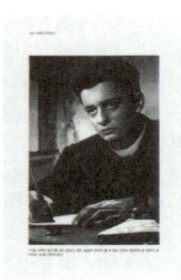

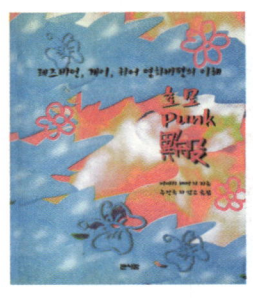

이 번역되기 전까지 한국에서 바쟁은 롱테이크와 딥 포커스에 기초한 영화 리얼리즘의 수호자로 널리 회자되었다. 그러나 허다한 논자들이 바쟁을 입에 올렸음에도 불구하고 인간과 예술, 종교적 세계관에 근거하여 총체적으로 바쟁의 영화론을 설명하는 경우는 없었다.

『영화란 무엇인가?』의 번역 출간은 이런 맹점을 해소해줬다. 이 책을 통해 독자들은 오슨 웰스와 장 르누아르, 알베르 라모리스, 로베르토 로셀리니를 관통하는 윤리와 미학을 이해하게 된다. 바쟁의 저술들은 사고의 혼합적 측면으로 인해 모순이 발견되기도 하고 지적인 일관성을 강박적으로 추구한다는 점에서 많은 비판을 받았다. 하지만 영화라는 예술 형식에 대한 단 하나의 헌신이라는 관점은 여전히 흥미롭다. 1998년 출간된 번역본은 한역의 난항 탓에 원작의 진의를 파악하기 힘든 대목이 있지만 텍스트의 배후 의미를 추정해가면서까지 탐독하는 사람들이 많았다. 바쟁의 통찰력 있는 에세이를 읽고 있노라면 우리들이 지적으로 빚지고 있는 영화 세대의 유산을 깨닫게 될 것이다.

28 『호모 PUNK 異般-레즈비언, 게이, 퀴어 영화비평의 이해』
바바라 해머 외 지음, 주진숙 외 옮김, 190×220mm, 435쪽, 큰사람, 1999

1990년대 문화의 시대가 열렸다. 질적 민주주의가 확장되기 시작하면서 정체성 정치가 부상하고 다양한 소수자운동이 활발해졌다. 그러면서 지금까지 사적이고 개인적인 문제로 치부되었던 문제들이 공적이고 정치적인 문제로 관심을 끌기 시작한다. 섹슈얼리티도 그중 하나였다. 페미니즘과 퀴어이론은 섹슈얼리티에 대한 담론을 확장시켰고, 90년대 한국 퀴어 문화운동은 페미니스트 문화운동과 긴장 관계를 유지하면서도 서로에게 영향을 미치며 진전되었다. 1999년 6월에 출간된 『호모 PUNK 異般』은 그 긴장과 협업 관계를 잘 보여준다.

책은 퀴어 영화비평의 전개 과정과 쟁점들을 일별할 수 있도록 구성되어 였다. 1부에선 레즈비언/게이 영화비평의 개념을 도출할 수 있는 논의를 소개한다. 2부는 할리우드 영화에 대한 퀴어 독해를 살펴본다. 3부는 바바라 해머, 라이너 베르너 파스빈더, 모니카 트로이트 등 퀴어 작가들의 인터뷰나 평문을 소개한다. 4부는 퀴어 관객성의 문제를 본격적으로 다룬다. 책을 통해 로빈 우드, 줄리아 르사주, 루비 리치, 발레리 트로브, 리처드 다이어 등 퀴어 비평의 '선구자'라 할 만한 이론가들의 글을 만나볼 수 있다.

역자를 대표해서 주진숙이 쓴 서문 「레즈비언, 게이, 퀴어영화비평에 대한 소고」는 1990년대 페미니스트 비평과 퀴어 비평이 교차하는 접점의 좌표를 확인할 수 있다는 점에서 흥미롭다. 이 글의 끝에는 이런 문장이 있다. "우리가 이 작업에 매달리는 사이에 잠시 유행을 타는 듯하던 퀴어 담론은 한풀 꺾였지만 작년에는 가능할 것 같지 않았던 퀴어영화제가 마침내 열려 관객의 열렬한 호응을 받았다." 이 영화제가 2024년 24회를 맞은 '한국퀴어영화제'다. 한국 퀴어영화 및 퀴어 비평 신(scene)의 초창기 풍경을 볼 수 있다는 점에서도 기록해둘 만한 작업이다.

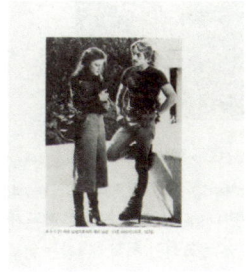

▶ 코멘트—김경욱(옮긴이)

이 책은 1990년대에 중앙대학교 영화학과 대학원 석·박사 과정에 재학 중이던 연구자들이 함께 진행했던 영화이론과 비평 관련 스터디의 결과물이다. 당시 한국사회에서 '레즈비언, 게이, 퀴어' 등은 터부시되거나 매우 낯선 주제였다. 따라서 연구자 가운데는 "스터디 모임에 게이, 레즈비언이 있느냐?"는 다소 의뭉스런 질문을 받거나, 여성과 같이 있을 때 "둘이 사귀는 사이"라는 오해를 받기도 했다. 연구자들은 물론 영화와 관련된 다른 주제에도 관심이 있었다. 그런데 당시 미국과 유럽의 영화이론과 비평에서 젠더와 섹슈얼리티를 둘러싼 논의가 가장 첨단의 쟁점으로 떠오르고 있었기 때문에 관련된 주요 논문을 번역해서 소개하는 게 의미 있는 작업이라고 생각했다. 이전과는 다른 관점으로 영화를 바라보는 계기를 제공할 수도 있고, 아울러 한국 사회에 만연한 동성애혐오증을 재고하고 완화하는 데 일조할 수 있다는 기대도 있

었다. 이 책의 출판 이후 꽤 오랜 시간이 흘렀지만 최근 젠더와 섹슈얼리티 문제에 관심이 증폭되는 상황에서, 관련 주제에 관심 있는 독자라면 이 책에 실린 흥미진진한 논문들에서 많은 영감을 얻을 수 있을 것이다.

29 『근대성의 유령들-판타스틱 한국영화』
김소영 지음, 182×224mm, 279쪽, 씨앗을뿌리는사람, 2000

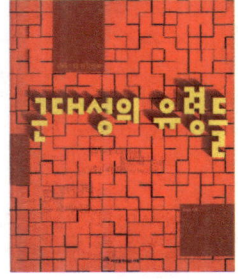

『근대성의 유령들』은 리얼리즘과 민족영화, 조가 중심의 한국영화사 연구를 넘어 그간 덜 조명되어온 1960년대와 70년대 대중 장르영화를 대상으로 탈식민주의, 페미니즘, 정신분석학, 비교연구 등의 방법론에 천착해 한국영화의 근대성을 탐구한다. 이 책의 부제는 '판타스틱 한국영화'다. 저자는 판타스틱이라는 토픽에 주목하는 이유로 기존 한국영화에서 억압되거나 담론적 주목을 받지 못했던 '상상적 도발'이라는 측면, 그리고 '식민지적 근대성과 영화적 특정성의 관계 고찰'이라는 측면을 지적한다. 즉 한국영화라는 장에서 환상 양식을 탐색함으로써 '근대성 속에 잠복한 전근대성, 혹은 동시대에서 근대성이라는 차이를 만들어내는 상생아로서의 전근대성, 즉 블로흐가 '비동시적 동시성'이라고 명명한 것이 어떤 계기로 작동되는가'를 읽어낼 수 있다는 것이다. 김소영은 환상 양식이 공

포, 괴담, 괴물, 귀신 장르의 지배적 양식일 뿐 아니라 리얼리즘이나 멜로, 작가영화에도 내포되어 있기에 한국영화를 새롭게 읽어낼 수 있는 분석틀이라고 본다.

책은 총 3장으로 구성되어 있다. 1장은 한국 판타스틱 영화와 근대성, 2장은 멜로드라마와 여성 섹슈얼리티, 3장은 관객성 연구를 다룬다. 김소영은 1장에서 〈살인마〉, 〈대괴수용가리〉, 〈천년호〉 등의 1960년대 공포, 괴수, 여귀(女鬼) 영화들에서부터 김기영의 〈하녀〉 시리즈나 〈이어도〉, 동시대의 〈여고괴담〉까지 횡단하며 '시간성과 시각체계, 주체성의 문제를 둘러싸고 벌어지는 근대성과 전근대성의 전쟁터'라는 관점에서 환상 양식 영화들을 탐색한다. 이러한 전근대와 근대의 뒤섞임은 2장의 멜로드라마와 여성영화, 섹슈얼리티 분석으로도 이어진다. 압축적 근대화 과정에서 여성이 타자화되거나 위협적인 존재 또는 괴물로 자리매김하는 양상들은 〈미망인〉, 〈자유부인〉, 〈지옥화〉, 〈하녀〉, 〈티켓〉, 〈낮은 목소리〉 등의 분석과 함께 할리우드 여성영화와의 비교의 관점 속에서 질문된다. 일관성은 약하지만 마지막 장의 1990년대 시네필리아나 영화(제)문화의 관람성 연구 또한 당시 한국영화사 연구에서는 드문 시도이다. 이러한 연구 대상과 방법론의 전환은 2000년대 이후 한국영화의 근대성 연구나 시네페미니즘 등 영화연구의 분화와 심화에도 일정한 영향을 줬다.

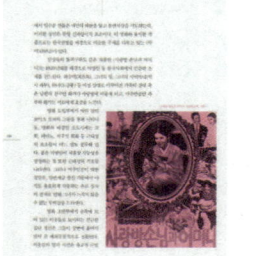

30 『영화는 영화다』
V. F. 퍼킨스 지음, 윤보협 옮김, 153×223mm, 249쪽, 현대미학사, 2000

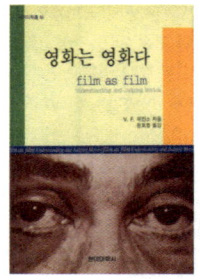

"이 책에서는 영화를 평가하는 데 필요한 표준(criteria)을 제시하고자 한다"는 서문의 첫 문장에서 알 수 있듯이 영화평론가 V. F. 퍼킨스의 대표적인 저서 『영화는 영화다』는 분명한 목적을 갖고 있다. 『영화는 영화다』는 마르크시즘, 구조주의, 페미니즘, 정신분석학 등 1950~70년대에 부상하거나 새로운 국면을 맞이한 학제들이 영화연구로 유입되기 이전의 영화이론 및 영화사에 근거해 '영화를 영화로서' 고찰하는 책이다.

퍼킨스는 바첼 린제이, 루돌프 아른하임 등 초기 이론가들이 구축한 '정통 영화이론'을 분석의 토대로 오롯이 수용하기보다 오히려 그것은 새로운 비평의 역할과 존재를 환기하는 "개척자들의 원죄"라고 말한다. 비평은 '정통 이론'을 충실히 수행하는 창작자에게 씌워주는 면류관을 넘어 영화를 있는 그대로 바라보는 일이 돼야 하기 때문이다. 바쟁의 리얼리즘 미학을 차용하고 기술적 요소의 중요성을 강조하면서도 퍼킨스는 영화의 힘이 결국 관객의 지각과 주관, 인식 등 심리적인 반응에서 비롯된다고 본다. 비평의 텍스트로 유럽 작가즈의 영화보다 히치콕, 니콜라스 레이, 오토 플레밍거 등 주로 1950년대 할리우드 상업영

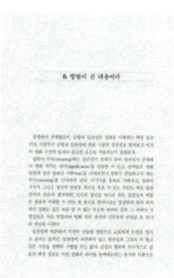
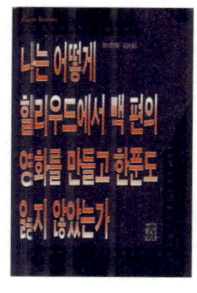

화를 선택한 배경도 이 영화들이 대중적인 설득력을 지니고 있으면서 강한 상징성을 띨 만큼 일관된 표현의 정립이 이뤄져 있어서였다.

1990년대부터 무용이론 및 비평 전문서적을 출간해온 현대미학사는 90년대 중반에 이르러 영화서적을 출판하기 시작했다. 2000년에 번역된 『영화는 영화다』의 출간은 무용, 연극 등 공연예술 분야에 집중돼 있던 예술비평이 사진, TV, 영화 등 미디어를 비평의 대상으로 적극적으로 수용한 당대 문화담론의 영향이 반영돼 있다. 2020년 영화평론가 유운성은 문지문화원 사이에서 '퍼킨스의 유산: 『영화로서의 영화』 다시 읽기'라는 제목으로 이 도서를 텍스트로 하는 강의를 기획하기도 했다. 영화이론 및 영화사 공부를 시작하는 독자들에게 각자의 비평적 관점을 정리하면서 읽어보기를 권하고 싶은 책이다.

31 『나는 어떻게 할리우드에서 백 편의 영화를 만들고 한푼도 잃지 않았는가』
로저 코먼 지음, 김경식 옮김, 160×240mm, 327쪽, 열린책들, 2000

그러니까 때는 2000년이었다. 1995년에 창간된 〈키노〉가 아직 폐간되기 전이었고, 종로 극장가에는 명절이면 인파가 몰려들었다. CGV 1호점인 CGV 강변11이 문을 연 직

후였고, 〈공동경비구역 JSA〉가 개봉했고, 2003년작 〈살인의 추억〉은 형체를 갖추기 전이었다. OTT와 유튜브를 포함한 많은 것이 아직 세상에 존재하지 않았다. 『나는 어떻게 할리우드에서 백 편의 영화를 만들고 한푼도 잃지 않았는가』라는 기나긴 제목의 책은 이런 시기 한국에 상륙했다. 이 책이 나왔을 때 제목을 제대로 기억하기도 어려웠지만 저자 로저 코먼이 무슨 영화를 만들었는지 모르는 사람들도 수두룩했다(이렇게 달하고 보니 지금도 그럴 것 같긴 하지만).

미국 스탠포드 대학에서 기계를 공부했고 20세기폭스사에서 문서 배달 사원으로 근무하다가 영국 옥스퍼드 대학에서 현대 영국문학을 공부한 뒤 시나리오 작가가 되기 위해 미극으로 돌아온 로저 코먼은 저예산 호러영화의 거장, B급 영화의 거장으로 불리게 된 필모그래피를 쌓아갔다. 1955년 〈서부에서의 다섯 개의 권총〉으로 데뷔한 그는 50년대 후반에서 60년대에 걸쳐 〈블러디 마마〉 〈피라냐〉를 비롯한 영화들을 만들어 드라이브인 극장에서 상영했다. 3일 동안 촬영한 〈공포의 작은 상점〉을 비롯해 그는 1~2주 만에 한 편의 영화를 찍었고, 2021년 현재 50여 편에 달하는 연출작 외에 그의 이름이 제작자로 표기된 영화는 515편에 이른다. 당시 한국 관객들이 로저 코먼의 저예산 B급 호러영화를 여럿 봤기 때문이라기보다는 그의 영화에 영향을

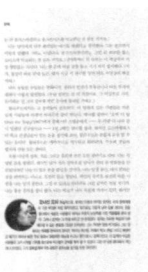

받은 영화감독들의 목록이 길고 화려했기 때문에 이 책에 관심을 가진 사람들이 많았다. 프랜시스 포드 코폴라, 마틴 스코세이지, 조너선 드미, 조 단테, 그리고 제임스 캐머런은 로저 코먼 밑에서 영화를 만들기 시작해 1970년대와 80년대에 (과장을 좀 보태) 세계를 지배했다.

그래서 제목에 적힌 것과 같은 대단한 비법이 이 책에 있느냐고? 그렇다고 할 수 있다. 당신이 1960년 즈음의 할리우드에서 커리어를 시작하는 사람이라면 말이다. 지금은 적용할 수 없는 원칙이 수두룩하지만, 할리우드라는 정글에서 대중적인 감각을 초고속으로 연마하고 실천한 영화감독의 흥미진진한 일대기임에 틀림없다.

32 『세계 다큐멘터리 영화사』
에릭 바누 지음, 이상모 옮김,
175×230mm, 445쪽, 다락방, 2000

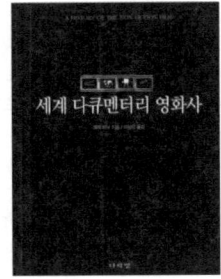

에릭 바누의 『세계 다큐멘터리 영화사』는

54

빌 니콜스의 『다큐멘터리 입문』과 함께 한국에서 다큐멘터리 영화를 독자적으로 조명한 대표적인 다큐멘터리 이론서이다. 이 책은 대부분 세계영화사가 북미, 유럽의 극영화를 중심으로 기술된 데 반해, ㅂ 워진 기록영화의 영역을 메워내면서 세계 영화사 속에서 다큐멘터리 영화의 자리를 위치 짓고 기존 영화사 속에 자리매김한다. 『세계 다큐멘터리 영화사』는 초기 영화사ㅅ에서부터 디지털 시대 이전까지 다큐멘터리 영화와 다큐멘터리 감독을 발견하고 분류하고 고유의 맥락을 짚어준다. 특히 세계영화사와 시대사와 다큐멘터리 영화, 삼자를 연결하는 위치 짓기와 맥락 읽기는 마치 재미있는 이야기를 풀어가듯 다큐멘터리 영화를 한층 가깝게 접근하게 한다. 한편 다큐멘터리를 서술함에 있어 한국의 백남준을 찾아내 그와 그의 작품이 점유하고 있는 위치를 기록영화 차원에서 읽어내는데, 이처럼 저자는 다큐멘터리 영화를 규정해서 정의를 내리기보다 다큐멘터리적 요소를 발견하여 영화의 종적 횡적면으로 확장하고 연결한다.

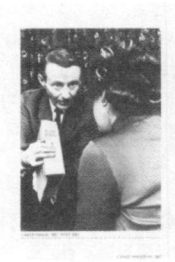

영화연구자이기도 하고 비평과 제작을 아우르는 저자 에릭 바누는 방송 영역에서도 전문가로 이론과 현장, 매체와 장르를 횡단하면서 다큐멘터리 영화 영역을 걸어놓는다. 특히 세계 각국의 영화기록보관소와 영화사, 나아가 촬영소를 직접 찾아다니며 자료를 모으고 분류하고 담당자의 자문

을 곁들여 집필했고, 또한 작품을 만든 다큐멘터리 감독들을 직접 만나 인터뷰를 기반으로 작품을 둘러싼 구체적인 현장의 사건과 맥락을 생생하게 담는다는 점에서 매력적이다. 한국에서는 번역되기 이전부터 원서로도 회자된 만큼, 번역되어 출간 이후 다큐멘터리 연구자와 감독은 물론 전국 대학 다큐멘터리 수업의 입문서로 자리매김했다. 한국에서 이 책은 세계 다큐멘터리 영화를 접하는 첫 관문서이자 다큐멘터리 영화를 체계적인 학문의 영역으로 이끄는 계보학적 서적이다.

33 『세계영화사』
크리스틴 톰슨·데이비드 보드웰 지음, 주진숙·이용관·변재란 외 옮김, 200×252mm, 335쪽(1권), 572쪽(2권), 354쪽(3권), 시각과언어, 2000

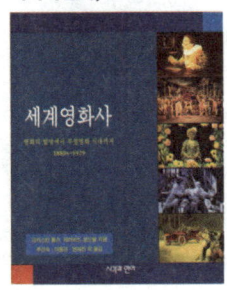

1994년 초판이 출간된 데이비드 보드웰, 크리스틴 톰슨 커플의 『세계영화사』는 영화 매체에 대한 범세계적이고 포괄적인 조사에 기초한 역사책이다. 한국에서는 세 권의 책으로 출간되었는데 초기 영화에서부터 현대영화에 이르기까지 통사적인 구분법에 따라 편제를 설계했다. 미국의 영화학자가 쓴 영화사 연구에 미국의 편견이 명백하게 투영되는 경향이 있는 것을 감안하면 모든 대륙과 국가에 공평하게 주의를 기울이려 한 태도에 높은 점수를 줄 수 있다. 더군

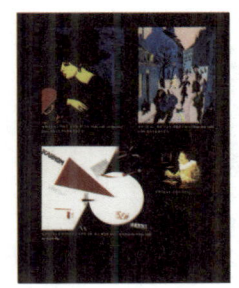

다나 보드웰과 톰슨이 미국영화의 언어적 유산이 대한 자부심에 기대어 학문적 논의를 전개해온 인물이라는 점에서 역사를 대하는 이와 같은 균형 감각은 의미가 있다.

ㅈ 역적 안배뿐 아니라 저자들은 픽션과 다큐멘터리, 코미디, 애니메이션, 실험영화예 이르기까지 영화 장르의 역사를 다각적으로 기록하는 것에도 주의를 기울였다. 보드웰과 톰슨은 이런 장르들의 개별적 발전, 영화사의 거의 모든 운동들, 5센트 극장에서부터 이어진 영화관의 변화, 다양한 유형의 검열, 촬영과 편집, 서사 구조 등의 형식적 구성, 마케팅 전략과 스튜디오 정책 등 거의 모든 역사적 작인들을 논의한다. 『세계영화사』는 영화를 개인의 것으로 보지 않고 역사적 사건과 사회문화적 요인의 영향을 받은 예술로 파악하는 야심 찬 관점을 가지고 있다. 역사를 공부하는 전 세계 학생들에게 교재로 사용되고 있을 뿐 아니라 영화에 대한 지식을 심화하고 전문화하고 싶은 일반 독자들에게는 현실적인 참고 자료를 제공한다.

34 『영화와 소리』
미셸 시옹 지음, 지명혁 옮김, 153×223mm, 273쪽, 민음사, 2000

영화비평지 〈카이에 뒤 시네마〉가 발간한 『영화와 소리』는 한국에서 번역, 출판된 영화책 가운데 사운드에 관한 최초의 이론서라는 점에 의의를 둘 수 있다. 영화를 볼

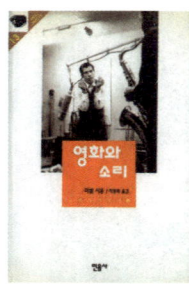

든 소리들, 즉 대사와 음악, 소음을 분석하는 방법을 아는 것이 영화의 신비를 이해하는 데 얼마나 큰 도움이 되는지를 일깨워준다. 이 책과 연결해 영화 사운드에 관한 3부작으로 기획된 『영화와 목소리』, 『영화와 음악』이 출간되지 못한 점이 애석하지만, 이 한 권만으로도 사운드의 기능을 탐구하기 위한 교과서로 손색이 없다.

35 『감독 오즈 야스지로』
하스미 시게히코 지음, 윤용순 옮김,
188×230mm, 327쪽, 한나래, 2001

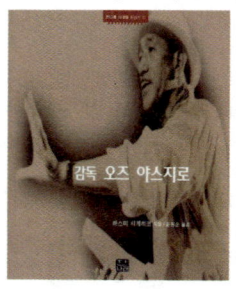

때 우리들은 눈에 보이는 이미지에 예민하게 반응하는 반면 소리에 대한 주목도가 현저하게 떨어진다는 점에서 이 책이 다루는 '소리'라는 의제는 의미가 크다. 미셸 시옹은 프랑스 영화비평지 〈포지티브(Posisif)〉의 편집장이자 비평가이며 특히 영화 사운드 연구의 권위자로 정평이 난 인물이다. 사운드를 하찮게 취급해온 영화연구 담론에 대항하기 위해 시옹은 영화를 '사운드의 예술'로 재평가하면서 이를 위한 이론적 토대를 정립하고자 했다. 특히 사운드가 보지 않는 곳에 머물면서 관객의 관람 경험을 어떻게 풍부하게 통제하는지를 탁월한 통찰과 분석을 통해 논증한다.

프리츠 랑과 자크 타티, 브레송, 히치콕의 영화에서 사운드트랙의 풍부함이 미적 성취를 위해 사용되는 방식에 대한 설명들은 현대영화 관객들이 감각하지 못했던 소리의 위대함을 깨닫게 만든다. 더하여 시옹의 예민한 분석은 영화에서 귀로 듣는 모

1936년 일본 태생의 프랑스 문학가이즈 영화평론가인 하스미 시게히코가 오즈 야스지로의 작품에 관해 쓴 책이다. 그는 문학을 다루건 영화를 다루건 간에 언제나 반지성주의적인 태도로 기호와 의미에 함몰되는 것을 경계했다. 예를 들어 오즈 야스지로에 대해서 안다는 것은 그의 비평적 관심사가 아니다. 과도한 지식과 그것이 만들어낸 선입견은 영화 보기를 사전에 재단할 수 있기 때문이다. 하스미 시게히코는 영화를 보는 그 순간의 일회적인 체험, 즉 한순간에 소멸하는 이미지를 살릴 수 있는 영화 보기를 즐겼다. 이러한 그의 태도는 영화비평을 공부하는 사람들에게 하나의 모델로 받아들여질 수 있었다.

하스미 시게히코의 이 책은 영화가 보여주는 것을 바라보면서 경험한 저자 자신의 유희를 에세이적인 형식으로 풀어놓은

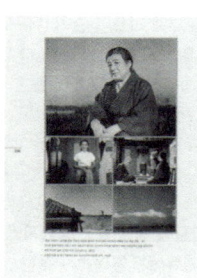

36 『여성영화인사전』
주진숙·장미희·변재란 외 지음,
183×257mm, 340쪽, 도서출판
소도, 2001

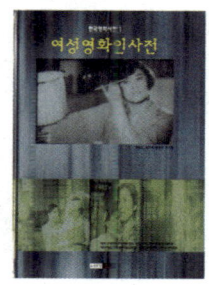

것이다. 저자는 오즈의 영화를 단순화하거나 일반화하는 세간의 평가와 해석을 일차적으로 제거한다. 그는 "오즈적인 것에는 결코 일치되지 않는다는 규칙"이 있다는 사실에 주목한다. 그러한 비평적인 원칙을 따르면서 각 장에서 '부정한다는 것', '먹는다는 것', '옷을 갈아입는다는 것', '산다는 것', '보는 것', '멈춰 서 있는 것', '날이 개인다는 것'과 같은 주제를 제시한다. 각각의 주제는 오즈 야스지로의 이야기 속에서 기습적이거나, 단절적이거나, 돌출적인 방식으로 나타나는 어떤 상황, 몸짓, 상태와 관련된 것들이다. 서구의 영화이론가와 비평가들이 오리엔탈리즘에 젖어 오즈 야스지로의 작품을 초월적인 의미로 독해했던 것과는 사뭇 다르다. 하스미 시게히코가 긍정하는 것은 기호를 구성하는 심층의 의미가 아닌 표층의 이미지이다. 그것은 관객의 시선이 친근감 있게 어루만질 수 있는 현상학적인 세계에 대한 무한한 긍정이다. 이런 비평적 태도는 오즈 야스지로를 "복수적인 세부의 움직임을 필름의 표층에 조직하는 것이 가능한" 열린 작가로 이해하게 만든다. 무지의 상태에서 발견의 재미를 느끼는 영화 보기. 하스미 시게히코의 비평적 글쓰기는 열린 영화, 열린 작가, 그리고 열린 관객에 의해서 완성되는 영화적 경험의 즐거움이다.

『여성영화인사전』은 1954년부터 1989년까지 영화계 전반에서 활동했던 여성영화인들의 계보를 정리한 책이다. 이 책은 시대별로 총 네 파트로 구분되어 있으며, 여성영화인들의 이력 외에 영화정책과 영화산업 및 대중문화계의 이슈 등을 순차적으로 확인할 수 있도록 읽을거리를 배치했다. 이 책은 무엇보다 배우, 각본 및 감독 외에도 프로듀서, 촬영, 편집, 의상 등 현장에 있었던 여성 인력을 아우르고 있다는 점이 주목할 만하다. 집필진의 자료 조사는 영화 관련 문헌 조사, 인터뷰, 그리고 영화 분석을 통해 진행되었으며, 그 결과 전쟁 이후부터 80년대 말까지 한국영화계의 지형 변화와 여성영화인들의 이력을 함께 읽어갈 수 있는 토대가 마련되었다.

자료의 문제 및 인력의 한계로 미처 해결하지 못한 부분이 있지만, 이 책은 정책 및 정전 위주로 논의되었던 반쪽짜리 한국영화사를 복원하고 영화사를 다시 보는 관점을 계안한다는 점에서 연구자는 물론 영화애호가에게도 의미가 있다. 주지하다시피 페미니즘 리부트와 맞물려 그간 조명받지 못한 여성영화인, 영화 속 여성 캐릭터를 재조명하는 움직임이 다양한 방식으로 진행되고 있다. 『여성영화인사전』도 벌써

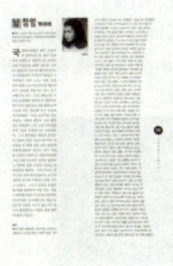

발간 20주년을 맞았다. 이 같은 시대적 흐름 속에서, 가장 최근의 여성영화인들의 활동까지를 포괄할 수 있는 증보판이 하루빨리 독자를 찾아오기를 기대해본다.

▶ 코멘트-이순진(기획 및 펴낸이)
여성영화제 홍보팀장으로 일하던 1999년에 나는 전임자가 작성한 것으로 보이는 '여성영화인백서'의 기획서를 발견했다. 기획서의 개요는 당대 활동하는 여성영화인들의 명단을 작성하고 간단한 이력을 기록하는 것이었는데, 나는 그것을 보고 현역만이 아니라 한국영화사의 여성영화인 모두를 기록하는 '사전'을 만들어야겠다는 생각을 했다. 이혜경 집행위원장의 동의 아래 연구진을 꾸리고 외부 기관에 자금 지원을 요청하는 기획서를 쓰는 등 실무적인 작업을 시작했다. 오래지 않아 여성영화제 홍보팀장은 그만두었지만 출간 작업은 계속했다. 주진숙, 변재란, 장미희 등 세 명의 책임연구원과 이호걸, 여선정, 안재석, 김수미 등의 보조연구원, 그리고 자료팀장 조영정과 7명의 자료팀이 함께 2년 가까이 매달린 지난한 작업이었다. 문헌 자료에 흔적을 남기지 못한 여성영화인을 찾아내기 위해 59명의 영화인들과 인터뷰를 진행했고, 연구팀은 1년여 동안 매주 꼬박꼬박 세미나를 하면서 책의 얼개를 함께 그렸다. 초고가 나온 후에는 주진숙, 변재란 두 책임연구원이 한동안 출판사에 출근하면서 원고

를 다듬었다. 오랜 기간에 걸친 대규모 공동 작업은 우리 모두에게 많은 것을 남겼다고 생각한다. 돌이켜보건대, 당시는 한국영화사 연구가 새로운 물꼬를 트고 있던 시점이었고, 자각하지 못했지만 우리는 그 물꼬를 트는 대열의 선두에 서 있었던 것이다.

37 『항상 라캉에 대해 알고 싶었지만 감히 히치콕에게 물어보지 못한 모든 것』
슬라보이 지젝 엮음, 김소연 옮김,
150×215mm, 400쪽, 새물결, 2001

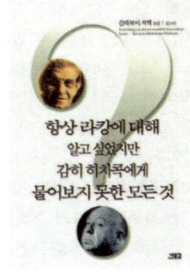

이 책이 출간되기 전에 『당신의 징후를 즐겨라: 할리우드의 정신분석』, 『삐딱하게 보기』가 번역되었기에 정신분석학자 지젝이 라캉의 이론을 설명하기 위해 영화를 어떻게 활용하는지는 어느 정도 국내에도 알려져 있었다. 『항상 라캉에 대해 알고 싶었지만 감히 히치콕에게 물어보지 못한 모든 것』은 라캉보다는 히치콕에게 더 많이 다가간다는 점에서, 지젝 이외에도 히치콕을 독해하거나 여러 정신분석학자의 접근을 볼 수 있다는 점에서 정신분석 비평과 히치콕의 접점을 접할 수 있는 기회였다. 2000년대 이후 한국에서도 지배적으로 등장한 정신분석학적 비평의 토대를 볼 수 있고, 동시에 『히치콕과의 대화』를 통해 친숙해진 해설이 아니라 영화의 내밀한 시선을 읽어볼 수 있다는 점에서 매력적이다. 미셸 시옹이나 파스칼 보니체르와 같은 간헐

적으로 번역되어온 프랑스 필자들의 접근 방식뿐만 아니라 '지적 사단'이라 불리었던 동유럽 정신분석학자들의 기본적인 접근법을 볼 수 있는 것도 특별하다.

해석이나 해설은 다른 히치콕을 보여주는 것이다. 오인, 오명, 얼룩과 같은 정신분석학적 용어로 히치콕의 영화를 바라볼 때, 〈마니〉의 붉은색이 뻔한 관습이 아니라 어디까지 침투할 수 있는 영역인지, 〈현기증〉의 오인이나 〈이창〉에서 남자 주인공이 살인하는 장면을 직접 목격하지 못했음에도 어째서 그토록 이웃집 남자 쏜월드에 집착하고 있는지를 파고들 때 히치콕의 영화는 마음속 욕망의 파고를 넘나드는 라캉의 세계가 된다. 책의 구성은 보편(주제들), 특수(영화들), 개인(히치콕의 세계)이라는 세 개의 장으로 나뉘어 있는데 가장 참조할 만한 것은 '보편'이다. 히치콕 영화의 반복되는 주제들인 서스펜스, 공간, 암호 등을 경유하면서 정신분석학이 취하는 보편적 요소들이 영화와 어떻게 만날 수 있는지를 파악할 수 있다.

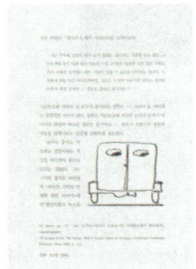

▶ 코멘트-김소연(옮긴이)
『삐딱하게 보기』 덕분에 지젝이 주목받기 시작하자 출판사 '새물결'에서 또 다른 영화책의 저작권을 사들이고 연락을 취해왔다. 임신과 출산, 영국 유학 등 부산스럽기 짝이 없던 나날 중에 번역 계약을 했고 몇 번이고 출판사 버소(Verso)에 편지를 보내 간신히 원서를 받아냈다. 한국에서 찔끔,

런던에서 찔끔, 다시 한국에서 찔끔, 시간을 토막 내 간신히 완성했고 출판사에서는 '라캉에 대해 알고 싶은 모든 것, 그러나 히치콕에게 물어보지 못한 것'이라는 번역을 지금처럼 바꾸어 출판했다(나만 그런가, 바뀐 제목은 이상하게 입에 붙지 않는다). 이 책의 번역에 대해서는 출판비평가로 유명한 로쟈 님이 예리한 빨간펜을 휘둘렀다. 알라딘예 가면 로쟈의 정성을 확인할 수 있으니 나란히 읽으면 도움이 될 것이다. 이 책을 통해 이른바 슬로베니아 학파 연구자들의 글이 국내에 소개되었다. 그 내용보다 나를 감동시킨 것은 이런 세미나 팀의 존재 자체였다. 모든 글들에서 집단지성(?!)의 힘이 느껴졌다. 물론 그중에서도 지젝의 글은 거시적이고도 미시적으로 히치콕을 파헤치며 서로의 걸출함을 드러낸다. 최근에 다시 읽어보면서 한 번 더 감탄했다. 지젝은 단연코 훌륭한 영화학자다. 영화연구자들이여, 분발합시다!

38 『헐리웃 문화혁명-
어떻게 섹스-마약-로큰롤 세대가
헐리웃을 구했나』
피터 비스킨드 지음, 박상학 옮김,
170×240mm, 662쪽, 시각과언어,
2001

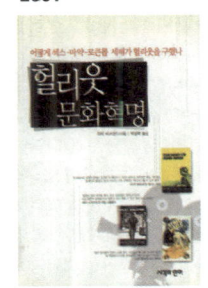

미국판 〈프리미예〉를 근거지로 활동한 비평가이자 영화역사가인 피터 비스킨드가 쓴 『헐리웃 문화혁명-어떻게 섹스-마약-로

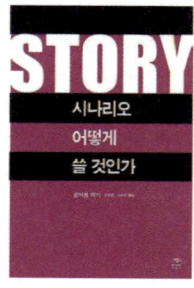

반 인디펜던드 스피릿을 가진 핵심적인 작품들의 속살을 들춰내어 개인, 작가영화의 파괴로 대표되는 전환점과 대중문화의 비즈니스 측면을 잘 다루고 있다. 책의 내용이 감질나게 하는 마약과 흡사하여 미추(美醜)와 선악의 경계를 넘나들기 때문에 내려놓기가 어렵다. 책이 다루는 영화인들 중 누가 살아남았는지 살펴보고 그 이유를 생각해보는 것도 흥미로울 것이다.

『큰롤 세대가 헐리웃을 구했나』의 원제목은 〈이지 라이더〉와 〈성난 황소〉—어떻게 섹스·마약·로큰롤 세대가 헐리웃을 구했나'이다. 〈이지 라이더〉와 〈성난 황소〉를 표제로 썼지만 책이 다루는 것은 1967년에서부터 1975년경까지 미국영화사의 마지막 위대한 시기로 불리는 뉴할리우드의 전반적인 풍경이다. 반문화의 시기에 대한 비스킨드의 장중하고 날카로운 시선은 놀라울 정도로 정신분열증적이다. 이 책은 할리우드의 패권을 만들었던 스튜디오 시스템이 저물어가는 날들에서 시작하여 1970년대의 마지막 날까지 뉴할리우드의 출현과 부상, 붕괴를 연대기순으로 기록한다. 저 유명한 '무비 브랫'(movie brat) 감독들의 행보를 따라가는 한편 마약과 섹스에 취한 환각적 세대가 어떻게 문화의 지형을 바꾸고 혁명을 이루었는가를 위트와 독설을 섞어 설명한다.

비스킨드는 뉴할리우드를 데니스 호퍼와 폴 슈레이더, 마틴 스코세이지, 할 애슈비, 로버트 올트먼, 잭 니콜슨 등 다양한 사람들이 위험한 약물에 취했으며 도덕성의 경계를 넘어 과대망상증에 빠져 있던 시기로 기록하고 있다. 영화 역사상 가장 창의적인 시대를 열었던 이 타락한 혁명가 세대가 할리우드에 대한 장악력을 강화하는 대신 마약, 섹스, 이기주의에 대한 폭식에 빠져 재능을 낭비했다고 평가한다. 『헐리웃 문화혁명』은 반문화의 산물인 1970년대 중

39 『STORY: 시나리오 어떻게 쓸 것인가』
로버트 맥키 지음, 고영범·이승민 옮김, 152×225mm, 643쪽, 민음인, 2002

매년 새로운 작법서나 시나리오와 드라마 교본이 쏟아져 나온다. 그만큼 이야기를 만드는 비법은 대중의 관심을 끌어왔그, 그 가운데서도 지금까지도 꾸준히 팔리고 있는 책이 로버트 맥키가 쓴 『STORY: Style, Structure, Substance, and the Principles of Screenwriting』(1997)이다. 원제를 보면 '스토리'라는 과감한 제목을 단 저서를 어떻게 쓰지, 라는 생각이 들지만 대학 강의와 대중 강연을 여러 차례 시행한 후 이를 집약하여 내놓은 책이다. 영화를 중심으로 서술되어 있으나 '스토리'라는 책의 제목에서 짐작할 수 있듯이 여러 문학 작품의 기야기도 아우른다. 부제에 쓰인 '스타일, 구조, 실체 그리고 시나리오의 원리들'은 영화뿐

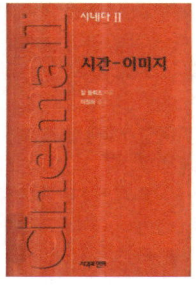

게 구성되고, 마무리될 수 있는지를 플롯의 여러 유형과 방식을 통해 길을 헤쳐 나간다. 물론 이야기의 길은 쉽지 않다. 그래서 맥키의 충고나 교훈도 많다. 덕분에 꽤 두꺼운 책이 되었다.

40 『시네마 I: 운동-이미지』
질 들뢰즈 지음, 유진상 옮김,
152×225mm, 416쪽, 시각과언어,
2002
『시네마 II: 시간-이미지』
질 들뢰즈 지음, 이정하 옮김,
150×220mm, 608쪽, 시각과언어,
2005

만 아니라 다양한 이야기 장르에 부합될 수 있는 요소들이다.

이 책의 핵심 키워드는 '도발적인 사건'이다. 'Inciting Incident'를 우리말로 옮긴 용어인데 'Inciting'의 사전적 의미는 선동에 가깝고, 'Incident'는 사건이라는 뜻이다. 직역하면 '선동하는 사건'이다. 도발적인 사건은 누군가 선동당하거나 사건을 통해 누군가를 선동한다는 의미로 생각할 수 있다. 선동하거나 선동당하는 일차적인 대상은 영화 속 인물, 특히 주인공에 해당한다. 도발적인 사건을 경험하게 된 인물은 사건에 따른 상응하는 행동(리액션)을 취하고, 그것이 인물(주인공)을 움직여 이야기를 이끌어간다. 그런데, 사건에 의해 도발을 당하는 것은 인물만이 아니다. 이 단어가 지닌 진정한 의미는 관객을 향한다. 관객은 어떤 사건을 겪는 주인공을 '스크린'이나 '텔레비전' 그리고 '무대'를 통해서 목격한다. 목격자의 위치는 사건을 겪는 사람보다 더 충격이 클 때가 많다. 도발적인 사건은 이야기 속 인물을 움직이는 것이지만 영화를 보는 관객의 마음을 움직이는 것이기도 하다. 그리하여, 도발적인 사건은 세 가지 차원으로 작동한다. 첫 번째는 "독자를 끌어들이는 것"이며, 두 번째는 "주인공을 이야기의 주요 행위로 밀어 넣는 것"이며, 세 번째는 이를 변증법적으로 종합하여 "이야기를 설정하는 것"으로 나아간다. 도발적으로 시작된 하나의 이야기가 어떻

영화에 관해 논의한 철학자는 많지만 질 들뢰즈만큼 영화를 체계적으로 사유하고 이를 철학적 개념으로 번역한, 그러면서도 영화를 구성하는 이미지와 기호의 구체성을 활용해 '세계가 어떻게 영화적으로 설명될 수 있는가'를 사유한 철학자는 없다. 들뢰즈가 1983년과 1985년 각각 두 권의 책으로 출간한 『시네마』는 철학이 영화를 사유하는 데 도움이 되는 방식, 그리고 영화가 철학에 갖는 의미 모두를 안내하는 영화-세계지도다. 두 권의 책에서 주요 개념인 '운동-이미지'와 '시간-이미지'는 특정 유형의 영화 이미지를 가리키는 개념이 아니다. 베르그송에 대한 주석에서 파생된 이 두 개념은 변화에 항상 열린 세계로서의 이미지(운동-이미지), 그리고 유일하고도 보편적

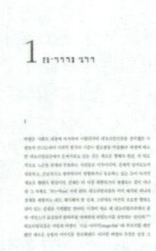

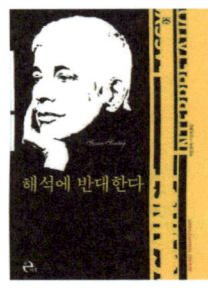

41 『해석에 반대한다』
수전 손택 지음, 이민아 옮김,
145×208mm, 470쪽, 이후, 2002

인 존재의 지평인 시간의 직접적 이미지(시간-이미지)를 의미한다. 운동-이미지에서는 인식이 '행동'과 연관된다면 시간-이미지에서는 '기억'과 연관된다. 그래서 이 두 개념은 세계 및 그 세계의 변화에 대한 우리의 지각, 기억, 사유의 양태가 '얼마나 영화적인가'를 메타 시네마적인 방식으로 설명한다.

들뢰즈는 고전영화부터 현대영화에 이르는 영화 이미지와 사운드의 다양한 결합이 이 두 개념에 상응하는 시공간의 블록을 변주해왔음을 논증한다. 그리고 그 논증 과정에서 프랑스를 중심으로 한 영화이론 및 영화비평의 풍부한 자산을 소환하고 배치한다. 따라서 이 두 권의 책은 철학자에게는 영화의 존재 가치를, 영화이론 및 비평 연구자에게는 철학적 개념의 생산적인 작동 방식을 일깨운다. 1970년대 기호학, 정신분석학 등 인접 이론들이 풍미한 '거대이론'의 시기를 지나 영화가 지닌 '사유' 능력과 '이미지'의 역량 자체를 탐구하는 이 의미 있는 저작은 국내에서는 2005년에야 『시네마 II : 시간-이미지』의 완역으로 온전히 소개되었다. '영화가 어떻게 영화적인 방식으로 의미를 만들어내는가'를 미학적이고 분류적으로 질문한 『시네마』는 역설적으로 영화학의 외연을 넓히고 인접 학문들과 더욱 풍요롭게 조우하게 되는 계기를 마련했다.

1960년대 여러 글을 쓰던 손택은 미국 문화의 지성적 태도의 결을 거스르면서 자기만의 목소리를 내고자 했다. 그 모음집이 바로 이 책이다. 하지만 결코 반지성적이거나 해석은 안 된다는 의미가 아니라 당대 문화에 행해지던 내용과 형식을 분리하는 비평적 방식을 공격하면서 새로운 감수성의 수호자를 자처한다. 영화와 관련하여 모은 글은 4장에 있다. 「로베르 브레송 영화의 영적 스타일」, 고다르의 〈비브르 사 비〉, 알랭 레네의 〈뮈리엘〉에 관한 글은 그 어떤 영화 리뷰보다 섬세하고 뛰어나다. 브레송의 〈소매치기〉를 언급하면서 "사람들이 왜 그렇게 행동하는가는 결국 이해될 수 없다"는 것을 브레송의 영화가 보여준다고 지적할 때, 수많은 이들이 이 영화를 설명하려고 그토록 애쓴 것을 일거에 날려버린다. 말 그대로 '해석에 반대하는' 셈이다. 오늘날의 독자에게는 SF와 공포영화를 다룬 「재앙의 상상력」이나 잭 스미스의 〈불타는 족속들〉에 대한 실험영화 리뷰가 흥미로울 수 있을 것이다.

『해석에 반대한다』는 해석보다 앞서는 것을 끄집어내면서 작품과 함께 독자나 관객이 어디로 가야 하는가를 질문한다. 그것은 책의 말미에 수록된 '캠프적 감수성'과 만나는 지점이다. "감수성, 특히 생생하

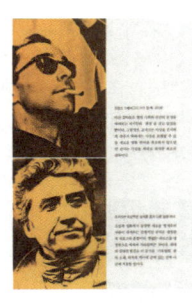

고 힘이 넘치는 감수성을 말로 표현해내기 위해서는 가설을 세울 수 있어야 하며, 민첩하지 않으면 안 된다"고 역설하면서 새로운 예술의 감수성을 향한 모험을 제안한다. "이 새로운 감수성의 관점에서 본다면 우리는 기계, 수학 문제를 푸는 방법, 재스퍼 존스가 그린 그림, 장 뤽 고다르의 영화, 비틀즈의 음악과 개성, 이 모든 것들을 모두 아름답게 받아들일 수 있는" '하나의 문화'를 만들 수 있을 것이다. 그것은 손택의 독자들이 결국 따라가보고픈 길이다. 저 근엄한 해석들에 반대하면서.

42 『하드 바디-레이건 시대 할리우드 영화에 나타난 남성성』
수잔 제퍼드 지음, 이형식 옮김,
155×225mm, 304쪽, 동문선, 2002

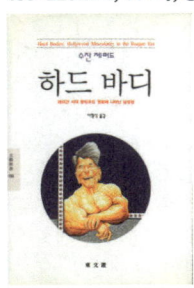

"워싱턴과 할리우드는 하나의 DNA에서 나왔다." 전 미국영화협회장 잭 발렌티의 말이다. 이는 워싱턴으로 대변되는 미국의 정치가 할리우드를 정치적 프로파간다가 펼쳐지는 장으로 활용해왔다는 의미이기도 하지만, 다른 한편으로는 현실 정치 역시 일종의 대중 서사로서 대중의 욕망에 부응하면서 소비되어왔다는 의미이기도 하다. 그 과정에서 정치인들은 정치를 기꺼이 대중문화로 만들었다. 이에 가장 능했던 정치인이 미국의 40대 대통령 로널드 레이건이다.

1980년, 뉴라이트의 기수인 레이건의 대통령 취임은 미국 사회의 본격적인 보수화를 알렸다. 배우 출신인 그는 자신이 주인공연 영웅담을 선전하는 것이 실제로 무슨 일이 있었는지 보다 중요하다는 사실을 잘 알고 있었다. 그뿐만 아니라 연설, 협상, 정책에 있어서도 할리우드로부터 많은 영향을 받았다. 그가 '미국의 위대함'을 설파하기 위해 연설에서 인용하곤 했던 일화는 역사적 팩트가 아닌 〈날개와 기도〉의 한 장면이었다는 건 유명하다. 영화가 팩트가 되고, 정치가 이야기가 되는 상황 속에서 미국 사회의 보수화가 진행되었다.

당시 백악관의 문화정치는 젠더화되어 있었다. 레이건은 그냥 영웅이 아니라 프로테스탄티즘적인 가부장 남성성의 현현이었다. 이는 '시끄럽게 설치는' 여성을 응징하는 〈위험한 정사〉류의 영화나 근육질 남성이 사회의 구원자로 등장하는 하드 바디 영웅물의 인기와 만났다. 레이건을 원했던 국민은 〈람보〉와 〈코만도〉, 〈러셀 웨폰〉,

〈다이 하드〉 같은 하드 바디 영웅들과 사랑에 빠졌다. 수잔 제퍼드의 『하드 바디』는 이렇게 '레이건 시대'라는 정치적 조건과 당시 하드 바디 남성영화에 드러난 남성성의 관계를 치밀하게 분석한다.

『하드 바디』는 고전적 내러티브 시네마가 어떻게 '국민됨'의 상상력과 상호 영향을 주고받았는가를 보여주는 인상적인 작업이다. 이는 남성성과 같은 젠더 재현에 대한 비평이 영화이론의 중요한 관심사라는 점을 확인시켜준 작업이었을 뿐만 아니라, 한국영화라는 내셔널시네마와 남성성의 신화가 맺고 있는 관계를 독해하는 데 중요한 방법론적 틀을 제공했다.

43 『영화 스타일의 역사』
데이비드 보드웰 지음,
김숙·안현신·최경주 옮김,
173×245mm, 424쪽, 한울, 2002

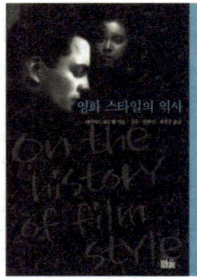

영화연구 분야에서 중요한 저서들을 많이 남긴 영화학자 데이비드 보드웰은 영화 교재 전문 저자로 명성이 높다. 그가 학생들을 가르치는 교사이기도 하거니와 그만큼 기본과 가이드가 되는 책들을 두루 저술했다는 의미다. 영화사와 이론, 분석에 이르기까지 현대영화 연구를 향한 보드웰의 공헌은 거대한데 그중에서도 귀감이 될 만한 것은 영화 형식의 역사적 전개와 그에 대한 논리적이고 실증적인 분석을 결합하여 체계를 세운 일이다. 『영화 스타일의 역사』

는 이런 성취의 정점에 놓인 저서로 한국에서 번역되기 전부터 명성이 높았다 여러 권의 책을 공동 저술한 크리스틴 톰슨과의 협력 없이 쓴 책으로 보드웰의 지적 기반을 온전히 확인할 수 있다.

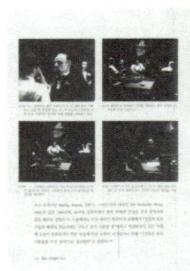

『영화 스타일의 역사』의 의제는 스타일에 관한 이론'이다. 저자에 따르면 영화 역사에서 스타일은 전통을 부여하고 역사적인 기점이 되는 획기적인 혁신의 증거를 구분하도록 하기 때문에 말할 수 없는 중요성을 가지고 있다. 이 책에서 보드웰은 앙드레 바쟁이나 노엘 버치 같은 유수의 영화학자들이 영화사 전반에 걸쳐 스타일의 연속성과 변화를 정의하려고 했던 방법들을 예시한다. 나아가 초기 영화 제작, 무성영화 시대의 성취, 할리우드의 발전, 동시대 유럽과 아시아 영화의 발전을 스타일의 진화라는 관점에서 고찰한다. 본질을 강조하는 이론 중심의 역사 서술을 지양하고 특정 사례에 대한 광범위한 조사를 기반으로 시대에 따른 규범과 그 역학을 설명하는 특유의 방법론도 설득력이 있다. 스타일의 역사를 수집하는 이 프로젝트를 통해 보드웰은 영화 스타일의 역사 안에서 연속성과 변화의 패턴을 읽어내면서 미국에서 발원한 표준 판형(standard version)이 어떻게 장대한 역사적 과정을 추진해왔는가를 보여주는 활동들을 스케치한다. 스타일의 문제를 역사 및 이론과 어떻게 조화시키는지에 대한 통합적인 관점으로부터 많은 것을 배울 수 있는 명저이다.

44 『이영일의 한국영화사 강의록』
한국예술연구소 엮음, 175×235mm,
224쪽, 도서출판 소도, 2002

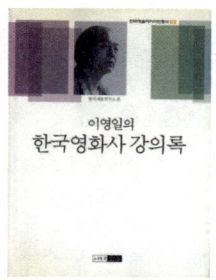

한국영화 사가(史家)인 이영일(1931~20
01)이 한국예술종합학교 영상원에서 1년
반 동안 진행한 강의 내용을 기록한 책이
다. 알려진 것처럼 이영일은 1969년 『한국
영화전사』를 발간했고, 2001년 개정증보
판 간행을 준비하던 중 타계했다. 그는 본
격적인 영화전문지 『영화예술』의 발간을
주도했고 같은 해 한국영화평론가협회를
조직했으며, 후대에 귀감이 될 만한 영화저
서를 남긴 인물이다. 그런데 이영일이 대학
에 재직했던 기간이 상대적으로 짧았던 만
큼, 현장에서 그의 강의를 들은 후학은 많
지 않다. 『한국영화사 강의록』은 그의 강
의를 직접 듣지 못한 후대의 연구자들을 위
한 책이다. 각 장은 학기별로 주제에 따라
구성되었으며, 실제 강의를 따라가듯이 매
강의 기록마다 해당 내용이 다뤄진 날짜가
표기되어 있다.

현장에서 이영일의 수업 내용을 기록
하고 책의 책임편집까지 맡은 김소희는, 당
시 강의를 원형 그대로 복원하는 데 주력하
면서 필요에 따라 발화가 이뤄진 맥락을 제
시한다. 이를 통해 강의록을 읽는 독자가
마치 강의실에 있는 것 같은 현장감을 갖도
록 유도한다. 영화사 관련 저서는 여러 권

발간되었으며 이영일의 『한국영화전사』
역시 한국영화사를 훑어가는 데 매우 유용
한 저서이다. 『한극영화사 강의록』은 현장
에서 사학의 명강의를 듣는 것처럼 한국영
화사의 주요 쟁점과 명암을 정리해갈 수 있
는 책이라는 점에서 영화사 연구자들에게
큰 의미를 갖는다.

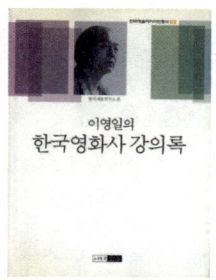

▶ 코멘트–이순진(펴낸이)

말년의 이영일 선생은 자신의 주저(主著)
『한국영화전사』(한국영화인협회, 1969)의
개정증보판을 내는 작업에 몰두했다. 일을
미처 끝내지 못한 채 오랜 지병이 악화되어
이영일 선생이 돌아가신 후에, 선생의 마
지막 제자였던 김소희는 영상원의 후배들
과 팀을 이루어 선생의 유업을 마무리했다.
『한국영화전사』의 개정증보판 출간, 선생
이 1960년대부터 70년대에 걸쳐 진행했던
원로영화인 구술 채록을 묶어내는 작업, 그
리고 김소희 자신이 선생의 마지막 한국영
화사 강의를 꼼꼼히 기록했던 것을 책으로
펴내는 일까지가 그 유업에 포함되어 있
다. 이영일 선생 생전의 메모에 의지해 개
정증보판을 엮는 일이나 오래된 녹음 기록
을 문자로 풀고 주석을 다는 일, 또 강의 기
록에 의지해 선생의 이름을 건 한국영화사
책을 내는 일, 어느 것 하나 쉬운 일은 없었
다. 한국예술종합학교의 한국예술연구소
가 힘을 보태고 제자들이 악전고투한 결과
『한국영화전사』 개정증보판, 『이영일의
한국영화사를 위한 증언록』 4권, 『이영일

의 한국영화사 강의록』까지 총 여섯 권의
책이 차례로 세상에 나왔다. 경제적 보상도
없고, 자신의 이름이 남지도 않는 일을 위
해 바쳤던 제자들의 노고가 꼭 기억되어야
한다고 나는 믿는다. 그런 제자들을 만날
수 있었던 것은, 평생을 한국영화사 연구에
바쳤던 노학자에게 찾아온 마지막 행운이
아니었을까?

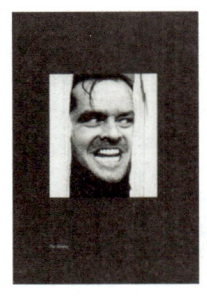

45 『보이는 것의 날인』
프레드릭 제임슨 지음, 남인영 옮김,
145×218mm, 485쪽, 한나래, 2003

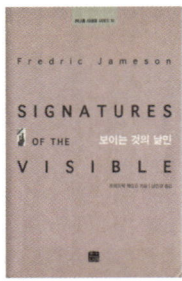

『보이는 것의 날인』은 프레드릭 제임슨의
방법론을 구체적 영화분석에 접합시킨 책
이다. 제임슨은 이 책에서 고급문화와 대중
문화를 버무리고 섞어, 이 모든 문화 현상
이 후기 자본주의라는 총체적 지평에서 생
산된 결과임을 분명히 한다. 즉 대중문화이
든 고급문화이든, 이것들 모두는 자신을 둘
러싼 엄혹한 역사적 중력에 대한 나름의 반
응인 것이다. 먼저 1장 「대중문화에서의 물
화와 유토피아」를 보자. 제임슨은 여기서
대중문화의 이데올로기적 특징을 언급하
면서도, 동시에 이데올로기가 제대로 작동
하기 위해서라도 대중의 소망, 꿈, 열정 등
의 '유토피아 충동'을 포함할 수밖에 없다
고 주장한다. 곧 이데올로기로서 대중영화
에는 대중의 좌절된 소망 성취의 흔적이 침
잠해 있는 것이다. 제임슨의 이러한 비평
방법을 '변증법적 사고'라고 할 수 있는데,

그것은 단순히 정과 반을 합으로 종합하는
문제가 아니다. 이때 변증법은 어떤 구조를
구성하는 다양한 층위들 간의 모순, 그리고
그러한 모순을 극단의 세부로까지 확대해
서 살펴봄으로써, 우리를 둘러싼 세계에 관
한 총체적 인식을 고양하는 방법이다. 이런
점에서 『보이는 것의 날인』은 영화 내용이
어떤 형식을 통해 매개되고 있는지 드러냄
으로써, 영화를 통한 사회적 현실의 동력을
포착하는 데 역점을 둔다고 할 수 있다. 예
컨대 〈뜨거운 오후〉에서 FBI 형사의 무표정
한 얼굴을 통해 점점 더 트랜스내셔널하게
변모해가는 세계 질서를 인식하고, 〈샤이
닝〉의 마지막 장면에서는 ˉ921이라는 연
도를 통해 1930년대 대공황˙이 일어나기 전,
부르주아 계급의식을 공개적으로 과시하
는 것이 가능했던 시대에 대한 은밀한 열망
을 포착해낸다.

이 책은 마르크스주의의 관점에서 사
회적 현실의 총체성을 인식한다는 것이 단
지 소박한 반영론에 머무르는 것이 아니라
는 점을 잘 보여줌으로써 국내 영화비평에
깊은 지적 자극을 선사한다. 특히 이 책이
강조하는 '유토피아 충동'에 주목할 필요가
있다. 이를 통해 우리는 한국형 블록버스터
등 대중영화뿐만 아니라, 그러한 대중영화
를 관람했던 한국 대중의 집단적 무의식 또
한 살펴볼 수 있는 유용한 분석틀을 획득할
수 있게 된다.

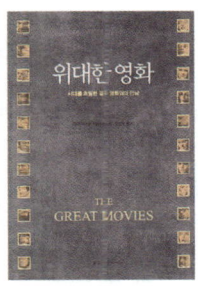

▶ 코멘트-남인영(옮긴이)

『보이는 것의 날인』은 당대 탁월한 문화이론가로 꼽히는 프레드릭 제임슨이 1980년대에 쓴 영화비평을 모아 1992년 출간한 책이다. 1990년대 한국에서는 학문적 관심이 영화로 쏠리기 시작했고 그의 글들이 영화 연구자들의 필독 리스트에도 등장했다. 그 즈음 출판사로부터 이 책을 번역 출간하자는 제안을 받았다. 마르크스주의 영화비평과 리얼리즘 미학에 관심이 있었던지라 덜컥 번역을 맡았지만, 막상 작업에 들어가자 고민이 늘었다. 이 책은 리얼리즘과 모더니즘, 포스트모더니즘을 전 지구적 자본주의의 역사적 '상황' 혹은 총체성 속에서 변증법적으로 사유하고자 하는 메가 프로젝트일 뿐만 아니라 현대 사상에 대한 해박한 지식과 연구를 기초로 쓰였다는 것을 뒤늦게 절감했기 때문이다. 결국 번역에 7년여가 걸렸고 21세기가 되어서야 출간할 수 있었다. 역자로서는 늘 무지에 대한 자각과 당혹감에 시달렸던 시간이었다. 출판사의 믿음과 인내 없이는 번역서가 빛을 보기 어려웠을 것이다. 전 지구적 상황에 대한 불안과 불확실성이 커지는 요즘, '역사의 알몸'을 보여주는 징표로서 영화를 사유하고자 하는 이 책이 새삼스럽게 탐구자의 시선을 끄는지도....

46 『위대한 영화』
로저 에버트 지음, 최보은·윤철희 옮김, 150×223mm, 을유문화사, 2003 (2019년 전 4권 발간)

'썸업 다운'으로 유명세를 누렸던 로저 에버트는 저널리스트 특유의 감각이 가장 돋보이는 평론가 중 한 사람이다. 오래전 한국에서도 유사한 프로그램이나 지면이 만들어졌던 시기가 있었는데 더 이상 이러한 방식의 저널리즘은 통용되지 않을 것이다. 에버트가 정전으로 꼽은 영화들을 정리한 『위대한 영화』시리즈(2003년 1권 출간, 2019년 전4권 완간)는 대중적으로도 잘 알려져 있고, 세계영화사에 반드시 언급되는 친숙한 목록들이 주를 이룬다. 무엇보다 에버트의 글은 어렵지 않고, 자신이 말하고자 하는 바를 견결하게 전달한다. 그래서 누군가는 에버트가 평범한 평론가처럼 보일 수 있을 것이다.

하지만 에버트의 글은 친화력만 있는 것이 아니라 곳곳에 빼어난 통찰력이 수두룩하다. 이 책에 수록된 리뷰들 상당수가 젊은 날에 쓴 글을 수정·보완한 것이기에 과거와 달라진 자신의 견해를 종종 드러내기도 한다. 『위대한 영화』는 젊은 에버트와 나이 든 에버트가 대화하는 책이기도 한 셈이다.

〈전함 포템킨〉을 언급하면서 에버트는 "1998년 6월 밤에 예상치 못했던 방식으로" 이 영화를 다시 보게 된 일화를 떠올린다. 그곳은 시네마테크가 아니었지만 모인 사람들은 산만한 가운데서도 오데사 계단 장면에 열광했다. 에버트는 이 영화가 발휘하는 위력을 생각하면서 "작은 도시의 주차장에 서 보낸 그날 밤, 나는 〈전함 포템킨〉속에 여전히 묻혀 있는, 누군가 불러주기만을 기다리고 있는 억센 힘을 감지하며 흥분하였다"라고 쓰고 있다. 이 영화의 내용적 해설이나 형식적 분석이 아닐지는 몰라도 에이젠시테인의 영화가 지닌 본질이 무엇인지를 적확하게 가리키고 있다. 그것은 비평가의 통찰력 문제다. 추천사를 쓴 맷 졸러 세이츠는 "거의 모든 페이지에 이와 같은 금덩어리가 담겨 있다"고 하는데, 모든 페이지까지는 아니어도 모든 리뷰마다 금덩어리 혹은 사금이 있는 것은 사실이다. 친숙한 영화를 에버트의 눈으로 새롭게 볼 때도 있고, 〈행잉 록에서의 소풍〉과도 같은 많은 사람들이 모르거나 망각해버린 피터 위어(〈트루먼쇼〉, 〈죽은 시인의 사회〉의 감독)의 초기작을 만나는 행운도 있다. 수록작이 많은 만큼 그 어느 리뷰집보다 풍부한 부록을 책장에 두는 셈이다.

삶으로 시선을 돌리게 만드는데, 영화와 삶을 아우르는 그런 빼어난 문장이 책 곳곳에서 독자를 기다리고 있다. 에버트의 부인이 에버트가 타계하면서 미완성 유작이 된 4권을 편집한 후 쓴 머리말은 영화와 삶과 죽음에 대해 깊이 생각해보게 하는 가슴 뭉클한 글이다.

47 『임권택이 임권택을 말하다』
임권택·정성일 지음, 150×223mm, 각권 607쪽, 현실문화, 2003

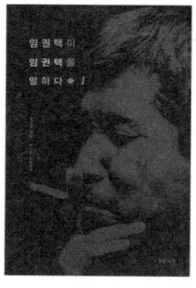

▶ 코멘트-윤철희(옮긴이)

불특정 다수의 신문 독자를 '위대한 영화'의 세계로 안내하려는 의도로 기획해서 연재한 글을 모은 책답게 쉽지만, 영화에 대한 통찰력은 영화를 다룬 어느 책에도 뒤지지 않는다고 생각한다. 손주들에게 보내는 편지 형식으로 쓴 〈ET〉 리뷰는 지금도 영화의 시점에 대해 생각할 때마다 떠올리게 된다. 번역하는 동안 대단히 많은 정보와 곱씹어볼 만한 생각거리가 불과 200자 원고지 25매 이내의 글에 꾹꾹 담겨 있다는 사실에 감탄하고는 했는데, 그렇게 알찬 글을 술술 읽히는 문장으로 써내는 필력도 이 책의 장점이다. 그런데 이 책의 진정한 가치는 스크린에 펼쳐지는 영화를 소개하는 글의 차원에 머무르지 않고 스크린 밖에서 펼쳐지는 삶에 대해 고민하게 만든다는 데 있다. 툭툭 던진 것처럼 보이는 문장들이 독자로 하여금 스크린의 경계선 너머에 있는

한국영화를 대표하는 감독 임권택과 비평가 정성일의 대담집. 임권택 감독이 93번째 작품 〈취화선〉으로 칸영화제 감독상을 받고 나서 2002년 7월부터 반 년 가까이 진행된 인터뷰를 글로 옮겼다. 임권택의 바이오그래피와 필모그래피를 방대한 분량으로 훑고 있는 이 책은 감독 개인의 역사를 소개하는 수준에 그치지 않는다. 비극적인 사건으로 점철된 한국 현대사와 맞물린 그의 삶은 한국영화 역사 그 자체이기도 하며, 정성일의 비평적 지평과 만나면서 세계 영화사의 맥락으로도 검토된다.

이 책의 가장 중요한 업적은 1962년 〈두만강아 잘 있거라〉로 데뷔한 임권택이 장르영화와 국책영화를 만드는 직업 감독으로 살았던 시간을 복기한 것이다. 지금까지 102편을 연출한 그가 처음부터 작가주의 감독을 지향한 것은 아니다. 그가 처음 작가적 자의식을 투영하기 시작한 작품은

〈잡초〉(1973)이며, 〈왕십리〉(1976) 같은 장르영화에서 자신만의 영화세계를 구축하는 방법을 조금씩 모색하다 〈족보〉(1978)와 〈짝코〉(1980)에 이르러 본인이 가장 잘할 수 있는 이야기와 미학을 찾아냈다. 먹고살기 위해 영화를 만들던 시간을 버티며 묵묵히 자신만의 경지에 도달한 것이다.

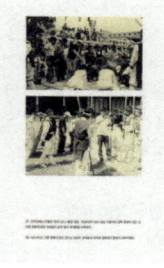

　　그렇다고 해서 10년 정도의 시간 동안 만든 앞선 50여 편의 작품에 그의 영화적 고민이 담기지 않은 것은 아니다. 그 역시 세계영화의 조류를 감으로 체득하고 있었고, 상업영화라는 틀에 어긋나지 않는 수준에서 영화언어를 실험하고 자신의 스타일을 찾아가고 있었다. 임권택이 만든 1960년대 장르영화와 유신 시기 국책영화는 그래서 중요하다. 임권택이라는 프리즘으로 한국영화사의 흐름을 파악할 수 있을 뿐만 아니라, 작가주의 미학의 단초와 한국사회에 대한 그의 메시지를 텍스트의 틈새에서 조심스럽게 포착할 수 있기 때문이다. 한국영화 비평과 한국영화사 연구를 근사하게 결합한 이 책의 성과는 후학들의 작업에 영원한 동력이 될 것이다.

▶　코멘트-정성일(지은이)
나는 운이 좋았다. 내가 임권택 감독님을 만나 뵙고 감독님의 영화 이야기를 들으러 왔습니다, 라고 말씀드렸을 때 다소 놀랍게도 그때까지 아무도 이분을 찾아와 그런 이야기를 하지 않았다. 당시 임권택 감

독님은 83번째 영화 〈티켓〉을 끝내고 84번째 영화 〈씨받이〉를 준비하고 계셨다. 나는 인터뷰를 한다기보다는 매일 영화를 배우기 위해서 그분 앞에 앉아 질문을 던졌다. 감독님은 자신이 오로지 경험을 통해서 깨달은 것을 아낌없이 베풀어주셨다. 만일 이 자리가 없었다면 나는 아직도 이론과 불장난을 하고 있었을 것이다. 그런데 문제는 그다음에 생겼다. 감독님은 거기서 멈추지 않고 대번 더 멀리 더 높이 건너뛰기 시작했다. 나는 허겁지겁 따라가면서 생각하고 또 생각해야만 했다. 나는 그렇게 영화에 관한 내 배움을 한 계단씩 겨우 오를 수 있었다. 그렇게 가까스로 따라가면서 다시 처음으로 돌아가 두 번째 질문을 시작한 것이 이 책이다. 감독님이 질문을 들으면서 눈을 찌푸리실 때 얼마나 가슴이 철렁였으며 대견한 미소를 지을 때 얼마나 흐뭇했는지 당신은 모를 것이다. 나는 곧 세 번째 자리를 준비하고 있다.

48 『시네마토그래프에 대한 단상』
로베르 브레송 지음, 오일환·김경은
옮김, 125×205mm, 160쪽, 동문선,
2003

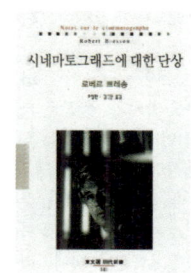

브레송이 쓴 책이라는 이유만으로, 제목이 근사하다는 이유만으로, 그리고 무엇보다 소책자라는 이유만으로 번역되기 이전에 영문본이나 블어본을 들고 다니는 이들을 종종 볼 수 있었다. "어떤 인간의 눈도

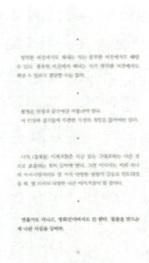

포착할 수 없고, 어떤 연필, 붓, 펜도 고정시킬 수 없는 것을 네 카메라는 그게 뭔지도 모른 채 포착하고, 기계의 정직한 무관심으로 고정시킨다" 같은 언급은 브레송의 유작 〈돈〉을 떠올리게 하고, "독서에서 끌어낸 아이디어는 항상 책의 아이디어일 것이다. 사람과 사물들에게 직접 갈 것"이라는 말은 문자가 아니라 영화를 영화적으로 사고하라는 충고로 들리고, "한숨 한 번, 침묵 한 번, 단어 하나, 문장 하나, 엄청난 소음 하나, 손 하나, 네 모델의 전체 모습, 쉬고 있거나 움직이는, 측면이나 정면으로 잡은 그의 얼굴, 극단적인 롱숏, 줄어든 공간... 모든 것이 정확히 제자리에 놓이는 것, 이것이 네가 가진 유일한 수단이다"라는 문장은 감독과 배우들이 실천할 가이드가 된다.

책을 읽고 있으면 브레송의 영화나 전기를 보지 않아도 마치 본 것 같은 기분이 든다. 무엇보다 이 책은 현장 매뉴얼이다. 많은 이들이 현장에 이 책을 들고 나간다. 뭔가 복잡해질 때, 뭔가 꼬여갈 때, 끝나지 않을 것 같은 긴 하루가 흘러갈 때 브레송은 이를 간결하게 표현한다. 미니멀리즘이라고 부를 수 있는 태도가 브레송의 영화뿐만 아니라 글 속에 담기기에, 차분히 관찰하고 응시한 결과물들이 '노트'라는 이름으로 페이지마다 있다. 문장은 꽤 지성적일 뿐만 아니라 대상에 다가가고 발견하고자 하는 노력이 역력하게 느껴진다. 무엇보다

단단하면서도 섬세함을 잃지 않는 지성의 결들이 영화를 넘어서 우리의 현실 곳곳에 스며드는 것 같은 기분을 느끼게 한다. 하지만 마냥 부드러운 책은 아니다. 시네마토그래프를 전쟁에 비유했던 브레송의 충고에 따라 국내외의 많은 이들이 "전투를 준비하는 것처럼 영화를 준비"하기 위해 들고 다녔던 교본이다. 폭풍 직전의 고요함이야말로 이 책의 숨은 매력일 것이다. 이 책은 2021년 출판사를 옮겨 『시네마토그라프에 대한 노트』(문학과지성사)라는 더 좋은 번역본으로 새롭게 무장되어 나왔다. 당장 들고 전투에 참여해도 좋을 법하다.

49 『이영일의 한국영화사를 위한 증언록』
한국예술연구소 엮음, 175×237mm, 도서출판 소도, 2003

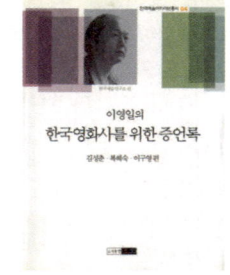

실증을 아무리 중시한다고 해도 역사 서술이란 역사가의 가치 판단이 강하게 들어가기 마련이다. 그런 면에서 사료의 수집과 이에 대한 독해는 역사가의 판단의 근거를 마련한다는 면에서 가장 중요한 단계이다. 보통은 사료를 대하는 과정에서 자료의 취사가 결정되고 서술의 방향이 정해진다. 또한 관련 연구자들의 주장이 어떤 자료들을 바탕으로 구성되었는지 검증할 수 있다. 어쩌면 나만의 관점을 세상에 드러낼 수 있는 다른 연구자들이 놓친 새로운 자료를 발굴하는 기회가 되기도 한다. 『이영일의 한

국영화사를 위한 증언록』은 사료가 부족한 초창기 한국영화사를 새롭게 이해하는 데 큰 도움을 주는 자료집이다.

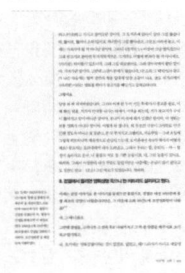

영화평론가이자 영화사가인 이영일은 1960년대 후반부터 1970년대에 걸쳐 유장산, 이경순, 이창근, 이필우, 성동호, 이규환, 최금동, 김성춘, 복혜숙, 이구영, 윤봉춘 등 많은 초창기 영화인을 인터뷰했다. 그가 남긴 녹음 자료는 『한국영화전사』의 중요한 근거로 활용되었고 그가 발행하던 영화잡지 〈영화예술〉에 기사로 게재되었다. 이 녹음 자료는 그의 사후에 그가 남긴 다른 자료들과 함께 한국예술종합학교 한국예술연구소로 이관되어 『이영일의 한국영화사를 위한 증언록』이라는 이름으로 출판되었다. 이 자료집은 2005년을 전후하여 일제강점기 한국영화들이 대거 발굴된 이후 일기 시작한 일제강점기 영화사 연구에 거대한 영감을 주었다. 그 시대를 살았던 사람들의 생생한 증언은 문헌 자료들이 보여주지 못하는 인간관계와 영화계 풍경을 세밀하게 비춰준다는 면에서 무엇보다 큰 가치를 지닌다.

50 『영상의 발견-
아방가르드와 다큐멘터리』
마츠모토 토시오 지음, 유양근 옮김,
150×220mm, 249쪽,
동국대학교출판부, 2004

1960년대는 세계사적으로나 영화사적으

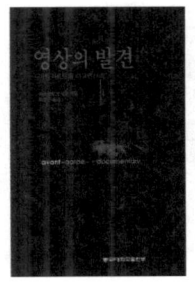

로 격변기였다. 영화사는 프랑스 누벨바그로 대표되는 고전영화의 관습을 파기하는 현대영화의 입문 시기였다. 『영상의 발견』은 이 시기, 보다 정확하게는 1958년부터 1963년, 일본 쇼치쿠 누벨바그를 이끈 영화감독이자 평론가 마츠모토 토시오가 제안하는 영화의 새로운 패러다임에 관한 글 모음집이다.

마츠모토는 현대영화(그의 언어로 영화의 현대적 관점)는 기술의 진보가 아니라 "다큐멘터리와 초현실주의 융합"이라는 혁신적 제안을 한다. 그는 현대영화를 과거 독자적이고 독립적으로 발전해온 두 축으로 이어내면서, 다큐멘터리 영화에서 나타나는 현실을 포착하는 이미지 이상의 이미지, 카메라와 대상의 우연한 만남의 순간, 대상에 의해 촉발된 이미지를 발견하는 기록성 등을 논하고, 초현실주의 영화에서는 서사나 의미에 갇히지 않는 이미지 그 자체 혹은 의미라는 상식과 서사에서 해방된 초현실이라는 기름의 현실을 불러온다.

마츠모토는 두 축의 다양한 융합을 제안하면서 로베르토 로셀리니, 알랭 레네, 루이스 부뉴엘, 장 뤽 고다르 등을 경유해 아방가르드를 통과한 다큐멘터리 혹은 다큐멘터리적인 아방가르드 영화에 대해 유연하게 논평을 풀어낸다. 특히 카메라가 가지는 속성을 꿰뚫어 보면서, 기록에 머물지 않고 언어로는 표현하기 어려운 복잡한 현실을 다루는 영상 언어를 카메라의 특

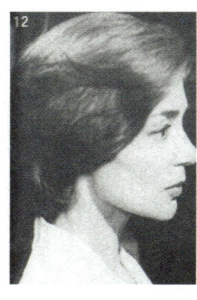

성이자 힘으로 논한다. 그가 제안한 영화의 현대성은 디지털 시대가 극점에 달해가는 지금도 여전히 유효한 진단이다. 이는 2000년 후반 한국 다큐멘터리 영화의 전환과 맞물린다. 한국 독립 다큐멘터리 영화가 그동안 현장 기록과 리얼리즘적 요소에 주목했다면, 이 책은 다양한 영역과의 융합 속에서 다큐멘터리 영화를 확장하고 새로운 형식적 실험에 도전할 것을 제안한다.

51 『원시적 열정-시각, 섹슈얼리티, 민족지, 현대중국영화』
레이 초우 지음, 정재서 옮김,
152×223mm, 360쪽, 이산, 2004

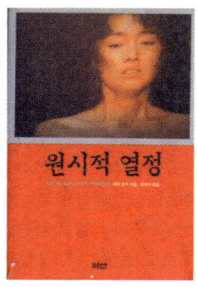

1세계와 3세계 사이의 문화교통에 비판적으로 개입하고자 하는 영화비평이 가장 (고민 없이) 흔하게 채택하게 되는 문제틀은 에드워드 사이드의 '오리엔탈리즘'이나 프레드릭 제임슨의 제3세계 문학의 '민족적 알레고리'이다. 그러나 레이 초우의 책

『원시적 열정』에 따르면 원시적 대상을 찾는 열정은 이(異)문화 간 교류에만 나타나는 것은 아니다. 제3세계에서도 특히 지식인 남성들은 서구 근대와 조우 이후 훼손된 주체 위치의 재남성화를 시도하면서 토착문화 내에 '원시적 열정'의 대상을 만들어낸다. 이 책은 이러한 중국영화와 ㅂ평에 있어서 무엇이 '열정'의 대상이 되는지를 밝히며, 동시에 오리엔탈리즘과 같은 관행화된 비판에 의지해 비판적 지위를 혹득하고자 하는 제3세계 (남성 엘리트) 토착 지식인들을 철저하게 비판한다. 문화교류와 문화번역 간 권력 불균등을 지적하며 1세계를 비판하는 토착주의 지식인 비평가들은 게으를 뿐 아니라 토착문화와 토착 비평가의 해석에 대한 권위와 우위를 부여하며 토착문화 내에 존재하는 (주로 여성의) '원시적 열정'의 대상을 숨긴다는 것이다.

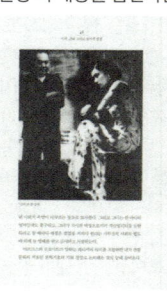

이러한 인종적·지역적 특수성을 강조하고 토착성에 특권을 부여하는 비평은 서구와 지역적 특정성이라는 이분법 바깥 혹은 그 사이에 있는 해석을 억압하기 때문에 인종 간, 지역 간 불평들을 해소하기보다는 오히려 고정시키는 경향이 있으며, 더 나아가 비판적 비평 영역에서 하나의 경제를 이루며 지배권력과 공모하게 된다. 이 책에 따르면 비판적 문화번역은 1세계든 3세계든 그 어떤 고정된 형상도 거부하며, 그 사이에 생성되는 의미를 철저하게 맥락적으로 파악하는 일이다. 이 책은 문화번역과

관련된 어떠한 고정적 의미도 거부하며, 탈식민주의 영화비평을 한 단계 더 도약시켰다. 국내에서는 2004년 번역되었고, 미국 내 탈식민주의 영화연구에서 가진 영향력만큼 중요하게 생각되지는 않는 책이지만, 한국영화 비평이 외부와의 접촉과 관여되는 측면이 비약적으로 커진 지금, 꼭 중요하게 생각되어야 하는 저작이다.

52 『한국영화전사』
이영일 지음, 182×250mm, 495쪽,
도서출판 소도, 2004

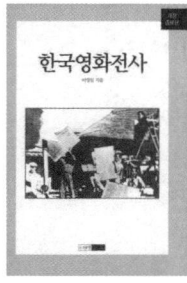

1969년 출간된 『한국영화전사』의 한계는 뚜렷하다. 두 가지를 지적할 수 있겠다. 바로 기획의 한계, 그리고 시대의 한계. 『한국영화전사』는 한국영화 50주년을 맞이하는 기념 사업의 하나로 당대 대표적인 영화인단체인 '한국영화인협회'에서 간행한 것이다. 자신의 역사를 정리하면서 누가 솔직해질 수 있을까. 일제와 군사정권에 대한 굴종과 타협, 상업주의와 태작 생산의 역사로 자신의 역사를 서술할 리는 만무하다. 그것은 애초 기획에서 불가능한 것이다. 여기서 우리는 이 책의 저자가 개인 이영일을 넘어선다는 것을 짐작할 수 있게 된다. 또 하나의 문제는 사료의 부족으로 인한 사실에서의 많은 오류들일 것이다. 이필우, 이구영, 윤봉춘, 이규환 등 일제 시기부터 활동한 다양한 원로들의 증언을 채록하고, 서면 자료들을 조사했다고는 하지만 오

늘날의 입장에서 그 사실성에 만족하기는 어렵다. 또한 하나의 역사서로서의 체계 역시 부족하다. 훈련된 역사학자가 아닌 비평가이자 작가에 의해 쓰인 역사서이기 때문이다.

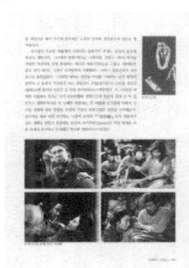

그럼에도 후대 연구자들은 이 책을 넘어서야 할, 혹은 한국영화사라는 체계를 세우는 데 필수적인 주춧돌로 인식했다. 이 책이 그 한계를 넘어서는 매력을 가지고 있기 때문이다. 우선 이 책의 장점은 아이러니하게도 한계로 지적받은 기획에서 비롯된다. 이 책에는 이영일 개인을 넘어선 당대 영화인들의 집단적 의지와 욕망이 투영되었기 때문이다. 그런 의미에서 이 책은 민족사의 일부분으로서의 영화사가 어떤 논리로 통합되고 구성되는지를 잘 보여준다. 다른 한편 이영일 개인의 비평적 안목이 책의 흥미를 돋운다. 자타 공인 당대 최고의 영화비평 중 한 명인 이영일의 작가와 작품에 대한 통찰은 영화사 연구가 상당히 진척된 오늘날까지 독자들에게 크고 작은 새로운 깨달음을 준다. 한국 고전영화에 대한 다양한 발견과 시각이 개발되지 않았던 2000년대 초·중반에는 그 신선함이 더했을 것이다.

『한국영화전사』 개정증보판에 대해서도 언급하지 않을 수 없다. 2004년 도서출판 소도가 발간한 개정증보판은 단순한 재판의 범주를 훌쩍 뛰어넘는다. 꼼꼼한 편집자주와 원작에 없는 사진과 서론의 보강,

풍부한 색인 등 편집자들의 공이 엄청나게 투여된 노작이기 때문이다. 아마도 한국 출판계에서 보기 드문 개정증보판이 아닐까 생각된다.

53 『시각영화-
20세기 미국 아방가르드』
아담스 시트니 지음,
박동현·손광주·허기정·김계중 옮김,
153×225mm, 560쪽, 평사리, 2005

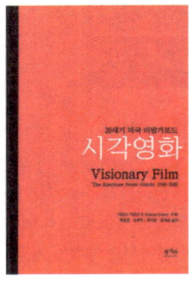

이 책은 미국의 뉴아메리칸 시네마와 아방가르드 운동의 비평적 지지자였던 P. 아담스 시트니의 대표적인 저작이자, 미국 아방가르드 영화의 역사를 기록한 가장 중요한 책이다. 시트니는 1970년 요나스 메카스, 피터 쿠벨카 등과 함께 뉴욕을 중심으로 한 미국 동부 독립영화와 실험영화 분야의 심장과도 같은 앤솔로지 필름 아카이브를 공동 설립했으며, 이후 프린스턴 대학교의 시각예술 분야에서 학자이자 이론가로 연구 활동을 해왔다. 아모스 보겔의 『전위영화의 세계』가 현장에서 활동한 큐레이터의 보다 대중적인 저서라면, 『시각영화』는 할리우드의 상업영화와 대척점에 있는 독립적이고 전위적인 영화들의 역사를 체계적이고 깊이 있게 서술한 학술서다.

1974년 출간된 초판에서 시트니는 마야 데렌의 〈오후의 올가미〉에 대한 분석에서 출발해 30여 년의 역사를 정리하면서, '영화 시'(cine-poem) 또는 '실험영화'(ex-perimental films)라고 분류될 수 있는 영화들의 연대기를 그 형태에 따라 각 챕터별로 서술한다. '몽환영화', '신화시대적영화', '구조영화', '참여영화' 등으로 명명된 디 대안적인 영화들은 상업적인 스튜디오 시스템 안에서 상실된 무엇인가를 반영하고자 했던 영상 작가들의 실천적 산물이다. 케네스 앵거, 스탠 브래키지, 피터 쿠벨카 등 보다 서정적인 색채의 영화들에 이어, 디 책은 마이클 스노우, 홀리스 프램튼, 폴 샤리츠, 어니 기어 등의 영화에서 보여지는 일련의 특징들을 '구조영화'로 분석해낸다.

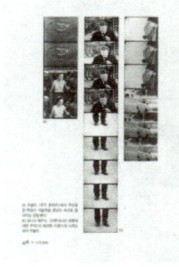

비록 국내 번역본은 '시각영화'라는 제목을 가지고 있지만, 이 책에서 '시각'으로 번역된 영어 단어 'visionary'는 복합적이고 중의적인 의미를 갖는다. 그것은 영화의 시각성을 토대로 하되, 영화의 '환영성'을 드러내며, 또한 관습에 물들지 않은 '선구적인' 영화적 실천을 뜻한다. 2002년 미국에서 출간한 3판을 번역한 국내 출간본은 2002년부터 실험영화 정기상영회를 개최하고 다양한 자료를 수집해온 다이애고널 필름 아카이브의 동인들이 작업한 결과물이다. 이들은 2004년 제1회 서울실험영화페스티벌을 개최한 데 이어, 이 책들 국내 출간한 2005년에는 국제영화제로 탈바꿈시켰고, 지금까지도 'EXiS'라는 이름으로 서울국제실험영화페스티벌은 계속되고 있다. 아날로그 필름 기반의 영화제작 워크숍을 운영한 '스페이스 셀'의 활동과 더불어, 2007년 창간된 실험영화 전문 저널 〈나방(N'Avant)〉의 출간이 이어진 시기에 널리 읽힌 책이다.

54 『옥스퍼드 세계 영화사』
제프리 노웰 스미스 책임편집, 이순호 외 옮김, 190×248mm, 997쪽, 열린책들, 2005

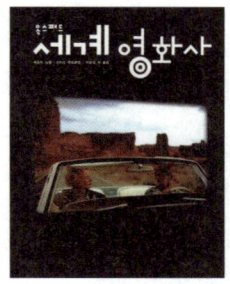

모든 역사 기술은 절대적인 사실이 아니며 하나의 관점을 제공할 뿐이다. 『옥스퍼드 세계 영화사』는 이러한 명제를 확인시켜 주는 책이다. 세계영화사를 의제로 한 여러 관점을 다각적으로 수용하고자 한 노력이 돋보이는 이 책은 지속적으로 인기 있는 엔터테인먼트 매체, 스타, 스튜디오 및 문화적 영향의 모든 측면을 다룬다. 미국을 중심으로 한 주류 영화의 연대기와 경향, 흐름을 아우를 뿐 아니라 전 세계 영화의 역사를 포괄하려는 웅장한 시도를 보여준다. 따라서 친숙한 미국영화와 별개로 아프리카, 남미 및 프랑스, 독일, 인도, 이란, 터키, 중국, 일본과 같은 개별 국가의 영화 발전에 대한 통찰력을 얻을 수 있다. 형식 면에서도 내러티브 장편영화에 그치지 않고 다큐멘터리, 아방가르드 영화, 애니메이션 영화, 무성 연재물, 영화음악, 인종 문제 및 텔레비전까지를 두루 포괄하고 있다.

1990년대 초 출간된 잭 C. 엘리스의 『세계영화사』가 절대적인 권위를 차지하고 있었던 국내 사정을 고려했을 때 방대한

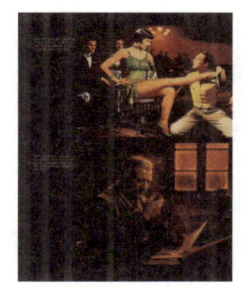

편제를 채택한 이 책은 확장된 시각을 제공하는 데 기여했다고 평가할 수 있다. 수많은 저자가 저술에 참여하였고 기여의 방식도 다양한데 몇몇 챕터에서는 영화 제작자와 경화 제목이 끝없이 흘러가기도 한다. 반면 이탈리아와 스페인의 전후 영화에 대한 챕터는 깊이가 있고 통찰력이 느껴진다. 역사에 대한 균형 감각을 체득하기 위한 다면적인 접근에도 불구하고 『옥스퍼드 세계 영화사』는 세계영화에 대한 훌륭한 입문서이자 참고서이다. 처음부터 끝까지 독파하는 독서 방식보다 탐색과 선별, 주제에 따른 참고용으로 훌륭한 가이드가 된다.

55 『한국영화사-
개화기(開化期)에서
개화기(開花期)까지』
김미현 책임편집, 155×245mm,
447쪽, 커뮤니케이션북스, 2006

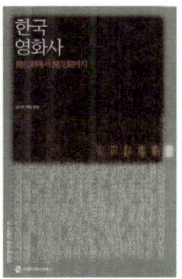

2006년, 그동안의 한국영화사 연구의 성

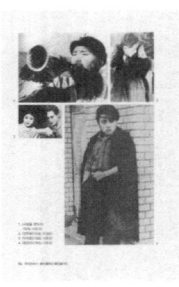

연구자들의 관심이 반영되어 기존의 영어판 이외에 일본어와 중국어판이 발행되는 등 한국영화사를 해외에 알리는 데 중요한 창구로서의 역할도 담당했다.

56 『투사하는 제국 투영하는 식민지—1901~1945년의 한국영화사를 되짚다』
김려실 지음, 152×224mm, 352쪽, 삼인, 2006

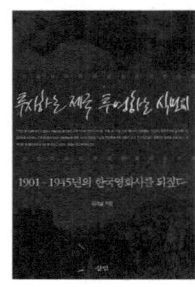

과를 모아 정리하고 그 내역을 해외에 소개하는 차원에서 한국영화사 저서 발간이 이뤄진다. 마치 거대한 모자이크 그림과 같은 이 책은 책임편집자 김미현을 중심으로 30여 명의 연구자가 집필에 참여한 대규모의 기획으로 영화사의 전문 영역을 개척한 연구자들이 자신의 전문 분야 원고를 맡아 집필했다는 특징을 지닌다. 기존 한국영화사 저서들은 해방 이전까지를 서술한 특정 시기의 역사에 국한되거나 역사적인 평가보다는 전문적이지 않은 저널리즘적인 설명이 부가된 경우들이 대종을 이뤘다. 개인 연구자의 노력으로 100년이 넘는 한국영화사의 성과들을 담아내기에는 많은 어려움이 있었기에 이러한 문제를 극복하고 한국영화사 연구의 성과들을 집대성하는 차원에서 다수의 연구자가 참여하는 책이 만들어질 수 있었던 것이다.

책의 머리말에서 언급했듯이 이 책은 필연적으로 집필자들 각각의 상이한 접근 방법과 시각의 차이, 서술의 불균형 등이 통일성을 저해한다는 지적을 받을 수 있다. 그럼에도 불구하고 한국영화의 다양한 측면들을 각각의 연구자들이 자신들의 전문 영역의 지식을 통해 한국영화사 전체를 조망한다는 특징으로 인해 그 가치를 인정받을 수 있었다. 그 결과 이 책은 영화사 책으로는 드물게 증쇄 발간되면서 각 대학교에서 대표적인 영화사 교재로 활용되었다. 특히 2000년대 들어 한국영화에 대한 해외

2000년대 중반에 대거 발굴된 식민지기 조선의 영화 필름들은, 오랜 세월 2차 자료에 의존하며 전개되었던 한국영화사 연구의 패러다임에 근본적인 변화를 가져왔다. 2006년 말에 발간된 『투사하는 제국 투영하는 식민지』는 바로 이러한 변화의 시작을 알린 연구서 중 하나이다. 한국과 일본을 넘나들며 '영화와 내셔널리즘'이라는 주제에 천착해온 저자는, 발굴된 영화들에 대한 섬세한 고찰을 토대로 식민지기 조선영화 연구의 새로운 패러다임을 제시한다. 식민지기를 '수탈'과 '저항'으로 재단했던 기존 한국영화사의 이분법을 넘어서, 식민지와 제국의 불균형한 관계가 만들어낸 조선영화의 균열들에 주목해야 한다는 것이다.

총 5부로 구성된 이 책에서는, '활동사진'이라는 이름으로 조선에 유입된 영화가 어떻게 대중문화로 정착했으며 제국의 식민지 경영에 공모했는지 밝히고, 당대에 제

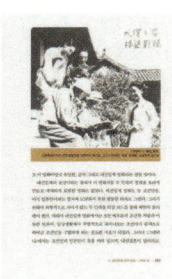

작된 조선영화가 '민족'과 '테크놀로지', '친일' 등 다양한 층위를 가로지르며 식민지의 현실과 공명하는 양상을 분석한다. 이를 통해 저자는, 조선영화에 이중으로 인화된 제국과 식민지의 욕망을 읽어내고자 한다.

이 책은 출간 이후 현재까지 대학 안팎에서 해방 이전의 한국영화사를 이해하기 위한 교재로 널리 활용되고 있다. 우선, 이 책은 발굴된 영화 필름뿐만 아니라 식민지기의 방대한 문헌 자료를 망라하여 철저한 실증 분석을 토대로 사실 관계를 명확히 밝히고 있으며, 이를 통해 조선영화가 왜 '민족'과 '친일'의 프레임으로 단순하게 환원되지 않는 균열적 텍스트일 수밖에 없었는지 설득력 있게 전달한다. 그리고 이러한 연구방법론은 식민지기를 다루는 많은 후속 연구에 실질적으로 적지 않은 영향을 주고 있다. 학술서임에도 불구하고 대중 친화적인 문체를 구사하여 영화연구자뿐만 아니라 영화에 관심이 많은 대중에게 '식민지기 한국영화사'라는 낯선 주제를 친숙하게 전달할 수 있다는 점 또한 이 책이 지닌 미덕일 것이다.

▶ 코멘트–김려실(지은이)
이 책은 내가 2005년에 교토대학에 제출한 박사논문을 수정·출판한 것이다. 일본에서 유학하는 동안 한국영화사는 발굴의 시기를 맞이했다. 그때까지 회고나 문헌으로만 알려진 조선영화가 러시아와 일본의 아카

이브에서 발견된 것이다. 당시 '발굴영화'로 불린 그 필름들은 '친일영화'로 분류될 법한 것들이 다수였기에 연구자들은 실체를 보고 적지 않은 혼란에 빠졌다. 리얼리즘적 수작으로 열려진 영화가 친일영화이기도 했고, 분명 친일영화인데 식민지의 어두운 현실이 교차되어 있기도 했으며, 해방 후 남북한에서 활약한 배우들이 일본어로 전쟁 메시지를 전하는 모습도 충격적이었다. 발굴영화로 드러난 식민지의 회색지대는 너무나 광범위해서 그때까지 연구자들 사이데 견고했던 '리얼리즘=항일'이라는 비평적 도식은 흔들리기 시작했다. 이 책은 처음으로 기존의 이분법적 관점을 벗어나 친일영화를 조명한 영화사이다. 출판한 뒤로 15년이나 지난 만큼 나중에 후속 연구로 더 자세히 밝혀진 사실도 있고, 내 실수로 인한 오류도 있으며, 문학에서 훈련받은 터라 내 시각이 영화연구자들과 상이한 경우도 있다. 한편으로 그랬기 때문에 멀리서 보기가 가능했고, 다양한 논쟁을 불러일으킬 수 있었고, 또 나 자신에 대한 점검을 통해 새로운 연구로 나아갈 수 있었다.

57 『트랜스: 아시아 영상문화』
김소영 엮음, 188×257mm, 607쪽, 현실문화, 2006

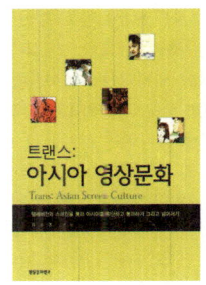

『트랜스: 아시아 영상문화』는 2006년 발간된 책으로, 한국예술종합학교의 영상이론과가 주축이 되어 진행해온 국내외 포럼,

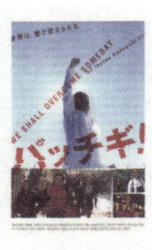

를 해체시키고, '방어적 민족주의의 (남성)동성사회' 영화로 개념화하면서, 이후 1990~2000년대 한국영화 비평에 이정표를 마련했다. 폴 윌먼의「한국영화를 구회하기」역시 한국영화를 보는 새로운 관점과 그를 통해 (서구 비평이론이 정립한 '시네마' 자체를 다시 생각해보는 논문으로, 여러 차례 인용되고 있다.

컨퍼런스 콜로키움 등에서 발표된 논문들을 수록하고 있다. 2000년대 초반, 인문학여러 영역에서 주목받았던 아시아 담론과 탈식민 연구의 관점으로 한국영화라는 범주, 내셔널시네마라는 범주, 그리고 시네마의 범주와 역사 자체를 재사고하려는 기획이다.

'아시아' 연구에서 '아시아'는 무엇인가? 지리적 단위인가? 문화적 단위인가? 역사적 실체인가, 상상적 지향인가? 그 자체로 (제국주의에, 서구 중심에) 대안적인의미인가? 저항적인 의미의 (제3세계) 민족주의와 유사한 의미인가? 그렇다면 그폐해도 함께 공유하는가? 영화연구, 문화연구에서 '아시아'라는 단위는 이 모든 의문들을 비로소 인식하게 한다는 점에서, 그리고 질문하게 한다는 점에서 의의를 가진다. 이 책에 수록된 논문들은 위의 질문들을 던지면서 내셔널시네마와 (보편의 의미에서) 세계영화, 인터내셔널 영화 혹은 할리우드 영화라는 구도를 해체하고, 그 구도에서 생성·축적되어온 지식들을 상대화하는 과정이 '아시아' 혹은 '간-아시아(inter-Asia)', '트랜스-아시아'를 개념화하는 과정이라는 것을 사유하게 한다.

이 중 김소영의 논문「글로벌 시대의지역 페미니스트 장(sphere)의 탄생: '트랜스 시네마'와 여성장」은 매끄럽고 선형적으로 보이는, 특히 1990년대 말부터 지속되어온 호황기의 한국영화라는 범주

58 『트뤼포-시네필의 영원한 초상』
앙투안 드 베크·세르주 투비아나
지음, 한상준 옮김, 150×210mm
796쪽, 을유문화사, 2006

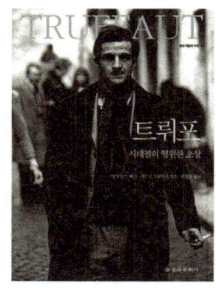

배우 장 피에르 레오와 함께했던 '앙투안 드와넬 연작'은 영화감독 프랑수아 트뤼포의 예술적 자아에 대한 개요이다. 총 5편의 시리즈로 제작된, 전례가 없던 이 기획은 데뷔작 〈400번의 구타〉를 시발로 하여 〈사랑의 도피〉까지 20년간 앙투안의 성장 과정을 추적한다. 앙투안 드와넬 연작이 트뤼포의 상상적 회고록이었다면 『트뤼포』는 트뤼포라는 인간에 대한 실재적 기록물이다. 영화에서 책으로 그의 삶의 윤곽을 추적하는 것이 가능하다면, 트뤼포의 굴곡진 인생은 오해와 미스터리에 감싸인 앙트완의 편력을 닮았다.

이 책은 '1984년 52세로 세상을 떠나기까지 평생을 영화에 헌신한 이 남자는 누구였는가?'에 대한 대답을 제공한다. 불우한

소년기와 배타적인 애호 취향, 선동가적인 공격성, 우상 파괴주의가 병합된 트뤼포의 생애는 전기적 접근이 필요할 만큼 복합적이었다. 지인들의 증언과 개인 기록 보관소에서 발췌한 일기, 메모, 서신 등을 바탕으로 만들어진 이야기는 비밀 속의 어린 시절부터 미완의 초상에 이르는 8개의 연대기적 시간 위에 놓인다. 한마디로 『트뤼포』는 자신의 작품에 완전히 몰두했던 작가의 초상을 보여준다. 비평가 〈카이에 뒤 시네마〉의 편집장이었던 세르주 투비아나와 앙투안 드 베크의 트뤼포에 관한 세심한 기술(記述)은 그 자체로 비범한 휴먼 드라마이다.

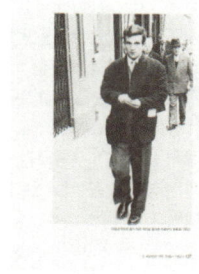

▶ 코멘트–한상준(옮긴이)
2004년 여름 을유문화사 정상준 상무와의 첫 만남에서 『트뤼포』의 번역을 제안받았다. 그리고 짧지만 깊은 고민의 시간이 이어졌다. 영어 번역본을 통해 이 서적이 지닌 가치와 재미는 이미 느끼고 있었고, 2002년 부에노스아이레스영화제에 심사위원으로 참가했을 때 미국, 프랑스, 캐나다에서 온 동료 심사위원들과의 대화를 통해 이 책이 프랑스어권, 영어권에서 높게 평가받은 사실도 잘 알고 있었다. 그러나 영어본은 축약본이었고, 번역을 한다면 원본으로 해야 할 텐데, 전공도 아닌 프랑스어 번역을 수락하는 일은 다소의 비장함까지 필요로 했다. 갈리마르 출판사에서 간행된 두꺼운 원본 서적을 일단 받아 들고

집에 돌아온 뒤 천천히 서문을 읽어나갔다(영어본에는 서문 전체가 빠져 있다). 그 매혹적인 서문을 읽는 도중 프랑스어가 던지는 유혹에 서서히 굴복되어 갔다. 이후 1년 반 동안 작업에 대진했다. 부천국제판타스틱영화제에서 수석 프로그래머로 활동을 재개할 무렵에 책이 나왔고, 여러 독자들이 "흥미진진하다", "번역이 정성스럽다"는 고마운 말을 해줬다. 그럼에도 역자로서는 "시간이 더 있었더라면..." 하는 아쉬움을 떨쳐버리기 힘들었다. 다행히 2022년 을유문화사가 새로운 판형의 개정판을 냄으로써 어색한 표현들을 좀 더 매끄럽게 다듬을 수 있었다.

59 『북한영화사』
이명자 지음, 152×223mm, 244쪽, 커뮤니케이션북스, 2007

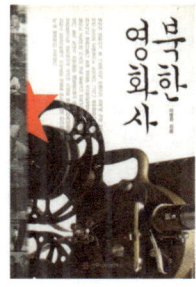

분단 상황에서 북한에 대해 자세히 연구하는 것은 북한 관련 자료들에 접근할 수 있는 일부 연구자들이나 언론인들로 한정될 수밖에 없었다. 오랫동안 북한영화 연구는 북한 관련 뉴스를 다루는 기관의 구성원을 통해 만들어진 관제 연구가 주를 이뤘다. 대표적인 경우가 내외통신(현 연합뉴스) 기자인 최척호가 쓴 『북한예술영화』(신원문화사, 1989)와 『북한영화사』(집문당, 2000) 같은 저서이다. 이러한 저서는 1988년 월북 작가, 예술인의 해금 이후 관제 연구물이 일반 출판물로 출간된 경우이

다. 반면 1980년대 후반 민족영화운동 차원에서 이효인과 이정하가 백지한이라는 필명으로 출간한 『북한영화의 이해』(친구, 1989)는 이적 출판물로 간주되어 정부에 의해 금서 처분을 받는 등 제도권 밖의 북한영화 연구는 월북 작가, 예술인의 해금 이후에도 지난한 과정 속에 있었다.

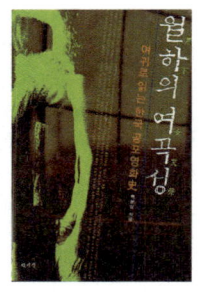

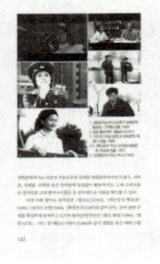

김대중 정부가 들어서고 2000년 남북 정상회담이 열리는 등 남북 관계의 획기적인 변화가 시작되면서 북한영화에 대한 관심이 큰 폭으로 늘었다. 김대중, 노무현 정권 동안 북한영화 연구는 양적으로나 질적으로 이전과는 큰 폭의 진전이 있었다. 이 중 동국대학교에서 「김정일 통치시기 가족 멜로드라마 연구」로 박사학위를 받은 이명자는 북한영화 연구의 대표적인 연구자로 주목할 만한 연구들을 진행했다. 특히 2005년부터 컬처뉴스에 연재한 북한영화사는 2007년 단행본으로 발간됐는데 북한영화 및 이와 관련한 문헌이 부족한 가운데 나온 북한영화사 전체를 조망할 수 있는 저서라는 면에서 큰 주목을 받았다. 물론 내용이 단순하고 소략하다는 단점은 있으나 북한영화사에 관심 있는 연구자들의 입문서로서 그 가치를 지닌다.

60 『월하의 여곡성-여귀로 읽는 한국 공포영화사』
백문임 지음, 150×223mm, 371쪽, 책세상, 2008

2000년대 초·중반은 전 세계적으로 '아시안 호러'가 유행하던 때였다. 1990년대 후반 일본영화 〈링〉이 아시아 지역에서 히트를 하면서 오래된 '여귀'(女鬼) 전통에 기반한 영화들이 한국, 대만, 홍콩, 태국 등에서 유행하고 또 서구 시장에서 호응을 얻으면서다. 〈링〉과 〈주온〉의 감독들이 할리우드로 건너가 리메이크작을 만들고 그것이 다시 아시아에서 흥행에 성공하는 즈음 'J-호러', 'K-호러' 등의 용어들이 유통되기 시작했고, 영어권 학계에서도 관련한 연구물들이 다수 출간되었다.

『월하의 여곡성』은 2008년에 출간되었지만, 2002년에 제출된 저자의 박사논문을 토대로 뒷부분에 '아시안 호러'의 흐름을 추가하여 만들어진 책이다. 박사논문 자체는 한국 공포영화의 핵심 아이콘으로서 여귀에 초점을 맞춰서, 고전 서사(대표적으로 '아랑형 전설'과 '장화홍련전')에서 배태된 여귀가 1960년대 한국 공포영화에 와서 지배적 형상이 되면서 장르적 정체성을 마련했음을 다뤘다. 중국과 일본에 비해 혼령물이나 복수 서사가 드물었던 한국에서 여귀는 유교적 가부장제에 희생된 가련한 존재인 동시에 그 가부장적 권위에 기대어 질서가 바로잡히도록 조력하는 존재였지만, 20세기 특히 영화라는 시각매체에서는 여귀의 복수가 점차 전면화되면서 공포효과가 극대화되는 방향으로 다뤄졌다.

1998년 〈여고괴담〉으로 다시 시작된

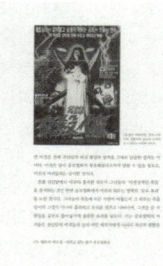

여귀 공포영화 사이클이 21세기 들어 '아시안 호러'의 자장 속에서 글로벌한 코드로 유통되었던 것은 이 전통과 어떤 연속성과 단절을 보이는가. 이 책의 후반부는 〈장화, 홍련〉부터 〈폰〉 등의 미디어 호러에 이르기까지 여귀 및 그와 교감하는 또 다른 여주인공(저자는 '공감자·분신'이라 칭한다)이 IMF 경제위기 및 글로벌화 과정에서 다시 문제적 존재로 대두하는 것을 분석하고 있다. 여기에서 아시아 여성의 신체는 그 자체로 미디어스케이프를 구성하는 스펙터클이 된다.

61 『여성괴물-억압과 위반 사이』
바바라 크리드 지음, 손희정 옮김,
153×225mm, 384쪽, 여이연, 2008

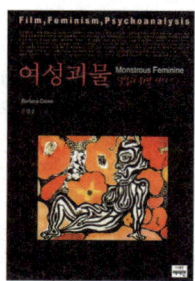

영화산업이 급격하게 성장한 21세기 초, 한국영화는 꽤 수상한 경향성을 보이고 있었다. '남성의 과대재현과 여성의 상징적 소멸'이 흥행코드로 자리 잡고 있었

던 것이다. 당시 박스오피스 상위권을 차지하고 있는 영화들에서 여성들은 향수의 대상(〈태극기 휘날리며〉)이거나, 성폭력 가해의 대상(〈실미도〉), 남성들 간의 교환 가치(〈친구〉), 중립국인 스위스인(〈공동경비구역 JSA〉), 그리고 북한 간첩(〈쉬리〉)이었다. 상황이 이렇게 되자 평론가들은 한국영화의 퇴행성을 지적하고 질문을 던졌다. 1990년대 스크린을 풍미했던 한국 여성들은 어디로 갔을까? 그 답은 공포영화였다. 1998년 〈여고괴담〉의 성공을 시작으로 제2의 전성기를 맞이한 호러 장르는 몇 편의 슬래셔 무비의 실패를 지나 〈소름〉, 〈폰〉, 〈장화, 홍련〉, 그리고 〈4인용 식탁〉과 같은 작품들을 선보였다. 한국 여성 캐릭터들은 여기에서 모성담론에 포박되어 스크린을 부유했다. 바바라 크리드의 이 책은 이런 한국(공포)영화의 한 경향성을 규명할 수 있는 중요한 분석틀을 제공했다.

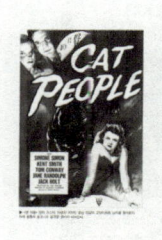

크리드는 책의 1부에서 크리스테바의 '비체' 개념에 기대어 서구 문화 속 '원초적 어머니', '귀신 들린 소녀', '기괴한 자궁', '여성 뱀파이어', 그리고 '마녀' 형상을 다루고, 여성의 재생산성을 통제하려는 가부장제의 욕망을 분석한다. 2부는 프로이트의 논문 『다섯 살배기 꼬마 한스의 공포증 분석』에 등장하는 꼬마 한스 사례를 재독해하고 거세 공포에서 어머니의 영향력을 지우려 했던 프로이트의 몰성적 관점을 비판

한다. 크리드는 영화 속 '여성 거세자'와 '남근적 어머니' 형상을 제시하면서 거세 공포에서 어머니의 역할을 드러낸다. 가부장제는 오랜 시간 여성을 괴물로 만들어왔다. 이는 남성을 역사의 주인공으로 세우고 여성의 활기와 권능을 통제하려는 남성 중심적 사회의 의식/무의식과 연결되어 있으며 여성혐오 문화의 요체다. IMF 이후 한국영화에서 나타난 여성괴물 역시 이와 연결되어 있었다. 그러나 괴물은 단순히 공격받고 사라져버리지 않는다. 웅크리고 앉아 반격을 준비한다. 『여성괴물』은 여성을 괴물로 만드는 사회에 대한 통찰을 제공하면서 '괴물 너머'를 보자고 초대했다.

62 『제국 일본의 조선영화-식민지 말의 반도: 협력의 심정, 제도, 논리』
이영재 지음, 153×224mm, 335쪽,
현실문화, 2008

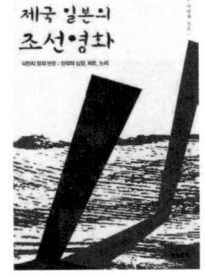

2000년대 후반은 일제강점기 한국영화사 연구가 왕성히 일어난 시기다. 여러 이유가 있겠지만, 2005년과 2006년 한국영상자료원이 중국전영자료원으로부터 수집한 일제강점기 조선영화를 무려 7편이나 공개한 영향이 컸다. 사실상 순수한 의미의 일제강점기 조선 극영화가 거의 존재하지 않던 시점에, 7편의 보물과 같은 영화들이 생긴 것이다. 2008년도에 출간된 이 책은 이 시기 발견된 영화들에 대한 가장 빠르고 진지하며, 흥미로운 반응 중 하나였다. 저자는 한

국영화사의 뿌리가 되는 강점기 한국영화사가 가진 곤궁의 지점, 즉 이영일을 필두로 한 이전 영화인들이 애써 회피한 주제인 친일영화 혹은 친일영화인의 역사를 파고든다. 자료원이 공개한 7편의 영화가 대부분 친일영화의 범주에 들다 보니 이는 거쩌면 자연스러운 결과이기도 했을 것이다. 그 결과 이전까지 공들여 세워진 민족영화의 생산과 소비로서 한국영화사, 민족영화인들의 실천의 연속으로서 한국영화사라는 이념이 흔들리기 시작했다.

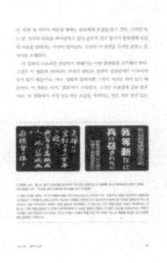

이 책의 부제는 '협력의 심정, 제도, 논리'다. 부제에 맞게 저자는 친일이 강요되었던 제도를 풍부한 사료(특히 일본어 사료)를 통해 실증적으로 살피는 한편, 그 협력자들의 논리와 감성 구조를 관련 사료와 영화 텍스트에 대한 분석을 통해 제시한다. 실증적인 역사와 텍스트 비평 그리고 기에 대한 논리적 구축(이론)이 저자의 깊이 있는 통찰 속에서 결합된다. 이러한 종합성 혹은 다층성이야말로 이 책의 매력이-. 다른 분야 역사 연구에서도 그렇겠지만 특히 한국영화사 연구에서 이런 사례는 많지 않다. 텍스트에 대한 비평이면 비평, 사료 중심의 역사 재구성이면 재구성 어느 한쪽으로 기울어지기 십상이기 때문이다. 이 시기 일본에서 유학하던 국문학 전공자이가 전직 영화기자이자 시네필인 저자의 성향과 상황이 만들어낸 뛰어난 연구 업적이가 흥미로운 텍스트다.

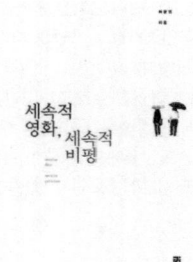

▶ 코멘트-이영재(지은이)

아마도 이런 자리가 주어지지 않았다면 쉽지 않았을 고백. 나는 이 작업을 맹렬한 분노 속에서 수행했다. 혹시 모를 오해를 막기 위해 덧붙이자면 그 분노는 저 영화들이 발견된 이후 빈번했던 소위 '친일' 영화 논쟁과는 아무 상관이 없었다. 아니, 솔직히 말하자면 이 지극히 내셔널시네마적 개념 위에서 공회전하는 반응이야말로 식민지와 포스트 식민국가를 아우르는 연속성을 보여주는 징표라고 생각했다. 이 영화들이 포스트 식민국가를 내파하는 이유는 그것이 친일영화여서가 아니라 이후 대한민국의 영화, 특히 1960년대 내셔널시네마의 형성기에 반복될 국가와 영화의 직접적 연결을 선취하고 있기 때문에 그러하다. 이 책에서 분석하고 있는 '제국 일본'에서 만들어진 '조선영화'들은 전쟁을 수행하는 제국이 적과 아군이라는 강력한 동질성으로 식민지 조선을 '내부'로서 마름해나가고자 했을 때 발생한 '국민'이라는 자격을 둘러싼 식민지와 피식민자 남성 엘리트 사이의 협상과 결렬을 반영해내고 있다. 그런데 피식민자 남성 엘리트들이 식민자의 언설을 초과 달성해내고자 할 때 사라지는 것은 절대다수의 피식민자들이 처해진 현실에 다름 아니다. 이 순간의 질문은 내 생각에 여전히 현재적이다. 그러니까 이것은 이렇게 묻고 있다. 어떻게 '국민'이 형성되는가? 누가 '국민'이 되는가? 아마도 이 지점이야말로 식민지 연구의 현재성이 아닐까. 이들 영화들은 너무나도 선연히 근대 국민국가의 피의 로직을 꿰뚫어가고 있다.

63 『세속적 영화, 세속적 비평』
허문영 지음, 150×210mm, 486쪽, 강, 2010

영화평론가, 〈씨네21〉 전 편집장, 부산국제영화제 전 집행위원장인 허문영의 첫 번째 영화평론집. 좀성일의 첫 평론집 『언젠가 세상은 영화가 될 것이다』와 같은 해인 2010년에 출간되었다. 이 시기에 주목하지 않을 수 없는데, 비슷한 연배인 두 사람의 첫 평론집은 이들이 한창 평문을 쓰던 시기가 아니라 오히려 영화제 프로그래머, 영화감독 등 평론 인근 분야의 활동이 본격화되던 시기에 출간된 셈이다. 『세속적 영화, 세속적 비평』은 1990년대 중반부터 발표했던 글들을 모은 책으로, 1부(한국영화에 대한 몇 가지 생각들)는 한국영화와 한국영화-계에 대한 비평을, 2부(우리 시대의 감독들1)와 3부(우리 시대의 감독들2)는 홍상수, 봉준호, 박찬욱, 지아장커, 클린트 이스트우드 등 13명의 국내외 영화감독들에 대한 평론을, 4부(질문하는 영화들)와 5부(빛과 소리의 움직임)는 개별 영화들에 대한 리뷰를 수록했다. "우리가 사랑한 영화는 대부분 실재하는 세속적 타자들의 물리적 지속에 관한 것이다. 그것을 보는 우리도 불가피하게 당대의 사건들과 공기와 환경 안에서 영화를 보았고 매혹되거나 그를 거부해왔다"는 책 서문처럼, 평론가인 동시에 대체에 소속된 기자로, 편집장으로 오랜 시간 일했던 사람 특유의, 시대라는 맥락에 놓인 영화를 바라보는 시선을 만날 수 있다. 영화 내적인 미학만큼이나 작품이 놓인 문화·사회·정치적 맥락에서 평문을 쓴 그의 장기를 확인할 수 있는 책이다.

이 책은 출판사 강이 펴냈는데, 이곳

에서는 이후 2016년에 영화평론가 남다은의 첫 평론집인 『감정과 욕망의 시간』을, 2017년에 〈씨네21〉 기자였으며 현재 부산국제영화제 한국영화 프로그래머인 정한석의 첫 평론집인 『성질과 상태』를 펴내기도 했다. 같은 출판사에서 2014년에는 허문영의 두 번째 평론집 『보이지 않는 영화』가 출간되었다.

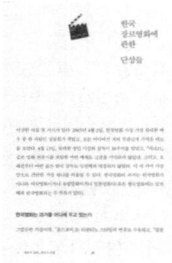

▶ 코멘트-허문영(지은이)

첫 평론집인 이 책의 출간을 권유받고 망설이고 있을 때 한 지인이 이렇게 말했다. "책으로 낼 만한 글이 쌓여 있고, 책을 내자는 출판사가 있으면, 책을 내는 거다." 이 무책임하지만 너무도 명쾌한 말에 기대 결국 출판에 동의하게 되었다. 이미 여기저기 내보인 글들을 책으로 묶는 일이 민망했지만, 그 민망함을 좀 가려보려고 좀 긴 서문을 썼다. 아는 걸 쓰는 게 아니라, 쓰다가 알게 된다. 정확히 말하면 내가 아는 것과 모르는 걸 쓰면서 조금씩 분별하게 된다. 온전한 앎이란 내가 뭘 모르는지 온전히 아는 것이리라. 우리의 앎을 사소한 것으로 체험하게 하는 영화, 개인의 시간과 역사의 시간 그리고 풍경의 시간을 동시에 감각하게 하는 영화, 혹은 사건을 뛰어넘는 심연을 자기 안에 감추고 있는 영화. 언젠가부터 그런 영화에 심취했고, 그땐 알지 못했지만 어린 시절에 본 서부극들이 그 시원지에 있었다. 물론 그럼에도 정교한 사건의 영화는 여전히 우리를 매혹시킬 것이다. 영화에 매

혹된 우리 대부분은 아마도 사건의 영화와 초월적 영화 사이를 영원히 오갈 것이다. 이 책의 서문을 쓰면서 내가 그래왔음을 알게 되었고, 그때까지 내가 써온 글들에도 그런 분열의 혼란과 쾌락이 곳곳에 스며 있음을 또한 알게 되었다.

64 『언젠가 세상은 영화가 될 것이다-정성일 정우열의 영화편애』
정성일·정우열 지음, 152×215mm, 528쪽, 바다출판사, 2010

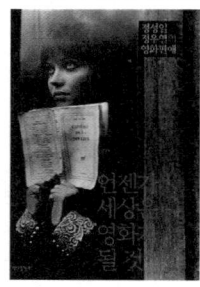

책 표지에는 두 사람의 이름이 공동 저자로 올라 있다. 영화평론가 정성일과 만화가 겸 일러스트레이터 정우열. 둘의 공통점은 영화를 사랑한다는 것이고, 그런 이유로 부제는 '정성일·정우열의 영화편애'이다. 정성일은 '올드독'이라는 영화광 강아지를 주인공으로 한 정우열의 『올드독의 영화노트』에서 얻은 감흥에서 착안해 '올드독' 삽화와 자신의 영화글을 나란히 배치하여 어떤 인상을 만들어내는 방식으로 책을 묶었다. 그는 이것을 '우정'이라고 불렀다.

이상의 사정에도 불구하고 이 책에 대한 간추린 요약은 '정성일의 첫 번째 영화평론집'이다. 「좌표」, 「감각」, 「배움」이라는 세 개의 큰 챕터 아래 영화비평과 문화, 질문, 위대한 작가들로부터의 배움에 관한 사변적 에세이를 펼쳐놓는다. 앞의 두 챕터 끝에는 영화감독 지아장커, 장률과의 대담이, 세 번째 챕터의 끝에는 '自問自答'(자문

자답)이라는 제하의, 스스로에 대한 물음과 답이 놓였다. 끝나지 않을 것처럼 이어지는 그의 만연체 문장처럼 저자의 상념은 과거와 현재, 영화의 안과 바깥, 일상의 이곳저곳을 휘젓는다. 영화에 대한 사고와 논평이 자유롭게 흐르며 만나는 개방적인 구성의 큰 장점이 살아 있는 평론집이다.

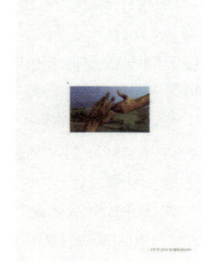

▶ 코멘트–정성일(지은이)

언젠가 〈미스테리아〉라는 잡지에서 앙케이트를 한 적이 있다. 당신이 마감을 할 때 필요한 것은 무엇인가요. 나는 이 말을 살짝 바꿔서 영화비평을 쓸 때 당신에게 필요한 것은 무엇입니까, 로 옮겨놓고 싶다. 말하자면 영화비평을 쓰는 동료들에게 하는 실용적인 고백. 하나는 맛있는 쿠키이다. 나는 필요 이상으로 여기에 시간과 돈을 쓴다. 심지어 어떤 글을 쓰기 위해서 눈여겨보아둔 수제 쿠키를 사러 멀리 다녀오느라 보낸 시간의 무게가 원고보다 무거울 때도 있다. 두 번째는 그 원고를 쓰는 동안 나를 위로해줄 음악이다. 이걸 잘못 선곡하면 글을 망치기도 한다. 그 비평만을 위한 사운드트랙. 그러면 글을 쓰는 동안 왠지 누군가와 함께 글을 쓰는 기분을 가져볼 수 있다. 세 번째는 물론 마감 시간이다. 만일 이 시간이 없다면 그 영화에 대한 내 생각을 멈추지 못할 것이다. 첫 영화를 만든 다음 어떤 자리에서 누가 내게 물어본 적이 있다. 연출과 비평 중에 어느 쪽이 더 힘들어요, 망설이지 않고 대답했다. 비평이 훨

씬 힘들어요. 연출은 옆에 함께 의논할 사람들이 있지만 비평은 혼자 하는 작업이거든요. 혼자 하는 작업. 그래서 누군가 곁에 함께 있다는 기분이 (나에게는) 정말 중요하다. 이 책은 그렇게 쓴 글들의 모음이다. 이 글을 쓰면서 과블로 카잘스, 아이작 스턴, 알렉산더 슈나이더, 밀튼 카틈스, 폴 토르틀리에가 1952년에 녹음한 슈베르트 현악 오중주를 듣는 중이다. 아뿔싸, 쿠키가 없구나.

65 『눈 깜박할 사이– 영화편집에 대한 연구』 월터 머치 지음, 문원립 옮김, 140×210mm, 152쪽, 비즈앤비즈, 2010

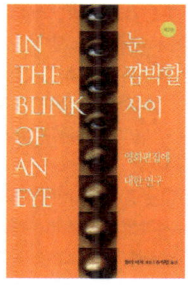

이 책은 프랜시스 포드 코폴라의 〈레인 피플〉로 경력을 ㅅ 작해 〈THX 1138〉, 〈대부〉, 〈컨버세이션〉, 〈지옥의 묵시록〉 등에서 작업한 미국의 대표적인 편집감독 월터 머치가 영화편집에 대한 본인의 생각을 담은 에세이다. 머치는 〈컨버세이션〉에서 음향 디자인으로 처음 오스카 후보가 되었고, 〈지옥의 묵시록〉에서 돌비 스테레오 6트랙 작업으로 현대적인 의미의 '서라운드 음향'을 ㅅ 도한 공로로 아카데미 음향상을 수상했다. 머치는 이후 1997년 비선형(Non-linear) 편집기인 아비드 미디어 컴포저로 작업한 첫 작품인 〈잉글리쉬 페이션트〉로 오스카 편집상과 음향상을 수상하면서 국내

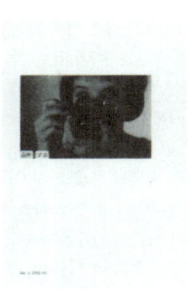

에도 널리 알려졌다.

　1992년 첫 출간된 이 책은 음향보다는 편집 그 자체에 대한 머치의 철학을 담고 있다. 그에 따르면 좋은 편집을 결정하는 여섯 가지 기준 가운데 51%는 감정, 23%는 스토리와 관련된다. 무엇보다 편집은 꿈속에서 이미지들이 연결되는 방식과 유사하며, 따라서 영화는 다른 예술 분야에 비해 생각의 흐름과 가장 유사하다. 머치는 〈컨버세이션〉을 작업하던 중 주인공 진 해크먼이 자주 눈을 깜박인다는 사실을 알게 되었고, 이후 존 휴스턴 감독의 어느 인터뷰에서 눈을 깜박이는 것이 편집된 장면과 같다고 말한 데서 시각적 이미지의 흐름을 눈 깜박임과 연관시키게 되었다고 설명한다. 눈을 깜박거리는 속도와 리듬은 인간의 감정이나 사고와 관련되는 것이며, 편집자는 관객의 사고 과정을 예상하고 부분적으로 통제하는 일을 해야 한다는 것이다.

　이 책이 국내 첫 번역된 2002년은 한국 영화계에도 아비드를 통한 비선형 편집이 자리 잡고 영화의 디지털 후반작업이 확산되던 시점이었다. 책의 후기인 '비선형 디지털 편집: 참을 수 없는 존재의 가벼움'은 필름 편집과 디지털 편집을 모두 겪으며 최고의 작업을 해왔던 이 거장의 디지털 시스템에 대한 고민 또한 담고 있다.

▶ 코멘트-문원립(옮긴이)
편집은 촬영이나 녹음 등과 함께 보통 '영

화기술'로 분류된다. 그리고 실제로 그 분야의 책들을 보면 기술서적이 대개 그렇듯이 '드라이'한 면이 있다. 그러나 이 책은 저자 월터 머치가 영화의 시나리오도 쓰고 감독도 해서 그런지 글이 종종 한 편의 에세이 같다. 편집에 대해 쓴 내용 자체도 좋지만 글의 이런 면이 나로 하여금 번역하고 싶게 한 것 같다. 원서가 출간된 지 20년이 지났지만, 그래서 디지털 편집에 관해 쓴 후기 같은 것은 시대에 안 맞는 부분이 있어도 좁게는 영화 편집, 넓게는 영화 만들기에 관한 그의 생각들은 전혀 시대에 뒤떨어지지 않았다. 아마 영화가 살아 있는 한 이 책은 훌륭한 참고서로 남을 것이다. 또한 영화에 대한 애정이 느껴져서 좋다. 뒤 표지의 필립 카우프만 감독의 소개문처럼, 이 책은 그의 열정의 기록이다. 다만 나의 능력 부족으로 원문의 유려함이 잘 표현되지 못한 것 같아 아쉬움이 였다. 참고로 이 책의 이해에 도움이 될 만한 것을 소개한다. 다큐멘터리 〈The Cutting Edge: The Magic of Movie Editing〉(2004)에 월터 머치의 인터뷰와 작업 장면들이 있다. 책에서 언급된 것 몇 가지를 영상에서 확인할 수 있다.

66 『사유 속의 영화-영화 이론 선집』
이윤영 엮고 옮김, 150×220mm,
376쪽, 문학과지성사, 2011

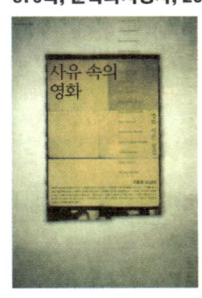

영화이론의 개요를 한 권의 책으로 정리할 수는 없을까? 게으른 학생의 부리는 과욕

거인 셈이다. 거대한 영화의 우주에서 15개의 글이 선택된 기유, 맥락을 찾는 독서는 독자들이 수행하야 할 사후 작업으로 맡겨진다.

67 『다큐멘터리 – 리얼리티의 가장자리』
폴 워드 지음, 조혜영 옮김,
153×200mm, 203쪽,
커뮤니케이션북스, 2011

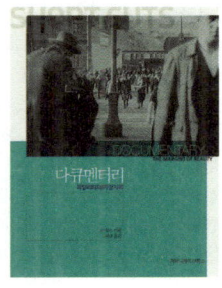

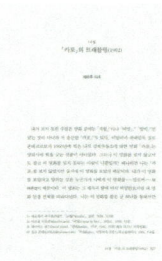

으로 들릴 수도 있겠지만 이런 소망을 충족시켜 줄 수 있는 책이 『사유 속의 영화』이다. 연세대학교 커뮤니케이션 대학원의 이윤영 교수가 영화이론사에서 중요한 위치를 차지하는 15편의 글을 엮어서 낸 편역서이다. 세르게이 예이젠시테인의 「영화의 원리와 표의문자」(1929), 루돌프 아른하임의 「영화와 현실」(1932/1957), 발터 벤야민의 「기계복제 시대의 예술작품」(1936), 앙드레 바쟁의 「사진적 이미지의 존재론」(1945), 장-피에르 우다르의 「봉합」(1969) 등 읽어보지 않았더라도 한 번쯤 들어봤을 만한 주옥 편들을 수록했다. 영화이론의 역사적 전개를 모두 포괄한다기보다 영화이론의 주요 지형을 일목요연하게 그려본다는 것이 이 책의 취지에 더 부합한다.

'선집'이라는 제명에 맞는 취택의 의도가 있을 터인데 이 지점에서 『사유 속의 영화』는 상술(上述)한 게으른 자의 기대를 배반한다. 이 책에 모은 글들은 모두 짧고 저마다 주장이 뚜렷하지만 깊은 심연을 가지고 있다. 영화에 대한 사유라는 점에서 만만히 볼 수 없고, 각자가 하나의 우주를 이루고 있기 때문에 가볍게 넘길 수 없다는 점도 기억해야 한다. 이 논문들이 개척한 영화의 우주는 하나의 글로서 온전히 이해될 수가 없다. 따라서 저자의 기대는 여기 실린 글에서 시작하여 개별 이론, 이론가들에 대한 읽기를 확장하여 나가는 것이다. 환언하면 이 책은 영화에 대한 사유의 트리

폴 워드의 『다큐멘터리』는 제목보다 세부적인 부제에 초점을 맞춘 다큐멘터리 영화 탐구서다. 부제 '리얼리티의 가장자리'는 다큐멘터리 영화의 중심을 '리얼리티' 즉 다이렉트 시네마의 관찰적 양식으로 간주하는 흐름에 도전하여, 동시대 흐름에 맞게 새롭게 시도되는 다양한 양식과 스타일을 '가장자리'로 소개하면서 다큐멘터리 영화의 확장을 제안한다. 이 책은 다큐멘터리의 리얼리티의 가능성을 열어 허구성, 주관성, 재연, 코미디, 아니메이션 등의 다양한 양식 또한 다큐멘터리 영화의 자장에 있음을 촘촘하게 제시한다. 특히 당시 국내에서는 생소한 애니메이티드 다큐멘터리 영화나 코미디 다큐멘터리 영화를 사례 기반으로 소개하고 있다. 이는 다큐멘터리 영화 담론이 기존의 윤리와 계몽주의, 객관성과 투명성의 담론에서 중심 이동하여 주관성과 표현성, 수행성과 성찰성, 타 장르와의 혼종성으로 확장하고 있음을 보여준다.

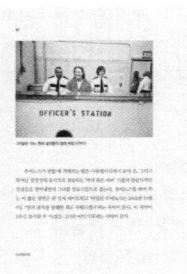

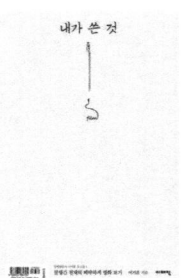

다큐멘터리 영화가 무엇인가라는 원론에 멈추지 않고 이 책은 새로운 양식과 스타일로 다큐멘터리 영화를 다양하게 소개하면서 다큐멘터리 영화를 확장적으로 재고찰 하게 한다. 저자 폴 워드는 이를 통해 다큐멘터리가 지향하는 '다큐멘터리적 가치'에 주목하는데, 옮긴이가 지적했듯이 다큐멘터리 영화는 "공인된 진실이 아닌 소외된 진실을 밝"혀 "사회의 불균형을 바로잡고, 비가시적인 소수자들의 세계"를 드러내는 것이다. 따라서 이 책은 2000년 후반부터 한국 다큐멘터리 영화가 기존의 계몽성, 설명성, 성찰성과 거리두기를 하면서 변화하는 지점과 조우하여 창작자에게는 영감을, 연구자에게는 이론적 사례를 제공했다. 이 시기 이후 한국 다큐멘터리 영화는 '경계 횡단'이라는 말이 무색할 정도로 유연하게 타 장르와 접속하고 연동하여 다큐멘터리 영화 영역을 확장하고 있다. 이 책은 현장의 실험들을 반영하는 동시에 동시대 한국 다큐멘터리 영화의 창문이자 거울 역할을 한다.

68 『내가 쓴 것-
잘생긴 천재의 삐딱하게 영화 보기』
이지훈 지음, 153×223mm, 512쪽
이매진, 2012

1990년대 중반부터 2000년대 중반까지, 세기의 전환기에 펼쳐진 한국영화 르네상스를 가장 가까이에서 관찰하고 기록했던 평론가 이지훈(1969~2011)의 유고집이다. 영화 월간지 〈스크린〉 기자를 거쳐 1997년 월간지 〈NeGA〉를 창간하고 주간지 〈FILM2.0〉의 취재팀장과 편집장으로 활약했으며, TV 프로그램 〈출발! 비디오 여행〉의 작가로 활동했던 그는 특유의 박식함과 균형 감각, 명쾌함과 개성을 갖춘 글쓰기로 당대 많은 영화인들의 기억 속에 남아 있다. 유고집은 뇌종양으로 42세의 나이에 유명을 달리한 그의 1주기 기일을 맞이해 〈FILM2.0〉의 선후배 동료들이 그가 남긴 글을 모아 두 권으로 출간한 것.

그 1권인 『내가 쓴 것』은 그가 잡지에 남긴 '편집장의 말'을 비롯해 영화와 세상에 대한 단상을 기록한 에세이와 한 시대를 풍미한 영화들에 대한 비평이 수록되어 있다. 권두언으로 수록된 이동진 평론가의 회고에 따르면, 이지훈의 영화평은 "당위에 발목 잡히지 않았고 허세에 물들지 않았으며 이름값에 현혹되지 않았던" 보기 드문 글이었다. 그의 에세이들은 결기와 낭만이 넘쳤던 충무로 영화인들과의 술자리, 그리고 그가 생전에 마음이 시리도록 사랑했던 '딸년'을 통해 삶의 어떤 진실에 대한 통찰을 담아낸다. 그의 사후 10년이 훌쩍 지나 다시 읽어보는 이 책은 한 인물의 사적 다이어리를 넘어서 세기말 영화를 중심으로 형성된 한국의 청년문화와 2000년대 초 한국영화계의 빛나는 순간들에 대한 민속지적 기록이라 할 만하다.

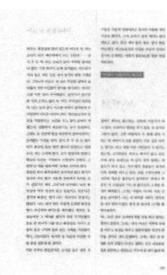

69 『마틴 스코세이지와의 대화』
리처드 시켈 지음, 이태선 옮김,
176×245mm, 536쪽, 비즈앤비즈,
2012

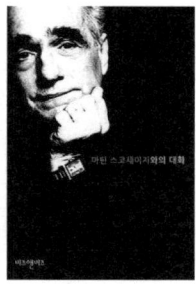

『마틴 스코세이지와의 대화』는 『히치콕과의 대화』와 더불어 영화감독과 대담자의 수준 높은 대화가 한 감독의 생애와 작품세계를 훌륭하게 조명해내는 대담집이다. 뉴할리우드 시대부터 현재에 이르기까지 미국영화사와 동일시될 수 있는 마틴 스코세이지의 가치관과 철학, 영화 제작 과정의 숨은 이야기들을 영감이 넘치는 언어로 풀어낸다. 스코세이지는 현장에서의 연출 스타일을 설명하고 로버트 드 니로, 하비 카이텔, 잭 니콜슨, 리어나도 디캐프리오 등 당대 최고 배우들과의 협업을 포함하여 예술적, 개인적 관계에 대해 기탄없는 이야기를 들려준다. 이를테면 〈성난 황소〉의 제작 과정에서 있었던 투쟁, 〈그리스도의 마지막 유혹〉을 둘러싼 논쟁, 〈셔터 아일랜드〉에서 표현하고자 했던 심오한 주제 등 영화를 통해 자신이 성취하려고 했던 것이 무엇인지를 밝힌다. 훌륭한 영화감독에 관한 훌륭한 책을 만드는 것은 훌륭한 대담자라는 사실을 일깨워주는 책이다.

다큐멘터리 영화감독이자 영화평론가인 리처드 시켈은 이 과정의 안내자로, 그의 질문과 대화를 통해 거장의 삶과 작품에 대해 깊이 있게 기해할 수 있다. 영화의 역사에 대한 사랑을 공유한 두 사람은 유머와 공감, 통찰력을 발휘하여 질감이 풍부한 대화를 이어간다. 한마디로 『마틴 스코세이지와의 대화』는 우리 시대가 가장 존경하는 영화감독 중 한 사람에 대한 탁월한 해설이자 헌사이다.

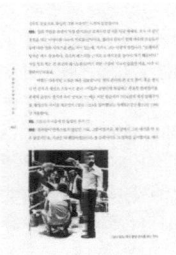

70 『반딧불의 잔존―이미지의 정치학』
조르주 디디-위베르만 지음, 김홍기 옮김, 152×223mm, 216쪽, 길, 2012

조르주 디디-위베르만은 이 책에서 이탈리아의 감독이자 영화시학을 정초했던 피에르 파졸리니의 반딧불이에 관한 글을 읽어나간다. 서치라이트의 불빛에 사멸되어가는 반딧불이의 존재를 통해 이미지의 정치학이 민중과 어떻게 연결될 수 있는가를 펼쳐 보인다. 이미지는 넘쳐나지만 전시 가치와 스펙터클에 대몰되어 더 이상 다른 가치를 손상할 수 없는 현실 속에 잔존하는 불빛을 향한 통찰은 우리가 놓치고 있는 것

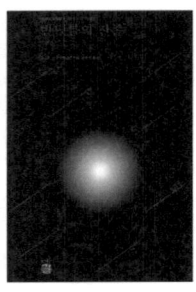

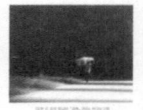

이 무엇인지를 가리키고 있었다. 잔존하는 이미지, 미약한 이미지, 섬광처럼 이내 사라지는 이미지를 독해하면서 파졸리니가 반딧불의 소멸에 대한 논고를 집필하던 1970년대 초·중반의 현실과 지금의 상황을 비교해본다.

디디-위베르만의 독해에 따르자면, 파졸리니는 이탈리아 파시즘이 사라지는 역사를 살아냈지만 권력의 공백이 민중의 복권을 의미하지 않았다. 파시즘의 권력을 대체한 것은 더욱더 무차별적인 자본주의의 소비권력이었다. 하지만 디디-위베르만은 이러한 시대 상황 속에 반딧불이의 잔존이 결코 사라지지 않았다고 역설한다. "'반딧불의 소멸'을 말하는 파졸리니에게 가할 수 있는 반박은 다음과 같이 표현될 것이다. 어떻게 잔존에 죽음을 선언할 수 있는가? 그것은 우리에게 출몰하는 기억 일반에 죽음을 선포하는 것만큼 헛된 일이 아닌가?"

디디-위베르만은 묵시록으로 버무려지는 이미지의 정치학을 거부하고 잔존하는 불빛의 의미를 집요하게 찾아간다. 로라 워딩턴의 〈경계〉라는 제목으로 촬영된 이미지들을 언급하면서 아프칸 난민과 이라크 난민들의 이미지를 '반딧불-이미지'로 명명하고 "그것은 소멸에 임박한 이미지들이고, 긴급히 도주해야 하는 까닭에 언제나 움직이는 이미지들"이라며 '미광-이미지'를 부여하며 붙잡는다. 그럴 때만이 오늘날의 "영화는 거듭 관람의 대상이 될 수 있"

고, "그 영화는 보아야 하는 것으로서 건네질 수 있다". 책을 덮으면 우리 앞에 놓인 수많은 이미지 혹은 영화 가운데 거듭 관람의 대상이 될 수 있고, 기꺼이 권유할 수 있는 경우가 얼마나 되는가를 묻게 된다. 그리고 이러한 사례에 대한 구체적인 답변을 〈사울의 아들〉(라슬로 네메시, 2015)이라는 영화의 검토를 통해 구체화시켜 나갔다. 이와 관련된 책이 『어둠에서 벗어나기』(만일, 2016)라는 제목으로 번역 출간된 바 있다.

71 『영화이론−영화는 육체와 어떤 관계인가』 토마스 엘새서·말테 하게너 지음, 윤종욱 옮김, 153×224㎜, 커뮤니케이션북스, 2012

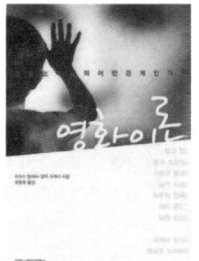

토마스 앨새서의 책은 언제나 영화학계의 기대를 모은다. 그가 지닌 독창적인 관점과 통찰력이 많은 사람들에게 새로운 영감

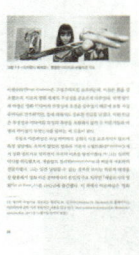

을 제공해왔기 때문이다. 한국에서도 예외가 아닌데, 작고하기 전 영화학교와 영화제의 초빙으로 한국을 방문하기도 했다. 『영화이론』은 이런 엘새서의 명성에 값할 만한 책이다. 매체의 진화에 수반되는 지각 양식의 변화를 추적해온 엘새서는 이 책에서 새로운 시대에 부합하는 갱신된 영화이론의 가능성을 제안하고 영화가 올드미디어 취급을 받는 시대에 이론이 창조적인 의제를 제기할 수 있다는 것을 보여준다. 이 책의 의제는 관객을 중심으로 한 영화연구의 새로운 관점 세우기이다. 감각을 중심에 둔 영화이론의 혁신이 논의 대상인데 영화의 물질적 본성과 관객의 감각 기관 사이의 관계를 설명하는 프로젝트라고 할 수 있다. 지각, 감각, 신체에 초점을 둔 논의는 기존 영화이론의 인문학적 접근 방식을 벗어나 우리를 영화에 대한 미적 경험으로 되돌려 놓으려 한다. 엘새서는 일관된 이론 체계를 구축하는 것보다 영화 자체의 변화에 의해 결정되는 변덕스러운 역사로서 영화이론에 대한 독창적인 설명과 적용을 모색한다.

이 책의 가장 큰 매력이자 차별점은 영화이론의 역사를 7단계의 모델로 구성하는 방식이라 할 수 있다. 각 모델들은 영화 양식을 창과 틀, 문과 스크린, 거울과 얼굴, 눈과 시선, 피부와 접촉, 귀와 공간, 뇌와 정신이라는 은유로 이론화한다. 엘새서와 공동 저자 말테 하게너는 앙드레 바쟁의 리얼리즘과 세르게이 예이젠시테인의 형

식주의 간의 고전적인 구분으로 시작된 논쟁을 재론한다. 이러한 과정 안에서 질 들뢰즈, 아네트 미컬슨, 토르벤 그로달, 비비안 소브책, 하미드 나피시, 지그프리트 크라카우어 등 서로 다른 입장을 취했던 이론가들 사이의 연결점을 끌어내면서 기존 영화이론에 새로운 패러다임을 도입할 것을 주장하고 영화에 대한 현대적 분석과 관련된 개념적 모델을 정교화한다. 상당한 난해함을 내장하고 있지만 피부, 신체, 뇌로서의 영화에 관한 이론을 정립하여 디지털아트, 미디어 및 스크린 연구가 교차하는 방향으로 확장할 수 있는 근거를 제공하는 책이다.

72 『영화의 실천』
노엘 버치 지음, 이윤영 옮김, 153×212mm, 292쪽, 아카넷, 2013

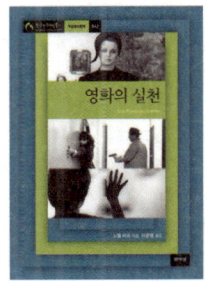

영화감독이자 영화학자 노엘 버치의 대표 저작 중 하나인 『영화의 실천』은 '영화적 모더니즘'을 실천하는 1950~60년대 유럽 예술영화를 주목하는 책이다. 종래의 영화는 관객이 수많은 인위적 연출로 만들어진 영화를 보면서도 이질감을 느끼지 않도록 무수한 규칙과 약속을 만들어 '리얼리즘적' 효과를 만들어냈다. 하지만 숏을 나누고 붙이는 기존 방식이 의구심을 품은 비스콘티('롱테이크')나 히치콕('플랑 세캉스') 같은 감독들의 도전과 누벨바그('점프컷')의 도래는 기존의 영화 문법 또는 질서의 근본적

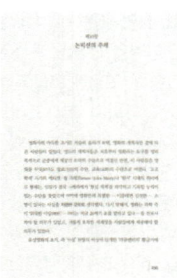

73 『실험영화와 비디오의 역사－ 정통 아방가르드부터 현대 영국 예술의 실천까지』
A. L. 리스 지음, 성준기 옮김, 153×225mm, 327쪽, 커뮤니케이션북스, 2013

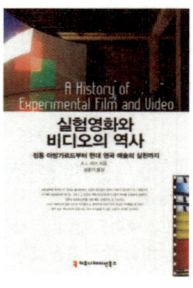

인 변화를 이글어냈다.

저자는 미켈란젤로 안토니오니, 알랭 레네, 알랭 토브-그리예, 마르셀 아눙, 장 뤽 고다르 등 새로운 영화적 실천을 보여주는 기수들의 작품을 형식적으로 분석하는 과정에 돌입하기 전, 숏의 변화에 대한 기존의 관념을 검토하는 순서를 밟는다. 버치는 음렬주의 음악에서 사용하는 '매개변수' 개념을 차용해 숏의 변화를 시간적 매개변수 다섯 가지와 공간적 매개변수 세 가지로 구분한 뒤, 이들을 각각 결합함으로써 숏의 변화에 15가지 유형이 존재한다고 말한다. 그리고 그 사이에 틈입하는 매개변수와 영화적 형식의 변증법을 통해 거의 무한에 가까운 변주가 가능한 유형을 바탕으로 누벨바그와 전후 코더니즘 영화, 더불어 당대 일본 감독들의 영화를 구조화한다. 고전영화부터 새로운 경향에 이르기까지 다양한 형식을 관통ㅎ·는 버치의 분석은 영화의 형식과 표현 양식 자체가 영화의 주제로부터 파생된다는 주장에 힘을 싣는다.

『영화의 실천』은 2013년이 돼서야 한국어판이 출간됐다. 버치의 주장은 출간 당대 모더니즘 영화를 넘어 오늘날 현대미술에서 부상하고 있는 영상미술과 실험영화, 극영화와 다큐멘터리, 그 어디에도 엄밀히 속하지도, 구분되지 않는 에세이 영화 등 현대영화의 존재를 고민하고 분석하는 방법론의 가능성을 보여준다.

영국왕립예술원(RCA) 교수인 A. L. 리스가 1999년 출간한 이 책은 영화를 모더니즘 예술이나 아방가르드 운동과의 연관성 속에서 예술의 한 분야로 다루는 저작이다. P. 아담스 시트니의 『시각영화』가 미국 실험영화의 역사에 초점을 맞춘다면, 이 책은 '무빙 이미지'의 다양한 형태들이 20세기 서구 시각예술의 맥락과 어떻게 연결되는지를 다루고, 나아가 영국 미술계와 대안영화의 흐름 속에서 실험영화와 비디오 아트의 주요 작가들의 작품을 설명한다. 저자는 내러티브 중심의 상업영화나 아트하우스(arthouse) 영화와는 달리, 회화나 조각, 또는 판화와 같은 예술의 한 영역으로서 영화의 가능성을 실험하고자 했던 예술가들의 작품에 초점을 맞춘다. 따라서 독자는 이 책을 통해 다다, 초현실주의, 입체파 등 20세기 초반 아방가르드 운동과 영화의 관계, 그리고 1960년대 미국에서 앤디 워홀이 만든 영화들과 비디오 아티스트들, 영국의 실험영화와 현대미술의 역사를 살펴볼 수 있다.

이 책이 번역 출간된 2013년은 국내에서도 다큐멘터리와 실험영화를 중심으로

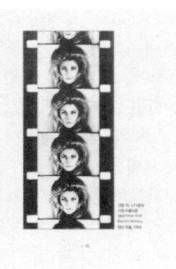

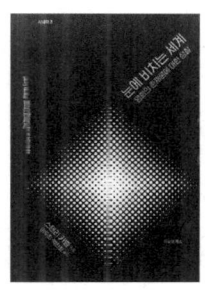

영화관과 미술관의 경계를 넘나드는 작업들이 주목받고 박찬경, 임흥순, 정윤석, 박경근 등 예술가들의 영화가 새롭게 등장하던 시점이었다. 또한 이즈음 미술이론가와 큐레이터들은 한국에서 아방가르드 예술의 시작과 궤적에 대해 연구 발표하기 시작했다. 2013년 서울시립미술관에서는 국내 1세대 전위예술가인 김구림 초대전 '잘 알지도 못하면서'가 화제 속에 열리고, 그가 만든 최초의 전위적인 실험영화 〈1/24초의 의미〉(1969)가 새롭게 주목받은 것도 그런 흐름 속에 있었다. 2013년 11월 새로 개관한 국립현대미술관 서울관은 '필름 앤 비디오' 프로그램을 마련하고 일반 예술영화관과 차별화해 예술가들의 영화를 본격 상영하기 시작했다. 이런 흐름을 타고, 이 책은 영화와 미술의 관계에 관심 있는 관객들과 실험적인 영상 작업을 하려는 젊은 작가들에게 이 분야 안내서 역할을 했다.

74 『눈에 비치는 세계-
영화의 존재론에 대한 성찰』
스탠리 카벨 지음, 이두희·박진희
옮김, 143×215mm, 381쪽,
이모션북스, 2014

『눈에 비치는 세계』는 영화 책이 아니지만 영화의 본질에 관해 깊이 성찰하는 책이다. 예술철학의 사유를 전개하고 있다는 이유로 예술과 철학, 두 분야에서 모두 방치된 책 중의 하나로 한국에서의 번역 출간은 의

미 있는 일이었다-. 저자 스탠리 카벨은 미국에서 가장 영향력 있는 철학 사상가인데, 프랑스의 앙드레 바쟁이나 영국의 빅터 퍼킨스에 견줄 만하다. 실제로 카벨의 논의는 바쟁의 영화론을 기초로 하고 있다. 바쟁이 천착했던 영화의 존재론에 착안하여 책의 부제가 '영화의 존재론에 대한 성찰'인 이유도 한 맥락에서 풀이할 수 있다.

영화를 철학적 비평이나 사유의 대상으로 삼는 많은 촬학자들과 달리 카벨은 영화에 대한 경험을 중시한다. 그는 관습적인 영화 체험에 더해 재검토하도록 자극하고 영화가 인간에게 어떤 감각을 주는지 환기한다. 영화연구는 매체와 예술의 조건에 대한 철학적 조사를 지적으로 발견할 필요가 있는데, 이것이 『눈에 비치는 세계』가 수행하고자 한 과업이다. 이러한 도전 과제는 영화에 대한 경험보다 이론에 더 높은 권위를 부여한 현대 영화연구의 경향을 비판적으로 성찰하는 또 다른 의의와 연결될

수 있다. 번역 과정에서 원문의 맥락이 유실되었다는 아쉬움이 크지만 카벨의 책을 읽는 것은 영화예술에 대한 열정을 되살림으로써 본래 소명을 잃어버린 매체에 활기를 찾는 기회가 될 수 있다.

75 『SAVE THE CAT!-
흥행하는 시나리오의 8가지 법칙』
블레이크 스나이더 지음, 이태선 옮김,
140×210mm, 222쪽, 비즈앤비즈,
2014

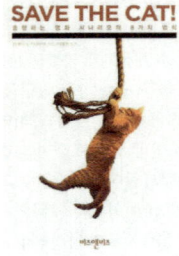

2005년 미국에서 첫 출간된 이 책은 상업영화 시나리오를 쓰려는 모든 작가들이 필수적으로 읽어야 하는 고전이 되었다. 국내에는 '흥행하는 영화 시나리오의 8가지 법칙'이라는 부제를 달고 2014년 처음 번역되었는데, 이 부제보다는 '세이브 더 캣' 또는 '고양이를 구하라'라는 책의 원제가 시나리오 쓰기의 방법론으로서 세계적으로 널리 통용되고 있다. 저자인 블레이크 스나이더 (1957~2009)는 수백, 수천만 달러가 오가는 머니 게임인 현대 할리우드에서 '팔리는' 시나리오를 쓰기 위한 전략을 소개한다.

시나리오의 로그라인을 쓰는 방법에 대한 설명으로 시작하는 이 책은 할리우드 영화들을 '집 안의 괴물', '황금 양털', '주전자에서 나온 지니' 등 10개의 재치 있는 스토리 타입으로 분류하고, 그중 하나를 장르로 택할 것을 안내한다. 또한 기존의 3막 구조나 5막 구조와는 달리, 시나리오의 구조

를 '15개의 장(beats)'으로 구축할 것을 제시하는데, 이는 아리스토텔레스나 셰익스피어 류의 고전적인 이야기 구조 구축 작법에서 한결 진화되어 21세기의 상업영화가 선호하는 이야기의 짜임새를 명쾌하게 도식화한다. 책의 제목인 '고양이를 구하라!'는 흥행하는 시나리오의 불변의 8가지 법칙 중 으뜸가는 법칙이다. 저자는 이를 "주인공이 관객을 처음 대면할 때 그는 반드시 뭔가를 해야 한다. 그래서 관객이 그를 좋아하고 그가 승리하기를 응원하도록 만들어야 한다"고 정의한다. 가령, 영화 초반에 주인공이 고양이와 마주했을 때 그 고양이를 구하는 장면을 넣는다면 이는 인물의 성격을 보여주면서 관객의 마음을 사로잡을 수 있으리라는 것이다.

『시나리오란 무엇인가』(시드 필드), 『시나리오 어떻게 쓸 것인가』(로버트 맥키), 『천의 얼굴을 가진 영웅』(조지프 캠벨), 『21일 만에 시나리오 쓰기』(비키 킹) 등 기존의 훌륭한 시나리오 작법 서적과 차별화되는 이 책의 장점은 대중 상업영화 시나리오의 조건을 쉽고 명쾌하게 해설한다는 점이다. 한국의 영화산업 시스템이 더욱 견고해지고 산업 생태계가 자본을 중심으로 양극화된 2010년대 중반 이후, 이 책은 국내에서도 널리 읽히고, 이 책의 법칙에 따라 시나리오를 쓰는 작가들이 늘어나게 되었다. 모든 작가들은 거의 예외 없이, 자신의 시나리오가 업계에서 팔리고, 돈을 벌

수 있기를 원하기 때문이다. 이 책의 출간은 한국영화가 산업화와 상업화의 정점에 이르렀다는 것을 반증한다.

76 『정확한 사랑의 실험』
신형철 지음, 145×225mm, 240쪽, 마음산책, 2014

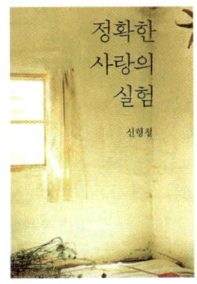

김현 이래로 문학평론가의 평론집이 대중적 주목을 받은 특별한 사례로 언급할 만한 『몰락의 에티카』, 『느낌의 공동체』를 쓴 문학평론가 신형철의 영화평론집. 2012년 6월부터 2014년 4월까지 약 2년간 〈씨네21〉에 발표했던 '신형철의 스토리-텔링' 연재글 19편과, 2011년 웹진 '민연'에 발표했던 글 2편, 2013년 '한국영화 데이터베이스'에 발표했던 글 1편을 묶었다. 〈씨네21〉 연재 당시 "영화라는 매체의 문법을 잘 모르는 내가 감히 영화평론을 쓸 수는 없다. 영화를 일종의 활동서사로 간주하고, 문학평론가로서 물을 수 있는 것만 겨우 물어보려한다. 좋은 이야기란 무엇인가, 하고"라는 조심스러운 언급을 하기도 했는데, 문학평론가답게 영화를 서사비평으로 읽어내는 글이 주를 이룬다.

이 책에 실린 글이 연재된 2010년대 중반은 (문학뿐 아니라) 영화평론에 대한 대중적 관심이 하락세에 들어선 시기이기도 했다. 영화매체들의 잇단 폐간도 같은 시기였다. 역설적으로 이때 GV와 유튜브를 통한 영화 설명·해석 콘텐츠에 대한 인기는 상승서를 보이고 있었다. 신형철의 『정확한 사랑의 실험』은 이런 분위기에서 문학독자와 영화 관객 모두에게 소구할 수 있는 글로 자리 잡았다. 〈더 헌트〉에 대한 원고 중 "내가 어떤 글에서 한 말이지만, 우리는 '타인은 단순하게 나쁜 사람이고 나는 복잡하게 좋은 사람'이라고 믿는다"라는 문장은 SNS에서도 널리 공유되었다. 이 책은 또한 대부분의 영화평론가의 영화평론집보다 널리 읽혔다.

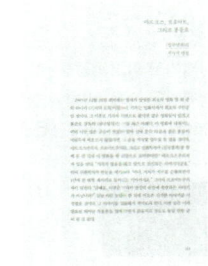

▶ 코멘트-신형철(지은이)

1. 영화의 서사를 음미하는 이 책이 영화학에 기여하는 바는 거의 없을 것이다. 비전문가로서의 내 관심사는 영화 그 자체가 아니라 서사-삶이고 삶-서사다. 내가 위대한 영화작가들에게서 발견하는 것 역시 '영화적인 것'에 대한 배타적 옹호보다는 영화적 서사의 가능성에 대한 사색이다. 내게는 그것이, 삶에는 아직 예술이 밝혀내야 할 비밀이 많다는 사실에 대한 인정과 헌신의 산물로 보인다. 2. 이제 김기덕을 다룬 챕터는 삭제해야 할까? 간편하지만 무책임한 선택이다. 에드워드 사이드는 우리가 반유대주의자 바그너의 오페라에서도 반유대주의를 발견할 수 있는지 물어야 한다고 했다. 김기덕에 대해서도 그래야 하리라. 만일 발견할 수 있다면, 왜 7년 전에는 발견하지 못했는지, 당시 내 위치와 시선의 한계는 무엇인지 자문해야 한다. 내가 해야 할 일은 글을 빼는 거 아니라 더하는 일이다.

3. 서사 장르로서의 영화와 문학을 나는 삶에 접근하는 보완적인 통로로 간주하고 싶어 한다. 내게 영화는 (간접적일지언정) '경험'이고 문학은 (비개념적일지언정) '이해'다. 예컨대 시골 교구 신부의 삶에 대해 내가 아는 것은 브레송을 통한 감각적 '경험'과 베르나노스를 통한 언어적 '이해'의 보완적 결합물이다. 경험 없는 이해는 공허하고 이해 없는 경험은 맹목적이다. 그러니 계속 보고 또 읽는 것이다.

77 『영화의 맨살-
하스미 시게히코 영화비평선』
하스미 시게히코 지음, 박창학 옮김,
145×213mm, 631쪽, 이모션북스,
2015

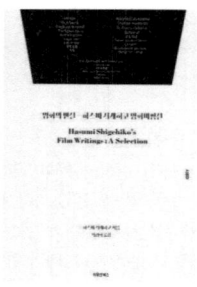

하스미 시게히코의 비평은 취향을 타는 글이다. 시네필들의 숭배를 받는 평자이지만 끝나지 않을 것 같은 만연체 문장에, 의미를 추정하기 힘든 대목들이 많고, 편향된 사고의 일단을 드러내는 혐의가 있으며, 그 자신의 관점에 따라 영화를 위계화하는 등 편치 않게 느낄 수 있는 부분이 있기 때문이다. 프랑스 문학의 권위자로서, 또한 이런 지적 토대 위에서 꾸준히 영화비평을 해온 비평가로서 하스미의 진면목을 드러내는 평론집이 『영화의 맨살』이다. 예측할 수 없는 방향으로 전개되는 사고와 그런 사유 체계에 합당한 구불구불한 문장을 동경해온 사람들에게 이 책은 축복이다. 다른

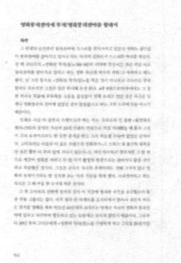

한편으로 경계를 넘나드는 사유와 글의 행로가 길을 잃게 만들기도 한다.

『영화의 맨살』은 우뚝 솟은 명성과 영향력을 가진 영화사의 작가들, 이를테면 존 포드나 장 뤽 고다르, 오즈 야스지로, 클린트 이스트우드와 같은 감독들의 탁월함을 새삼스럽게 재발견ㅎ-게 해준다. 모두가 인정하는 이 감독들의 위대함 너머에 무엇이 있는가를 보여주는 것이 하스미의 특별함이다. 하스미의 글은 작은 세부에 대한 면밀한 관찰에서 시작하여 영화를 신비롭게 보이게 하면서도 예술의 본질, 구조 및 경험에 대한 통찰력을 제공하는 연상의 층을 점차적으로 생성하는 조용하고 엄격한 축적 과정에 의해 작동한다. 작가의 창의적인 상상과 매 순간 이미지의 흐름에 적극적으로 참여하는 관객의 경험을 매개하는 이와 같은 방법론은 영화연구 게서는 드물지만 마이클 프리드의 미술비평이나 앙드레 말로의 문학비평과 유사점이 있다. 영화에 대한 선입견에 기초한 이 척은 가치 있는 비평에는 창의적이고 역동적인 과정이 수반된다는 것을 알려준다. 무엇보다 하스미의 평문은 영화를 통해 거기서 쓴 문장의 의미를 확인하고 싶다는 욕구를 자극하여 행동하게 한다는 점에서 가치가 있다.

78 『소리의 정치-
식민지 조선의 극장과 제국의 관객』
이화진 지음, 152×223mm, 380쪽,

현실문화, 2016

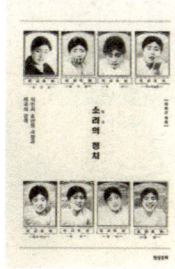

『소리의 정치』는 극장을 둘러싼 다양한 '소리'에 주목해 토키 이행기부터 8·15 이전까지 극장을 둘러싼 문화적 변동에 주목하는 책이다. 주지하다시피 2000년대 중반 이후 식민지 시기 조선영화, 그중에서도 일제 말기 조선영화에 대해 논하는 몇 권의 저서들이 출간되었다. 『소리의 정치』의 경우 식민지 시기 영화에 대한 텍스트 중심적 접근을 탈피해 사운드, 목소리, 말, 언어 등에 주목하며 기존의 극장 연구를 확장할 수 있는 기반을 마련한다는 점에서 이전의 책들과 차별화된다. 저자는 당대의 필름을 식민지산(産) 상품으로 규정하고 매체, 산업, 정치의 변화가 극장에 어떤 파장을 일으켰는지를 복합적으로 성찰한다.

이 책의 본론은 시대순에 입각해 토키영화라는 테크놀로지의 발달이 야기한 변사의 쇠퇴와 동족(어) 공간의 쇠퇴, 토키 이후 균질해진 극장 경험과 조선인 관객을 대상으로 한 '조선영화'의 정체성, 대동아공영권 구축에 따른 조선영화의 두 가지 방향을 고찰하고 있다. 『소리의 정치』는 '소리'의 개념을 확장해 식민지 조선의 영화사를 재구성하는 책이자 당대 극장문화를 만들어갔던 다양한 영화 주체들의 형상을 감지할 수 있는 책이다. 무엇보다 식민지 시기 극장을 찾았던 관객의 형상을 상상할 수 있는 책이라는 점에서 흥미롭다. 곧 필름이 아닌 상영 현장에 주목함으로써 당대 극장

의 관람 문화를 읽을 수 있다는 점은, 연구서로서 이 책이 갖는 가장 큰 덕목이다.

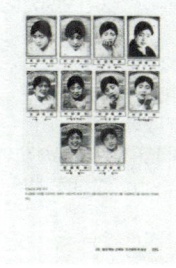

▶ 코멘트−이화진(지은이)

종래의 분과 학문 체제에서 한국영화사는 영화학 전공의 ㅎ·위 분야에 위치되어왔다. 그 반대편에는 '읉요일의 역사가들'의 작업이 있었다. 두 극단의 체제가 완전히 흐트러졌다고 할 수는 없지만, 지금의 영화사 연구는 인문학계 안에서 가장 활발히 학제 간 연구가 이뤄지는 분야다. 2천년대 이후 낯선 질감으로 '발굴된 과거'들은 분야를 막론ㅎ·고 한국영화사에 관심을 모았고, 역사 자료의 디지털화는 학제 간 연구의 '격렬한 흐름'에 속도를 더했다. 일국가적인 한국영화사 서술의 중심점을 흔들어 새로운 영화사 연구의 자리를 만든 연구자들과의 우역 깊은 대화들, 이 책의 '배후'는 거기 있을 것이다. 학위논문을 단행본으로 출간하며 마지막 장을 끝내 고쳐 쓰지 못한 것은 아쉽다. 나는 〈검사와 여선생〉을 비롯해 해방 후에 제작된 무성영화에 주의를 기울이는 본론을 쓰고 싶었다. 1946년생인 아버지의 첫 번째 영화는 변사가 해설하는 무성영화였다. 불균질한 시간, 뒤섞인 경험, 그러나 한 사람의 인생에 어떤 역사로서의 영화가 다가온 그 순간들까지 담아내기에는 힘이 부쳤다. 언젠가 다른 기회가 있으리라 생각한다. 책의 제목과 표지 디자인은 편집자인 현실문화의 김수기 대표님의 감각과 의견이 반영된 것이었다. '소리의 정치'라

는 제목은 '들리는 세계'와 '들리지 않는 세계' 사이의 영화에 대해 공부하기 시작한 나의 다음 행선지를 예기한 것일지도 모르겠다.

79 『조선영화란 하(何)오-
근대 영화비평의 역사』
백문임·이화진·김상민·유승진 엮고 씀, 170×228mm, 779쪽, 창비, 2016

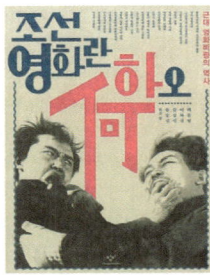

편저자들이 서문에서 밝혔듯, 이 책은 "식민지 조선의 영화평론들을 체계적으로 소개하는 최초의 작업"이다. 20세기까지만 해도 식민지 시대 영화연구는 그 시대의 기억을 갖고 있는 영화인들에 의해서, 혹은 카프(KAPF)와 같은 영화운동에 관심을 기울인 소수의 학자들에 의해서 이뤄졌다. 가장 큰 이유는 필름이 하나도 남아 있지 않았고, 문자로 된 자료들이 집대성되어 있지도 않았기 때문일 것이다. 그래서 21세기 들어 한국영상자료원에서 필름 프린트들을 발굴, 소개한 것('발굴된 과거' 시리즈)은 국내외에서 폭발적인 관심을 이끌어냈다. 여기에 더해 신속하게 디지털화된 각종 신문, 잡지 자료들과 일본의 아카이브를 부지런하게 오간 연구자들의 노력은 식민지 시대 영화를 꽤 새로운 좌표 속에 놓을 수 있게 만들었다. 『조선영화란 하(何)오』는 이런 환경에서 이제 영화 '평론'의 흐름을 체계화해보자는 의욕 속에서 기획되

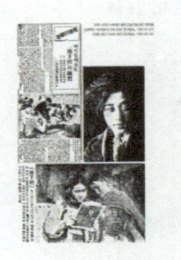

었다.

19세기 말 서구에서 '발명'된 영화가 한반도에 처음 소개되었을 때부터 식민 치하의 모색을 거쳐 영화가 가장 중요한 예술로 주목받았던 2차 세계대전까지, 편저자들이 꼼꼼히 목록화한 평론은 상상 외로 그 부피가 크고 질감이 두터웠다. 초기 경화의 중요한 생산자 중 하나였던 변사(辯士)의 문제나 사회주의의 자장 속에서 틀을 갖췄던 이념(인식)적 글쓰기의 이슈, 영화가 식민지 말기 제국에 의해 가장 중요한 통제 대상으로 떠올랐던 ㅅ·정 등등 정치와 산업과 이데올로기가 얽히는 흥미로운 국면들이 포착되었다. 지식인 담론에 한정된 형태로나마 이 시기 영화가 식민지 대중문화로서 매우(혹은 가장) 치열한 투쟁의 징이었음을 알 수 있다. 최초의 영화평론이칼 수 있는 최찬식의 1917년도 글을 발굴한 것이나, 조선인 평자만이 아니라 일본의 관료와 저널리스트들이 쓴 중요한 자료들을 번역, 소개한 것도 주목할 만하다.

80 『에센셜 시네마-
영화 정전을 위하여』
조너선 로젠봄 지음,
안건형·이두희 옮김, 143×215mm, 637쪽, 이모션북스, 2016

조너선 로젠봄은 미국의 영화평론가 중 미국 중심주의 혹은 영어 중심주의에서 벗어나고자 하는 입장을 확연하게 보여주는 사

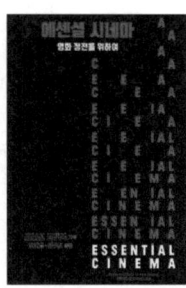

늦게 단개한 드미는 프랑스의 시적 리얼리즘과 할리우드의 뮤지컬의 미덕을 잘 결합해서 신선하고 컬러풀한 꽃들을 만들어냈다"라고 마지막 문장을 쓴다. 그의 첫 문장이 공감이었다면 마지막 문장은 고개를 끄덕이게 하는 대목이다.

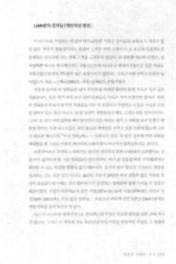

람이다. 작은 마을의 영화관을 운영하는 집에서 태어난 자전적 배경은 『움직이는 장소—영화관에서의 삶』을 통해 펼친 바 있고, 『에센셜 시네마』에서는 미국의 대표적 영문학자 헤롤드 블룸이 펼친 '정전'이라는 개념에 반대하면서 영화의 정전을 어떻게 선택하고, 서술할지 고민한다. 한국의 영화 문화 역시 미국이나 유럽(특히 프랑스)의 영향력 아래 있는 상황에서 로젠봄의 걸출한 글들이 보여주는 재미는 아메리카 속에 살고 있는 다른 아메리칸의 읽기 방법이다.

로젠봄은 1부 「고전들」에서 터르 벨러의 〈사탄 탱고〉를 다루고, 2부 「특별한 문제들」에서는 '오즈는 과연 느린가?'라는 문제 제기를 선보이며, 3부 「또 다른 정전들」에서는 관금붕의 〈완령옥〉이나 자크 드미의 〈로슈포르의 연인들〉을 언급한다. 로젠봄은 "기이하게 들리지 모르겠지만 자크 드미의 1967년 영화 〈로슈포르의 연인들〉은 내가 가장 좋아하는 뮤지컬 영화이다"라며 시작한 후 누벨바그의 감독들의 데뷔작과 비교하면서 "마치 장 뤽 고다르의 〈네 멋대로 해라〉에서 짝을 이룬 진 셰버그와 장 폴 벨몽도처럼, 혹은 프랑수아 트뤼포의 〈피아니스트를 쏴라〉에서 샤를 아즈나부르의 얼굴과 데이비드 구디스의 플롯처럼 이러한 조합은 프랑스 누벨바그와 1960년대 거의 모든 영화들이 지닌 에너지의 분출의 원동력이 되었다. 애초에 이것의 뿌리는 고다르와 트뤼포라고 할 수 있지만 비교적

마력적인 글이 그러하듯이 전혀 예상하지 못한 지점을 건드릴 때, 경험과 통찰이 만나 빛날 때 긍정의 고개가 끄덕여진다. 누벨바그가 청춘의 영화이고, 실제로 수많은 청춘들을 스크린에 내세웠다는 사실을 알고 있었지만 누벨바그의 적자처럼 여기던 자크 드미가 이 영화를 통해 뒤늦게 도착했다는 것을 생각해본 적은 없었다. 로젠봄은 아주 자연스럽게 정전들을 연결한다. 그것에 이 책의 가치다. 정전들은 서로 뒤엉키면서 다른 가능성으로 나열되고, 재독해된다. 아직 완성되지는 않았지만 누군가 읽어줄 영화들을 위하여.

81 『영화작품 분석(1934-1988)』
자크 오몽·미셀 마리 지음,
이윤영 옮김, 166×240mm, 376쪽,
아카넷, 2016

여러 편의 저작이 국내에 번역되어 있는 자크 오몽은 그만큼 쓰임새가 있는 책들을 많이 펴낸 영화학자다. 그의 책들은 영화사와 영화이론의 토대 위에서 작품을 분석하는 방법론을 제시하는데, 이 책이 대표적이다. 영화학자 미셀 마리와 공동으로 저술한

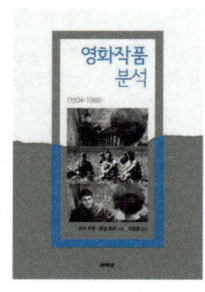

『영화작품 분석』은 25년 전 초판이 출간된 이후 교육적인 유용성이 공인되면서 영화 연구의 고전이 되어 한국에서도 영화를 공부하는 전공자들에게 영화분석 수업의 교과서로 활용되고 있다.

책 안에서 오몽은 분석 활동을 정의한 후, 분석의 도구와 기교, 서사와 영상, 사운드에 대한 조형적인 분석, 마지막으로 역사와의 관계를 차례로 제시한다. 눈에 띄는 것은 분석과 비평, 분석과 해석의 차이를 설명하여 분석자들이 흔하게 저지르는 오류를 경계할 수 있도록 관점을 제공한다는 점이다. 다양한 분석의 도구들이 표, 도표 또는 사진을 사용하여 설명되기 때문에 영화사에서 발췌한 유력 영화들에 대한 상세한 설명에서 생생함이 느껴진다. 『영화작품 분석』은 분석의 도구와 모델을 제시하지만 이를 기계적으로 적용하기보다는 텍스트의 구조와 유형, 스타일에 따라 응용할 수 있는 가이드를 준다. 환언하면 모든

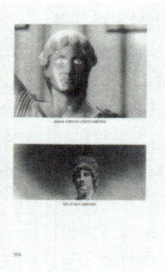

영화를 분석할 수 있는 보편적인 방법을 알려주는 책은 아니지만 최상의 분석을 설명하고 논평하기 위해 필요한 자질을 키울 수 있다. 초심자들이 접근하기에는 다소 어렵지만 영화사와 비평, 이론의 기초를 학습한 독자들은 책 안에서 분석의 한 길을 발견할 수 있을 것이다.

82 『히치콕』
패트릭 맥길리건 지음, 윤철희 옮김, 103×185mm, 1228쪽, 그책, 2016

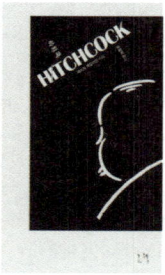

국내에 번역되어 있는 영화책의 상당수는 감독이나 인물에 대한 비평적 전기다. 그중 가장 충실하고 꼼꼼한 전기가 바로 『히치콕』이다. 히치콕에 관련된 책은 이미 여러 권 번역되어 있지만 이 책만큼 방대하고 꼼꼼한 고증의 결과물을 찾기는 힘들다. 기존 전기물에 대한 저자의 입장은 마지막 장인 「코다, 그가 떠난 후」에 개략적으로 언급이 되는데 "존 러셀 테일러가 쓴 공인된 전기 『히치콕—앨프리드 히치콕의 인생과 시대』는 1978년에 출판됐다. 그러나 사후 2년 뒤에 나온 도널드 스포트의 『앨프리드 히치콕—천재의 어두운 면』은 히치콕에 호의적인 테일러의 묘사에 도전했다. 스포트는 감독을 음울한 몽상가, '소름 끼치는 익살꾼, 공포에 질린 어린아이, 포악한 예술가'의 극단적인 사례로 봤다. 스포트는 감독이 강박관념으로 인해, 덫에 걸린 금발 미녀들이 그의 손아귀에서 몸부림치는 냉혹한 범죄

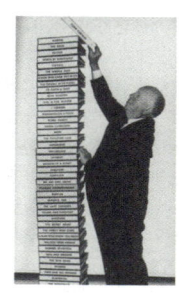

83 『해방된 관객-
지적 해방과 관객에 관한 물음』
자크 랑시에르 지음, 양창렬 옮김,
140×210mm, 256쪽, 현실문화,
2016

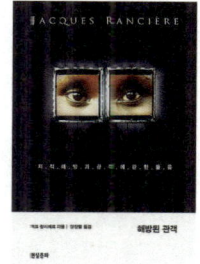

영화들을 평생토록 추구하게 됐다고 봤다"면서 자신의 전기가 이들 사이에서 어떻게 위치하려고 했는가를 설명한다. 언급된 두 권 모두 국내에 번역되어 있지 않지만 균형 잡힌 서술을 하는 데 주력했다는 점에서 히치콕의 전기는 이 책 하나만 충분하다는 견해에 공감한다.

이 책의 백미는 현장에 대한 풍부한 서술이다. 히치콕은 대표작 〈싸이코〉를 제작하면서 자신이 관여한 방송 프로그램 〈앨프리드 히치콕 극장〉의 스태프들을 데려왔고, 대본 작가인 카바나 또한 자신의 프로그램을 포함하여 방송국 대본을 쓰는 작가였다. 물론, 작가의 경우 여러 번 헤매다 조지프 스테파노로 바뀌었고, 일부 스태프의 교체가 있기는 했지만 1950년대 말 히치콕은 방송과 영화를 넘나들며 영화에 방송 시스템을 도입한 인물이었다. 방송 스케줄에 따라 영화를 제작하면서 무거운 시스템을 경량화시키려고 노력하기도 했다. 이러한 사실과 묘사들 덕분에 전기는 히치콕의 더 깊은 모습을 들여다보도록 이끌어준다. 〈싸이코〉 제작진에게 앙리 조르주 클로즈의 프랑스 영화 〈디아볼릭〉을 여러 차례 보게 했다는 사실도 흥미로울 것이다. 1950년대부터 히치콕은 이미 이름난 거장이었지만 그 또한 다른 감독들의 걸작을 참조하면서 자신의 세계를 덧칠해나갔던 것이다. 히치콕의 모든 것이 두꺼운 책의 페이지를 빠르게 넘기도록 이끈다.

자크 랑시에르의 『해방된 관객』이 출간되기 전까지만 하더라도 한국에 관객을 탐구 주제로 한 책은 많지 않았다. 예술 작품을 대할 때 관객의 정신 안에서는 어떤 일이 일어나는가? 관객은 텍스트의 의미와 작가의 의도에 묶이는가? '지적 해방과 관객에 관한 믈음'이라는 부제가 붙은 이 책은 작가의 의도와 관객의 수용 사이의 연속과 불연속을 쟁점으로 하여 이와 같은 오래된 질문에 답하려 한다. 프랑스의 미학자 자크 랑시에르의 저서는 국내에 여러 권 출간되었는데 『해방된 관객』은 그중 가장 독특하고 급진적인 주장을 담은 책으로 평가되고 있다. 다만 여기서 랑시에르는 영화만을 다루지 않으며 미술과 사진, 연극 등 말과 이미지의 예술 전반을 화제로 삼는다.

랑시에르의 예술철학에서 핵심적인 것은 '지적 해방'이라는 사상이다. 그는 해방의 관념과 관련하여 미술, 연극, 영화, 공연에 참여한 관객에 대한 기존의 논쟁들을 뒷받침하는 이론적 전제들에서 근본적으로 벗어날 것을 제안한다. 이를테면 랑시에르에게 관객의 해방은 무엇을 생각하고 무엇을 해야 할지 아는 능력을 확인하는 문제로, 이런 접근은 텍스트의 수동적인 소비자

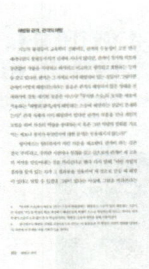

로 멸시를 받는 관객에 대한 진부한 관점을 물리친다. 일례로 랑시에르는 베르톨트 브레히트의 거리두기 이론의 전제에 부정의 자세를 취하는데, 예술 작품을 대하는 관객은 그저 가만히 있는 것이 아니라 비교하고 연결하고 비판하기 때문에 단순한 구경꾼이 아니라고 주장한다. 이러한 가설에 기초한 『해방된 관객』은 현대 예술의 중요한 형식들을 검토하고 그와 관련한 질문에 답하는 책이다.

84 『기술적 복제시대의 예술작품』
발터 벤야민 지음, 심철민 옮김,
130×190mm, 159쪽, 도서출판b
2017

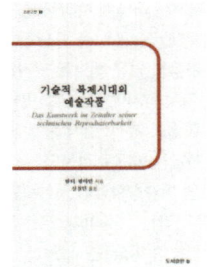

국내뿐만 아니라 세계적으로도 가장 많이 인용되는 글 중 하나다. 영화의 등장으로 예술의 의미는 물론이고, 무엇보다 예술을 수용하는 태도의 변화를 보여주는 벤야민의 글은 반성완의 『발터 벤야민의 문예이론』에 3판본이 수록되면서 1980년대부터 오랫동안 읽혀왔다. 하지만 워낙 유명한 글이었고 번역에 대한 아쉬움도 있었던 만큼 여러 차례 번역이 시도되었다. 현재 국내에 소개된 것은 독일어로 쓴 2판본, 3판본과 『사유 속의 영화』에 수록된 프랑스어 판본이다. 판본마다 차이는 분명히 있다. 제목에 있어서도 논쟁이 남는다. 반성완 번역본의 수록 제목은 '기술복제 시대의 예술작품'이고 오랫동안 사용해온 이 제목이 입에 붙기는 하지만 엄밀한 의미에서 '기술적으로 복제가 가능해진 시대의 예술작품'에 가깝다. 비교적 최근에 나온 이 책은 저간의 사정을 고려해 기존 제목을 '기술적'이라고 수정했다.

벤야민의 글에 실제 영화 작품에 대한 분석이나 감독론은 등장하지 않는다. 예술 작품의 생산 방식 변화에 따른 수용자와의 관계에 집중하면서 집단적 수용이 가능한 영화의 가능성이 보이는 힘이 무엇인지를 설명하는 것으로 나아간다. "예를 들면 피카소의 것과 같은 그림에 대해서는 지극히 후진적 태도를 보이던 대중이 채플린의 영화를 볼 때에는 지극히 진보적인 태도로 급변하는 것이다." "그로테스크 영화 앞에서 진보적인 반응을 보이는 관객이 초현실주의 회화 앞에서는 보수적인 반응을 보이는 것은 이러한 사정에 의한 것이다." 그것은 아우라의 파괴가 일으킨 현상이며, 이처럼 변모한 관객을 두고 벤야민은 "산만한 시험관" 또는 "정신이 분산된 시험관"이라고 부른다. 영화의 등장으로 기존의 예술을 관람하는 것과 달라진 시대성을 포착하고자 노력한다.

이는 영화의 문제만이 아니라 벤야민이 살았던 파시즘이 도래하던 시기와 깊은 관련을 맺는다. 기술적으로 복제가 가능해진 예술 작품으로 인해 아우라의 파괴가 곳곳에서 일어났지만 이를 붙잡으려는 사이비 아우라들이 등장했다. 그중 하나가 정치적

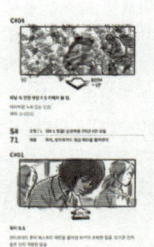

아우라라고 할 수 있는 총통 숭배와 같은 현상이다. 그리하여, 3판본은 정치의 미화(예술화)에 맞서 예술의 정치화로 맞서야 한다며 끝을 맺는다. 국가대중계몽 선전장관이었던 괴벨스가 행한 선전선동 정책에 맞서 영화와 공산주의가 예술을 통한 정치화로 맞서야 한다는 주장은 지금의 시기와는 맞지 않는 것처럼 보일 수 있을 것이다. 하지만 파시즘을 대신해 자본주의에 맞서야 한다는 아감벤의 『도래하는 공동체』, 자크 랑시에르의 『해방된 관객』, 디디-위베르만의 『반딧불의 잔존』과 입장을 공유하면서 예술을 어떻게 사용할 것인가에 대한 질문을 여전히 던지고 있다. 전시 가치를 넘어 '전자적으로 복제가 난무하는 시대의 예술 작품'이 할 수 있는 것은 과연 무엇일까.

85 『각본 비밀은 없다』
이경미·박찬욱·정서경·정소영·김다영 지음, 135×200mm, 196쪽, 유어마인드, 2017

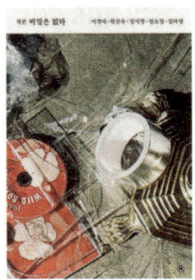

이경미 감독의 영화 〈비밀은 없다〉의 각본집이다. 2017년 출간되었는데, 2016년에 영화가 개봉하고 1년여의 시간이 흘러서였다. 대본은 영화계에서 흔히 '책'이라고 부르는데, 다른 말로 하면 이미 원고가 완성되어 있다는 뜻이지만, 영화 시나리오의 경우 촬영 현장과 편집 과정에서 변동이 생기는 일도 적지 않기 때문에 최종 수정된 버전을 싣는 일도 적지 않다. 『각본 비밀은 없다』는 완성된 영화에 맞춘 각본이 아니라 각본으로서 최종 버전으로, 더 정확하게는 "전체 촬영 분량의 1/4을 마치면서 최종 수정을 한 버전이다." 부록으로 특정 장면이 스크린 뒤에서 어떻게 지시되고 짜여졌는지 스토리보드 중 일부를 발췌해 수록했다.

출간 시기는 영화 시나리오집 출간이 본격화되기 시작한 때로, 전년도에는 영화 〈아가씨〉 각본집이 나오기도 했다. 영화 〈비밀은 없다〉는 감독의 전작 〈미쓰 홍당무〉가 개봉한 지 8년이 지나서야 관객을 만나게 된 작품이었는데, 개봉 초기에는 관객의 주목을 받지 못하다가 평단의 호평과 여성을 중심에 둔 스릴러에 주목한 관객들의 한발 늦은 호응에 힘입어 흥행과 주목도 양면에서 역주행에 성공했다. 주인공 연홍을 연기한 손예진은 한국영화평론가협회상 여우주연상을 비롯해 이 영화로 여우주연상을 여러 차례 수상했다.

지은이로 이경미, 박찬욱, 정서경, 정

소영, 김다영의 이름이 올라 있는데 이는 영화와 드라마 시나리오집을 통틀어 이례적으로 여러 작가의 이름이 오른 사례에 해당한다. 시나리오 작가의 크레디트가 인정되지 않는 관행이 적지 않았던 한국영화계에서 이례적인 경우다. 『각본 비밀은 없다』는 독립출판을 전문으로 하는 유어마인드에서 낸 책. 이경미 감독의 한국예술종합학교 졸업영화 〈잘돼가? 무엇이든?〉과 같은 제목의 에세이집이 2018년 아르테에서, 데뷔작 〈미스 홍당무〉의 각본집이 2020년 플레인에서 출간되었다.

86 『영화를 찍으며 생각한 것-고레에다 히로카즈 영화자서전』
고레에다 히로카즈 지음, 이지수 옮김, 127×183mm, 448쪽, 바다출판사, 2017

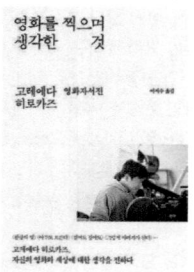

'고레에다 히로카즈 영화자서전'이라는 부제가 붙은 이 책은 일본 영화감독 고레에다 히로카즈의 영화 에세이다. 한국에서도 많은 사랑을 받는 감독의 책은 여러 권이 번역 출간되어 있다. 2015년 에세이 『걷는 듯 천천히』를 비롯해 동명의 원작 영화를 직접 소설화한 『원더풀 라이프』, 『걸어도 걸어도』, 『태풍이 지나가고』, 『그렇게 아버지가 된다』와 〈어느 가족〉을 소설화한 『좀도둑 가족』, 그리고 각본집인 『바닷마을 다이어리』, 『그렇게 아버지가 된다』, 키키 키린과의 인터뷰를 엮은 『키키 키린의 말』

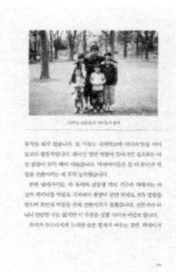

과 에세이 『작은 이야기를 계속하겠습니다』까지 한국어로 만날 수 였다.

이 책들이 바다출판사, 민음사, 플레인, 비채, 문학동네 출판사에서 고루 간행되었다는 점은 고레에다 히로카즈 감독에 대한 관심 혹은 애정이 비단 영화에만 국한된 것이 아님을 알게 해준다. 그중에서도 『영화를 찍으며 생각한 것』은 그가 영화 데뷔 이전 다큐멘터리 감독으로 활동하던 시기부터의 영화에 대한 생각을 알 수 있게 하는 '자서전' 성격을 띠고 있다. 가족 이야기를 꾸준히 다뤄온 그는 "제게는 '이것이 홈 드라마'라는 기준이 있습니다. 가족이니까 서로 이해할 수 있다거나 가족이니까 무엇이든 말할 수 있는 게 아니라 이를테면 '가족이니까 듣기 싫다'거나 '가족이니까 모른다'와 같은 경우가 실제 생활에서는 압도적으로 많다고 생각합니다"라고 적었는데, 자신의 가족사부터 동일본 대지진에 대한 심경까지를 이 책에 담았다.

87 『경성과 도쿄에서 영화를 본다는 것-관객성 연구로 본 제국과 식민지의 문화사』
정충실 지음, 152×220mm, 232쪽, 현실문화, 2018

한국영화사 연구에 있어서 2000년대는 거시사 연구에서 미시사 연구로의 패러다임 전환이 일어난 시기이다. '민족주의'나 '리얼리즘'과 같이 '-주의'와 '-ism'을 앞세운

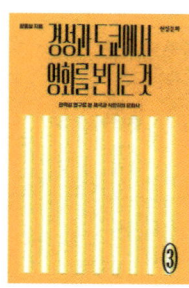

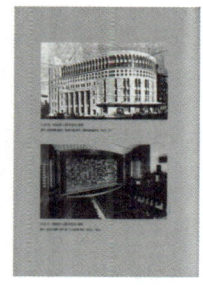

전통적 거시담론 대신, 그동안 간과되고 망각되었던 미시적 영역을 역사화하는 작업이 본격적으로 이뤄지기 시작한 것이다. 2018년에 출간된 『경성과 도쿄에서 영화를 본다는 것』은, 이처럼 식민지기 조선의 영화문화를 형성하는 주체이자 동력이었지만 그동안 면밀하게 검토되지 못했던 '관객'이라는 존재자의 특성을 밝히고 이를 역사화한 연구서이다. 일본에서 유학한 저자는 그동안 소개되지 않았던 다양한 현지의 자료와 한국의 자료를 실증 분석함으로써 1920~30년대 제국 도쿄와 식민지 경성의 관객성을 비교 고찰한다.

총 5장으로 이뤄진 이 책에서는 기존의 영화연구가 관객을 동질적인 존재로 간주해왔던 문제를 지적하며, 도쿄와 경성의 관객이 각자의 문화적 지형하에서 얼마나 비균질적인 존재자였는지를 다양한 자료를 토대로 증명한다. 특히 1920~30년대의 일본과 조선을 '파시즘 시기'나 '억압적 시기'로 단순화하던 기존의 관점과 달리, 실제 극장의 능동적인 관람 상황과, 이들 관객이 다양한 정체성으로 분화되며 극장 안에서 미시 문화를 형성하는 양상을 생생하게 복원함으로써 관객성 연구의 새로운 방향을 제시하고 있다.

이 책은 약 한 세기 전의 영화문화와 관객성에 대해 다루고 있지만, 여기서 제시된 연구방법론과 관점은 오늘날의 관객성을 사유함에 있어서도 유의미한 질문을 던져주는 듯하다. 전통적인 극장 공간이 해체되고 넷플릭스를 비롯한 OTT 플랫폼이 성장하는 언택트 시대, 메타버스를 비롯한 디지털 가상 공간이 실제 공간을 대체하는 오늘날, 관객은 무엇으로 구성되는가. 그리고 다시 우리에게 '영화를 본다는 것'은 무엇을 의미하게 될 것인가.

▶ 코멘트—정충실(지은이)

서두에서 밝히고 있듯 식민지 조선과 제국 일본의 영화관은 다양한 힘과 세력이 경합·교섭·갈등한 콘택트 존(contact zone)이다. 출판되기까지 여러 경합·교섭·갈등이 존재했기에 역시 콘택트 존인 이 책은 수많은 영화, 자료, 연구 속의 외침, 설명, 관찰을 얼기설기 엮은 것이다. 학위논문의 일부이기에 전문사, 박사과정 지도교수님의 가르침이 녹아 있고 학위논문 심사위원들의 각기 다른 요구들이 중재된 것이기도 하다. 학위논문을 토대로 출판사의 수정 요구를 받아들이거나 거절해 본문을 완성했고 내 의지와는 상관없이 개나리색 표지를 한 책기 간행되는 데 이르렀다. 식민지 영화와 미디어 수용자에 대한 관심 고조, 거시사에 대한 비판 증대 등 당시 영화학, 문화연구, 역사학 분야의 분위기도 영향을 미쳤을 수밖에 없다. '정충실 지음'으로 표기되었으나 여러 사람, 상황들과 만나서 교류하고 갈등한 끝에 만들어진 산물인 셈이다. L-는 영화제작자 측만이 아니라 대면

한 영화를 상황에 따라 다양한 방식으로 해석하고 느끼는 관객에 주목했다. 독자들도 많은 사람과 여러 상황이 관계를 맺고 경합을 벌인 산물인 이 책의 여러 부분을 자유자재로 조합해 다양한 방식으로 수용할 것이다. 연구의 목적과 의미를 반복해서 드러내 독자들이 다양한 방식으로 해석할 여지를 최소화하려고 했지만 말이다.

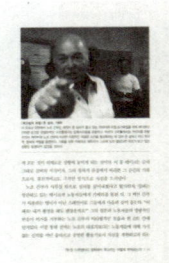

88 『다큐멘터리 입문』
빌 니콜스 지음, 이선화 옮김,
153×223mm, 340쪽, 한울아카데미,
2018

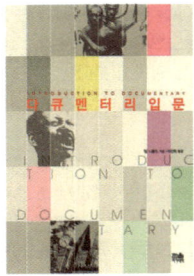

오늘날 다큐멘터리 연구자들 사이에서 필독서로 읽히는 책 중 하나. 저자 빌 니콜스는 자신의 여러 저서를 통해 다큐멘터리가 세계를 바꿀 수 있는 힘을 가지고 있는 진지함의 담론이라고 주장했다. 그는 다큐멘터리를 우리가 살고 있는 세계를 특정한 관점에 입각해 재현한 것으로 보면서, 동시에 그것을 설명하기 위한 분류 가능한 양식들을 제시했다. 『다큐멘터리 입문』은 그런 빌 니콜스의 연구를 집약하고 있다. 2005년 이선화가 번역하여 초판 출간된 이후 2018년 개정되어 나오는 동안 많은 연구자들이 빌 니콜스의 접근 방식을 따라서 독립 다큐멘터리 또는 방송 다큐멘터리의 태도와 양식을 분석했다.

이 책은 다큐멘터리를 둘러싼 다양한 쟁점을 중심으로 전개된다. 각각의 쟁점은 다큐멘터리에 관한 윤리, 정의, 역사, 내용, 형식, 시선, 양식, 정치 등으로 세분화된다. 니콜스는 다큐멘터리를 정의하기 위해 그것이 '무엇을 찍은 것인가'보다는 그것이 '무엇을 어떻게 찍은 것인가'에 대한 질문을 던진다. 그에 따르면, 현실 세계를 향한 다큐멘터리 감독의 고유한 시선과 목소리가 확립되는 과정 자체는 현실을 창의적으로 처리하는 다큐멘터리의 방법과 원칙의 근간을 이룬다. 나아가 니콜스는 다큐멘터리의 영화사적 발전 과정을 염두에 두면서 설명적 양식, 시적 양식, 관찰자적 양식, 참여적 양식, 성찰적 양식, 수행적 양식을 제안한다. 그 양식들은 연출자와 세계의 관계, 연출자와 출연자의 관계, 연출자와 자기의 관계, 연출자와 형식과의 관계 등을 고려한 것이다.

결과적으로 그의 논의에서 다큐멘터리의 내용은 연출자의 태도로 그리고 다큐멘터리 형식은 양식으로 수렴되는데, 이러한 일반화는 다큐멘터리 연구자들 사이에서 논쟁을 불러일으키기도 했다. 혹자는 그의 논의에서 디지털 기술의 발전, 연출자의 주관성, 양식의 혼종 가능성 등이 고려되지 않았다고 비판한다. 빌 니콜스의 논의가 지금도 유효하다면 그것은 그의 논의가 다큐멘터리 '입문'을 넘어서 '심화'로 나아가기 위한 토론과 논쟁의 밑거름을 마련했기 때문일 것이다.

89 『존 포드』
태그 갤러거 지음, 안건형·신범식
옮김, 143×215mm, 637쪽,
이모션북스, 2018

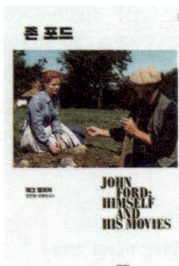

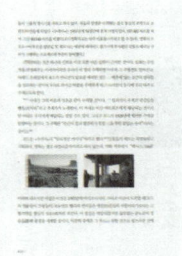

한국에서 『존 포드』의 출간은 한 영화작가에 대한 탐구가 얼마나 치열하고 깊어지고 있는가를 알려주었다. 할리우드 영화 제작의 신화인 존 포드에 대한 이 연구서는 포드의 전체 작품에 대한 방대한 전기이자 주해이고, 다작의 예술적 결과물에 대한 성실하고 헌신적인 조사의 결과이다. 영화학자 태그 갤러거가 고찰한 존 포드는 사실과 전설 사이의 교차점을 찾기 위해 노력한 성숙하고 지적인 예술가이다. 독특한 서정적 비전 위에 만들어진 그의 영화는 옛날 서부 신화에 전통, 조국, 가족, 공동체의 이상을 바탕으로 개성적인 장면 구성을 보여준다. 갤러거는 이와 같은 포드 영화의 복잡성을 헤아려 이전의 책보다 훨씬 더 심오한 시각을 제공하는데, 그의 통찰력은 수백 번의 반복 관람을 통해 완숙해진 것이다.

『존 포드』에서 갤러거는 포드 영화의 모든 면모에 대해 논한다. 무성영화 시기부터 말년에 이르기까지 4개의 시기별로 모든 영화에 대한 빼곡한 이야기들이 전개되며, 100편 이상의 영화에 대한 현미경적인 분석과 해부, 그 자신의 비전을 달성하기 위해 포드가 배우, 카메라맨, 대본 작가 및 기타 사람들을 어떻게 대했는지, 주요 시기의 역사적 맥락 등이 수백 장의 도판과 함께 수록되어 있다. 프레임 구성과 캐릭터의 특성, 서부극과 사회적 드라마 사이의 일관성, 그리고 미묘한 디테일이 감독의 이전 작품과 어떻게 공명하는지를 유장한 문장으로 해설한다. 『존 포드』는 존 포드에 관해 쓴 수많은 책들 가운데 최고봉일 뿐 아니라 영화 작가를 테마로 한 책들 중에서도 최고의 수준에 올랐다. 이러한 평판이 가능한 이유는 이 책이 해묵은 작가주의의 시각으로, 뒤대한 영화감독의 정신과 심리를 실증적이고 분석적으로 재구성하는 기념비적인 고·제를 수행했기 때문이다.

90 『유령과 파수꾼들–
영화의 가장자리에서 본 풍경』
유운성 지음, 127×195mm, 475쪽,
미디어버스, 2018

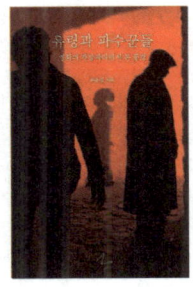

『유령과 파수꾼들』은 영화평론가 유운성이 2003년부터 2019년까지 〈인문예술잡지 F〉, 〈오큘로〉, 〈영화천국〉, 〈시네마테크〉

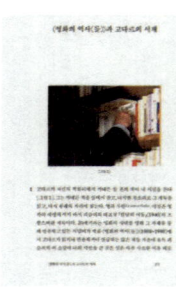

등에 기고한 서른다섯 편의 글을 엮은 비평집이다(2020년 두 편의 글을 추가한 개정판이 발간됐다). 17년의 시간을 한 권의 단행본으로 응집한 이 책은 평론가이자 기획자인 저자의 지적 여정과 영화를 둘러싼 사유의 확장을 보여준다. 유운성은 고다르, 할리우드 블록버스터, 한국 독립영화, 크리스찬 마클레이의 영상 작업, 지브리 애니메이션 등 작가와 분야를 넘나들면서 동시대 영상문화를 탐색하는 한편, 시네필리아의 교양뿐 아니라 문학, 철학, 수학에 기반한 유려한 분석을 메모, 서한, 비평, 대화 등 다양한 글쓰기에 녹여 넣는다. 무엇보다 그는 작품 안에서 골몰하기보다 작품으로부터 거리를 둔 채 대상의 내부와 저자가 발 딛고 서 있는 세계를 연결하고자 한다.

첫 번째 글 「우정의 이미지들」은 기고 매체, 발행 시기, 관람 대상이 상이한데도 책에 수록된 35편의 글을 아우른다. 유운성은 나란히 혹은 앞뒤로 앉아 같은 스크린을 바라보는 관객들이 각자 만들어낸 서로 다른 이미지들의 간극을 향유할 때 우정이 성립되며, 그때 비로소 영화관은 우정의 장소가 된다고 말한다. 비록 저자의 표현처럼 스크린은 점차 소멸하고 영화적 이미지의 기체(基體)는 사라지고 있지만 『유령과 파수꾼들』은 한 권의 책 역시 우정이 가능한 또 다른 장소가 될 수 있음을 보여준다. 출간 후 상당한 시간이 지난 이 책은 오늘날 '애정'과 '추억'의 대상으로 소비되고 있는

영화를 여전히 잡히지 않는 낯선 존재로 바라본다. 그렇기에 더욱 영화의 형태, 나아가 영화 너머의 현상을 끊임없이 쫓으면서 탐구한다. 영화 혹은 영화와 닮은 이미지를 조망하면서 던진 질문은 비평의 존재를 긍정하도록 만든다. 「우정의 이미지들」의 마지막 문장으로 이 책의 의의를 대신하고 싶다. "우정 없는 삶은 고독하고 적대 없는 삶은 공허하다. 하지만 이미지 없는 삶은 삶이라 불릴 수조차 없다."

91 『순응과 전복-
현대 한국 영화의 어떤 경향』
김영진 지음, 150×210mm, 339쪽,
을유문화사, 2019

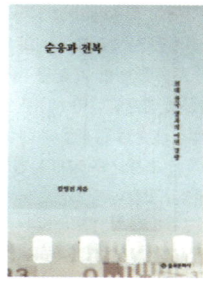

『순응과 전복』은 2000년대 이후 한국영화를 성장하게 만든 창조적 활기가 어디서 기원하였는가에 대한 비평적 고찰을 담은 평론집이다. '현대 한국 영화의 어떤 경향'이라는 부제를 붙인 책의 바탕은 21세기 한국영화가 이룬 도전과 성취에 대한 좌표 그리기라고 할 수 있다. 평론집이라고는 하지만 주요 한국영화의 경향과 산업 지형의 변화, 세대 교체, 미학의 모험을 종합적으로 다룬다. 영화기자, 영화평론가로 이 시기 한국영화의 흥망을 가까운 곳에서 지켜본 김영진의 논리는 한국영화계의 주요 감독들의 장르에 대한 태도와 수용의 방식에 초점을 두고 있다. 스타일의 정전이 존재하지 않는 '애비 없는 자식'과 같은 한국영화계에서 박

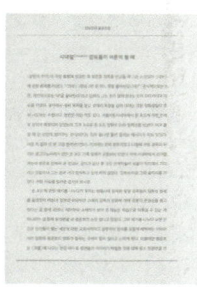
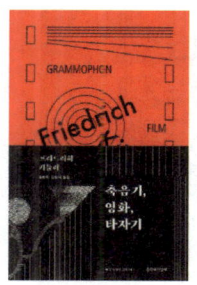

찬욱과 봉준호, 이창동, 류승완, 김지운, 나홍진 등 내외에서 평판을 얻은 감독들이 장르와의 대결과 긴장을 통해 어떻게 전통을 만들었는지를 논한다.

이전 세대의 유산과 결별하고자 했던 감독들은 산업의 요구와 대중의 욕망, 개인의 비전을 절충하는 모델을 구축하였다. '순응과 전복'이란 대중 장르의 규범을 흡수, 대항하기 위해 각기 다른 감독들이 취한 태도를 말한다. 무엇보다 모험이 가능했던 시대를 기록한『순응과 전복』의 회고적인 논평은 경이적인 규모로 확장해왔던 산업의 부흥과 미학적 도전 의식이 사라져가는 시기에 커다란 시사점을 준다. 그것은 책의 출간 시기가 2019년이라는 사실과 깊은 연관이 있다. 팬데믹이 창궐하기 직전 모험적 시도들이 쇠퇴, 고사하면서 상업적 성공만을 좇는 흥행 일변도 경향이 우세한 상황에서 이 책은 한국영화의 활력적 기운을 추진했던 동력을 돌아봄으로써 현재를 반추하며 미래를 전망, 기약할 통찰을 준다.

92 『축음기, 영화, 타자기』
프리드리히 키틀러 지음,
유현주·김남시 옮김, 152×223mm,
564쪽, 문학과지성사, 2019

"매체가 우리의 상황을 결정한다"는 문장으로 시작되는『축음기, 영화, 타자기』는 매체학자 프리드리히 키틀러가 언어, 문학, 문헌의 역사를 정보시스템의 변천으로 전

개한 『기록시스템 1800·1900』에서 1900년대 기록시스템과 관련된 내용을 확장한 저작이다. 대표적인 아날로그 기술 매체인 축음기, 영화, 타자기가 20세기 전반에 걸쳐 불러일으킨 변화를 조명한 이 책은 인간의 역사를 매체사로 전복하는 파격적인 시도가 두드러진다.

19세기 후반 에디슨이 발명한 원통의 기계 장치에서 "안녕!"이란 소리가 울려 퍼지기 전까지 인간으로부터 발화된 정보는 문자를 통해 기록 가능했지만 그의 '음성' 자체는 기록 체계의 틈새를 빠져나갔다. 하지만 축음기가 등장하자 저장 가능한 '음성' 정보가 갖기 시작한 힘이 지식권력으로 전환되고 소리 저장매체는 두 차례의 세계대전을 거치면서 기술권력을 획득한다. 영화의 경우, 물리적 파동을 보존하는 축음기와 달리, 필름의 화학적 효과를 "네거티브의 형태로 저장"하는 데 그친다. 하지만 영화 역시 전쟁의 광기 한가운데 허구의 이미지를 구현해 관객을 교란하는 능력은 물론, 실제를 더 실제같이 보이도록 만드는 걸 넘어 실재를 잠식시킬 수 있는 위력을 갖췄다. 비록 상상을 구현하지도, 실재를 저장할 수도 없지만 타자기는 여성을 쓰기의 주체로 부각하고 손글씨보다 수화 구사가 더 빨랐던 맹인의 생리적 결함을 보완하면서 저자성을 무화한다. 한편, 문자의 절대적인 정보 가치를 보장하는 데 그치지 않고 인간을 기계 없이 사유할 수 없는 망각의

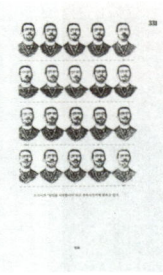

동굴로 만들었다.

　　출간된 지 33년 만에 우리말로 번역된 『축음기, 영화, 타자기』는 오늘날 낭만적인 유물로 간주되는 아날로그 매체가 등장 이래 어떻게 인간의 삶을 장악했는지 섬세하고 집요하게 묘사한다. 상상을 실제처럼 구현하는 영화의 마법을 향유해왔지만 결코 실재를 드러낸 적이 없는 조작의 역사를 상기하면, 키틀러의 급진적인 태도를 무조건 수용하지 않더라도 이미 인간의 믿음을 지배하고 있는 매체가 감추고 있는 전복의 가능성은 앞으로의 영화가 보여줄 매끈한 환상을 마냥 즐길 수만은 없다는 긴장을 안겨준다.

93 『벌새-
1994년, 닫히지 않은 기억의 기록』
김보라 쓰고 엮음, 138×210mm,
312쪽, 아르테, 2019

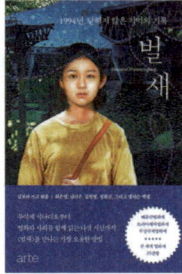

『벌새』의 가장 큰 특징은, 영화 〈벌새〉의

시나리오를 수록하는 것으로 시작해 소설가 최은영, 영화평론가 남다은, 변호사 김원영, 여성학자 정희진의 에세이, 그리고 그래픽 노블 『펀 홈』의 작가이자 '벡델테스트'로 잘 알려진 미국 작가 앨리슨 벡델과 김보라 감독이 직접 만나 여성 서사, 개인적 경험과 사회적 경험을 함께 다루는 창작자로서 나눈 대담이 실렸다는 점이다. 무엇보다도 이 책의 출간일인 2019년 8월 29일은 영화의 정식 개봉일이었다. 일반적으로 첫 번째 장편영화를 만든 신인 감독, 그것도 독립영화의 시나리오가 개봉과 동시에 단행본으로 선보이는 일은 흔치 않다. 이 책 이후 영화 시나리오집에 감독 인터뷰, 그리고 영화평론가가 아닌 이들의 영화 에세이가 함께 실리는 일이 늘었다.

　　〈벌새〉는 국내외 영화제에서 많은 상을 받은 영화이기도 한데 책 띠지에는 '25관왕'이 선명하게 찍혀 있다. 하지만 해외영화제에서 수상 이력을 쌓던 출간·개봉 시점 이후로도 수상은 계속되어, 책이 나오고도 그만큼의 상을 더 받았다. 〈벌새〉는 한국에서 (가장) 크게 주목받은 여성 서사로 꼽히며, '벌새단'이라고 불리는 다회차 관객들의 반복 관람에 힘입어 장기 상영되었다. 〈벌새〉 단행본에 실린 앨리슨 벡델과의 대담에서 김보라 감독은 "무엇보다도 페미니즘을 통해 남성 중심적인 사회에 대해 다시 생각하면서 내가 겪은 트라우마가 나 개인의 잘못이 아닌 남성 우월주의와 가부장제 때문이었다는 것을 알게 되었다. 페미니즘과 명상의 도움을 정말 많이 받았다"라고 밝히기도 했다.

▶ 코멘트―김보라(지은이)
이전에 〈벌새〉의 전신인 단편 〈리코더 시험〉을 본 한 스웨덴 친구가 말했다. "네 영화를 보고 어린 시절에 볼품없는 런치박스를 학교에 가져갈 때마다 느꼈던 부끄러움이 떠올랐어." 〈벌새〉 시나리오 작업을 하

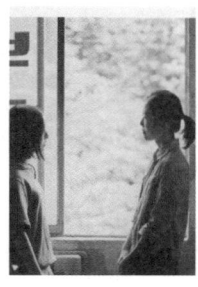

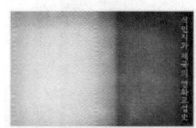

면서도 영화를 본 모두가 각자에게 서려 있는 유년기의 한 풍경을 떠올리기 바랐다. 이 책을 돌아보면, 마지막 챕터에 실린 앨리슨 벡델과의 대담이 가장 기억에 남는다. 벡델과 그녀의 부인 홀리의 멋진 집에서 유기농 식사를 마치고 벡델의 작업실로 내려 갔다. 20대 시절부터 좋아했던 작가의 작업실에서 『펀 홈』, 『당신 엄마 맞아?』 등의 만화 원본들을 보니 가슴이 뛰었다. 대화를 나누며 우리 사이에 무한한 공간이 흐름을 느꼈다. 대화에서 가장 중요한 것은 '주의를 기울이는 것'이 아닐까 싶다. 온전히 들으면 상대를 진실로 만나게 된다. 이틀간, 우리는 서로에게 주의를 기울였다. 벡델의 말들에 때로 눈물이 났지만 우는 것이 창피하지 않았다. 그 따뜻하고 안전했던 대화는 삶에서 힘든 일이 있을 때마다 떠오를 것이다. 벡델과의 만남 이후, 〈벌새〉를 통해 수많은 사람과의 만남이 있었다. 영화를 통해 세상에 무언가를 나누고 누군가의 삶에 작게나마 가닿는 것이 감사하다. 앞으로도 그러한 만남을 위해 영화를 만들고 싶다.

94 『조선영화라는 근대-
식민지와 제국의 영화교섭사』
정종화 지음, 180×235mm, 472쪽,
박이정, 2020

영화사가 이영일의 기념비적 저작 『한국영화전사』(한국영화인협회, 1969)가 출간된 이래, 한국영화사 연구는 오랫동안 '민족'과 '친일'이르는 이항대립을 동력으로 전개되었다. 하지만 2000년대 중반 식민지기 조선의 영화 필름이 대거 발굴되면서 한국영화사 연구는 변화의 길을 맞이하게 된다. 실물을 확인할 수 있는 식민지기 조선 영화 텍스트를 획득한 연구자들이 이분법에 기초한 과거의 패러다임을 넘어 식민지와 제국의 복합적인 관계를 고찰하는 다양한 시도를 이끌며 영화사 연구에 활력을 불어넣었기 때문이다. 이러한 학계의 흐름 속에서 2020년에 괄간된 『조선영화라는 근대』는 식민지기 조선영화를 통사(通史)적 관점에서 다루고 있는 흔치 않은 연구서이다. 저자는 한국과 일본의 자료를 망라하는 작업을 통해, 식민지 조선과 제국 일본의 인적·문화적 자본이 교섭하는 과정에서 '조선영화'가 형성되었으며, 그 양상과 결과물이 '조선적 근대'를 체현하고 있음을 증명하고자 한다. 그리고 식민지와 제국이라는 특수한 조건으로 말미암아, 조선영화가 서구 영화와 일본영화 사이에서 매 순간 결정되었음을 주장한다.

영화가 조선에 유입된 시점부터 식민지기 말기에 이르기까지 연대기적으로 이어진 총 7장의 척 구성에서 저자는 조선영화가 제작된 환경과 인적 구성이 상당히 유동적기었으며, 조선영화가 조선과 일본의 영화 인력이 다양한 방식으로 협업한 결과물임을 실증적으로 분석한다. 또한 조선영화 텍스트의 스타일과 미학을 분석함으로

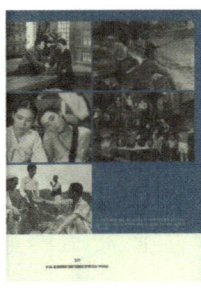

써, 조선인들이 그려내고자 한 근대가 무엇이었는지 밝힌다.

이 책이 식민지기 조선영화를 다루고 있는 다른 연구서들과 가장 차별화되는 지점은, 대다수의 연구서가 조선영화가 제작된 조건들, 가령 식민 당국의 정책과 제도, 인력 구성 등 콘텍스트에 주목하는 반면, 그동안 상대적으로 주목받지 못했던 조선영화의 스타일과 미학이라는 문제에 천착한다는 것이다. 이는 조선영화에 반영된 식민지 조선 영화인들의 능동성과 주체성을 복원하는 작업이기에 가치가 있다고 할 수 있을 것이다.

▶ 코멘트–정종화(지은이)
2000년대 중반 중국전영자료관을 통해 일제강점기 조선영화들이 연이어 발굴되었을 때, 그 현장의 중심에 내가 있었던 것은 무척 행운이었다. 영화사 연구자로 성장하는 결정적인 출발점이 되었기 때문이다. 그리고 3년이라는 적지 않은 시간 동안 두 번에 걸쳐 일본 교토대학 인문과학연구소에서 식민지 영화연구에 전념할 수 있었던 것도 큰 행운이었다. 그 덕분에 박사논문을 준비하고 완성할 수 있었고, 무엇보다 연구자로서의 정체성을 다지는 기회가 되었다. 이 책은 한국영상자료원의 연구원으로서, 또 개인 연구자로서 그동안 조선영화에 관해 연구한 결과를 엮어낸 것이다. 고 이영일 선생이 『한국영화전사』에서 취했던

민족주의적인 서술 방식을 비판적으로 딛고 최대한 사료들을 부각시켜, 식민지 영화인들이 제국과 어떻게 갈등하고 협상하며 영화를 만들었는지 새로운 시각으로 보고자 했다. 지금 우리가 볼 수 있는 16편의 조선영화를 분석하는 것도 잊지 않았다. 식민지/제국의 조선영화는 그 행간과 균열을 조심스럽게 들여다볼 때 비로소 의미가 감지되는 복잡한 텍스트다. 이 책은 필자 개인의 저작이지만 동시에 한국영상자료원의 성과라고 생각한다. 2021년 뜻밖에도 노정 김재철 학술상을 받게 되어 조금은 다음의 짐을 덜었다. 영상자료원 동료들에게 감사의 마음을 전한다.

95 『영화와 시대정신–한국영화 100년, 나의 영화평론 60년』
김종원 지음, 148×220mm, 431쪽, 도서출판 작가, 2020

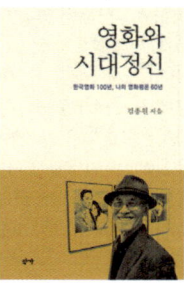

1959년부터 영화평론가로 활동한 김종원은 한국 영화학계와 평론계의 가장 큰 어른이지만, 지금도 현장 비평과 영화사 서술 작업에 매진하고 있다. 그의 저작은 『영상시대의 우화』(제삼기획, 1985), 『한국영화사와 비평의 접점』(현대미학사, 2007) 등 다수인데, 이 책은 2019년에 맞은 한국영화 100주년과 그의 영화평론 활동 60주년을 기념해 나왔다. 그가 2008년부터 여러 지면에 발표했던 글을 묶은 책으로, 1937년생인 원로 비평가가 결코 같은 이야기를 반

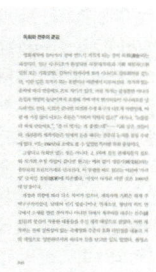

복하거나 고인 생각에 머무르지 않고 계속 성장하고 진보하고 있음을 보여준다.

무엇보다 이 책의 의미는 그의 연륜과 결합한 현재적 관심사가 표출되는 점이다. 모두 세 챕터로 구성되었는데, 한국영화사의 주요 이슈들을 검토한 「영화와 역사」, 한국영화계의 중요한 감독들과 배우들을 지근거리에서 지켜본 소감에 비평적 관점까지 더해 서술된 「영화작가·배우론」, 〈마음의 고향〉(윤용규, 1949) 등 한국 클래식부터 〈아버지의 깃발〉(클린트 이스트우드, 2006) 같은 할리우드 영화까지 그의 비평 감각이 돋보이는 「영화일반론」이 그것이다. 이 책의 가장 처음에 배치된 글은 한국영화사가로서 그의 무게를 증명한다. 1919년 10월 27일 단성사에서 상연된 연쇄극 〈의리적 구토〉를 한국영화의 출발로 삼지만, 그날 앞서 상영된 실사영화(actuality film) 〈경성 전시의 경〉을 더 주목해야 한다는 주장이다. 그의 혜안 덕분에 한국영화의 기점이 선명해졌다.

96 『굿쟁이, 로뗀바리, 이동영사-
순회 영화 상영 구술 채록 자료집』
위경혜 지음, 150×223mm, 740쪽,
박이정, 2021

이 책은 한국전쟁 이후부터 1970년대까지 순회 영화 상영에 종사한 사람들의 구술 증언을 모은 것이다. 순회 영화 상영은 순업(巡業), 로뗀바리(露天張り) 그리고 이동영사로 부르는데, 가설극장이라는 이름으로 통칭한다. 순업과 로뗀바리는 일제강점기부터 흥행 현장에서 사용된 말이고, 이동영사는 국민 계도를 위하여 국가 권력이 수행한 영화 상영을 말한다. 순회 영화는 주로 도시 변두리 또는 비도시 상설극장의 부재 지역에서 이뤄졌다. 순회 상영자는 이윤을 좇는 흥행사이거나 국가 정책을 전달하고 지역민 계몽을 돕당한 행정 기관 또는 문화 관련 기관에 소속된 사람들이었다. 흥행사들은 지역에서 따라서 근대 이전 유랑예인을 떠올리는 '굿쟁이'로 불리기도 하였다.

이 책 1부 「순업과 흥행 그리고 영화 상영의 전국화」는 전국을 유랑한 다섯 명의 흥행사의 생애를 다룬다. 2부 「이동영사, 계몽 그리고 국민의 탄생」은 공보 전달과 문화 전파를 앞세우며 영화 상영에 나선 여섯 명의 공무원과 문화원 관계자 그리고 이들 영화를 관람한 한 명의 향토사가의 이야기를 전한다. 구술 증언자들은 전남 진도군부터 경기도 파주군까지 전국의 각 지역에서 생활하거나 이들 지역을 돌면서 영화에 '청춘을 바친' 사람들이다.

이 구술 채록 자료집은 제작과 작품 중심에서 벗어나 수영의 관점에서 영화 수용을 서술하여 영화사 연구 영역을 확장한다. 또한, 서울을 벗어난 비도시 영화 상영에 관한 정보를 제공하여 '지방'의 대중문화를 이해하는 데 이바지하고 서울 중심의 역사 서술에 대한 문제를 제기한다. 나아가 냉

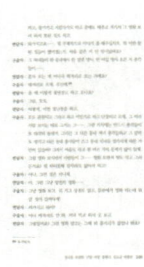

전 시기 '극장 밖 극장'에서 빈번하게 이뤄진 영화 상영 방식을 말하여 오락과 계몽의 협동을 바탕으로 이뤄진 문화 냉전의 현장성과 지역성을 알려준다. 무엇보다도, 공식 역사가 기록하지 않은 이야기를 발굴하여 한국 '영화사들'의 수많은 목소리를 복원한 점에서 주목할 가치를 지닌다.

97 『당신이 그린 우주를 보았다-
이토록 풍부한 여성영화의 세계』
**손희정 지음, 132×200mm, 240쪽,
마음산책, 2021**

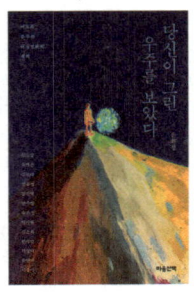

문화평론가 손희정이 2019~2020년 장편 극영화를 선보인 여성 감독 13인(김도영, 윤가은, 김보라, 장유정, 임선애, 안주영, 유은정, 박지완, 김초희, 한가람, 차성덕, 윤단비, 이경미)과 나눈 인터뷰를 엮은 책이다. 강남역 살인사건 이후 촉발된 페미니즘 리부트, #영화계내성폭력 등의 이슈를 비롯해 영화 안팎의 페미니즘 이슈에 대해 꾸준히 목소리를 높여온 저자가 자신의 전문 분야인 시네페미니즘을 한국영화계의 여성 감독과 엮어 펴낸 첫 번째 영화책이기도 하다. 〈밤의 문이 열린다〉의 유은정 감독은 책에 실린 인터뷰에서 "2016년 이후, 페미니즘 흐름 속에서 많은 영향을 받았다"고 밝히기도 했다.

손희정은 이 책의 인터뷰를 문답식으로 구성하는 대신 인터뷰이가 된 감독의 말을 부분 인용하면서 해당 인물에 대한 감독론을 완성했다. 예를 들어 이경미 감독의 경우 넷플릭스 시리즈 〈보건교사 안은영〉이 인터뷰의 중심에 있는 작품이지만 그의 지난 작품들도 함께 언급된다. 김초희 감독은 〈찬실이는 복도 많지〉만큼이나 영화 프로듀서로 현장을 지켰던 시기에 대해서도 말한다. 이 책은 또한, 영화 관객들 사이에서도 이견이 분분한 '여성서사(여성영화)란 무엇인가'(혹은 과연 그것을 정의 내리는 것이 가능한가)에 대한 창작자와 평론가의 고민을 담고 있다. 손희정의 목표는 여성영화를 정의 내리는 데 있지 않고, 지금이야말로 더 많은 가능성을 열어두고 여성 감독과 여성 배우의 활약을 응원하고 지켜볼 때라고 강조하는 데 있는 것으로 보인다.

▶ 코멘트-손희정(지은이)

2015년 페미니즘 리부트 이후, 여성 청년 관객들을 중심으로 더 다양한 여성 서사를 요구하는 목소리가 커졌다. 이와 함께 대중들 사이에서 '여성영화란 무엇인가?'를 둘러싼 논쟁이 촉발됐다. 페미니즘 대중화 물결은 한국영화계에 변화를 가져왔고, 2019년은 변화가 가시화되었던 해다. 작은 영화를 중심으로 '여성영화의 새로운 물결'이라고 할 만한 경향이 대두된 것이다. 특히 이 시기 감독들은 '여성 감독'이라고 불리는 것을 거부하지 않았으며, 자신의 작품이 '여성영화'로 소개되는 것을 긍정했다.

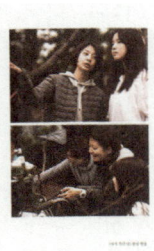

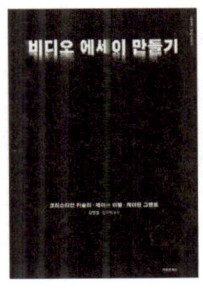

'여성'이라는 이름이 낙인이 되지 않는 시대가, 한국영화계에 비로소 열린 셈이다.『당신이 그린 우주를 보았다』는 이런 분위기 안에서 가능했던 작업이다. 책을 쓰면서 나를 사로잡고 있었던 것은 '여성과 시간'이라는 키워드였다. 책이 소개하고 있는 열세 명의 감독은 각자의 시간을 살아 하나의 독자적인 영화 세계를 구축했다. 동시에 그들은 한국영화 및 여성영화의 역사 속에서 등장했고, 각 감독의 세계는 큰 시간의 흐름 안에서 수많은 여성영화인과 연결되어 있다. 결국 '시간'이 없다면 '우주'는 존재하지 않는다.『당신이 그린 우주를 보았다』가 전하는 내용은 한국 여성영화의 일부분이다. 이 책이 여성영화에 대한 셀 수 없이 많은 비평과 이야기 들이 엮여서 만들어지는 패치워크의 부끄럽지 않은 한 조각이 되기를 바란다.

98 『비디오 에세이 만들기』
크리스티안 키슬리·제이슨 미텔·캐더린 그랜트 지음, 김병철·신경식 옮김, 144×205mm, 182쪽, 이모션북스, 2021

이 책은 제목과 달리, 영화 제작 방식을 다루는 매뉴얼북이 아니다. 이 책은 비평의 한 형식으로 '오디오 비주얼 에세이' 혹은 '비디오 에세이'라는 새로운 영역의 영화 교육 및 영화 실천을 다룬다. 이 책은 미국 미들베리 컬리지에서 시행한 '사운드와 이미지를 통한 학문적 탐구'라는 워크숍의 산물로, 실제 창작과 기술적인 측면을 모두 자극하도록 설계된 워크숍 과정과 과제 및 사례를 상세하게 기 술해 비디오 제작의 실천과 교육 양자 모두에 초점을 맞춘다.『비디오 에세이 만들기』는 기존의 글쓰기 중심으로 하는 영화연구 혹은 비평과는 차별성을 가지고, 영화 고유의 언어를 비평에도 적극적으로 활용하는 방식을 고민하고 실험하그 제안한다. 나아가 현실적 차원에서 전문적으로 고려해야 할 작품의 검증, 저작권 및 공정 사용, 테크놀로지와 같은 문제들도 다뤄 영화비평의 새로운 영역을 제안한다.

『비디오 에세이 만들기』의 대표적인 영화사적 사례 자 작품은 글쓰기 모드에서 벗어나 영상의 시적 담론으로 영화의 역사를 비평한 장 뤽 고다르의 〈영화의 역사(들)〉일 것이다. 디지털 시대 멀티미디어 기술은 새로운 사고방식을 유발해 영화 만들기뿐 아니라 연구와 비평의 방법 또한 새로운 방법을 제공하는 것이다. 이 책은 미래의 영화비평가뿐 아니라 새로운 비평적 실천의 분야에 관심을 가지고 있는 모든 사람들에게 교두보 역할을 할 것이다. 이미지의 시대, 영화비평이란 무엇인가를 새롭게 질문할 수 있는 책이기도 하다. 다만 '오디오 비주얼 에세이'가 영화 텍스트 내적 비평을 벗어나 영화를 둘러싼 산업과 담론에서도 적용할 수 있는 방법에 대한 모색도

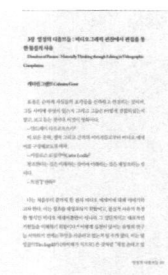

앞으로 필요할 것이다. 새로움이 정착되기까지 다양한 실험들이 동반되어야 할 것이고 이 책은 그 실험의 첫 실험 일지이다.

99 『영화는 무엇이 될 것인가?-
영화의 미래를 상상하는 62인의
생각들』
전주국제영화제 엮음, 110×179mm,
232쪽, 프로파간다, 2021

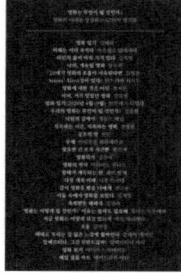

영화의 지위가 예전 같지 않다. 전 세계를 혼란에 빠뜨린 코로나 바이러스, 이로 가속화된 OTT 플랫폼의 성장세가 맞물리며, 대중매체이자 영상예술로서 확고했던 영화의 위상과 집단적 공간에서의 영화적 경험 같은 시네마의 본질이 원점부터 흔들리고 있다. 2020년 한국 역시, 영화관을 첨병으로 한 영화산업이 한 번도 경험해보지 못한 위기를 맞았고, 관객을 현장으로 모아야만 하는 영화제는 존립 자체가 위협받는 상황에까지 이르렀다. 그동안 잘해왔다고 믿은

모든 것들이 한순간에 무너진 지금, 어떻게 이 난국을 돌파할 것인가 하는 질문보다는 어떻게든 새로운 환경에 적응해야 한다는 절실함이 앞선다.

유례없는 팬데믹과 영화의 미래에 대한 전 세계 영화인들의 생각이 책으로 묶였다. 원본인 스페인어판은 2020년 11월 아르헨티나의 마르델플라타국제영화제가 출간한 것이고, 한국어판은 2021년 4월 전주국제영화제가 만들었다. 스페인어판 일부 필진의 글을 번역하고, 한국 영화인들이 새로운 필진으로 참가해 모두 62인의 글이 수록됐다. 현재의 출판 트렌드가 느껴지듯 녹색 양장 표지의 작고 예쁜 책이지만, 담겨 있는 내용은 깊고 넓어 그 울림이 적지 않다. 감독, 비평가, 연구자 등 다양한 영화인들이 필자로 참여해 고민을 나눈 덕분이다. 누구는 과거의 영화 경험을, 누구는 지금 자신의 이야기를, 누구는 우화 형식을 빌려 미래의 상상을 펼치고 있지만, 영화에 대한 사랑과 지지와 낙관은 공통적이다. 우리의 영화는 무엇이 될 것인가. 이제 여러분들이 귀중한 생각과 의견을 더해줄 차례다.

▶ 코멘트–문성경(기획 및 책임편집)
전주국제영화제가 팬데믹 상황 속에서 영화제를 개최하며 맞닥뜨린 질문을 구체화한 책이다. 영화와 극장이 소멸할지 모른다는 분위기가 팽배할 때, 영화가 사라진다면 영화제도 존재하지 않을 것이기에 이 상황을 극복할 만한 현명한 답을 찾고 싶었다. 처음부터 책을 염두에 둔 것은 아니다. 콘퍼런스를 위한 아이디어로 출발했지만 이런 질문에 대한 다층적인 생각을 얻기에는 '날아다니는' 말보다는 글이 좋겠다는 판단이 들었다. 과거와 현재의 우리에게 영화가 무엇이었는지, 영화와 삶을 분리하지 않고 살아온 영화인들의 생각을 들려달라고 요청했다. 필자들 개개인의 지극히 사적인 이야기들 속에서 영화 자체와 그 미래에 대한

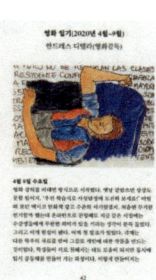

통찰을 기대했고, 거기에 충분히 부합하는
글들이 모여 작은 책이 됐다. 영화제이기에
가능한 출판이었다는 생각이 든다. 팬데믹
이라는 최근 이슈에 관한 책이기에 분위기
가 갑자기 바뀌면 순식간에 '올드'해질 수
있는 위험을 감수하자 했지만, 이건 기우였
던 것 같다. '팬데믹'은 계기였을 뿐, 이 책
의 아이디어는 영화의 미래를 반추해보는
데 힌트나 영감을 줄 수 있을 것이라 생각
한다. 최소한 작금의 시대가 영화와 세상을
어떻게 변화시켰는지에 대한 영화 공동체
사람들의 '생각의 기록'으로 남지 않을까.

필자

권세미(한국영상자료원 학예연구팀)
『영화는 영화다』, 『영화의 실천』, 『유령과 파수꾼들』, 『축음기, 영화, 타자기』

김형석(영화평론가)
『영화의 이해』, 『세계영화사』, 『봉인된 시간』, 『대중영화의 이해』, 『영화보기의 은밀한 매력』

남기웅(연구자)
『투사하는 제국 투영하는 식민지』, 『경성과 도쿄에서 영화를 본다는 것』, 『조선영화라는 근대』

박유희(연구자)
『한국영화발달사』

백문임(연세대 국문과 교수)
『헐리우드/프랑크푸르트』, 『월하의 여곡성』, 『조선영화란 하(何)오』

손희정(영화평론가)
『호모 PUNK 異般』, 『하드 바디』, 『여성괴물』

위경혜(전남대 학술연구교수)
『굿쟁이, 로뗀바리, 이동영사』

이다혜(영화기자)
『나는 어떻게 할리우드에서 백 편의 영화를 만들고 한푼도 잃지 않았는가』, 『세속적 영화, 세속적 비평』, 『정확한 사랑의 실험』, 『각본 비밀은 없다』, 『영화를 찍으며 생각한 것』, 『벌새』, 『당신이 그린 우주를 보았다』

이도훈(〈오큘로〉 편집위원)
『예술로서의 영화』, 『감독 오즈 야스지로』, 『다큐멘터리 입문』

이상용(영화평론가)
『영화예술』, 『베트남에서 레이건까지』, 『카메라 폴리티카』, 『항상 라캉에 대해 알고 싶었지만 감히 히치콕에게 물어보지 못한 모든 것』, 『해석에 반대한다』, 『STORY: 시나리오 어떻게 쓸 것인가』, 『시네마토그래프에 대한 단상』, 『위대한 영화』, 『반딧불의 잔존』, 『에센셜 시네마』, 『히치콕』, 『기술적 복제시대의 예술작품』

이선주(한양대 연구교수)
『새로운 영화를 위하여』, 『영화언어』, 『근대성의 유령들』, 『시네마 I&II』

이순진(연구자)
『영화운동론』, 『변방에서 중심으로』

이승민(연구자)
『세계 다큐멘터리 영화사』, 『영상의 발견』, 『다큐멘터리』, 『비디오 에세이 만들기』

전지니(한경대 브라이트칼리지 조교수)
『여성영화인사전』, 『이영일의 한국영화사 강의록』, 『소리의 정치』

정종화(한국영상자료원 학예연구팀장)
『한국영화역사강의 1』, 『임권택이 임권택을 말하다』, 『영화와 시대정신』, 『영화는 무엇이 될 것인가?』

조준형(한국영상자료원 선임연구원)
『한국영화전사』, 『제국 일본의 조선영화』

하승우(연구자)
『보이는 것의 날인』

한상언(한상언영화연구소 대표)
『한국영화측면비사』, 『이영일의 한국영화사를 위한 증언록』, 『한국영화사』, 『북한영화사』

황미요조(영화평론가)
『페미니즘/영화/여성』, 『원시적 열정』, 『트랜스: 아시아 영상문화』

그외 도서
〈아카이브 프리즘〉 편집부

퍼블리셔스

- 영화 출판의 현주소와 과제들

일러두기

- 대중 출판, 독립·예술 출판, 정기간행물, 비평 저널 분야에서 출판 활동을 하고 있는 출판사 7곳의 에디터에게 요청한 서면 인터뷰를 편집한 것이다.
- 인터뷰는 2024년 10월에 이뤄졌다.

영화와 함께 세계로
정은숙(마음산책 대표)

▶ 연혁과 활동

2000년 8월 16일에 창립된 마음산책은 그해 10월 첫날 첫 책을 출간했다. 김영하 소설가의 영화 산문집 『굴비 낚시』였다. "한때는 조기였으며 똑같은 태양 아래 말려졌으나" 다루어지는 방식이나 손질에 따라 가공된 생선이면서 생선이 아닌 굴비 같은 것이 영화 아니겠는가 라는 비유의 제목이 흥미롭다는 평을 들었다. 특유의 산문 정신이 재치 있고 속도감 있는 문장에 실렸다. 출판사의 첫 책이 영화 산문집이었으니 이후 마음산책의 출간 목록에 '영화' 관련 책이 포함된 것은 자연스러운 일이었다. 24년 동안 40여 권의 영화 관련 책을 출간했다. 박찬욱, 김지운, 류승완, 윤가은, 양영희 등 감독의 산문집부터 봉준호 감독의 〈마더〉 각본집, 문소리와 이승원 감독의 〈세자매〉 제작기, 신형철, 김혜리, 김영진, 손희정, 정성일, 피어스 콘란 등 평론가의 평론집, 짐 자무시, 팀 버튼, 캐스린 비글로, 데이비드 린치, 아녜스 바르다, 다르덴 형제 등 작가주의 연출가의 인터뷰집까지, 그 장르와 영역은 다양하다. 영화매체를 통해 본 인간의 본성과 사회적 의미, 전망에 대한 모색에 인문 정신을 담아 책으로 출판하였다.

▶ 대표할 만한 책들

박찬욱 감독의 『박찬욱의 몽타주』, 신형철 평론가의 『정확한 사랑의 실험』, 정성일 평론가의 『나의 작가주의: 왕빙, 영화가 여기에 있다』는 산문집, 평론집, 기록물로서 출단의 의미가 다르고 매력의 지점이 다르다. 각각 저자의 고유한 문체, 주제 의식,

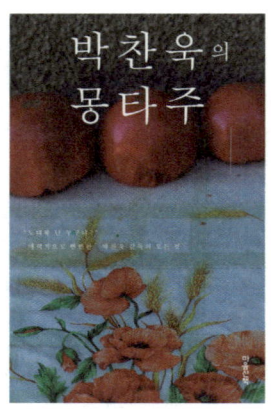

『박찬욱의 몽타주』, 박찬욱, 2005

스토리텔링이 책으로 빚어져 많은 독자에게 가닿았다.

2005년 출간한 『박찬욱의 몽타주』는 박찬욱 감독의 진면목을 볼 수 있는 그의 첫 번째 산문집이다. '쓰고 싶어 안달 나서 쓰듯이' 기록한 필력은 가히 놀라웠다. 〈올드보이〉로 칸영화제 심사위원대상을 수상한 다음 해에 출간되어 이슈의 중심에 놓이기도 했다. 키득거리며 웃게 만들면서도 긴장과 밀도, 치밀함을 유지하는 글의 개성은 산문집으로서 폭넓은 독자를 만났다. 액션과 컷 사이, 영화적 삶의 주제가 감독의 정체성과 철학을 잘 드러내었다. 산문집과 짝을 이뤄 동시 출간한 평론집 『박찬욱의 오마주』도 서점가의 호응이 컸다. 산문이든 평론이든 박찬욱표 유머와 진지함은 정곡을 놓치지 않았다. 어떤 주제든 핵심의 뿌리까지 파 내려갔다. 일본, 중국 등 아시아에 책 저작권 수출이 이루어졌으며, 미국의 주요 잡지에 번역 수록되는 등 세계 독자와 만나는 텍스트이기도 하다.

2014년에 출간한 신형철 평론가의 『정확한 사랑의 실험』은 올해 10주년 특별판을 낼 정도로 문학과 영화계 독자의 관심이 꾸준하다. 27편의 영화에서 읽어낸 사랑, 욕망, 윤리, 성장이라는 주제는 삶의 모든 문제에 수렴되며, 문제에 접근하는 정교

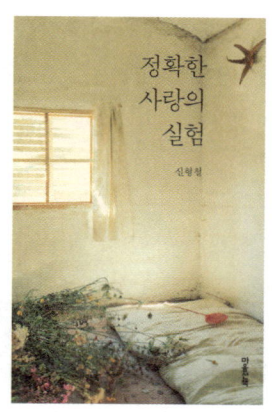

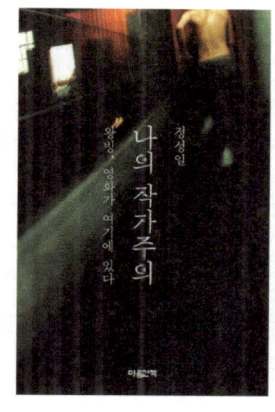

『정확한 사랑의 실험』, 신형철, 2014

『나의 작가주의: 왕빙, 영화가 여기에 있다』, 정성일, 2024

한 문학적 수사와 미문은 화제가 되었다. 문학평론가로서 영화를 비평한다는 것의 어려움과 의미에 대해 ぇ 자는 겸양의 태도로 말했다. "영화라는 매체의 문법을 잘 모르는 내가 감히 영화평론을 쓸 수는 없다. 영화를 일종의 활동 서사로 간주하고, 문학평론가로서 물을 수 있는 것만 겨우 물어보려 한다. 좋은 이야기란 무엇인가, 하고." 『정확한 사랑의 실험』은 좋은 이야기에 대한 책이며, 이야기 속에 숨겨진 인간의 비밀을 다루는 책이기도 하다.

2024년에 출간한 정성일 평론가의 『나의 작가주의: 왕빙, 영화가 여기에 있다』는 중국 감독 왕빙에 대한 기록물이다. 영화제를 제외하곤 국내에서 개봉한 적이 없는 왕빙 감독에 대한 기록은 가열한 용기와 집념 없이는 불가능한 작업이다. 정성일 평론가는 중국 선양시의 스러져 가는 공장 단지 '톄시취'를 담은 9시간 11분짜리 영화 〈철서구〉를 로테르담국제영화제에서 본 이후 왕빙을 따라가기로 마음먹는다. "영화를 보는 나를, 그렇게, 질문 앞으로 데려가는 영화. 그렇게 나를 다시 한번 처음으로 데려가는 영화"를 세상에 알리고, 남겨야 했기 때문이다. 왕빙의 촬영 현장을 따라다니며 4시간짜리 영화 〈천당의 밤과 안개〉를 직접 만들었고, 왕빙의 생애와 평론, 직접 만나 나눈 이야기를 담아 책을 완성했다. 경건하고 깨끗한 존경이 담긴 책이다. 정성일 평론가라서 가능한 책 작업이었다.

▶ 한국의 영화 출판

영화 현장에 대한 촬영이론과 기술 등의 정보가 담긴 책, 배우의 사진집, 감독의 평전 등 극히 영화매체에 충실한 2차 텍스트로서 책들이 주로 출간되던 출판계에 변화가 일었다. 2000년을 기점으로 영화 관련 책들은 새로운 양상을 보여주었다. 영화를 기반으로 하되 새로운 상상력과 미학이 담긴 에세이, 감독의 내면을 들여다보는 인터뷰집 등이 출간되기 시작했다. 배종옥, 박정민 배우, 이경미, 윤가은 감독의 경쾌한 에세이는 작가로서의 면모를 보여주었다. 각본집 출간도 활발해졌다. 영화를 입체적으로 즐기고 싶은 독자는 다층적으로 영상을 재구성하고 섬세하게 대사의 톤을 헤아리고 싶어 한다. 좋아하는 영화를 각본을 들여다보면서 다시 해석하고 즐기려는 독자들이 많아졌다. 각본집 출간 트렌드야말로 한국 출판계의 새로운 물결이었다.

▶ 인상 깊었던 책

박찬욱, 정서경의 〈헤어질 결심〉 각본집(을유문화사, 2022) 출간은 사회적인 이슈였다. 각본집이 종합 베스트셀러 1위를 차지한 기록도 남겼다. 영화 대사를 패러디한 독자들의 '100자평'은 그 자체로 문화적 밈이 되었다. 미디어에서는 촬영과 편집을 마치고 완성된 영화와는 조금 다른 차이를 보여주는 각본을 읽는다는 독서 세태에 주목하였다. 영화를 새롭게 이해하려는 독자는 각본집에서 지문과 대사를 통해 작은 발견의 기쁨을 만끽한다. 독서의 힘은 상상력을 통해 뻗어 나간다. 각본집은 그 상상력에 구체적인 캐릭터를 연상할 수 있어서 생동감이 넘친다. 각본집 출간은 앞으로도 주요한 영화 출판의 한 축을 이룰 것이다.

▶ 우리의 자세

출판은 독자를 따라다니는 산업이 아니다. 독자보다 반 발 앞서며 새로운 전망을 제시하고 공유하는 데 의의를 두는 작업이다. 출판의 물적 토대를 넘어서는 문화력은 저자와 독자의 상호 작용으로 발생한다. 저자와 주제 발굴이 출판의 중요한 과제이며 산업의 핵심이다. 영화 출판에서 저자의 개성은 맨 앞에 두어야 할 덕목이다. 누가 책을 썼는가. 독자는 그 저자를 읽고 싶어 한다. 출판사가 저자 발굴에 모든 것을 걸어야 한다고 생각한다.

▶ 목표와 비전

세계 영화제에서 한국영화가 호명되는 일은 이제 놀랍지 않다. 한국 감독, 한국 배우, 한국 문화는 세계의 중심에서 멀지 않다. 한국어 책 독자는 인구 5천 만을 대상으로 만들어진다. 국내 독서 인구는 줄고 있다. 한국어를 영어로, 유럽어로, 아시아어로 바꾸어 출판해야 한다. 한국어 책의 저작권을 세계로 팔면 가능하다. 한국문학은 이미 수출을 통해 세계의 독자와 만나고 있다. 한국영화의 세계적인 호응을 영화 관련 책에서도 이끌어내야 한다. 영화책의 저작권 수출 전략이 필요하다. 좀 더 다양한 영화책이 출간되어야 하고 세계에 소개되어야 한다.

정은숙
2000년에 마음산책 출판사를 창업해 대표로 일하고 있다. 일주일에 두세 번 영화관에 간다. 문학과 영화 가까이 살고 싶어 하며, 영화 관련 책 출판은 일을 넘어서 삶의 지향이 되었다.

■ 플레인아카이브

목표는 영화책 아키비스트
백준오(플레인아카이브 대표)

▶ 연혁과 활동

도서부터 DVD, 블루레이, CD, LP, 굿즈에 이르기까지 영화와
관련된 물리매체 전반을 다루고 있다. 2013년에 영화 〈멜랑콜리
아〉 블루레이 발매를 시작으로 100여 편의 영화를 DVD/블루레
이 등 홈비디오로 출시했다. 〈캐롤〉, 〈폭스캐처〉 등 영화의 블루
레이 한정판 패키지를 만들면서 해당 영화의 각본집을 부록 도
서로 포함하곤 했는데, 이 정도 완성도라면 별도로 출간을 해보
는 게 어떠냐는 의견을 여럿 받았다. 당시만 해도 지금과 비교하
면 영화 각본집이 독립적인 출판물로 발간되는 사례가 드물었
기에 가능성이 있는 시장이라고 생각했다. 2017년 발간한 김정
훈 감독의 영화 『들개 각본집』이 정식으로 출판사 등록을 한 후
내놓은 첫 단행본이다.

　　회사 이름처럼 영화에 대한 어떤 것이든 '아카이브'한다는
활동의 일환이므로, 이후 영화책 출판의 주요 분야는 각본집 혹
은 대본집이 중심을 이루고 있다. 영화제작 분야 중 유독 '홍보
활동'의 일환으로 치부되거나 그 중요성에 비해 사진 작가의 활
약과 존재 의미가 덜 부각된 영화 스틸 세계의 매력을 알리기 위
해 영화 사진집 또한 고급스런 장정으로 종종 출간하고 있다. 이
외에 영화제작 전반의 과정을 (블루레이에 수록된 메이킹 등 부
가영상이 아닌) 책으로 접할 수 있게끔 기획한 메이킹 북(『소울
메이트: 메이킹 다이어리』) 혹은 아트북(『외계+인 아트북: 시간
의 문을 열고』)도 힘들지만 의욕적으로 만든 책이다.

▶ 대표할 만한 책들

우선 첫 출간작인 만큼 각별한 애정과 의미가 있는 『들개 각본
집』을 언급하지 않을 수 없다. 우리가 정식으로 출판한 첫 단행
본이자 흥행과는 거리가 먼 독립영화임에도 불구하고 3쇄에 이
를 정도로 인기가 있었다. 또 출판과 연계한 개봉 5주년 기념 상
영회를 개최할 만큼 팬덤과 연계한 도서 마케팅을 경험할 수 있
었다. 3쇄의 경우 주연을 맡은 박정민 배우가 당시 운영하던 동
네서점 '책과 밤낮'과 공동으로 기획해 개정증보판으로 만들기
도 했다.

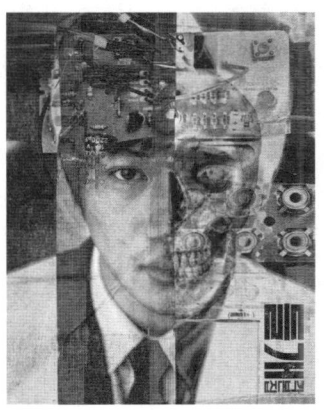

『들개 각본집』, 김정훈·박정민, 2021

　　『들개 각본집』을 통해 플레인아카이브가 홈비디오 외에 출
판 활동도 하고 있음을 인지한 봉준호 감독이 당시 아직 후반작
업 단계에 있던 〈기생충〉의 각본집과 스토리보드북 출간을 우리
에게 의뢰하는 계기가 되기도 했다.

　　『기생충 각본집&스토리보드북』은 출판계와 영화계, 그리
고 보다 폭넓은 대중 독자들에게 영화 전문 출판사 플레인아카
이브의 존재감을 각인시킨 책이다. 칸영화제 황금종려상 수상
과 오스카 시상식 주요 부문 석권의 후광에 기인한 바도 크지만,
영화 개봉 수개월 전부터 출간을 준비해 영화가 한창 세계적인

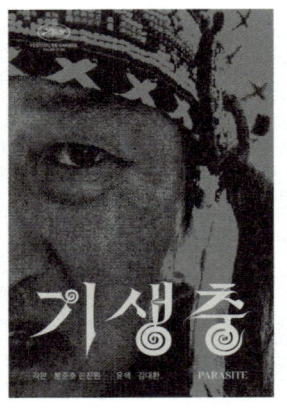

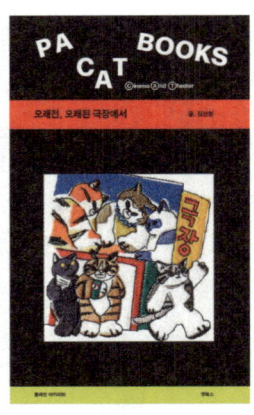

『기생충 각본집&스토리보드북』, 봉준호, 2019

『오래전, 오래된 극장에서』, 김신형, 2024

관심을 받을 시기에 책을 내놓음으로써 국내 판매뿐만 아니라 번역 출판권을 세계 6개국에 판매하는 성과도 거뒀다. 코로나 사태로 인해 회사 운영에 어려움이 컸던 시기에도 꾸준히 판매 돼 스테디셀러가 되어 준 고마운 책이다.

『오래전, 오래된 극장에서』는 플레인아카이브가 새롭게 론칭한 영화 에세이 브랜드 PA CAT(Cinema And Theater) BOOKS 시리즈의 첫 책이다. 기존의 각본집이나 메이킹북, 사진집들의 경우 의도와는 다르게 주로 영화 전공자나 스태프 들이 보는 '기술서' 같은 인상으로 독자 확장에 한계가 있는 것이 아닌가 하는 고민이 있었다. PA CAT BOOKS 시리즈는 꼭 영화를 제작하는 영화인이 아니더라도 영화를 매개로 자신만의 삶을 살아가는 직업인 혹은 영화 애호가들의 개인적이지만 진솔하고 흥미로운 이야기들을 담아내고자 한다. 비디오 대여점 아들이었던 어린 시절부터 평생을 '극장 덕후'로 살아온 김신형 작가의 삶과 그 궤적에 얽힌 에피소드를 읽다 보면 영화라는 존재가 우리 인생에 있어 어떤 의미를 가지는지에 대해 되돌아볼 수 있다.

▶ 한국의 영화 출판

커뮤니케이션북스가 꾸준히 출간해온 '한국 시나리오 걸작선' 시리즈를 필두로 마음산책이 출간한 다양한 비평서와 감독론, 시나리오집 등 선배 출판인들의 활약으로 다양한 분야의 영화 책들이 오래전부터 소개되어 왔다. 또 그 책들은 많은 영화인과 영화팬 들에게 영감을 주었다. 생각해 보면 오히려 당시에는 영화인을 꿈꾸던 이들이 꼭 봐야 하는 필독서라는 이유로 다방면의 영화책들이 저마다의 '바이블'이자 '교과서'로 시네필의 꾸준한 사랑을 받았고, 어떤 책들은 지금까지도 재쇄를 찍고 있는 스테디셀러가 되기도 했다.

그러나 현재 관련 시장은 독자 반응이 즉각적으로 오고, 매출이 나오는 드라마 대본집 위주로 지나치게 편중되고 있는 게 아닌가 우려된다. K-엔터, 그중에서도 드라마 시장의 높은 인기에서 비롯된 팬덤에 의해 유명 배우가 출연한 흥행 드라마의 대본집을 중심으로 시장이 재편되고 있다. 특히 자본과 홍보력을 두루 갖춘 대형 출판사들이 진입 경쟁을 벌여 드라마 대본집 혹은 포토 에세이의 선인세가 수천만 원에서 억대에 이르는 등 과열 양상이 일어나는 일이 허다하다. 이로 인해 책의 기획과 만듦새보다는 높은 선인세를 지불하고 많은 홍보비를 쏟아부을 수 있는 출판사가 대본집, 각본집 시장을 독식하고, 그에 따른 수익 실현을 위해 도서 자체보다는 책보다 더 비싼 부속 굿즈를 더한 초고가의 북펀딩이 성행 중이다. 물론 이쪽 시장은 철저히 자본 논리에 입각하여 경쟁력을 갖춘 출판사들이 저마다의 합당한 기획과 투자로 자연스러운 부가 이익을 창출한다는 점에서 의미가 있다.

문제는 이렇게 만들어진 (소수의 흥행 드라마들로 인한) 대본집 시장의 높은 매출과 열기를 영화책 전반의 경쟁력과 등치시키는 것은 위험하다는 점이다. 드라마 대본집 시장의 신기루 같은 초고액 선인세 예시를 들면서 유명 배우가 출연하는 장편 영화 각본집 출판권을 논의함에 있어 (개봉하기도 전에) 과도한 선인세 협상을 경매식으로 입찰하는 사례가 늘고 있는데, 이는 장기적으로 시장의 다양성을 단편화하고 그 어떤 리스크도 함께 나누지 않는 IP 소유자와 비교해 완전한 '을'의 입장일 수밖에 없는 출판사들의 출판 활동에 위축을 가져올 것이다.

▶ 인상 깊었던 책

『영화보기의 은밀한 매력-비디오드롬』(삼호미디어, 1994)은 지독한 시네필이자 자신만의 독특한 취향을 수십 년간 올곧게 발산해온 '거장' 박찬욱 감독의 필모그래피가 이어질수록 가치를 더하는 고전 중의 고전이다. 최근 타계 20년을 맞아 다시 조명받고 있는 정은임 아나운서의 〈정은임의 FM 영화음악〉 중 박찬욱 감독의 출연작과 연계해서 함께 보고 들으면 더더욱 흥미롭고 재미있는 책이다.

▶ 우리의 자세

플레인아카이브는 고급 종이와 화려한 후가공, 패키지 등 고급 도서만을 만든다는 이미지가 강한 편이다. 블루레이 한정판 패키지를 만들면서 쌓은 노하우로 모든 도서를 일종의 '아트북화'한다는 도서 제작 방향은 우리의 강점이자 단점이기도 한데, 체감하는 출판 경기가 어려워 우리도 최근 출간한 몇몇 신간들은 내지의 인쇄 도수를 1도나 2도로 제한하고 사진을 제외한 텍스트만으로 채우는 등 보다 넓은 독자층에게 다가가기 위한 다변화를 시도 중이다. 그러면서도 도전적인 북디자인이라든가, 표지와 내지의 고급스러움을 유지하는 지종 선정으로 대형 기성 출판사와는 차별화되는 우리만의 색깔을 유지하려고 애쓰고 있다.

▶ 목표와 비전

영화를 만든 제작사나 작가, 감독 들이 자신들의 작품을 책으로 발간한다면 가장 먼저 떠올리는 출판사가 플레인아카이브였으면 하는 바람이다. 판매에 따른 수익도 중요하지만 우리가 좋아하는 작품이라면 그것이 독립영화 혹은 단편영화이더라도 진심을 다해 책을 기획하고 아름다운 책을 만드는 묵묵한 '영화책 아키비스트'로서 영화책 출판시장의 한 자리에 살아남을 수 있다면 그것으로 만족한다.

백준오
블루레이 타이틀을 중심으로 책, 음반, 굿즈 등 영화에 관한 모든 물리매체를 만드는 플레인아카이브의 대표. 지금까지 100여 편의 영화, 드라마 블루레이를 출시했고 30여 종의 영화책을 발간했다.

■ 프리즘오브

'관객'을 위한 출판
유진선(프리즘오브 프레스 대표)

▶ 연혁과 활동

프리즘오브 프레스는 '무비즈댓매터'라는 스튜디오에 소속된 출판사다. 한 호에 한 영화를 비평하는 계간 〈프리즘오브〉를 발행하고 있다. 2015년 12월 창간되어 2024년 11월 현재 32호까지 발간되었다. 〈프리즘오브〉는 원토픽 콘셉트 잡지다. 좋아하는 영화에 관한 글을 읽고 페이지를 넘겼을 때 곧바로 다른 영화의 개봉 소식이 나오는 것이 아니라 그 영화에 대한 다른 글이 나오고 또 이어 나오는, 끝도 없이 이어지는 책이 있다면 정말 좋겠다고 소망한 적이 있다. 그런 책이 있다면 읽는 것만으로도 자신의 취향을 누군가에게 공감받고 함께 이야기 나누는 것 같은 기분이 들지 않을까, 하는 것이 첫 발상이었다. 그런 책을 읽고 싶어 만들었다. 올해 6월에는 한 호에 두 영화를 엮어 정치적 메시지를 도출하는 영문 잡지 〈모노크로매터(Monochromator)〉를 새로 발간했다.

▶ 대표할 만한 책들

〈프리즘오브〉 2023 특별호 〈헤어질 결심〉. 〈프리즘오브〉는 개봉된 지 얼마 안 돼 담론이 쌓이지 않은 최근작은 주제 영화로 다루는 것을 지양해 왔다. 그럼에도 영화사에 남긴 열기를 포착해야 할 때에는 '특별호' 에디션으로 최신작을 다룬 호수를 발간하곤 하는데, 2023년에 특별호로 낸 〈헤어질 결심〉 호도 그러한 것들 중 하나이다.

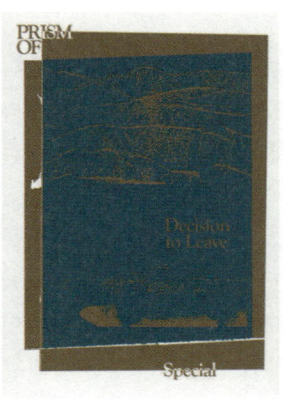

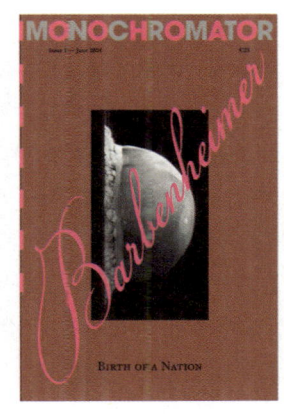

〈프리즘오브〉 특별호: 헤어질 결심, 2023

〈모노크로매터〉 1호, 2024

　　박찬욱 감독을 비롯해 손희정 평론가, 정성일 평론가, 송경원 〈씨네21〉 편집장 등을 모셔 심혈을 기울여 작업했다. 〈프리즘오브〉를 새로 알게 된 독자들이 많아지는 계기이기도 했고 최근 가장 행복하게 제작했던 호수였다.

　　〈모노크로매터〉 1호 Birth of a Nation: Barbie and Oppenheimer. 〈모노크로매터〉는 매 호 선정된 두 편의 영화들을 해체한 뒤 영화적·문화적·예술적·정치적 요소들을 다시 하나의 통합된 시각으로 재구성하는 영화 잡지다. '프리즘'이 백색광을 쏘아 다채로운 빛을 만들어내는 도구인 것과는 반대로 '모노크로매터'는 빛에서 단색(모노크롬)만을 뽑아내는 광학 도구를 일컫는다.

　　창간호에서는 영화 〈바비〉와 〈오펜하이머〉를 '국가의 탄생(Birth of a Nation)'이라는 명제 아래 엮어냈다. 원자 폭탄이라는 강력한 군사력-하드 파워와 마텔 같은 기업의 자본주의적 힘-소프트 파워를 통해 어떻게 지금의 미국이 탄생하였는지를 2023년 동시기에 개봉한 두 편의 블록버스터, '바벤하이머'를 통해 말한다. 현재 런던의 BFI 숍, 암스테르담의 아이 영화박물관(Eye Filmmuseum)을 포함해 21개 도시에서 유통되고 있다.

▶ 한국의 영화 출판

영화에 관해 이야기하는, 혹은 영화를 통해 이야기하는 책의 타깃에는 항상 '독자' 이전에 '관객'이 있다고 생각한다. 그것이 타 분야의 출판과 가장 다른 지점인 듯하다. 관객이 영화를 감상하는 관람 습관이 달라지면 독자의 도서 소비 성향이나 독서 습관도 달라진다. 코로나 이후 영화를 스트리밍 플랫폼에서 언제든 만나볼 수 있는 영상매체 중 하나 정도로 여기는 변화가 생겨났는데, 영화 출판시장도 이 현상에 영향을 받는 것 같다. 관객이 영화로부터 강렬한 경험을 받지 못하면 그만큼 영화를 사랑할 기회가 줄어들고, 그에 따라 영화에 관한 글을 읽고자 하는 욕망도 옅어진다고 생각한다.

〈프리즘오브〉에 한정해 말하면 몇 년 전보다 10대 후반, 20대 초반 독자의 유입이 유의미하게 줄어들었다. 극장과 맺는 관계가 이전 세대와는 달라져서 그런 것으로 보고 있다. 그렇기에 독자 변화의 데이터는 온라인 서점 알라딘보다는 극장인 CGV에 있고, 독서 인구 증감 숫자보다 영화 요약본 유튜브 영상 조회 수에 있으며, 이것이 종이책의 위기보다는 영화의 위기에 가깝다고 느낀다. 이 때문에 영화 출판에서도 점점 더 '실제로 팔리는' 기획을 얼마나 잘 해내느냐가 중요해지는 것 같다.

▶ 인상 깊었던 책

한국퀴어영화사 시리즈(서울국제프라이드영화제, 2019~). 퀴어한 존재들을 한국영화사 속에 위치시키고자 하는 시리즈라는 점이 매우 중요하고 또 인상적이다. (비)의도적으로 누락되어 온 한국영화의 퀴어성을 집대성하고자 하는 꾸준한 시도가 앞으로도 멈추지 않기를 바란다. 한민수 작가의 『영화도둑일기』(미디어버스, 2024). 영화예술의 유통과 저작권에 대한 흥미로운 시선을 담고 있다. 해적질, 도둑질이라는 표현을 빌려 디지털 시대의 영화 소비·생산·재생산 패턴을 설명하는 것이 인상적이다. 또한 표지와 편집 디자인 모두 책이 담고 있는 내용과 잘 맞붙는다고 생각한다.

▶ 우리의 자세

종이책 시장, 특히 종이 잡지시장이 죽었다는 말은 〈프리즘오브〉 1호가 나왔던 2015년부터 들어왔다. 이제는 내게 '종이 잡지의 미래가 불투명하다'는 말은 일종의 신화처럼 느껴진다. 사실 그 말이 어떤 결과를 암시하거나 무엇을 함의하는지 정확히 아는 사람이 아무도 없다는 생각이 종종 들곤 한다. 잡지 불황은 10년간 〈프리즘오브〉를 발간해 오면서 한 해도 빠짐없이 이어지던 전망이지만 그럼에도 〈프리즘오브〉는 어찌 되었든 계속되고 있다. 분명 앞으로 10년 동안에도 꾸준히 그런 말을 들을 것이라 생각한다. 미래는 불투명하더라도 지금 이 시점 정도는 선명하게 볼 수 있다. 눈앞에 있는 관객과 독자 들이 어떤 것과 사랑에 빠져 있는지 관찰해 현재의 선명도를 좇아가려고 노력하고 있다. 현재를 선명하게 기획하면 미래의 지속 가능성도 조금은 보장할 수 있는 것 같다.

▶ 목표와 비전

〈프리즘오브〉를 창간하면서 '이 영화를 좋아해서 〈프리즘오브〉를 읽었다'는 피드백 말고, 거꾸로 '〈프리즘오브〉가 이 영화를 다뤄서 책을 읽으려고 영화를 봤다'는 피드백을 듣는 것이 목표 중 하나였다. 감사하게도 이 목표는 몇 년 전에 이루었는데, 다음 목표를 세우는 동안 영화의 자리는 위협받았고 또 한편으로 스크린 바깥세상에서는 너무 많은 일들이 일어나곤 했다. 이미지의 아름다움을 말하는 비평에서 한발 더 나아가 그것이 세상을 바꾸는 데에 얼마나 무용한지, 혹은 유용한지, 영화비평이 어디까지 정치적일 수 있는지 실험하기 위해 〈모노크로매터〉를 창간했다. 〈프리즘오브〉를 기반 삼아 다음 스텝으로써 〈모노크로매터〉도 멈추지 않고 실험해 보는 것이 현재 가장 중요한 목표다.

유진선
무비즈댓매터 스튜디오 대표이자 영화 잡지 〈프리즘오브〉, 〈모노크로매터〉의 촬행인이다. 2015년부터 영화 잡지를 발간해 왔다.

■ 미디어버스

굳이 많이 팔아야 할까?
임경용(미디어버스 대표)

▶ 연혁과 활동

미디어버스는 서울 옥인동에 위치한 소규모 독립 출판사로 2008년 주로 예술 분야에 몸담고 있는 창작자들과 함께 설립하였다. 2010년에는 더북소사이어티라는 서점이자 프로젝트 스페이스를 열었고, 2016년부터는 유운성 영화평론가와 〈오큘로〉라는 영상 전문 잡지를 발행하고 있다.

▶ 대표할 만한 책들

요나스 메카스의 『영화작가들과의 대화』. 리투아니아 출신 영화작가인 요나스 메카스는 과거 뉴욕의 〈빌리지 보이스〉에서 기자로 활동했다. 이 책은 당시 그가 인터뷰한 영화작가들 중 60여 명의 인터뷰를 선별하여 수록한 것이다.

요나스 메카스가 1960년대부터 뉴욕의 실험영화와 예술계에 큰 영향을 미친 인물인 만큼 이 책의 인터뷰들은 실험 예술 전성기에 그것을 만들고 이끌어 갔던 사람들의 생각을 잘 보여준다. 특히 앤솔로지 필름 아카이브라는 공간을 운영하면서 영화작가들을 지원하고 격려했던 요나스 메카스의 활동이 잘 드러나 있다.

한민수의 『영화도둑일기』. 다소 도발적인 제목을 가졌지만 정말 재미있는 책이다. 개인적으로 영화문화란 시네마테크 같은 물리적 장소를 중심으로 형성되어 왔다고 생각했는데, 이 책을 읽고 생각이 많이 바뀌었다. 온라인을 통해 영화를 공유하고 교류하는 것은 어떤 의미를 가질까? 아날로그에서 디지털로 모

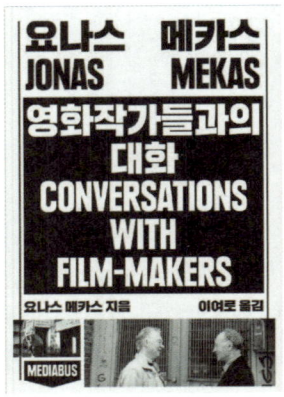

『영화작가들과의 대화』, 요나스 메카스, 2023

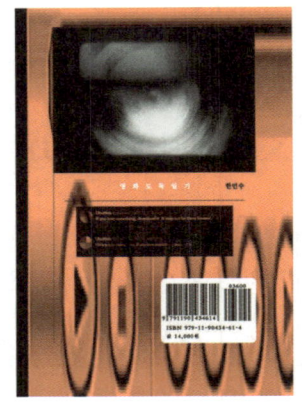

『영화도둑일기』, 한민수, 2024

든 것이 변화하는 지금, 온라인을 통한 영화 공유가 갖는 의미는 무엇일까? 영화 다운로드를 창작자로부터 작품을 훔치는 도둑질로만 볼 수 있을까? 아니 애시당초 영화를 도둑질한다는 것의 의미가 무엇일까? 저자는 이 책에서 다양한 사례와 설득력 있는 논의를 통해, 영화 공유 문화가 영화문화를 지속시키고 활성화하는 하나의 중요한 조건임을 증명한다.

▶ 한국의 영화 출판

영화이론을 전공했기 때문에 학교 다닐 때 영화책뿐만 아니라 철학이나 인문학 등 다양한 분야의 책들을 많이 접했던 것 같다. 사실 2000년대 초반까지 철학서적은 출판시장에서 꽤 중요한 역할을 했던 듯하다. 철학아카데미, 수유너머, 다중지성의 정원 등 학교 밖에서 철학을 배우고 이야기를 나눌 수 있는 기회도 많았다. 아마 우리 세대에서 영화를 좋아했던 사람이라면 들뢰즈 강의 하나쯤은 다 들어봤을 정도로, 당시는 철학과 인문학의 전성기였다. 이러한 분위기가 중요했던 건 사실 이러한 문화가 영화는 물론이고 당시 새로운 생각에 관심 있던 많은 사람들이 모이고 사유할 수 있는 자양분이 되었기 때문이다. 안타깝게도 지금은 이런 일은 찾아볼 수 없다.

하지만 너무 비관적으로만 볼 필요는 없을 듯하다. 지금 사람들은 책이 아니라 다른 매체를 통해 서로 소통한다고 생각한다. 영화 출판 '시장'은 분명 위기이지만, 그렇다고 해서 영화에 대한 사유나 논의가 얕아졌다고는 보지 않는다. 영화에 접근할 수 있는 방법이 예전보다 훨씬 더 다양해졌고(『영화도둑일기』참고), 약간의 노력과 요령만 있다면 찾기 어려운 영화는 거의 없을 것이다. 책도 마찬가지다. 많은 영화서즈이 번역되거나 인터넷에 올라와 있다. 내 생각에는 이제 영화를 즐기고 그것에 대해 생각하는 방식이 다양해졌지만, 출판물이 그 과정에서 주도적인 역할을 하지 못하게 된 것은 분명한 것 같다. 나를 비롯해 많은 사람들이 분발해야 한다.

▶ 인상 깊었던 책

개인적으로 나에게 가장 큰 영향을 준 영화책을 고르라면 하스미 시게히코 선생이 오즈 야스지로에 대해 쓴 『감독 오즈 야스지로』(한나래 출판, 2001)가 아닌가 싶다. 당시는 나도 예술영화를 많이 보고 (예술영화만 보고!) 다니던 시기였지만, '이런 방식으로 영화를 보고 글을 쓸 수도 있구나' 하고 탄복했던 기억이 난다. 영화에 대한 글이 영화를 보는 방식이자 태도를 드러낼 수 있다는 것을 확실하게 각인시켜 준 책이다.

▶ 우리의 자세

나는 가급적 시대에 맞서려고 하지 않는다. 지금이 영화책과 잡지가 잘 팔리지 않는 시대라면, 굳이 그것을 잘 팔리게 해야 할 필요가 있을까? 독자 수가 크게 줄어든 건 사실이다. 예전에는 베스트셀러가 수만에서 수십만 부씩 팔렸다고 한다. 만약 미디어버스가 그 당시 출판을 했다면 어땠을까? 별 차이가 없었거나 오히려 책이 더 안 팔렸을 것 같다. 지금도 독자들에게 우리 책이 상당히 낯선데, 당시라면 더했겠지. 사실 좀 웃긴 이야기지만 나는 책을 상품으로 만든다고 생각한 적은 거의 없는 듯하다. 그저 만들고 싶은 책을 만든다. 그것이 필요한 책이라면 더 좋고. 올해 6월 코엑스에서 서울국제도서전이 열렸는데, 관람객이 15만 명이 왔다고 한다. 책과 잡지가 예전에 비해 잘 팔리지 않는 것은 사실이지만 책과 잡지가 필요하지 않은 시대는 아니라고 생각한다. 방법의 문제다. 적은 비용으로 만들 수 있는 책을 기획하고 그걸 소수의 독자들과 공유하는 것이 우리의 전략이라면 전략이다.

▶ 목표와 비전

나는 예전에 영화학교에서 프로듀싱을 공부한 적이 있다. 당시 너무 힘들기도 했고, 영화가 나에게 너무 거대한 매체처럼 느껴져 영화계에서 일하고 싶지 않았다. 영화가 너무 비효율적이지 않은가 하는 생각도 했다. 개인적으로는 영화를 만드는 것과 책을 만드는 것을 크게 구분하지 않으려고 한다. 물론 두 일은 다르다. 하지만 주변 사람 혹은 자신의 생각을 고르거나 정리하고, 독자나 관객처럼 함께 공유할 수 있는 이들을 찾는 일이 두 매체의 공통점 같다. 영화 출판에 대한 미래 비전은 아니지만, 언젠가 개인적으로 영화를 제작해 보고 싶다는 생각을 한다. 책을 만들면서 얻은 생각이나 네트워크, 노하우 같은 것을 영화제작에 활용해 보는 것이다. 그걸 과연 '영화'라고 부를 수 있을지는 모르겠지만.

임경용
한국예술종합학교와 한국영화아카데미에서 영화이론과 프로듀싱을 공부했다. 지금은 영화가 아니라 책을 만들고 유통하는 일을 하고 있다.

■ 필로

계속되어야 할 비평
이후경(〈필로〉 발행인 및 편집장)

▶ 연혁과 활동

〈필로 FILO〉는 2018년 3월 영화평론가들이 모여 창간한 독립 격월 영화비평 잡지이다. 잡지 이름 'FILO'는 '영화'를 뜻하는 'film'과 '어떤 것을 좋아하는'이란 뜻의 'philc-'를 합친 말이다. '영화와 언어와 사랑의 탐색지'라는 슬로건 아래 우리 시대의 소중한 영화들에 애정과 지면을 아끼지 않는 잡지를 지향하며, 독자적인 글을 통해 세계의 동시대 영화 체험을 독자들과 나누는 일에 전념하고 있다. 창간 이래 남다은, 박인호, 이후경, 장 미셸 프로동, 정성일, 정한석, 정홍수, 허문영이 고정 필진으로 참여해 왔으며, 비고정 국내외 필진으로 평론가인 데니스 림, 에이드리언 마틴, 장병원, 켄트 존스, 하스미 시게히코와 감독 스와 노부히로, 배우 카세 료 등이 참여한 바 있다. 2024년 10월 현재까지 총권 40호를 발행했으며, 〈필로〉에 실린 글들을 콘셉트에 맞춰 재편집한 단행본 '필로 M 시리즈'도 발간하고 있다.

▶ 대표할 만한 책들

지난 7년여 동안 만든 〈필로〉 중 6호 '2018년 베스트 영화 특집호', 13호 '21세기 베스트 영화 특집호', 17호 '2020 부산국제영화제 특집호', 21호 '2021 칸영화제 특집호'가 가장 기억에 남는다.

6호 2018년 베스트 영화 특집호는 창간하고 처음 만든 연말 베스트 호라는 점에서 편집부 전원에게 각별한 경험이었다. 국내외 감독, 평론가, 배우를 필진으로 초청하고 독자들에게도 설문을 열어 신작이든 고전이든 개봉 유무와 시기를 막론하고 각

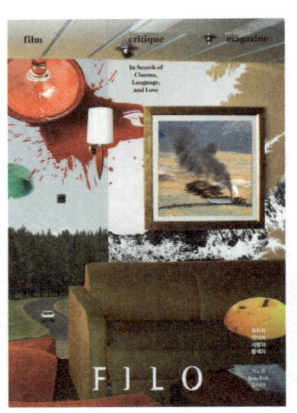
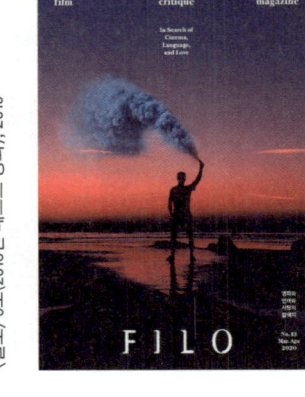

〈필로〉 6호(2018년 베스트 영화), 2019

〈필로〉 13호(21세기 베스트 영화), 2020

자 한 해 동안 체험한 영화 중 '베스트'를 꼽아달라 청했다. 갓 태어난 잡지에 다분히 무리되는 기획이었지만, 인터뷰이들의 따뜻한 응답과 독자들의 열띤 호응에 힘과 용기를 얻어 무사히 완성할 수 있었다.

13호 21세기 베스트 영화 특집호는 편집의 글에 "버겁지 않았다면 거짓말일 이 무모한 기획"이라고 썼을 만큼 창간 이래 가장 야심을 부린 특집이었다. 남다은, 이후경, 정한석, 허둔영 고정 필진이 21세기에 출현한 작가와 작품들 중 베스트를 선정했고, 그중 국내외 감독과 평론가 8인과 각자의 영화세계를 들여다보는 심층 인터뷰를 진행했다. 봉준호, 켈리 라이카트, 윹랭 기로디, 아피찻퐁 위라세타꾼, 알베르트 세라, 리산드로 알론소, 스와 노부히로 감독, 하스미 시게히코 평론가가 그들이다. 편집부 전원이 달려들어 두 달 동안 4개 국어로 8개 인터뷰를 진행, 번역, 편집하며 애정과 흥분과 고통과 낙담과 후회와 희열 사이를 널뛰었는데, 다행히 독자들도 흥미롭게 읽어 주어서 가장 보람된 특집으로 마음에 간직하고 있다.

17호 2020 부산국제영화제 특집호와 21호 2021 칸영화제 특집호는 각각 국내와 해외에서 가장 크고 중요한 부산영화제와

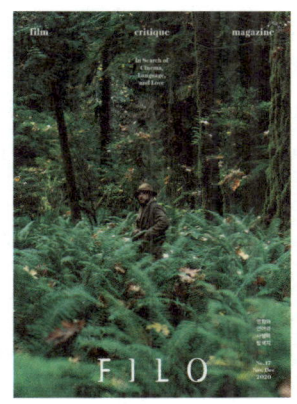

〈필로〉 17호 (2020 부산국제영화제), 2020

칸영화제의 출품작 중 가장 작품성이 높은 소수 작품을 선별해 최대한 신속하고 깊이 있게 소개하고자 시도한 특집호들이다. 당시 여전히 신생 독립 잡지로서 영화-제 출품작 접근이나 감독 인터뷰 지원을 허락받기가 쉽지 않아 다소 아정으로 덤볐던 것 같다. 그럴 수 있었던 건 켈리 라이카트 〈퍼스트 카우〉, 기욤 브락 〈다함께 여름!〉, 구로사와 기요시 〈스파이의 아내〉, 아피찻퐁 위라세타꾼 〈메모리아〉, 하마구치 류스케 〈드라이브 마이 카〉 등 편집부에 좋은 자극을 준 아름다운 영화들이 많이 있었던 덕이라 생각한다.

▶ 한국의 영화 출판

한국의 '영화비평 잡지' 출판시장에 한정해 지난 7년여 동안 〈필로〉를 운영해 오며 느낀 바를 이야기하자면, 영화비평 잡지는 시장의 논리만으로는 지속이 불가능하다는 것이다. 이는 세계 유수 영화 잡지 사례들을 살펴봐도 알 수 있다. 하지만 국내에서 영화비평 잡지 출판은 모든 지원에서 철저한 사각지대에 위치해 있다. 문예 관련 지원에서는 '영화' 티평이라고 외면당하고, 영화 관련 지원에서는 영화 '비평'이라고 외면당한다. 때문에 지면 영화비평의 지속은 여전히 난제 상태이며, 영화 잡지 출판의 생존은 매호 위기에 처할 수밖에 없다. 한국 영화 출판시장이 어렵다면, 한국 영화비평 잡지 출판시장은 훨씬 열악하다. 개별 독자들의 격려에 힘입어 간신히 유지되고 있다 하더라도, 공적 지원이 필수적이다. 우선적으로 공적 지원을 통한 비평 잡지 출판의 생존이 보장되어야 그다음 시장의 경향에 대해서도 논할 수 있지 않을까.

▶ 인상 깊었던 책

가장 충격을 받은 영화책을 꼽자면 일본 영화평론가 하스미 시게히코가 쓴 『감독 오즈 야스지로』(한나래, 2001)다. 영화 '평면'의 '운동'이 주는 '쾌락'에 대해 이만큼 솔직하고 적나라하고 집요하게 파고드는 비평서는 이전에도 이후에도 만난 적이 없는 것 같다. 그런 의미에서 세계영화사에서 전무후무한 책이라고 생각한다. 다음으로는 역시 하스미 시게히코 평론가가 쓴 「존 포드론」(이모션북스, 2023)과 미국 영화평론가 태그 갤러거가 쓴 『존 포드』(이모션북스, 2018)를 함께 들고 싶다. 영화의 기원과 같은 존 포드 영화의 가장 어두운 구석부터 가장 찬란하고 아름다운 찰나까지, 절대 몇 가지로 환원 불가능한 그 고순적이고 복합적인 우주를 두 평론가가 서로 다르면서도 비슷한 괴력적 유연성으로 탐험해 나가는데, 그 여정들을 뒤쫓아가는 것만으로도 즐거웠다.

마지막으로는 미국의 영화학자이자 이론가 길베르토 페레즈가 쓴 『영화, 물질적 유령: 이론과 비평의 경계를 넘어』(컬처룩, 2024)를 언급하고 싶다. 21세기 영화이론사와 비평사에 가장 중요한 저서 중 하나인데, 번역에 미약하게나마 참여할 수 있어 개인적으로도 고마운 책이다. 당연하게 여기기 수운 고전들을 여전히 현재 진행 중인 시네마 담론의 현장으로서 완전히 새롭게 대면하게 할 뿐 아니라, 영화비평 언어의 또 다른 고지를 체험하게 해주었다.

▶ 우리의 자세

출판계, 특히 영화책 시장의 불황에 더한 근심과 우려는 〈필로〉 창간 이전부터 오랫동안 들어온 것 같다. 비단 출판업만 아니라 '영화의 죽음', '비평의 죽음'이라는 말도 수십 년 전부터 횡행해 온 걸로 안다. 〈필로〉도 해마다 판매 부수 감소에 적지 않은 타격을 입고 있기에 쉽게 무시할 수만은 없는 현실이라고 생각한다. 하지만 그런 현실을 모르지 않은 채 시작했고 '그럼에도 불구하고' 지면 영화비평이 지속돼야 한다는 믿음으로 출발했다. 때문에 시장의 흐름에 대처하는 특별한 자세나 전략을 가지고 있지는 못하다. 다만 한 호 한 호 좋은 영화, 좋은 비평, 좋은 인터뷰를 나누는 데 부족하나마 최선을 다하고 있다.

창간의 글에 "영화가 버티면 우리도 버틴다."고 썼던 기억이 난다. 계속 그런 마음으로 잡지를 만들 수 있기를 바라며 애쓰고 있고, 우리의 미약한 노력을 알아주는 득자들이 존재하는 덕에 그나마 버티고 있는 것 같다.

▶ 목표와 비전

그저 부디 오래오래 건강하게 지속될 수 있기를 바랄 뿐이다. 재밌고 아름답고 좋은 영화책들이 조금씩이라도 계속 나오고 꾸준히 읽히면 좋겠다. 질문을 받고, 과연 〈필로〉에게도 꿈이 있는지 문득 생각해 보게 되었다. 어쩌면 섣불리 꿈꾸지 않으려고 해온지도 모르겠다. 그래도 바라는 바가 있다면, 늘 딱 한 가지인 듯하다. '제발 다음 호를 무사히 낼 수 있게 해주세요.' 같이 쓰고 만드는 사람들끼리도 서로 독려하고, 독자들에게 간곡히 부탁드리기도 하고, 하늘을 보며 빌기도 한다. 거기서 조금만 더 욕심을 내자면 '다음 호도 재밌게 만들게 해주세요.'인 것 같다. 언제까지 만들 수 있을지 모르지만, 언제까지든 어디보다 재미를 추구하는 영화비평 잡지일 수 있다면 좋겠다. 그럴 수 있도록 〈필로〉에 많은 관심과 격려 부탁드린다.

이후경
2011년 영화평론가로 데뷔했다. 기자로도 활동했고 번역가로도 일하고 있다. 역서로 『켄 로치: 영화와 텔레비전의 정치학』, 『영화, 물질적 유령: 이론과 비평의 경계를 넘어』가 있다.

■ 마테리알

성공적인 스루 패스를 위해
함연선(마테리알 공동 편집인)

▶ 연혁과 활동

마테리알은 '스루 패스로서의 비평'을 지향하는 영상비평 플랫폼이다. 영화와 아티스트 무빙 이미지를 비롯한 다양한 영상 작품들을 중심으로 다루되, 그것의 동료 예술과 주변부 문화들까지도 다루고 있다. '스루 패스'는 축구 용어를 차용한 것으로, 이는 선수 대 선수의 직접적인 패스가 아니라 공간을 향해 공을 보내는 패스를 의미한다. 성공적인 스루 패스는 아무 의미 없이 정적이기만 한 공간을 '열린 공간'으로 전환시키고, 선수는 경기의 흐름을 바꿀 기회를 얻게 된다. 역습의 순간, 슛의 순간, 아름다운 패스들의 순간 같은 것들이 그 속에서 발생한다. 마테리알이 보내는 스루 패스를 통해 예술계 동료들과 관객 및 독자들, 비평가들이 기존의 흐름을 역전시키는 것, 경기에서 승리와는 무관해 보일지도 모를 그런 순간들을 경험하고 쌓아가는 것, 그것이 '스루 패스로서의 비평'의 목표다.

마테리알의 가장 주요한 활동은 동명의 영상비평지 기획 및 발행이다. 2019년 5월 전주국제영화제에서 무료 배포한 창간 준비호를 시작으로 현재 8호(2024년 5월 발행)까지 발행된 〈마테리알〉은 형식 면에서는 타블로이드판 신문 형태를 취하고, 내용 면에서는 '무빙 이미지' 또는 '영상'이라는 포괄적 용어 아래 영화와 미술, 여타의 문화적 실천들을 아우르고 있다. 매 호마다 특정한 주제 의식을 가지고 기획되며, 연 2회 비정기적으로 발행된다.

비평지 발행 외에도 마테리알은 '오픈 스페이스'라는 이름의 강연/포럼을 통해 독자들과 직접 소통하는 자리를 만들고 있으며, 기존의 비평과 학술서 사이의 틈새를 공략하여 동시대 예술과 문화의 새로운 가능성을 탐색하는 '스루패스 총서' 또한 출간하고 있다. 스루패스 총서 1권은 21세기의 인터넷 호러를 다룬 『대체 현실 유령』(나원영, 2022)으로, 마테리알이 발행한 출판물 중 가장 폭넓고 많은 독자층의 호응을 얻었다.

〈마테리알〉은 창간 이후 여러 차례의 인원 변화를 겪어 왔다. 창간 멤버인 정경담은 2021년 5호까지 함께했고, 그사이 다함께박차차가 3호에서 4호까지 함께하고 나갔다. 2022년 6호부터는 이하윤과 금동현이 새로 합류했다. 이하윤은 7호까지 참여했으며, 2023년 휴지기에는 이상희가 새롭게 팀에 합류했다. 2024년 초에 합류한 권구윤과 양석영, 그리고 기존 멤버였던 금동현은 8호 발행 직전까지 함께했다. 이상희는 8호 발행 후 열렸던 제3회 오픈 스페이스까지 함께해 주었다. 현재는 2024년 여름부터 합류한 박채연, 박현과 함께 3인 공동 편집인 체제로 운영되고 있으며, '오리무중'이란 주제로 12월 발행 예정인 〈마테리알〉 9호를 준비 중이다.

정규 멤버는 아니지만 마테리알과 뜻깊은 협업을 해온 두 사람이 있다. 2022년 중순부터 객원 편집인으로 참여하고 있는 김신재는 최근의 마테리알의 방향성에 대한 고민을 함께해 주었으며, 1호부터 7호까지 디자이너로 활동한 이나하는 마테리알의 형식과 내용 전반에 깊은 영향을 미쳤다.

▶ 대표할 만한 책들

정식 출간물은 아니지만 2020년 여름에 진행했던 '질식자의 편지: 영화문화의 현재에 관한 13개의 질문' 프로젝트가 제일 먼저 떠오른다. 처음으로 외부와 협력했던 일이기도 했고, 반향도 컸던 터라 기억에 남는다.

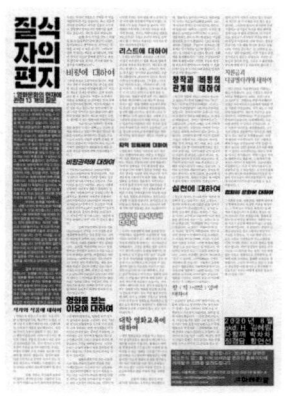

'질식자의 편지', 2020

마테리알과 H, gkd, 김혜림이 함께 작성한 공개서한 '질식자의 편지'를 얇은 종이 찌라시 형태르 제작해 〈마테리알〉 3호에 끼워 넣고(마테리알 구성원들이 모두 수작업으로 했다) 영화 학교, 지역 영상위들을 비롯한 유관기관에 배포했다. 서한의 도발적이고 거친 내용과 찌라시라는 형식이 딱 맞아떨어졌던 것 같다. 또한 서한을 송신하는 것만이 아니라 서한에 대한 다양한 이들의 회신을 수신했고, 이를 마테리알 홈페이지를 통해 공개했다. 예상하지 못했지만 '스루 패스로서의 비평'에 들어맞는 기획이었다. 해당 프로젝트를 진행하는 과정에서 적과 동지가 뚜렷이 구분되었다. 공동 기획이었지만 서한의 배포를 마테리알을 통해 했어서 그런지 우리를 싫어하는 사람들이 많이 생겼고, 동시에 지금까지 이어지는 귀한 인연들도 만날 수 있었다.

언급하고 싶은 또 다른 출판물은 〈마테리알〉 7호다. 마테리알 홈페이지 디자인을 맡았던 디자인팀 SHDW가 제작한 새로운 제호 시스템을 처음으로 도입했그, 창간호부터 디자인으로 함께해온 이나하의 〈마테리알〉에 대한 이해와 디자인 역량이 폭발한 호라고 생각한다. 내용적으로는 한민수의 '해적질의 옹호와 현양' 전체 연재분, 장윤미와 홍진훤의 서신교환, 박진희의

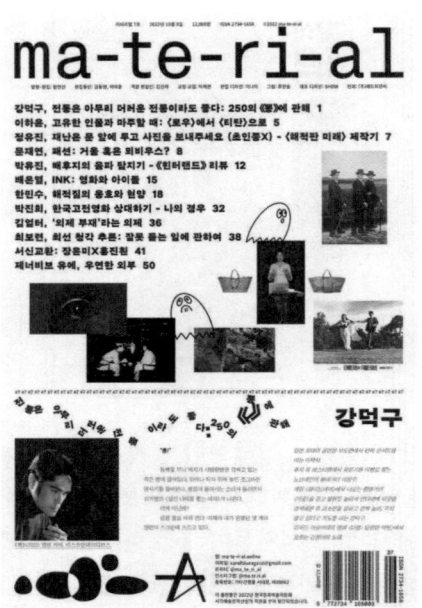

〈마테리알〉 7호, 2022

한국 고전영화에 대한 글 등 다방면으로 흥미로운 글들이 많이
실렸다. 현재로선 내가 생각하는 가장 예쁘고 멋진 〈마테리알〉
이다.

▶ 한국의 영화 출판

마테리알은 한국 출판시장에 대해서 말할 수 있을 만큼 '시장'
을 경험해 보지 못했고 '시장'과 밀접하지도 않다. 결정적으로는
'영화 출판시장'이 상정하는 독자와 마테리알의 독자는 (일부분
겹칠 수는 있겠지만) 많이 다르다는 생각도 든다. 마테리알의 독
자는 보통 영화, 미술, 문학 이렇게 세 분야에서 유입되는데, 체
감상 영화 쪽 규모가 가장 적다. 이는 마테리알이 표방하는 '스
루 패스로서의 비평'이라는 지향점, 그리고 '무빙 이미지'라는
확장된 관심사와 연관이 있을 것이다.

▶ 인상 깊었던 책

〈오큘로〉 001호(미디어버스, 2016)를 샀을 때의 기분을 잊지 못한다. '오디오비주얼 리서치'가 특집이었던 걸로 기억하는데, 내가 관심과 열정을 가진 분야의 잡지가 있다는 것이 좋았고, 든든했고, 즐거웠다. 〈오큘로〉 창간 즈음하여 오큘로 편집부에서 여러 행사도 진행했었는데, 그 역시 나게는 엄청난 자극이 되었다. 열화당에서 번역 출간된 자크 오몽의 『영화와 모더니티』(열화당, 2010)는 여러 번 다시 보고 싶은 책이다. 내가 영화에 가졌던 의문, 특히 미술과의 비교 속에서 영화의 '현대성'에 대해 가졌던 의문 같은 것들을 다루고 있는 책이라 느꼈다. 한편, 안 좋은 의미로 인상 깊었던 몇 권의 책들이 있다. 심지어 '영화/예술 출판시장'에서라면 유명하고도 남는 출판사들의 번역서였는데, 전문가도 아닌 내가 보기에도 이건 말기 안 된다고 느낄 만큼 읽기 힘든 번역이 실려 있었다. 정말 제대로 잘 읽고 싶은 학자들의 중요한 저서였는데 엉망인 채로 역서가 나와 버렸으니, 그 책들을 그 상태로 번역 출간한 출판사들을 원망하고 싶은 마음까지 들 정도였다.

▶ 우리의 자세

〈마테리알〉은 애초에 상업적 성공보다는 비평적 역할에 더 큰 가치를 두고 만든 잡지다. 더 솔직히 달하면 처음엔 상업성에 대해 상상조차 해보지 않았고, 그런 면에서는 거의 무능했다고 할 수 있다. 물론 잡지를 발행하다 보니 더 많은 독자들에게 읽혔으면 하는 욕심이 점차 커진다. 이는 마테리알이라는 플랫폼의 지속 가능성을 위한 것이기도 하고, 또 마테리알을 믿고 글을 맡겨준 필자들에 대한 도리의 문제이기도 하다. 판매 부수의 문제 때문에 〈마테리알〉을 단행본이나 일반 잡지 모양으로 바꿔볼까 하는 생각도 잠시간 했었다. 그렇지만 비평이 실린 잡지가 마구 다뤄지고 두꺼지고 찢어지는 게 맞다고 결론을 내렸다. 신문을 읽을 때의 불편한 움직임과 시간이 흐를수록 심각하게 빛바래는 신문지까지도 마테리알이 추구해야 할 무언가와 닿아 있다고 생각했다. 불편함(!)을 감수하고 〈마테리알〉을 읽는 독자들을 위해 우리는 형식적으로나 내용적으로나 도전적이고 실험적인 글들을 싣고자 한다. 이 매체에서만 가능한 글들을 최대한 많이 담으려 노력하고 있다. 이는 단순한 판매와 소비의 문제를 넘어 독자와 함께하는 참여의 문제이기도 하다.

▶ 목표와 비전

목표는 '크기'와는 상관없는 야심을 갖는 것이다. 커지다 보니 질적 변화까지 겪게 되는 일들을 자주 본다. 사업도 출판도 작업도 그렇다. 크기는 태도의 문제와도 얽혀 있다. 커지기를 선택하는 것, 커다란 아버지들을 죽이고 그를 대신하려고 하는 것. 그게 〈마테리알〉이 초창기에 가졌던 정념이었던 것 같다. 하지만 어떤 야심은 크기와 상관없을 줄 알아야 한다. 그랬을 때에야 이룰 수 있는 게 있다. 그런 의미에서 이제는 떠난 옛날 동료들과 "성공적인 스루 패스 999개"만 보내자고 했던 것이 기억난다. 갯수를 정할 수는 없겠지만 계속해서 스루 패스를 뿌리고 싶다. 대지를 가르고, 각종 계를 가르는… 스루 패스. 출판은 그 여정을 위한 도구이다.

함연선
영상비평지 〈마테리알〉 공동 편집인. 학부에서 영상이론을 공부했다. 작품과 비평 사이의 '열린 공간'을 만드는 일에 관심이 있다.

한때의 논의를 긴 호흡으로
문성경(전주국제영화제 프로그래머)

▶ 연혁과 활동

전주국제영화제는 동시대의 대안적이고 도전적인 영화를 소개하는 축제로 2000년 새로운 세기를 맞이하며 시작되었다. 초기 프로그래머였던 김소영 교수는 영상문화저널 〈트랜스〉, 정성일 평론가는 〈키노〉의 편집장으로 각기 영화언어와 감독 연구 등을 출판물로 만들어내는 데 열정을 가진 인물들이었다. 두 프로그래머가 초석을 다진 덕에 전주국제영화제는 이후로도 비평적 시각을 유지하며 서동진, 정수완, 임안자, 유운성 등의 프로그래머가 영화제 특별전과 작가 감독들의 영화세계를 출판물로 연결해 왔다.

초기의 대표적인 책은 전주국제영화제 비평가위원회가 선정한 단편영화에 대한 글로 이루어진 『한국 단편영화의 쟁점들』 시리즈를 꼽을 수 있다. 2002년부터 2008년까지 총 7권이 출간됐으며, 한국 단편영화의 경향을 쟁점화하고 담론을 형성하는 데 역할을 해왔다 자부한다. 한편 작가 감독들의 세계를 파고든 총서에는 페드로 코스타, 소마이 신지, 에드가르도 코사린스키, 하룬 파로키, 키들랏 타히믹 등이 포함돼 있다. 그 외에도 국내에서 접하기 어려운 지역의 영화를 소개한 특별전과 연계한 『해가 지는 곳 마그렙 영화-모토코, 튀니지 영화를 중심으로』, 『저항의 알레고리-소비에트 연방의 금지된 영화들』, 『터키 영화』, 『중앙 아시아 영화』 등도 내놓았다

영화 주간지 〈씨네21〉, 〈FILM2.0〉 등에서 활동한 김영진, 이상용, 장병원 평론가들이 프로그래머로 재직할 때는 한국영화

에서 재평가되어야 할 수작의 시나리오를 집필한 『작가 승길한』의 재조명부터 한국에 제대로 소개된 적 없는 인도영화를 다룬 『발리우드 너머의 영화들』도 출판됐다. 2020년부터는 영화 역사의 새로운 맥락을 만드는 기획을 다룬 책을 중점적으로 출판했고 영화제 상영작을 중심으로 한 비평잡지 〈J매거진〉도 2021년부터 발간해 오고 있다.

▶ 대표할 만한 책들

『영화는 무엇이 될 것인가?-영화의 미래를 상상하는 62인의 생각들』은 팬데믹 시절에 기획되었다. 팬데믹으로 극장 상영에 제한이 생기자 영화제는 온라인으로 영화를 트는 등 대안 상영을 고민했다. 이때 일어난 관람 방식 및 배급 절차의 변화는 영화를 본다는 행위가 무엇인지, 보다 근원적으로 영화는 무엇인지에 대한 질문을 수면 위에 끌어올렸고, 그 고민을 정면으로 맞닥뜨려 보자는 마음으로 준비한 책이 이것이다.

국경이 닫히고 영화제가 관객과 게스트의 만남을 물리적으로 이뤄낼 수 없는 한계에 부딪혔을 시기, '생각의 만남'을 이뤄 보려는 시도였다. 애초 기획은 아르헨티나 마르델플라타국제영화제에서 스페인어로 발간한 책이며, 이를 전주국제영화제의 맥락에 맞게 필진을 조정해 한국어판으로 만들었다. 62인의 필진 모두 영화에 대한 애정으로, 또 기묘한 시대를 맞은 영화제에 대한 기록의 차원에서 도전적인 시도에 힘을 보태 준 특수한 사례다. 3쇄를 찍으며 영화제 출판물 매출 기록을 세우기도 했다.

『아이 엠 인디펜던트-주류를 넘어, 7인의 여성 독립영화 감독』은 영화 역사의 주류는 아니었으나 당대에 금기시되던 주제를 드러내고, 소수자에 대한 공감의 상상력을 불어넣으며 영화 사조의 중요한 순간에 초석을 다진 작품을 창조한 여성 감독 7인의 생애와 대표작 비평을 실은 책이다. 기획 초기 체칠리

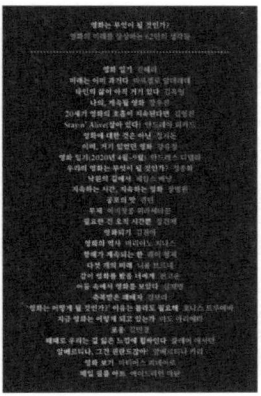

『영화는 무엇이 될 것인가』, 2021

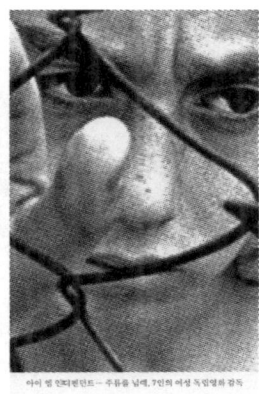

아이 엠 인디펜던트 — 주름을 남겨, 7인의 여성 독립영화 감독

『아이 엠 인디펜던트』, 2021

아 만지니(이탈리아), 포루그 파로흐자드(이란), 바바라 로든(미국), 한옥희(한국), 안나 카리나(덴마크, 프랑스), 셰럴 두네이(미국), 알베르티나 카리(아르헨티나)의 대표작을 상영하고 책에는 비평만 실으려 했지만, 조사 과정에서 이들의 생애를 통해 당시 사회와의 관계를 다루어야만 영화와 감독이 더욱 다층적인 맥락으로 이해될 수 있다고 판단했다. 통일되지 않은 정보, 고인을 이용하는 주변인들의 사후 증언 등을 추려 내고 가족과 배급사에 수집된 자료를 보내 거듭 팩트 확인을 받는 지난한 과정이 뒤따랐지만, 그때마다 에이드리언 리치의 『우리 죽은 자들이 깨어날 때』(바다출판사, 2020)를 읽으며 7인의 감독을 포함해 영화 역사에서 잠시 반짝이고 사라진 수많은 여성 영화인들의 정신을 살아 있는 것으로 만들기 위해 노력했다. 비화를 소개하자면 애초 이 기획에 포함된 감독은 8명이었다는 것. 디지털 기기가 보급된 중국에서 한 여성 감독이 대도시에서 일하는 소녀들을 관찰한 다큐멘터리를 만들었는데, 그의 생애를 다루는 것이 가능하지 않아 책에는 싣지 못했다. 하지만 언젠가 그 영화를 다루기 위해서라도 이 기획은 이어질 것이다. 해외에서 유독 반응이 좋은 이 책이 지구 어딘가에 묻혀 있던 영화들을 발굴하

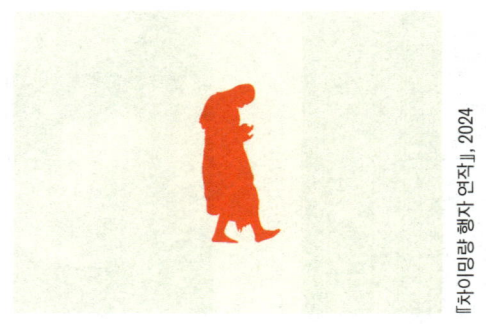

『차이밍량 행자 연작』, 2024

고, 수많은 버전의 영화 역사를 만들어내는 현상에 활기를 더하
길 바란다.

　"사유는 단절과 하나의 결정으로 시작된다." 알랭 바디우의
이 문장은 마치 차이밍량의 '행자 연작'을 묘사하기 위해 존재
하는 듯 보인다. 2013년 〈떠돌이 개〉 이후 "상업적인 방식의 영
화를 더 이상 만들지 않겠다"고 단절을 선언한 차이밍량 감독은
그 시기를 즈음해 행자 연작을 만들기로 결정한다. 그리고 이 결
정은 그를 영화사의 중요한 감독에서 '위대한 작가'로 만드는 계
기가 된다. 차이밍량은 행자 연작을 통해 관람 대상으로서의 영
화를 넘어 존재함을 깨닫게 하는 '사유의 영화'를 발명했다. 행
자 연작은 붉은 승복을 입은 행자, 배우 이강생이 맨발로 세계의
도시를 느리게 걷는 영화 모음이다. 2024년 출간된 『차이밍량
행자 연작』은 전주국제영화제가 열 번째 행자 시리즈 완성을 기
념해 제작한 것으로 현재로선 전 세계에서 유일한 차이밍량의
행자에 관한 책이다.

▶　우리의 자세

영화는 하나의 세계를 창조하고, 책은 그 세계를 상상하게 만든
다. 영화가 창작자의 시선으로 만들어진다면 책은 영화를 보는
관객의 시선으로 그 세계를 읽고 확장해내는 것이다. 비평가, 프

로그래머 또한 한 명의 관객으로 그들이 자신이 본 영화의 세계를 어떻게 생각하는지 타인에게 설득하는 작업이 영화비평이다. 어떠한 인생도 똑같지 않고 동일한 경험을 가진 이도 없다. 이렇게 개인의 경험이 모두 다르기에 각자 영화를 바라보고 이해하는 지점 또한 다를 수밖에 없다. 각기 달리 읽어낸 세계를 들여다보는 것, 이것이 바로 비평을 읽는 재미다. 그렇기에 기획자로서 영화에 관한 다양한 글을 읽고 또 만들어내고 싶은 욕심이 있다. 창작자의 세계에 대한 더 구체적인 정보, 더 깊은 담론들을 이끌어내는 동시에 '다르게 읽기'가 가능한 공간이라는 점에서 출판은 중요하다.

대부분의 예술 장르에서 가장 중요한 건 작품이고 비평은 그에 따른 부속물처럼 취급되는 반면, 신기하게도 영화의 역사에서 어떤 글들은 영화보다도 더 중요하게 다루어지며 비평가의 이름을 드러내기도 했다. 앙드레 바쟁, 세르주 다네와 같은 예시를 음악이나 춤, 미술비평 등에서 찾아보기는 힘들다. 문학의 경우 비평이 '글'이라는 동일한 도구를 다루고 있기에 예외로 친다 하더라도, 예술과 글이라는 전혀 다른 도구를 쓰며 작품과 비평이 같은 선상에서 논의될 수 있다는 점에서 영화는 특별하다.

전주국제영화제의 출판 역사는 25년이나 됐고 단행본부터 소책자, 마스터클래스 녹취록 등 출판물의 종류도 다양하다. 감독들의 모노그래프로는 이창동, 퀘이 형제 등이 있고, 프로그램의 기획을 풍성하게 하기 위한 책도 있다. 혁신적인 시각예술 실험의 장으로 알려지던 전주국제영화제는 2015년 그래픽 프로젝트 '100 FILMS 100 POSTERS'를 시작했는데 이를 계기로 인연을 맺은 디자이너들과 작업한, 단행본 디자인 그 자체로 예술 작품이 된 책들이 있다. 『영화는 무엇이 될 것인가?-영화의 미래를 상상하는 62인의 생각들』(디자인 유명상) 『아이 엠 인디펜

던트-주류를 넘어, 7인의 여성 독립영화 감독』(디자인 박연주),
『보더리스 스토리텔러-무빙 이미지의 경계를 확장해 나가는
8인의 예술가들』(디자인 박연주, 2022), 『차이밍량 행자 연작』
(디자인 신신) 등이 대표적이다.

　　공공의 성격을 띤 영화제가 출판을 하는 것의 장점은 수익
에 대한 압박이 덜하고, 영화제의 가치를 지지하는 이들이 기존
출판 구조와는 다른 방식을 허용한다는 자율성에 있다. 오스트
리아 빈영화제와 아르헨티나 마르델플라타국제영화제는 매년
최소 한 권 이상의 영화서적을 발간하고, 이는 영화제의 주요 예
산 항목으로 반영돼 있다. 예산 규모가 적을 수는 있으나 출판을
영화제의 중요한 역할로 규정하고 최소한의 규모를 유지하는 것
을 당연시하는 것이다. 이러한 결정은 10일 내외로 발생하고 사
라지는 영화제의 휘발성을 보완해 당해연도 영화제를 살아 있
었던 것, 존재했던 것으로 증명하고 싶은 욕구일 수도 있다. 영
화제가 출판하는 서적들은 짧은 영화제 기간, 잠시 구현되었던
논의와 가치를 지속해서 존재하게 하는 역할을 한다.

▶　목표와 비전

영화와 관련한 책을 읽는다는 건 보다 확장된 경험을 제공한다.
다른 사람의 해석을 읽는 것은 세상과 영화에 관해 더욱 넓고 깊
게 알 수 있는 기회이다. 영화서적에는 다른 영화, 다양한 감독
의 이름이 언급되기 마련이고 때로는 그림, 사진, 인물, 역사적
사건 등이 소개된다. 이를 통해 독자는 새로운 영화와 그 세계
를 접할 수 있게 되기에 책은 다른 세계로의 연결 고리이자 우주
선 같은 역할을 한다. 이러한 세계 확장의 경험이 불러일으켰으
면 하는 것은 결국은 인간 삶에 대한 이해다. 그저 타인의 삶이
여기 있구나, 하는 데에 그치는 것이 아니라 타인을 어떻게 바라
볼 것인가에 대한 사고를 유발한다. 시선은 영화예술에서 이미

지 표현 방식으로 드러날 수밖에 없으며 그 결과에는 사회, 정치, 미학, 윤리적인 결정이 자리한다. 이를 분석하고, 해석하고, 어쩌면 창작자도 의식하지 못했던 것을 발견해서 논의의 시발점이 되게 하는 것이 글이다. 영화제가 영화를 소개하는 데 그치지 않고 글을 통한 담론을 쌓아갈 필요는 여기에 있다. 개인적으로 영화제만이 가능한 기획을 더 많이 찾으려 노력하고 있다. 궁극적으로는 독립적인 정신으로 무언가를 만들어가는 창작자들이 역사 속에 묻히지 않게 주목하고, 이 서적들이 영화 역사에 새로운 맥락을 만들 수 있기를 꿈꿔 본다.

문성경
2019년부터 전주국제영화제 프로그래머로 일하고 있으며 2020년부터 스위스 빌드라우쉬-ㅂ-젤영화제 큐레이터를 병행해 영화를 소개하고 있다. 좋은 영화를 보고 나면 몸이 가벼워진다.

잡지가 중요했다

– 영화 정보와 지식의 대중화를 선도한 잡지들

한국의 영화 잡지는 1990년대 중반을 기점으로 하여 2000년대 초반 전성기를 누렸다. 영화산업의 부흥기와 때를 같이하는 이 시기 동안 잡지는 영화에 관한 차별화된 정보와 시각을 제공하는 데에 기여했다. 정보의 시의성이나 엔터테인먼트의 흥미, 리뷰의 날카로움, 산업의 영향력 등 초점은 다르지만 개봉작에 관한 개요, 특정 영화가 볼 만한 가치가 있는지에 대한 의견, 영화의 심층적인 의미망에 대한 해석, 최신의 영화 트렌드, 라이프스타일 등 영화 잡지의 구성 요소는 점진적으로 확대되었고 독자들의 요구도 분화해 갔다.

이 섹션에서 소개되는 잡지들은 영화 저널리즘 세계에서 고유한 관점, 영화 제작에 대한 성실한 조사, 심층적인 분석을 제공하면서 일가를 이룬 '미디어'들이다. 잡지가 독자의 욕망을 좇는다지만 어떤 잡지 또는 어떤 기사는 대안적인 독자를 '생산'하기도 했다. 관객-독자와 잡지의 상호 작용은 이미지와 단어로 채워진 종이가 아니라 모든 프레임이 스토리를 전달하고 모든 감독의 비전이 스크린에서 펼쳐지는 세계를 새롭게 구성했다. 그렇게 잡지는 문화를 만들었고, 고로 잡지는 중요했다.

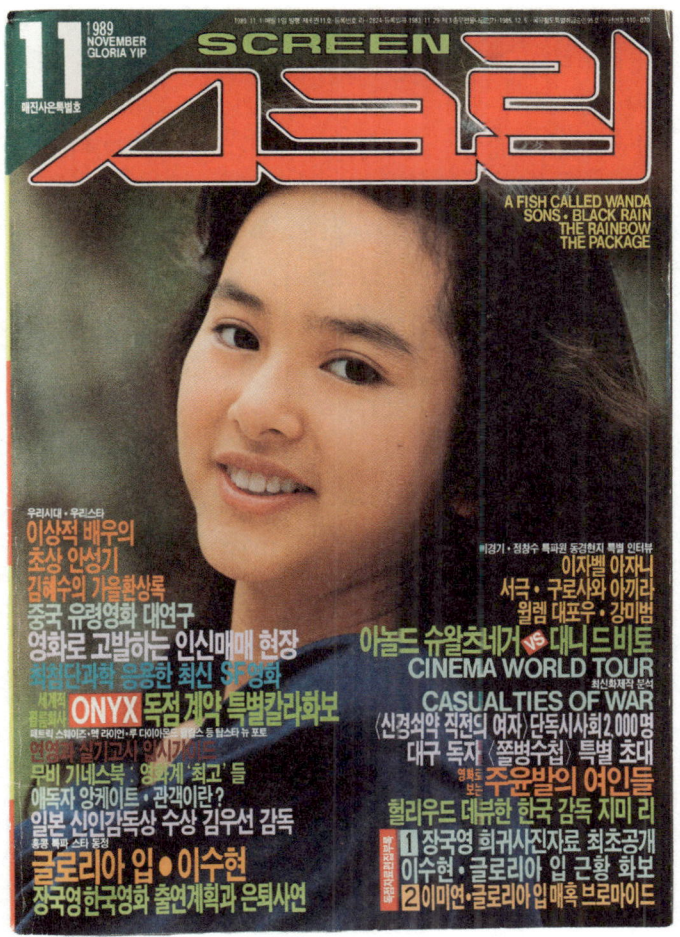

〈스크린〉, 월간지, 1989년 11월.

80년대 창간한 대중 영화 잡지
스타 동정과 영화이론 다룬 '토털' 매거진

〈스크린〉이 나오기 전까지 영화 정보의 제공처는 외국 영화 잡지들이었다. 일본판 〈스크린〉과 〈로드쇼〉가 얼리어답터들 사이에서 암암리에 유통되며 고급 정보의 출처 역할을 했다. 1984년 3월 〈스크린〉의 창간은 적체된 갈증을 해갈하였을 뿐 아니라 영화 저널리즘의 혁신을 가져온 사건이었다. 영화를 포함한 TV, 음악, 드라마 등 대중문화 전반을 아우르는 엔터테인먼트 매거진의 정체성을 추구한 이 잡지의 잡식 편집 취향은 당대 대중들의 요구에 부응하기 위한 것이었다. 해외 영화계 동향, 화제의 영화, 스타의 동정 등을 발 빠르게 소개하는 한편, 할리우드 스튜디오들의 직배 전략, 스크린쿼터, 영화법 등 한국영화계의 현안 이슈들을 추적했고, 영화사와 영화이론에 대한 해설까지 곁들였다. 당대에 '영화'를 향한 대중, 애호가, 업계의 욕망이 어떤 것이었는지를 양립하기 어려운 기사 유형의 공존을 통해 구현한, 긍정적 의미의 '토털' 매거진이었다.

■ 로드쇼

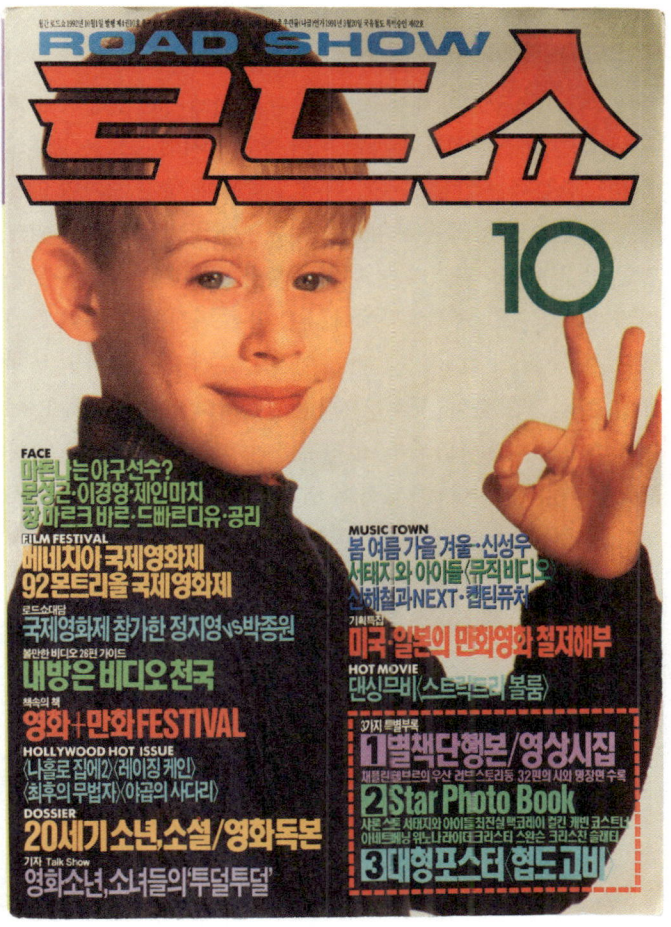

〈로드쇼〉, 월간지, 1992년 10월.

'도시에'라는 전매특허 해설 기사
'베스트 리스트' 등을 앞세운 시네필 잡지

월간지 〈로드쇼〉는 5년 이상 군림해온 〈스크린〉의 아성에 도전
장을 내밀면서 1989년 4월 창간했다. 판형이나 제호, 기사 타이
틀의 배치 등 모든 면에서 〈스크린〉과 유사했지만 전통적인 기
획·편집을 고수한 선발 주자에 비해 영화 잡지의 새로운 트렌드
를 선도하겠다는 인상을 주기 위해 노력했다. 창간 시기와 맞물
려 1980년대 말 신드롬을 일으킨 홍콩영화와 배우에 관한 이야
기는 단골 레퍼토리였다. 스타의 동향을 좇는 한편 〈로드쇼〉는
비평, 작가, 장르, 국제영화제에 대한 담론 기획을 다른 한 축에
뒀다. 특히 '도시에(dossier)'라는 이름으로 게재된, 하나의 주제
에 초점을 맞춘 분석·해설 기사는 이 잡지의 전매특허였다. 여
러 필명으로 종종 '도시에'에 기고하던 김홍준(현 한국영상자
료원장)의 글들이 훗날 『영화에 대하여 알고 싶은 두세 가지 것
들』(한울)이라는 책으로 묶여 나오기도 했다. 세계영화사의 걸
작 100, 할리우드 연도별 걸작 90선 등 비정기적 '베스트 리스트'
기획도 애호가 취향을 겨냥한, 이 잡지의 독창적 아이템이었다.

■ **영화저널**

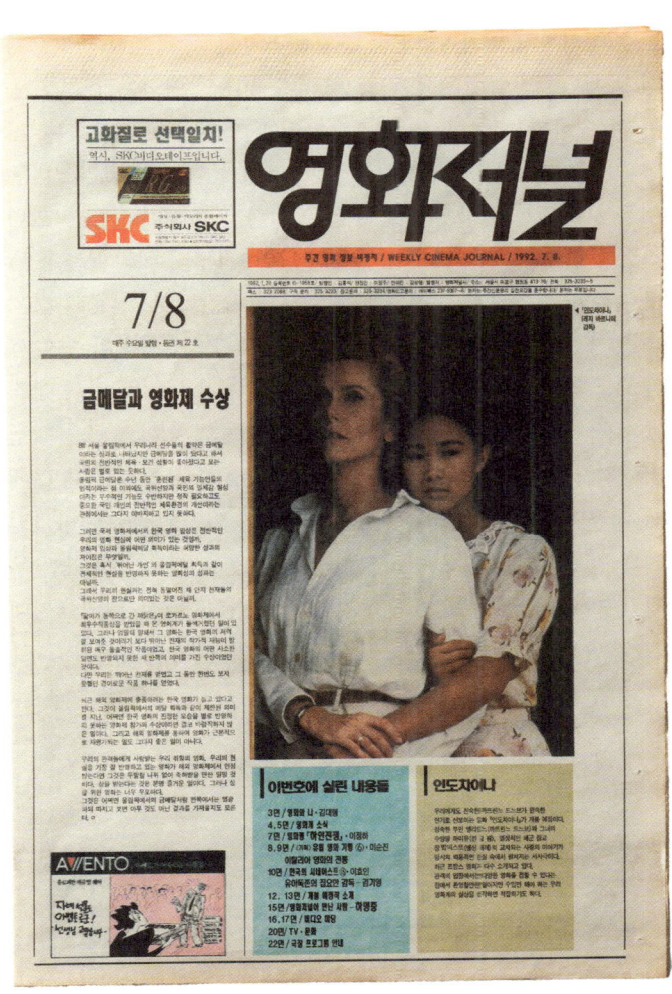

〈영화저널〉, 주간지, 1992년 7월 8일.

90년대 초 무가지로 출발한 영화 주간지
영화정보 유통의 패러다임 변화를 예고

다수의 영화 잡지가 '영화'에 방점을 찍은 것에 반해 매거진으로서의 에디토리얼에 초점을 둔 사례가 최초의 영화 주간지도 공인된 〈영화저널〉이다. 영화 주간지의 등장은 뉴스와 인터뷰, 비평을 주축으로 한 영화 정보의 소비 주기가 한 템포 빨라졌다는 것을 보여주는 현상으로 풀이할 수 있다. 엔터테인먼트 비즈니스와 공존한 기왕의 영화 잡지들과 달리 '저널리즘'의 본령을 탐구하겠다는 의도가 잡지의 제호로부터 짐작된다. 신문과 잡지의 경계에 놓인 타블로이드 판형을 선택한 점, 서점과 편의점, 레코드 가게 등에서 무료로 배포되는 무가지(無價紙)라는 성격에서도 원대한 야심을 확인할 수 있다. 대중이 모이는 곳을 직접 찾아감으로써 잡지의 형식과 제작 방식, 소비, 유통의 모든 면에서 패러다임의 전환을 이루겠다는 의지가 읽히기 때문이다. 1년여의 발행 기간으로 단명하였지만 〈스크린〉과 〈로드쇼〉라는 두 월간지에 의해 양분된 영화 잡지 시장의 변화를 선도했고, 〈씨네21〉의 출현을 일정 부분 예고했다는 점에서 의미를 가진다.

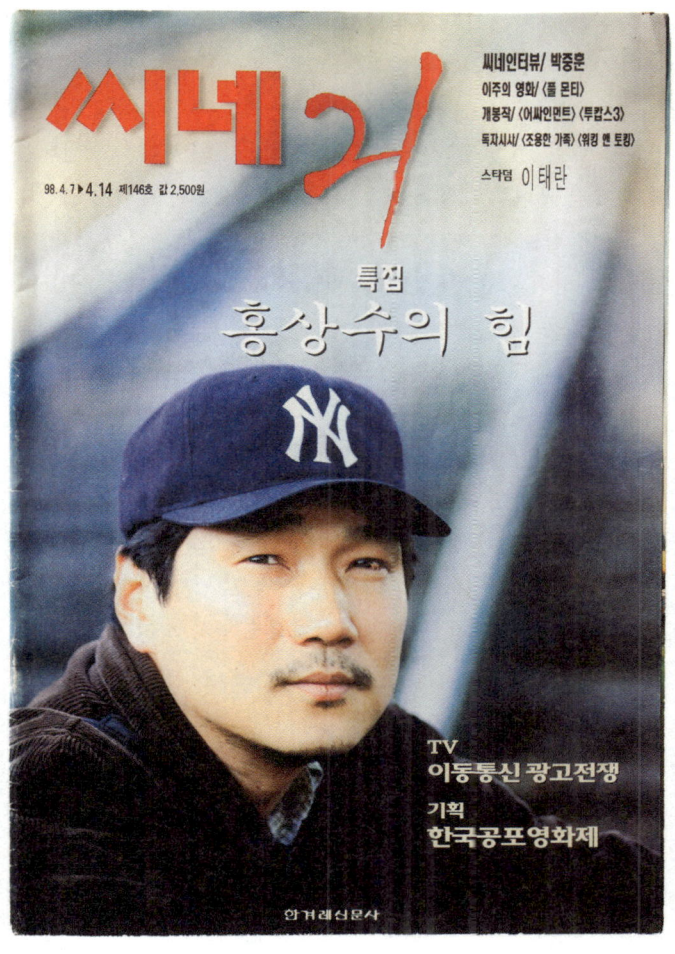

씨네인터뷰/ 박중훈
이주의 영화/ 〈돈 몬티〉
개봉작/ 〈어쌔인먼트〉 〈투캅스3〉
독자시사/ 〈조용한 가족〉 〈워킹 앤 토킹〉
스타덤 이태란

씨네21

98.4.7 ▶ 4.14 제146호 값 2,500원

특집
홍상수의 힘

TV
이동통신 광고전쟁

기획
한국공포영화제

한겨레신문사

〈씨네21〉, 주간지, 1998년 4월 7일.

예술과 산업, 뉴스와 비평을 다룬 종합 영화 주간지
한국영화 변혁기의 징후를 기록한 현존 미디어

진보 언론 한겨레신문사가 발행한 〈씨네21〉은 1990년대 영화문화의 부흥을 상징하는 징표다. 1995년 4월 창간해 역사상 처음으로 예술과 기술, 산업, 정책, 학문, 문화의 통합적인 관점에서 영화를 다룬 주간 잡지이자 영화의 대중적 영향력을 확산하는 데에 크게 공헌한 매체가 되었다. 스타가 없으면 팔리지 않는다는 고정관념을 타파한 이 잡지는 주간 단위의 개봉영화 소개, 산업 동향, 정책 이슈, 독립영화, 제도, 기술 노하우, 비평, 인터뷰 등 다채로운 형식의 기사를 개발하여 폭넓은 영향력을 과시했다. 높은 대중적 지지를 기반으로 산업 관계자와 창작자, 대중문화 종사자 등 독자층을 두텁게 형성해, 경영 측면에서 의미 있는 수익을 창출하면서 한겨레신문사의 효자 노릇을 했다. 산업과 미학, 문화 트렌드와 대중의 욕망을 중개하는 매거진의 기능이 이상적으로 발현한 사례다. 무엇보다 한국 영화산업이 중흥기로 접어드는 시대에 영화 담론의 포문을 열고, 업계 이슈를 선도하면서 변혁기의 징후들을 기록해온 자료로 역사적 의미가 크다.

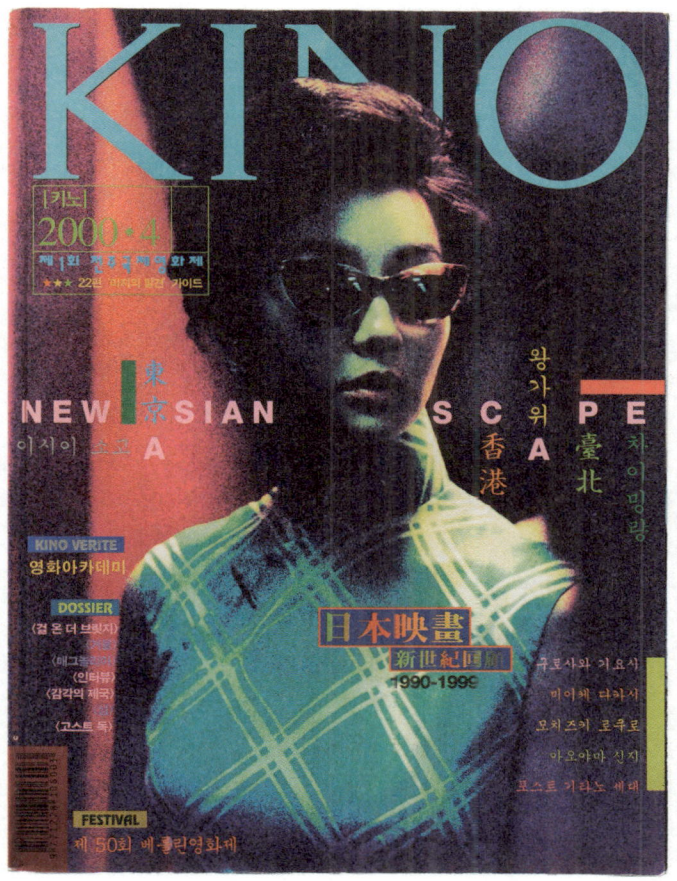

〈키노〉, 월간지, 2000년 4월.

작가주의 노선의 스타일 잡지
시네필리아의 플랫폼으로 독보적인 위상

'스스로가 100년을 기다려온 잡지'를 자처한 〈키노〉는 1995년 5월 창간했다. 프랑스 비평지 〈카이에 뒤 시네마〉에서 영감을 취한 '작가주의' 노선을 전면에 내세운 〈키노〉는 영화예술이 이룬 성취의 정점에 작가의 개성을 옹립하고자 했다. 광고로 지면을 어지럽히는 것보다 빽빽한 텍스트와 총천연색 사진, 양질의 종이 사양으로 급진적 애호 취향을 충동하는 전략을 썼다. 편집, 글꼴과 레이아웃의 화려함도 현대적인 잡지의 인상을 줬다. 편집진은 확고한 취향의 시네필과 잠재적 시네필 모두를 위한 교육, 최고의 감독과 소통할 수 있는 창구, 그리고 역사, 이론, 담론에 대한 지극한 탐구를 지향했다. 이와 같은 잡지 기능에 연동된 언어 스타일을 고려한 것도 특징적이었다. 〈키노〉 스타일과 동의어가 된 영화평론가 정성일의 영향력을 따라 현학적인 문체가 기사 전반에 스며들었다. 스타일을 추종하는 독자를 '생산'하는 잡지였다는 점, 독자들 사이에 은밀한 동류의식을 형성하며 시네필리아의 플랫폼 구실을 했다는 점에서 독보적인 위상을 가진다.

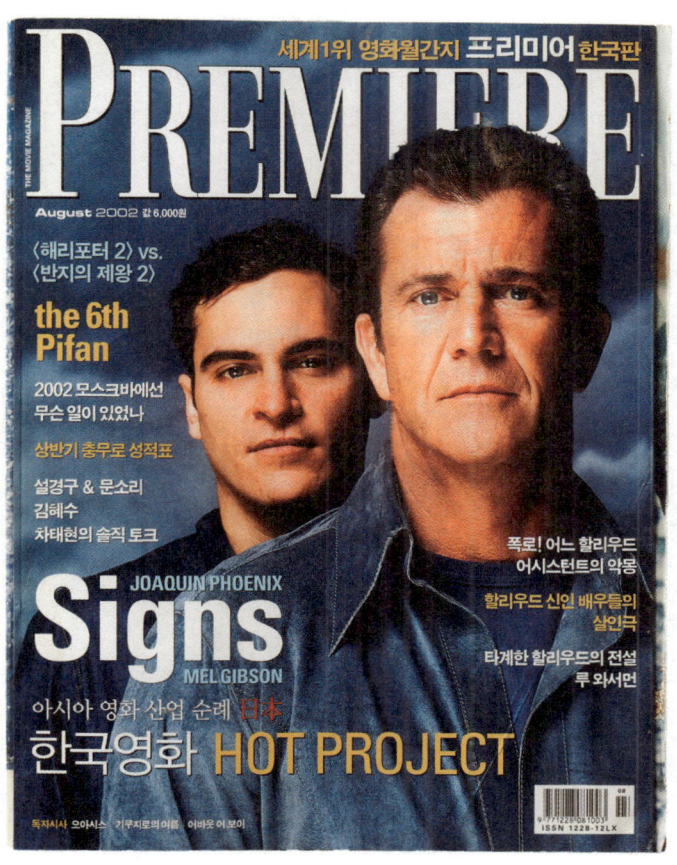

〈프리미어〉, 월간지, 2002년 8월.

한국 최초의 라이선스 영화지
양질의 국제 기사로 영화 잡지의 다양성에 기여

월간지 〈프리미어〉는 한국 최초의 라이선스 영화 잡지라는 역사적 의미를 가진다. 디자인 면에서 구조적인 레이아웃을 가지고 있던 이 잡지에는 영화계 소식, 셀러브리티와의 인터뷰, 유익한 리뷰 등도 있었지만 다른 잡지들이 할 수 없었던 양질의 기획 기사들로 차별화를 이뤘다. 여기엔 글로벌 영화 잡지 브랜드인 〈프리미어〉의 기사를 독점적으로 게재할 수 있다는 이점이 작용했다. 본지와의 협력을 통해 접근하기 힘든 셀럽들에 대한 근접 취재 기사, 세련된 디자인, 높은 퀄리티의 사진을 실을 수 있었다. 할리우드 스타나 유명 감독 들이 한국을 찾지 않던 시절 할리우드 영화 소식을 생생하게 전하는 〈프리미어〉는 상당한 경쟁력이 있었다. 성숙한 인상을 주는 이 잡지의 대상 독자는 현대적인 영화문화의 수혜를 받았고, 영화계 안팎의 다양한 이야기에 대한 종합적인 관심을 가진 사람들이었다. 다른 월간 잡지에 비해 가벼웠지만 잡지 유형의 다변화, 국제화를 증거하면서 매거진 출판 양식의 진일보를 이루었다고 평가할 수 있다.

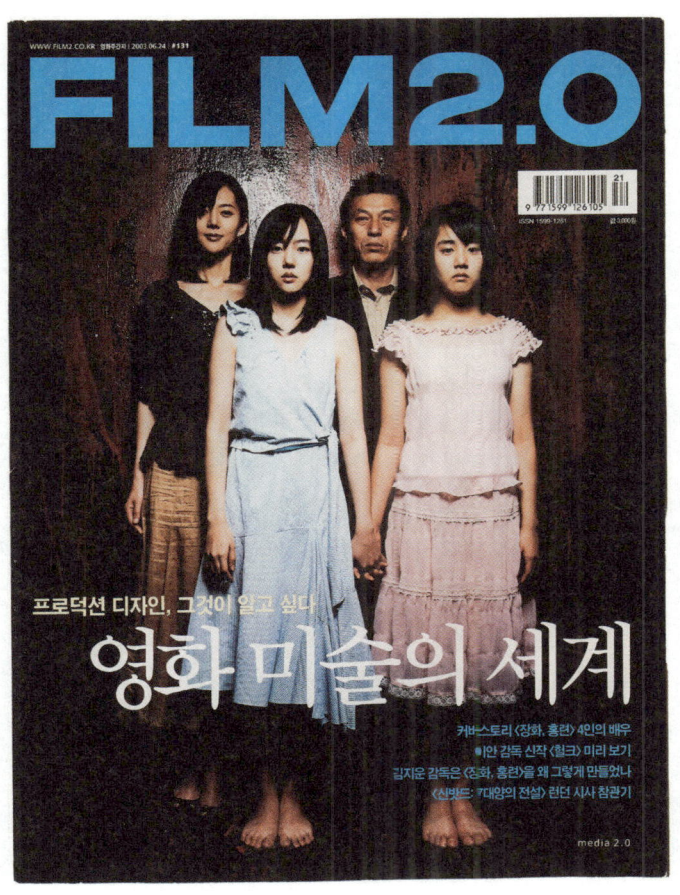

〈FILM 2.0〉, 주간지, 2003년 6월 24일.

심층 기획과 논쟁적 이슈 발굴에 역점
〈씨네21〉과 영화 주간지 전성시대 이끌어

후발 주자들의 숙명이라고 할 수 있는 '대안 매체'의 기치가 영화 주간지 〈FILM2.0〉의 정체성이었다. 온라인 영화 저널로 출발해 종이 잡지로 진화한 이 잡지는 당대 한국영화계에서 거대한 영향력을 행사하던 〈씨네21〉의 견고한 아성에 도전하고자 했다. 이를 위한 〈FILM2.0〉의 기획·편집 목표는 '심층 취재'와 '논쟁을 통한 담론의 활성화'에 있었다. 영화산업의 속살을 들추는 민감한 이슈의 발굴, 깊은 취재를 바탕으로 한 기획 기사, 다양한 취향의 평론가들이 제출하는 작품 평가 등 다방면에서 논쟁을 촉진하는 주제와 관점을 택하고자 했다. 개봉영화 가이드와 뉴스, 국내외 평론가들이 제공하는 리뷰가 있었지만 하나의 이슈에 전념하는 대담한 기획을 펼치는 것에도 의미를 두었다. 대중문화라는 확장된 시각에서 영화적 실천을 조망하는 편집 방향은 오프라인에서 온라인으로 매체의 무게 중심이 옮겨 가던 시대에 역설적으로 종이 잡지의 존재 이유를 입증하려 했던 노력을 보여준다. 〈씨네21〉과의 건강한 긴장을 바탕으로 영화 주간지의 전성시대를 이끈 기여를 평가할 수 있다.

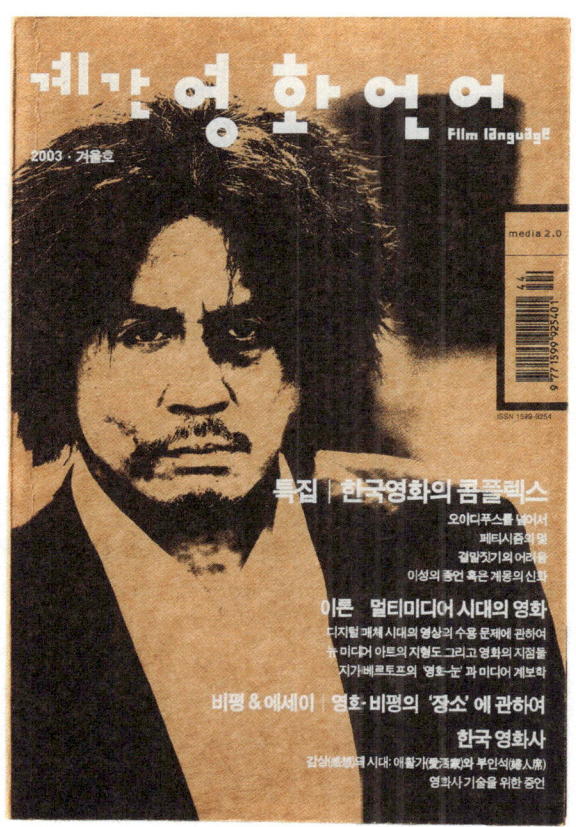

〈영화언어〉, 계간지, 2003년 겨울.

비평의 과학화를 추구한 선도적 이론지
학술지와 비평지의 경계를 탐험

〈영화언어〉는 영화연구의 진일보와 체계화를 모토로 삼아 1989년 창간한 비평 계간지이다. 훗날 부산국제영화제의 출범을 도모하게 되는 영화평론가 이용관, 김지석, 전양준 등이 주축으로 활동했고 이효인, 이충직, 김영진 등이 편집 및 필진으로 참여했다. 영화학, 영화이론을 본격적으로 학습하고 이를 영화문화로 확장하고자 한 세대가 기획, 편집의 중핵을 이루었다는 점에서 의미가 깊다. 변변한 비평지 하나 없던 상황에서 영화학자 데이비드 보드웰의 대안 영화(alternative cinema) 개념, 영화 서사학 이론을 지침으로 한 비평의 과학화를 추구했다. 언어로서 영화를 탐구하겠다는 의지를 담은 제호처럼 인상 비평을 넘어 엄격한 스타일 분석, 영화이론의 가설을 도입한 본격 비평, 주제와 형식의 조화를 이룬 작가들에 대한 비평적 조망을 추구했다. 주제가 있었고 비평의 의제와 길이, 초점에 심도가 있었던 저널로 작품 비평, 작가론, 주제 비평, 영화이론, 로컬시네마 등을 아우르며 학술지와 비평지의 경계를 탐험했다.

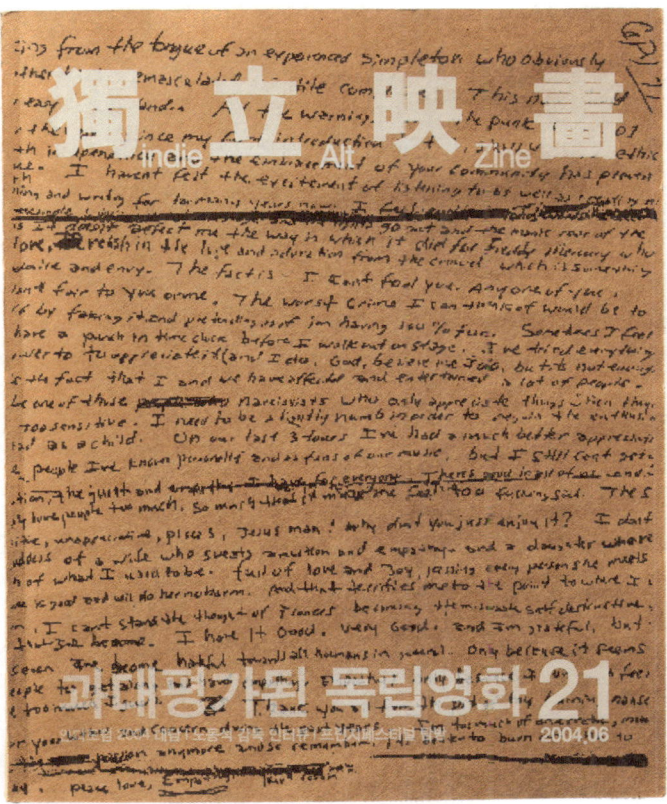

〈독립영화〉, 격월간지. 2004년 6월.

독립영화 커뮤니티 잡지
상업영화 일변도의 비평문화에 도전

계간 〈독립영화〉는 독립영화를 둘러싼 의제, 비평 담론이 전무하던 상황에 문제의식을 느낀 독립영화인들에 의해 발간됐다. 한국독립영화협회가 발행 주체를 맡았는데 이들의 주된 목표는 주류 상업영화에 치우친 비평의 헤게모니에 대항하는 것이었다. 독립영화를 둘러싼 이슈들을 다룬다는 아이디어만으로도 저항의 의지를 강하게 내장한 이 잡지는 다양한 관점에서 '독립영화'의 정체성을 정의하는 문제를 필두로 독립영화 작가, 독립영화계의 제작·정책 이슈 등을 대안적인 입장에서 다루었다. 독립적인 영화 창작자들을 돕고 영감을 줄 수 있는 자원을 발굴하려고 한 이 잡지는 오염되지 않은 영화에 관한 순수하고 독립적인 의지를 기리며 떠오르는 재능이 빛날 수 있도록 하는 토양을 겨냥했다. 독립영화계로 통하는 창구 역할을 할 뿐만 아니라 독립영화에 자부심을 느끼는 영화인들을 활기찬 공동체로 안내하는 가이드 역할을 한 '독립' 잡지로 의의를 매길 수 있다.

귀중본-어느 수집가의 책

동아시아의 영화 역사와 영화문화를 연구하기 위해 2018년 설립한 한상언영화연구소에는 다수의 영화 관련 잡지, 서적, 포스터, 전단 등이 수집되어 있다. 이번 전시를 통해 소개되는 한상언영화연구소 컬렉션은 크게 세 가지 주제로 구분된다. 첫 번째는 해방 전 시나리오 관련 자료이다. 시나리오는 영화 촬영을 목적으로 작성되기에 보통은 신(scene) 번호를 매겨 장소를 구분하며 본문은 지문과 대사로 구성된다. 하지만 일반을 대상으로 한 출판의 경우 마치 소설처럼 산문체의 문장으로 서술하기도 한다. 이렇게 출판된 책은 보통 '영화소설'로 불리는데 화면이 아닌 활자로 읽는 영화라고 말할 수 있다.

두 번째는 해방 전후 영화인들의 활동을 가늠해볼 수 있는 자료들로 이 중 박루월의 『영화배우술』은 잡지와 시나리오를 제외하고 해방 전 발간된 유일한 우리말 영화책이다. 그 외에 일제강점기 가장 오래 존속했던 영화 잡지 〈영화시대〉의 1935년 9월호와 해방 후 복간호를 비롯해 해방 직후 영화인들의 행방을 보여주는 서광제의 『북조선기행』, 안철영의 『성림기행』 등의 기행문집도 포함되어 있다. 마지막은 북한의 영화 관련 자료들이다. 한국전쟁 이전 학교와 직장의 영화써클원들의 교양을 위해 발간된 『영화써클원수첩』을 비롯하여 「춘향전」과 「심청전」 등의 시나리오를 담고 있는 『씨나리오집 1』, 평양영화대학의 영화사 교재인 『조선영화사개요』, 북한영화를 총지휘했던 김정일의 영화관이 담겨 있는 『영화예술론』, 해방 전 최고의 스타로 군림한 문예봉의 자서전 등이 포함된다.

이번에 소개되는 자료들은 영화팬들을 영화와 접속시키는 도구이자 영화문화가 꽃피는 데 일익을 담당한 영화사의 재료들이다. '특수 자료'라는 이름표를 달고 우리 곁에 유령처럼 배회하던 금서들 또한 오랫동안 잊고 지내던 형제들의 소식처럼 반갑고도 신기한, 호기심 넘치는 경험으로 다가올 것이다.

한상언
한양대학교에서 영화사 전공으로 박사학위를 받았다. 현재 한상언영화연구소 대표이자 천안의 복합문화공간 노마만리를 운영하고 있다. 식민과 분단을 주제로 한국영화사와 북한영화사, 영화운동사를 연구하고 있다.

■ 『유랑』

이종명 저, 박문서관, 1928

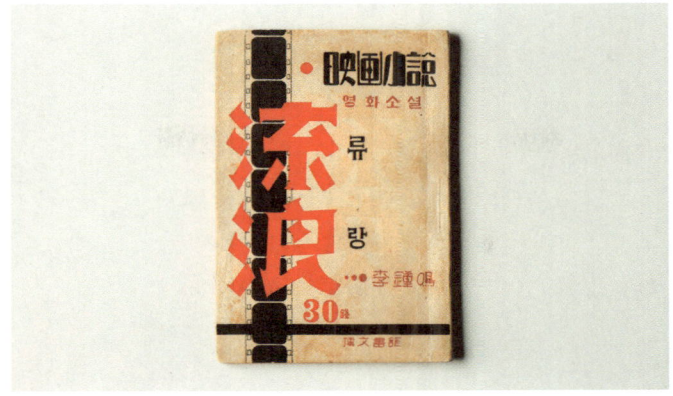

1927년 설립된 조선영화예술협회의 연구생들이 중심이 되어 만든 영화 〈유랑〉의 시나리오. 카프 소속 연구생들이 협회를 이끌던 안종화를 제명하고 만든 이 작품은 이종명이 〈중외일보〉에 연재한 시나리오가 원작이며 각색은 김영팔, 연출은 김유영이 담당했다. 1928년 영화로 완성되었으며 비참한 농민들의 생활을 묘사하고 있다. 영화 완성 직후 박문서관에서 영화소설로 발간한 이 책의 장정은 시인으로 유명한 임화의 솜씨이다. 그는 이 영화에서 주인공 영진 역을 맡기도 했다. 〈유랑〉은 카프 영화인들이 만든 첫 번째 영화로 1920년대 후반 프롤레타리아 영화운동의 시작을 알린 작품이다. 이 책은 필름으로 남아 있지 않은 영화 〈유랑〉의 모습을 유추케 하는 중요한 자료로 이종명, 임화, 김유영 등 한때 프롤레타리아 영화운동의 한복판에서 활동하던 인물들의 숨결을 느낄 수 있다.

■ 『노래하는 시절』
안석영 저, 회동서관, 1930

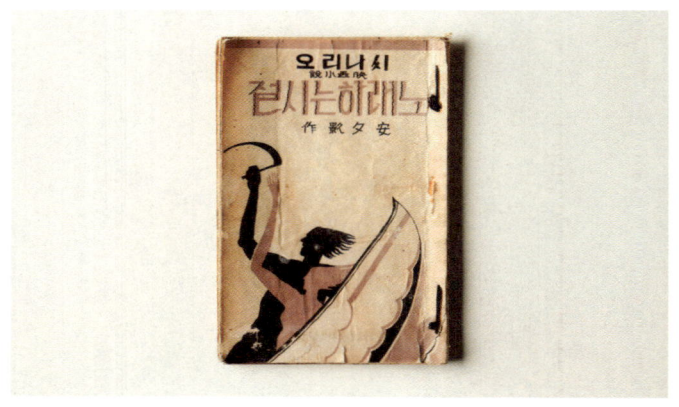

안석영 시나리오, 안종화 연출로 만들어진 동명의 영화 시나리오로 지주의 횡포 등 다양한 이유로 농촌을 떠나 도시로 온 젊은 이들의 분투를 다루고 있다. 이 작품은 영화 촬영을 앞두고 안석영이 재직하던 〈조선일보〉에 시나리오가 연재되었으며 영화로 만들어진 직후 회동서관을 통해 단행본으로 출간되었다. 이 책의 장정을 누가 맡았는지 그 이름은 표기되어 있지 않지만, 삽화가로 유명한 안석영이 쓰고 표지까지 디자인한 것으로 추정된다. 〈노래하는 시절〉은 네거티브 필름으로 촬영한 것이 아닌 포지티브 필름으로 촬영되어 복사본을 만들 수 없었다. 그러다 보니 1930년대 중반 무렵 이미 소실된 것으로 보인다. 현재 이 영화에 대해 알 수 있는 것은 시나리오에 담겨 있는 내용뿐이다.

■ 『명금』

윤병조 역, 태화서관, 1934

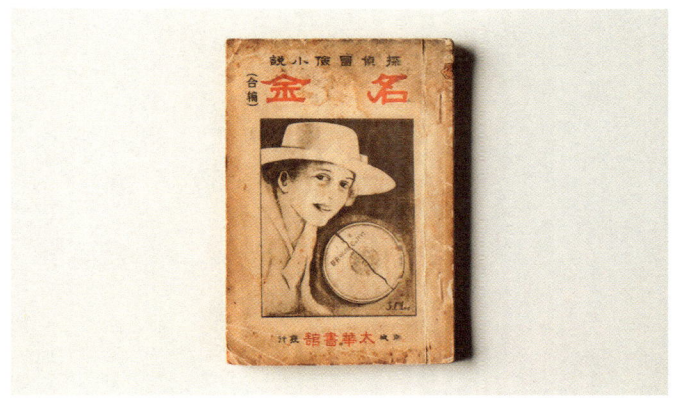

1916년 우리나라에 소개되어 큰 인기를 끌었던 유니버설의 연속 영화 〈명금〉의 영화소설이다. 1916년 6월 10일, 신축 낙성한 황금관 개관 특별 프로그램으로 처음 소개된 이후 이 영화는 1930년 대까지 전국 방방곡곡에서 상영되었을 만큼 대중의 큰 사랑을 받았다. 조각 난 금화에 새겨진 정보를 가지고 숨겨진 보물을 찾는 내용의 이 작품은 악당들과의 대결이 주는 긴장과 스릴로 대중을 열광시켰던 무성영화 시대의 대표작이다. 이 영화를 토대로 한 영화소설 『명금』은 1920년 신명서림에서 윤병조의 번역으로 발간되었고 1921년에는 송완식 번역으로 영창서관에서도 출간되었다. 이번에 소개되는 책은 1934년 태화서관판이다. 영화가 제작된 지 20년 정도가 흘렀고, 신명서림판이 발행된 지 15년이 지나서도 출판사를 바꿔 가며 발간되던 당대 최고의 스테디셀러 중 하나였다.

■ 『춘희』

박루월 역, 영창서관, 1930

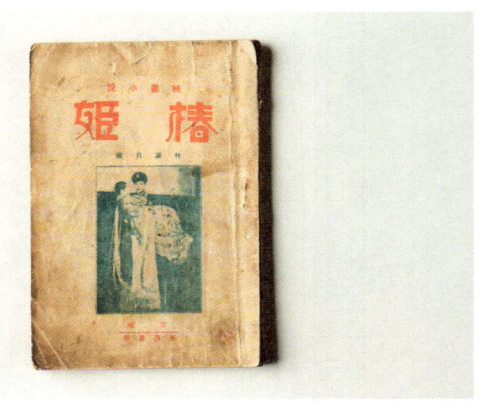

프랑스의 소설가 알렉상드르 뒤마 피스의 대표작 『춘희』를 시나리오로 옮긴 것이다. 일제강점기 영화 잡지 편집자로 이름을 떨친 박루월이 영창서관에서 펴냈다. 『춘희』는 전 세계적으로 큰 인기를 끌었던 작품으로 1848년 소설로 발표된 이후 희곡과 오페라로 개작되었으며 많은 나라에서 영화로도 만들어졌다. 또한 이 작품은 우리말을 포함하여 여러 언어로 번안되어 대중에게 익숙한 작품이기도 하다. 이 책의 표지는 1923년 이경손이 연출한 영화 〈춘희〉의 스틸 사진을 이용하였다. 1927년 평양에서 〈봉황의 면류관〉을 연출했던 이경손은 다음 작품으로 〈춘희〉를 선택했는데 프랑스 파리를 배경으로 한 원작과 달리 배경을 평양으로 바꾸었다. 하지만 박루월의 영화소설 『춘희』는 표지 사진만 이경손의 영화에서 차용했을 뿐 원작을 토대로 하고 있다.

■ 『희망』

안석주 저, 금룡도서주식회사, 1948

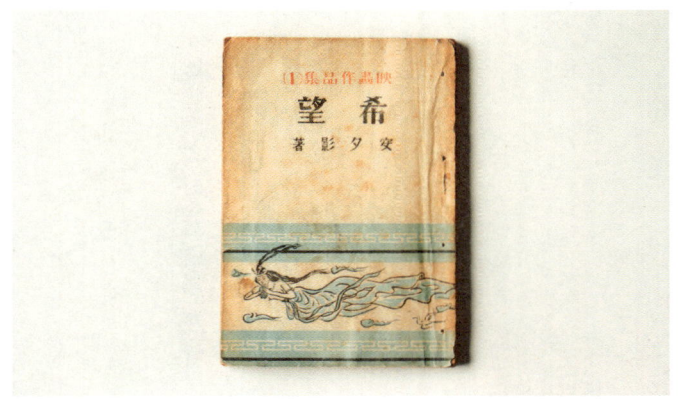

해방 후 분단 상황에서 남한영화계를 이끌었던 안석영(본명 안석주)의 시나리오집이다. 이 책은 안석영의 해방 전 작품 중 영화로 만들어지지 못한 「여학생」을 비롯해 해방 후 창작한 시나리오 「희망」과 「아버지는 계시다」까지 총 세 편을 포함하고 있다. 신문계에서 활약하던 이건혁의 도움을 얻어 김시필이 주도하던 금룡도서주식회사에서 발간하였다. 이 당시 안석영은 일제 말기 통제영화회사인 조선영화사의 적산 관리인으로 사장직을 수행하고 있었다. 조선영화사는 대한민국 정부 수립 이후 대한영화협의회로 바뀌게 된다. 대한영화협의회 초대 이사장직에 있던 그는 얼마 지나지 않아 신병으로 사망한다. 그가 통일된 정부 수립을 기원하며 만든 '우리의 소원'이라는 노랫말은 그의 아들 안병원이 작곡하여 지금까지 남북이 함께 부르는 노래로 사랑받고 있다.

■ 『영화배우술』
  박루월 저, 삼중당서점, 1939

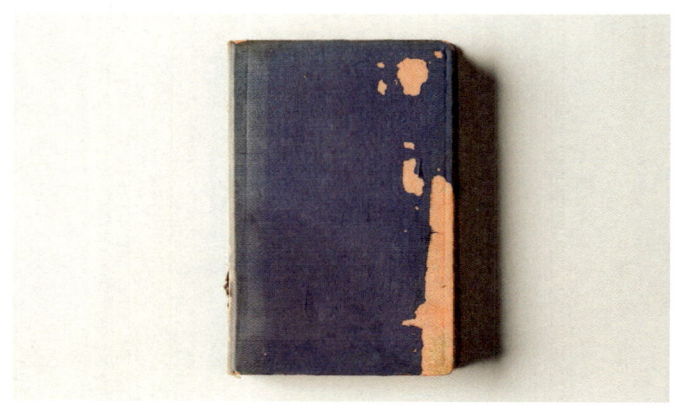

시나리오와 영화 잡지를 제외하고 해방 전 발간된 유일한 우리
말 영화책이다. 1939년 삼중당에서 발간하였다. 이 책은 영화배
우를 지망하는 청년들에게 영화에 대한 지식과 교양 함양을 목
적으로 편집되었다. 일제강점기 대표적 영화 잡지인 〈영화시대〉
의 편집인인 박루월의 손으로 만들어졌다. 박루월은 단성사 운
영자 박승필과 인척 관계로 1920년대 중·후반부터 영화문화를
꽃피우는 데 앞장섰다. 그의 이러한 영화계에서의 위치를 증명
하듯 안석영이 감수를 맡았으며 그 외 홍효민, 이규환, 서광제,
김유영, 안종화, 이익 등의 추천사가 실려 있다. 이 책은 기존의
영화 관련 글들을 편집해 실은, 단행본으로 만들어진 영화 잡지
와 같은 성격을 갖고 있다. 총 32절로 구성된 『영화배우술』은
〈영화시대〉에 연재되던 임하의 「영화배우독본」을 재편집한 것
이며 부록으로 삽입된 「조선영화발달사」 역시 안종화가 〈조선
일보〉 지면에 연재했던 「조선영화발달의 소고」를 바탕으로 일
부 내용을 추가한 것이다. 1940년대 들면 더 이상 우리말 영화
잡지가 발간되지 않게 되고 대부분의 극장 전단마저 일본어로

제작되었다. 이 시기 『영화배우술』은 우리말 영화 잡지가 사라진 시대에 영화에 대한 정보를 얻을 수 있는 두일한 우리말 서적으로 그 의미를 지닌다.

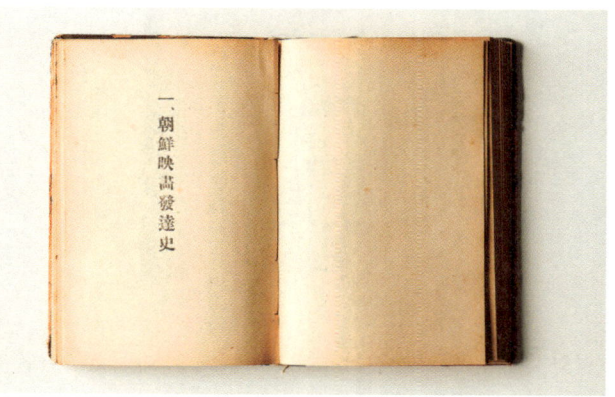

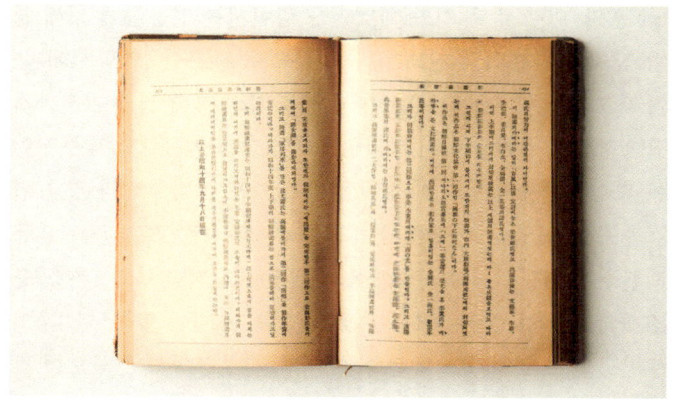

■ 〈영화시대〉 1935년 9월호

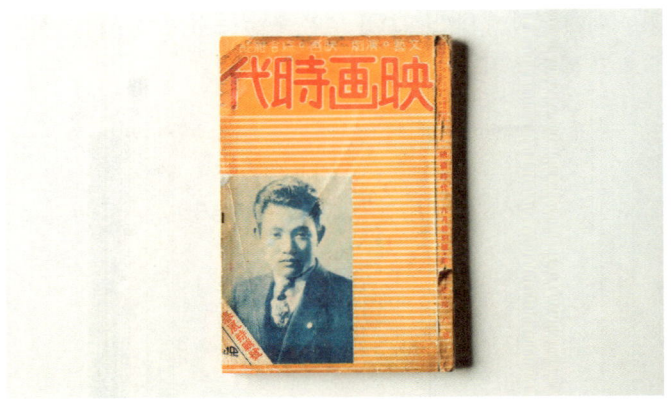

〈영화시대〉는 일제강점기를 대표하는 영화 잡지로 1931년 2월에 박루월의 주도하에 창간되었다. 1920년대 후반에 이르면 박루월, 문일, 마춘서 등 영화 애호인을 넘어서는 인물들에 의해 영화 잡지의 발간이 추진되는데, 박루월이 창간한 〈영화시대〉는 이후 조용균, 김현수 등으로 발행인을 바꿔 가며 해방 이후까지 단속적으로 발행을 이어 왔다. 특히 이 잡지는 발행인이 누구이든 편집주간은 항상 박루월이 맡았을 정도로 박루월과 깊은 관련을 맺고 있었다. 이번에 소개되는 〈영화시대〉 1935년 9월호는 김현수가 이끌던 영화시대사에서 제작을 추진한 영화 〈춘풍〉을 소개하기 위한 〈춘풍〉 특집호로 꾸몄다. 표지는 영화 〈춘풍〉의 주인공 역으로 내정되었던 가수 최남용이 장식하고 있으며 잡지 앞에 실린 사진 역시 〈춘풍〉의 이미지 숏이 수록되어 있다. 내용의 많은 부분 역시 영화 〈춘풍〉을 다루고 있다. 〈춘풍〉 제작 이후 〈영화시대〉의 판권은 다시 박루월로 넘어갔으나 지속적으로 발간되지 못하고 1939년을 마지막으로 긴 휴간에 들어간다.

■ 〈영화시대〉 해방 후 복간호

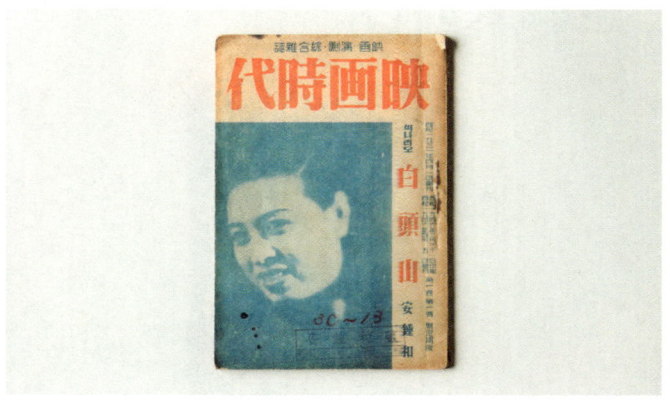

일제강점기 대표적인 영화 잡지이던 〈경화시대〉는 해방 이듬해
인 1946년 4월 한경 발행인과 편집인 박루월의 손으로 6년 반 만
에 복간되었다. 이번에 소개되는 잡지는 〈영화시대〉 해방 후 복
간호로 안종화 선생 소장본이다. 안종화 선생은 여기에 시나리
오 「백두산」을 실었다. 이 잡지는 해방 후 처음 발간되는 영화 잡
지이자 일제강점기 대중의 사랑을 듬뿍 받던 잡지의 복간호라
는 특징을 보여주듯 안석영의 속간사를 비롯해 현철, 윤백남, 안
종화 등 연극과 영화계 주요 인사들의 '부탁의 말'과 「조선영화
인약전」 「연극수난기」 등의 기사가 실려 있다. 또한 「영화동맹
뉴스」와 「연극동맹뉴스」 등이 수록돼 있어 해방기 연극·영화
운동의 일면을 확인할 수 있다. 이후 〈영화시대〉는 1949년까지
단속적으로 나왔으나 한국전쟁으로 인해 더 이상 발간되지 않
았다.

■ 『성림기행』
안철영 저, 수도문화사, 1949

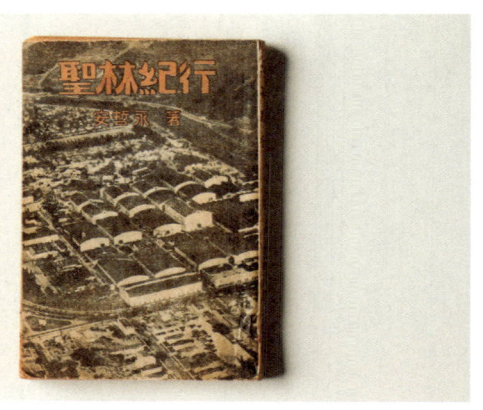

군정청 예술과장이던 영화감독 안철영의 할리우드 기행문집.
하와이에서 목회자이자 독립운동가로 활동한 안창호 목사의
아들 안철영은 미국영화계를 시찰하고 한국의 영화 발전을 위
해 미국 교민들의 지원을 얻고자 1947년 9월 24일 서울을 떠나
하와이로 향한다. 그곳에서 그는 하와이 교민의 생활상을 담은
〈무궁화 동산〉을 촬영하고, 미국으로 건너가 할리우드 영화계에
서 활약하고 있던 배우 필립안의 주선으로 미국영화계의 이곳
저곳을 둘러보고 1948년 3월에 열린 제20회 아카데미 시상식에
옵저버로 참석하기까지 한다. 이 책은 안철영의 미국행을 기록
한 기행문집으로 성림(聖林)은 할리우드의 한자식 표현이다. 냉
전이 시작될 무렵 소련과 미국 사이의 체제 대결은 어느 체제가
우월한지를 과시하는 경쟁의 모습을 띠었다. 안철영의 기행문
집은 자본주의 체제의 풍요로움과 우리 관객들을 돈의 궁전으로
안내했던 할리우드의 속살을 보여준다는 면에서 살펴볼 가치가
있다.

■ 『북조선기행』

서광제 저, 청년사, 1948

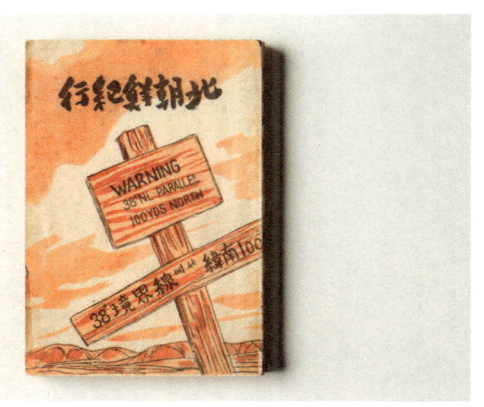

일제강점기 영화평론가로 이름이 높던 서광제의 북한 방문 기
행문집이다. 1946년 창간된 〈독립신보〉의 편집인이던 그는 해방
후 영화평론가보다는 신문인으로 활동했다. 1948년 남북연석회
의에 김구의 수행기자단 일원으로 돗한을 방문한 후 선전용 기
행문집인 『북조선기행』을 출간하였다. 이 책은 수행기자단의
일원으로 38선을 넘어 평양으로 가는 여정과 평양에서의 시찰
내용, 특히 서광제가 궁금해 한 북조선국립영화촬영소에 관한
이야기들을 비롯해 사회주의 체제로 이행해 가던 북한의 정치
적 상황과 북한문화계의 모습을 풍부하게 수록하고 있다. 이 책
이 발간된 직후 월북한 서광제는 시나리오창작사 작가로 있으며
기록영화 시나리오를 썼고, 각종 잡지에 영화 관련 글을 실었다.
하지만 당에 대한 불만을 노골적으로 표현했다가 이것이 문제
가 되어 한국전쟁 발발 전 숙청됐다고 전해진다. 이번에 소개되
는 책에는 〈야담〉의 발행인이었던 문학가 임경일에게 전해준다
는 친필 사인이 들어 있다. 이 글씨는 월북 직전 남한에서의 마
지막 흔적이다. 표지화는 장정가로 이름 높은 정현웅의 솜씨다.

■ 『영화써클원수첩』
　북조선직업총동맹군중문화부, 1949

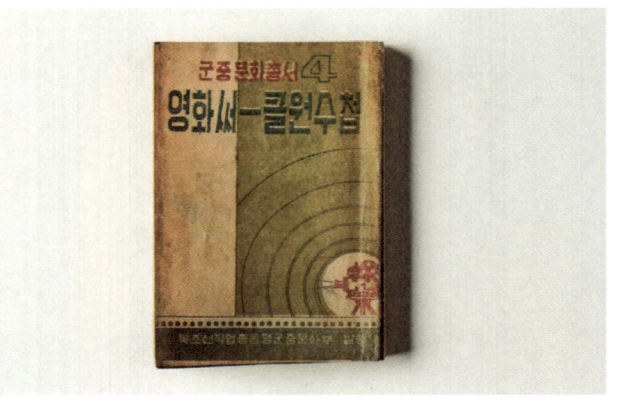

북한의 직장 내 영화 서클원의 교양을 위한 각종 영화 지식을 담은 책으로 군중문화총서의 하나로 발간되었다. 추민, 박완식, 성백수가 책임편집을 맡았으며 박철민, 윤기정, 정준채 등 총 13명의 필자가 집필에 참여했다. 1946년 3월 북조선문학예술총연맹이 수립된 후 각 지역에서는 연맹원 확보와 직장 내 서클원의 교육이 중요한 과제였다. 많은 작가, 예술가 들이 공장으로 농촌으로 파견되어 서클원 교육을 담당했다. 그러다 보니 전문 작가, 예술가 들의 창작 활동에 장애가 생겼으며 이러한 이유로 1946년 10월 북조선문학예술총연맹은 북조선문학예술총동맹으로 조직을 바꾸고 서클 지도와 같은 부문은 직총문화부로 이관했다. 서클원 관리를 이관 받은 직총문화부에서는 학교와 공장의 서클원들을 교육하고 관련 지식을 충족시키기 위해 1949년 각 예술 부문별 서클원수첩을 발간했다. 이렇게 나온 『영화써클원수첩』은 크게 1부와 2부로 구성되었는데, 1부는 이론과 관련된 내용을 담고 있으며 2부는 영화제작 실무에 관한 사항들을 다루고 있다.

■ 『씨나리오집 1』
조선작가동맹출판사, 1957

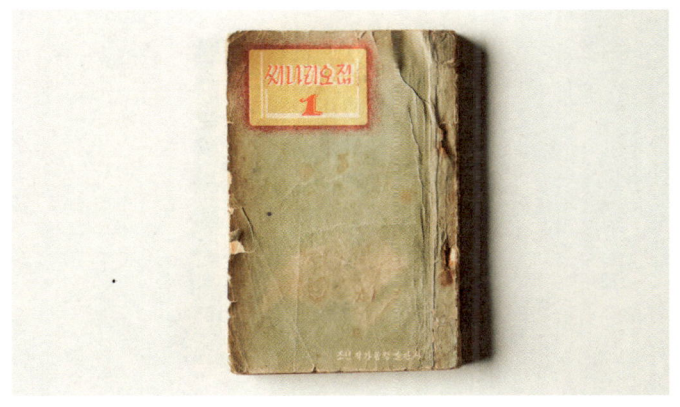

김승구의 「춘향전」과 추민의 「심청전」 시나리오가 수록된 시나리오집이다. 1950년대 북한에서는 민족문화의 계승이 중요한 과제로 제시되었다. 이에 따라 민족고전을 각색하여 무대화하거나 영화로 만들기 위한 노력이 시작되는데 해방 전 〈춘향전〉의 극본을 쓴 적이 있는 김승구가 「춘향전」을 시나리오화했고 시나리오창작사 주필인 추민이 「심청전」을 시나리오로 만들었다. 이 중 「춘향전」은 윤용규에 의해 동명의 영화로 만들어져 1959년 모스크바 영화제에서 촬영상을 수상하기도 했다. 기와 달리 「심청전」은 영화로 만들어지지 못했는데 이는 창극 〈심청전〉이 1957년 김락섭 연출로 이미 영화화되었기에 그렇다. 또한 시나리오 「심청전」의 작가 추민이 1958년 숙청되면서 이를 영화로 만드는 계획은 없어지게 된다. 참고로 「심청전」은 신상옥에 의해 1980년대에 들어서야 비로소 영화로 만들어졌다. 북한에서 '시나리오선집'의 발간 계획은 1950년 무렵부터 있었다. 하지만 한국전쟁으로 인해 출간이 무산되었고 1957년 비로소 재개되는데, 1집이 발간된 이후 더 이상 '시나리오집'이라는 이름으로 출간이 이어지지는 않았다.

■ 『조선영화사개요』
  강호·문의영 저, 고등교육도서출판사, 1962

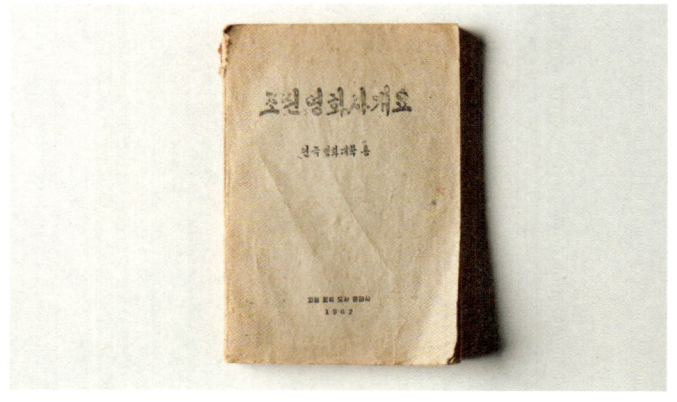

1959년 개교한 평양연극영화대학의 조선영화사 과목 교재이다.
해방 후 북한에서는 윤기정과 추민이 조선영화사에 관한 단편
적인 글들을 발표했다. 특히 카프 영화부에서 활동하던 추민은
1950년대 북한영화의 혁명 전통으로 강조되던 카프 영화를 대
표하는 인물이었다. 카프 시기를 회고하는 여러 글을 남긴 그는
1958년 반종파투쟁으로 조선예술영화촬영소 총장직에서 물러
나게 되고 카프 미술부를 대표하던 강호가 추민을 대신해 카프
영화를 증언하는 인물이 되었다. 강호와 문의영이 함께 집필을
맡은 이 책은 크게 해방 전후 편으로 나뉜다. 조선영화의 발생부
터 1960년까지의 시기를 다루고 있는 이 책은 사실주의 민족영
화의 발생을 나운규의 〈아리랑〉(1926)에서부터 서술하고 있으
며, 남한의 영화사에서 비중이 높지 않은 카프 영화를 비롯해 북
한영화의 주요한 내용을 담고 있어 영화사 연구의 중요한 참고
자료가 된다. 또한 1960년대 북한에서 바라본 우리 영화사의 관
점을 확인할 수 있기도 하다. 책머리에서 해방 전까지의 내용은
리억일의 도움을 받아 집필하였다고 밝히고 있다.

■ 『영화예술론』

김정일 저, 조선로동당출판사, 1984

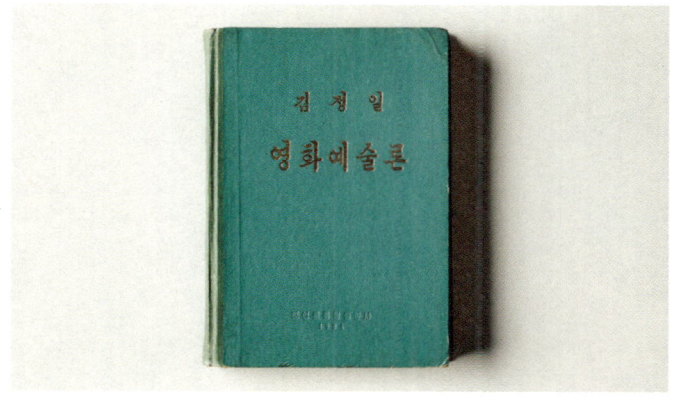

김정일이 쓴 영화 부문의 지침서로 1970년대 이후 북한영화를 이해하는 데 있어 필수적인 책이다. 김정일은 대학 졸업 후 1960년대 중반부터 영화를 중심으로 선전선동 업무를 담당하였다. 이 과정에서 북한영화계의 인적 청산을 주도하는 한편 영화 부문을 중심으로 문예 부문의 질적인 변화를 이끌었다. 또한 영화의 시나리오 창작에서부터 연출, 촬영, 연기, 무대 등 제작 전 분야에 걸친 세밀한 지도로 〈피바다〉와 같은 소위 혁덩 영화를 창조하는 데 앞장섰다. 1973년에 처음 발간된 이 책은 김정일이 영화 부문에서 이룩한 성과를 농축해 놓은 것으로 이 책에서 언급한 '종자론'은 북한사회의 변화를 이끄는 중요한 키워드가 되었다. 『영화예술론』에서 시작된 주체의 문예관은 문화예술의 여러 분야로 확장되어 1980년대 후반에서 90년대 초반에 이르는 시기에 연극, 문학, 미술, 건축, 음악 등 제 분야로 이어졌다. 이번에 소개되는 책은 1984년에 조선로동당출판사에서 발간된 것이다.

■ 『내 삶을 꽃펴준 품』
문예봉 저, 문학예술출판사, 2013

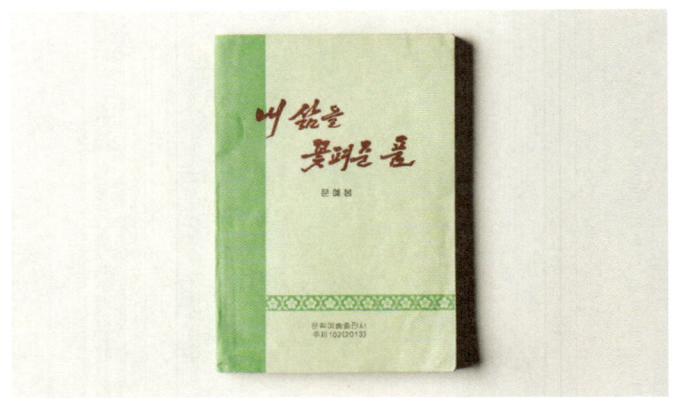

일제강점기 '삼천만의 여배우'라는 애칭으로 불린 영화배우 문
예봉의 자서전이다. 문예봉은 1932년 이규환 감독의 〈임자 없
는 나룻배〉로 영화배우 활동을 시작했으며 이명우 감독의 〈춘
향전〉의 춘향 역을 비롯하여 일제강점기 다수의 영화에서 주인
공을 맡았다. 해방 이후 조선영화동맹에서 활동하며 영화운동
의 중심부에서 활약하다가 1948년 월북하여 북한영화계의 중
심 인물로 활약했다. 문예봉은 북한 최초의 예술영화 〈내 고향〉
(1949)을 비롯해 다수의 영화에 출연하였으며 그의 활동 시기는
1990년대 후반까지 이어진다. 이 책은 1999년 문예봉이 사망할
당시까지 집필하고 있던 미완의 자서전 원고를 2013년 출간한
것으로 영화계 입문 이전의 가족 관계, 영화배우 활동 내역, 숙
청 후 복권되기까지의 이야기 등 그간 자세히 알 수 없었던 문예
봉의 삶을 구체적으로 보여주는 내용들이 담겨 있다.

영화 인생책

- 문화 인사 6인의 영화책 에세이

■ 김호영(한양대학교 프랑스학과 교수)

『이제하의 시네마천국』
『영화란 무엇인가?』
『짐 자무시-인디영화의 대명사』

중학생 시절까지 모든 면에서 나를 앞서던 친구가 있었다. 늘 붙어 다녔지만 많은 것에 무지했던 나와 달리 팝송, 영화, 만화 등 모든 것에 통달해 있었고, 심심할 때쯤이면 또 다른 새로운 세계로 나를 인도하던 친구였다. 어느 날 그의 집에서 뒹굴다가 우연히 방구석에서 소책자 두 권을 발견했는데, 어느 잡지의 별책 부록으로 나온 「세계영화감독사전」과 「세계영화배우사전」이었다. 지금 생각해 보면 간단한 작품 설명과 인물 스개, 일화 등으로 채워진 다이제스트 형식의 책이었지만 나는 거칠고 누런 종이 위에 새겨진 사진 하나하나에, 이름 하나하나에 온 정신을 빼앗기고 말았다. 그리고 그날 이후 두 책을 읽고 또 읽으면서 낯설지만 근사하고 신비로운 어떤 세계, 영화라는 그 신세계에 대해 막연한 꿈을 키워 가기 시작했다.

청소년기를 지나 대학에 들어가는 뒤숭숭한 시간 동안 나는 아주 당연한 일인 것처럼 영화에 빠져 지냈다. 아직은 영화가 문화의 트렌드로 떠오르기 전이라 읽을거리가 많지 않았지만 대학을 졸업할 즈음부터는 이런저런 영화책들이 쏟아져 나오기 시작했다. 어딘가 힘이 잔뜩 들어간 영화평론집부터 생소한 이론으로 무장한 이론서들까지 다양한 책들이 앞다퉈 출간되었는데, 당시 나의 책상 한 편에 가장 오래 머물러 있던 책은 『이제하의 시네마천국』이었다. 어린 시절 '움직이는 만화통'을 보며 신기해 하던 기억에서 시작해 〈도버의 흰 절벽〉이나 〈제3의 사나이〉 같은 고전영화들을 보며 성장한 추억들, 그리고 50여 년 동안 국

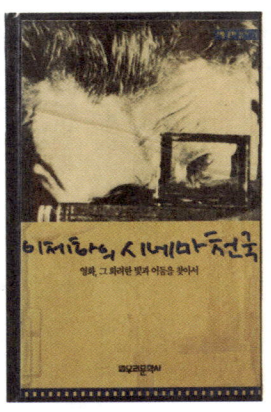

『이제하의 시네마천국』, 이제하, 1992

적과 시대를 가리지 않고 보아온 수많은 영화들에 대해 들려주는 저자의 이야기는 그 자체로 영화와 함께 일생을 살아온 한 시네필의 역사이자 영화의 역사처럼 다가왔다. 또 이상문학상을 수상한 유명 작가였음에도 비전문가를 자처한 저자의 솔직하고 편안한 문장들은 영화에 대한 그만의 각별한 애정을 느끼게 해주었다.

시간이 흘러 영화를 연구의 대상으로 삼으면서 한동안 나는 알 수 없는 공허와 무기력 같은 것에 시달렸다. 굳이 이렇게 분석하고 재단할 필요가 있을까? 무기물 같은 이론의 틀에 살아 있는 영화를 끼워 맞출 필요가 있을까? 그때 나를 붙잡아 준 책은 앙드레 바쟁의 『영화란 무엇인가?』였다. 영화의 기원에서 시작해 서부극과 네오리얼리즘 영화의 진정한 의미까지, 영화와 회화뿐 아니라 영화와 연극의 관계까지 하나하나 신중하게 되짚어 보는 그의 글들은 이론과 지식이 영화의 대척점에 놓인 단순한 도구가 아니라는 사실을 알려주었고, 서로 영향을 미치고 보완하는 관계라는 사실을 깨닫게 해주었다. 특히 영화적 지속에 대한 그의 끝없는 질문과 탐구는 영화란 결국 '시간'을 구현하는 매체라는 사고로 나를 이끌었지만, 때로는 그와 반대로 영화는 불가

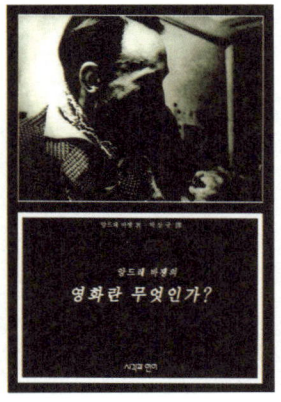
『영화란 무엇인가?』, 앙드레 바쟁, 1998

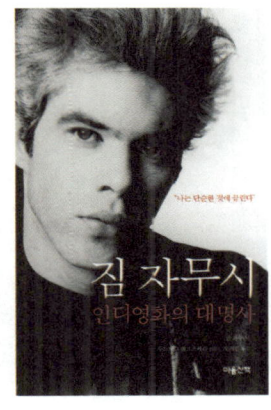
『짐 자무시-인디영화의 대명사』, 루드비그 헤르츠베리, 2007

역적인 시간에 맞서 인류가 오랫동안 꿈꿔온 '비-시간'의 세계의 총체적 구현일지도 모른다는 생각에 빠지게 하기도 했다.

어쩌다 보니 영화에 대해 읽고 쓰는 일이 업이 되면서 자연스레 다종다양한 책들을 읽게 되었지만, 사실 어느 때든 가장 편안한 마음으로 펼쳐 보는 영화책은 영화인들의 인터뷰집이다. 아직까지 가장 인상 깊게 남아 있는 책은 『짐 자무시-인디영화의 대명사』인데, 개인적으로 자무시 영화의 열렬한 팬이기도 하지만 그의 인터뷰들을 찬찬히 따라가다 보면 어느 순간 그가 보여주고 싶었던 세계가 눈앞에 선명하게 나타나는 특별한 경험을 하게 된다. 결코 현학적인 표현들이나 심오한 사유를 들먹이지 않으면서도, 자무시는 우리의 일상을 이루는 "작고 평범한 것들"에 대한 깊은 애정과 "우리가 중요하다고 여기는 것들, 그 사이의 순간들"에 대한 세심한 관심을 단순하면서도 명확한 언어로 전달한다. 그리고 그런 것들로 이루어진 영화를 만들기 위해 그가 기울였던 노력과 그가 지켜야 했던 태도들에 대해, 분명 치열했을 그 시간들에 대해, 엊그제 겪은 에피소드를 이야기하듯 담담히 들려준다. 영화가 거대하고 광활하고 거의 전적인 우주 같은 그 무엇일 수 있지만 아주 작고 평범한 순간들의 연속일 수도 있다는 사실을, 어쩌면 그 보잘것없는 일상의 순간들이 생의 진실에 더 가까이 닿아 있을 수도 있다는 사실을 조용히 일깨워 주면서 말이다.

김호영
대학을 졸업하고 프랑스로 건너가 문학과 영화학을 연구했다. 『시간은 다른 얼굴로 되돌아온다』, 『아무튼, 로드무비』, 『영화 관을 나오면 다시 시작되는 영화가 있다』, 『영화이미지학』 등을 썼고, 『다르덴 형 제』, 『영화 속의 얼굴』, 『프랑스 영화』 등 을 우리말로 옮겼다.

『영화 스타일의 역사』

"무슨 기준으로 영화를 보세요?" '영화평론가'라는 직(職)으로 인식된 이들에게 종종 이런 질문을 받을 때마다 나는 "영화 형식의 완결성을 초점으로 하여 작품의 가치를 따집니다."라고 대답하곤 했다. 고리타분한 대답으로 들리기 때문에 구태여 강조할 것까지는 없다고 생각하는 바이나 영화를 평가하는 나의 기준에 유래가 있기는 하다. 나는 영화가 무엇보다 '언어'라고 생각하고, 의사소통을 위해 오랜 시간 덤밀하고 체계적인 논리 구조, 의미의 조형을 보증하는 형식과 시스템을 가다듬어 왔다고 믿고 있다. 이와 같은 신념에 영향을 미친 영화책들이 몇 권 있는데, 프랑스 영화학자 레이몽 벨루의 『영화 분석(L'analyse des films)』이 대표 사례이다. 한 편의 영화를 정밀하고 설득력 있게 분석해 독자를 감화시킬 수 있다는 것을 입증한 이 책은 영화의 의미 단위들을 숏, 신, 시퀀스로 분할하여 이 기본 원소들의 관계, 배치, 역학을 살피는 작업의 중요성을 일깨웠다. 여기에 한 권을 추가하자면 데이비드 보드웰이 쓴 『영화 스타일의 역사』가 빠질 수 없다.

데이비드 보드웰의 기념비적 저작은 영화사에서 시각적 스타일이 차지하는 지위에 대해 말한다. 보드웰은 『영화예술』, 『세계영화사』, 『영화의 내레이션』, 『미국 영화비평의 혁명가들』 등 영화예술의 근간이 되는 궁극적인 주제들에 대한 영향력 있는 저작들을 양산했을 뿐 아니라 초박한 한국 영화 출판 지형에서 가장 널리 번역, 소개된 영화학자이기도 하다. 나는 대학원 영화학과 석사과정 시절 『영화 스타일의 역사』를 처음 읽었는데, 당시엔 이 책의 가치를 알지 못했다. 보드웰을 원론적인 입

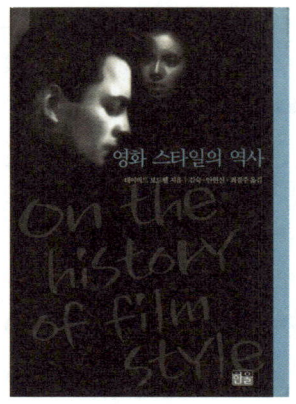

문서, 고전 할리우드 시스템을 옹호하는 편협한 이론가로 생각하고 있었기 때문이다. 몇 년 후 이 책을 다시 읽었을 때 그 진면목이 눈에 들어왔다. 『영화 스타일의 역사』는 일반적인 영화사 관련 연구서들이 해내지 못한 영화언어에 대한 통찰력 있는 이해에 기초하여 역사, 이론, 비평, 미학의 통합을 이뤄냈다. 보드웰은 다양한 영화 역사가들이 내놓은 스타일 이론을 살펴보고 탄생 100년을 맞은 영화를 기념하기 위해 이 책을 썼다. 그는 많은 영화감독들이 새로운 매체의 진화에 끼친 공헌을 살펴보고, 이들에 대한 주석을 단 빼어난 영화이론가들이 영화 스타일의 연속성과 변화를 어떻게 설명했는지 보여주고자 했다.

　책 서두에서 보드웰은 영화사의 거대한 발전을 개략적으로 설명하면서 양식적 역사의 '표준 판형'(standard version)이라는 개념을 세운다. '표준 판형'이라는 신조어는 영화를 자유로운 예술로 정의하고 옹호하기 위해 만들어졌다. 표준 판형은 어린 시절에서 성인으로, 단순한 것에서 복잡한 것으로 진행하는 과정으로 특징지어지는 예술 매체의 기본 스토리를 의미한다. 그것은 뤼미에르 형제와 에드윈 포터, D.W. 그리피스 같은 초기 영화 시대의 위대한 영화작가들이 이룬 성취와 1920년대 독일 표현주의, 러시아 몽타주 같은 스타일의 독창성을 이룬 조류들의 기여로 요약된다. 1920년대 이후 스타일의 진화를 이룬 작가들은 사운드 영화와 최근의 영화가 이러한 완벽함의 정점에서 어떻게 쇠퇴했는지, 아니면 기술적 가능성과 매체의 본질을 어떻게 정의했는지 등의 주제를 다룬다. 이 과정에서 보드웰은 앙드레 바쟁과 노엘 버치, 톰 거닝 같은 선구적 인물들이 발전시킨 영화사와 이론에 대한 주요 기여를 논한다. 보드웰이 영화 스타일의 역사를 조립하는 프로젝트에서 요구하는 것은 문제와 해결책의 네트워크 구조 내에서 연속성과 변화의 패턴을 고려하는 것이다. 당연한 말처럼 들리지만, 장구한 시간 축 안에서 스타일의 이론을 위한 바탕을 마련하는 것은 매체의 이념적 토대와 관련이 있다. 이러한 접근은 미술 분야에서 에른스트 곰브리치 같은 학자들이 이루었던 성취에 비견할 만하다.

상속된 규칙들의 관례와 연관지어 스타일을 다루고 사례를 통해 이를 입증하는 데이비드 보드웰의 노력은 확장된 스타일 이론을 위한 유용한 기초를 제공한다. 그는 여시와 본질을 기반으로 한 이론 중심의 역사가 아니라 특정 시간대에 관한 광범위한 검토를 기반으로 시대적 규범과 시간에 따른 영화 스타일의 역동성을 설명해냈다. 보드웰의 혜안은 스타일이 영화 역사에서 중요한 논의 주제라는 점을 다시 한번 상기하였으며, 스타일 문제를 역사, 이론과 어떻게 조화시키는지에 대한 암시를 주었다. 영화에서 스타일의 기능이 나날이 축소돼 가는 시대에 깊은 영감을 주는 역작이다.

장병원
영화 즈간지 〈FILM2.0〉 편집장, 전주국제 영화제 프로그래머를 거쳐 DMZ국제다큐멘터리 영화제 수석 프로그래머로 재직 중이다. 영화 글을 쓰며 대학에서 가르치고 있다.

■ 윤철희(번역가)

『영화에 대하여 알고 싶은 두세 가지 것들』
『위대한 영화』

내 또래의 영화를 좋아하는 사람들에게 '인생 영화책'이 어떤 거냐고 물으면 김홍준 감독이 '구회영'이라는 필명으로 쓴 책 「영화에 대하여 알고 싶은 두세 가지 것들」 얘기는 반드시 나올 거라 생각한다.

어렸을 때부터 영화가 좋았다. 자라는 동안 미디어 환경이 그런 나에게 굉장히 호의적으로 변했다. 기존의 (소)극장과 TV 외에 요즘 사람들 중에는 "이게 뭐지?"라고 고개를 갸웃거릴지도 모를 비디오테이프, 레이저디스크 등 영화를 볼 수 있는 다양한 통로가 생겨난 것이다. 영화라는 영화는 닥치는 대로 봤다. 그 시절의 나는 글을 배우고는 눈에 띄는 책은 뭐가 됐건, 이해가 되건 안 되건 무조건 읽고 보는 어린애 같았다. 그렇게 영화를 보다 보니 영화와 영화를 만든 사람들에 대한 궁금증이 생겼다. 잘 만든 영화는 그저 그런 영화하고는 뭔가가 다른 것 같은데 어떤 점이 왜 다른지 알고 싶다는 생각이 들었다. 영화를 더 즐기려면 영화를 좀 더 체계적으로 배워야겠다는 생각이 들었다. 영화를 가르쳐 줄 교과서를 찾아봤지만 쉽지 않았다. 〈스크린〉이나 〈로드쇼〉 같은 영화 월간지들은 중·고등학생을 겨냥한 스타 배우들에 대한 정보 위주라서 마땅치 않았고, 시중에 나와 있는 몇 권 안 되는 번역서들은 영화 전공자들을 위한 책이라 너무 어려웠다.

그러던 어느 날 서점에서 '영화에 대하여...'로 시작하는 책 제목을 본 순간 나도 모르게 그 책을 집어 들었다. 내가 그토록 원하던 책이었다. 내용이 풍부한데다 글이 매끄럽고 쉬워서 술술 읽히는 책. 그 책을 통해 영화의 역사를 알게 되고, 촬영과 편집 등 영화의 요소들이 무엇이고 그게 어떻게 영화에 영향을 끼치는지와 같은 영화의 문법을 배웠다. 그 책에서 받은 영향은 거기에서 그치지 않는다. 책에는 1980년대에 나온 걸작들을 정리해 둔 챕터가 있었다. 거기 소개된 영화들을 구해서 보려고 정말로 노력했다. 마우스 몇 번 클릭하면 OTT로 영화를 보거나 DVD를 주문하거나 심지어 유튜브로 저작권이 만료된 영화를 볼 수도 있는 시대에 그 시절에 나 같은 영화광들이 했던 갖은 고생에 대한 이야기는 "라떼는 말이야" 장르에 속하는 얘기라는 걸 알기에 그 얘기는 이쯤에서 그만하도록 하겠다. 다만 그 고생이 내가 당시 영화에 대해 품었던 애정을 표출한 행위였다는 것만큼은 분명히 밝히고 싶다.

『영화에 대하여 알고 싶은 두세 가지 것들』로 영화를 분석하는 조금 더 체계적인 시각을 얻게 된 지 10년쯤 후, 영화와 인생의 관계를 더 진지하게 고민하게끔 만드는 책을 만났다. 작고한 영화평론가 로저 에버트가 쓴 『위대한 영화』 시리즈였다. 맞다, 내가 시리즈의 4권까지 번역한 책이다. 책을 광고하려는 의도로 이 책 얘기를 하는 게 아니다. 이 책을 통해 정말로 많은 걸

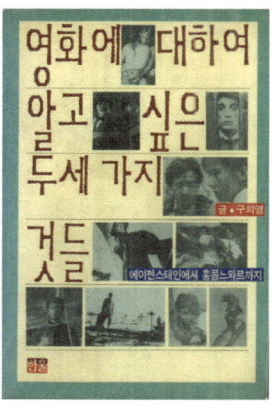

『영화에 대하여 알고 싶은 두세 가지 것들』, 구회영, 1991

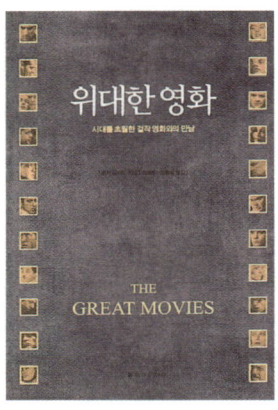

『위대한 영화』, 로저 에버트, 2003

배웠기에, "영화를 보는 데에는 무슨 의미가 있는가?"를 고민하게 만들어 줬기에 얘기하는 것이다.

이 책도 앞서 소개한 책처럼 읽기 쉬운 책이다. 신문기자 출신인 에버트는 쉬운 글을 쓴다. 그렇다고 알맹이 없는 글을 쓰는 건 아니다. 뇌리에 오래 남는 글을, 두고두고 곱씹어 볼 만한 글을 쓴다. 『위대한 영화』 시리즈에서 에버트는 위대한 영화에 대한 얘기만 하는 데서 머무르지 않는다. 인생에 대한 얘기까지 한다. 그의 글을 읽으면서 영화와 인생이 분리된 세계가 아니라는 것을, 결국 영화는 우리의 인생을 반영한 거울 같은 세계이고, 영화 감상은 인생을 되돌아보며 새로운 통찰과 깨달음을 얻을 수 있는 기회라는 것을 배웠다.

에버트는 책 서문에 "영화는 시간과 공간이라는 상자의 벽에 난 창"이라고 썼다. 나는 에버트의 글을 그 창 너머를 틈틈이 바라보며 즐거운 시간을 보내는 것에서 머무르지 말고 그 경험을 통해 더 깊어진 눈으로 내가 머무르고 있는 상자 안을 둘러보고 더 나은 삶을 살아갈 방법을 궁리해 보라는 권유로 받아들인다. 이 두 권의 책을 통해 많이 성장하게 되었다고 믿는 나는 오늘도, 앞으로도 애정 어린 시선으로 창밖을 보며 더 나은 삶을 살아갈 지혜를 얻으려 애쓸 것이다.

윤철희

영화를 좋아하던 사람이 어쩌다 보니 번역
을 하게 됐고 어느 순간 정신을 차려 보니
로저 예버트의 『위대한 영화』 시리즈, 히
치콕· 큐브릭, 타란티노, 놀란 등 영화감
독의 전기와 인터뷰집을 많이 번역한 사람
이 돼 있었다.

■ 듀나(SF 작가, 영화 칼럼니스트)

『레너드 말틴의 무비 가이드』

어렸을 때 내가 이름을 아는 유일한 영화평론가는 정영일이었다. 텔레비전에서는 〈KBS 명화극장〉 영화를 소개했으며 〈조선일보〉에서 그 주 텔레비전에서 방영하는 영화들의 리뷰를 썼다. 후자에는 별점이 붙어 있었는데 네 개가 만점이었다. 나중에 재미있는 사실을 알게 되었는데, 그 별점은 정영일이 매긴 게 아니라 『레너드 말틴의 무비 가이드』에서 가져온 것이었다. 한국인 영화평론가가 '결정판'이라고 생각할 만한 권위가 이 책에 있었던 것이다. 심지어 그 책을 쓴 말틴은 정영일의 조카뻘이었는데.

정영일은 서울올림픽이 열리기 직전 세상을 떴다. 그러나 그 이후에도 레너드 말틴과 『무비 가이드』는 꾸준히 내 시야 안으로 들어왔다. 일단 말틴은 〈엔터테인먼트 투나잇〉의 영화평론가라 AFKN을 틀면 얼굴을 볼 수 있었다. 인터넷 시대가 되자 『무비 가이드』 콘텐츠가 한동안 IMDb에도 올라왔다. 무엇보다 드디어 내가 그 『무비 가이드』를 서점에서 샀다. 몇 년 것이었는지는 기억이 나지 않지만.

어마어마한 책이었다. 존재하는 모든 영화들을 모아 평가하려는 야심의 결과였다. 이것이 옛날 영화 좋아하는 열아홉 살 남자아이의 조촐한 프로젝트로 시작되었다니 놀랍지 않을 수 없다. 이 책에 수록된 영화들은 선별된 것이 아니었다. '누가 알려나'라는 생각이 들 정도로 하찮은 영화들도 〈카사블랑카〉나 〈시민 케인〉과 같은 영화들과 마찬가지로 당당하게 한 자리를 차지하고 있었다. 여기에 질서를 부여하는 건 오로지 별점뿐이었다.

말틴이 이 영화를 다 보았을까? 그렇지는 않았다. 한 인간에게 그럴 수 있는 시간이 있을 리가 없었다. 책 앞에는 이 책에 참

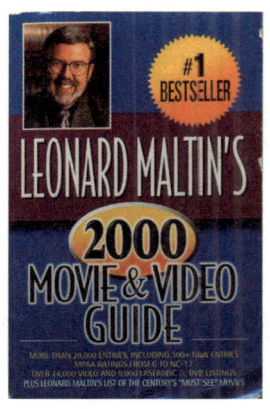

레너드 말틴의 무비 가이드』, 배너드 북스, 1999

여한 수많은 필자들의 리스트가 있었다. 종종 몇몇 리뷰는 일인 칭 복수 대명사를 쓰며 영화 평가를 위해 토론하는 팀의 결과물 임을 밝히기도 했다. 그럼에도 불구하고 영화의 별점 평가에는 믿을 수 있는 일관성이 느껴졌다.

말틴의 『무비 가이드』를 읽는 건 여행안내서들을 읽으며 책 속의 낯선 나라들로 상상의 여행을 떠나는 것과 같았다. 별점을 두른 영화들은 모두 이 낯선 세계의 주민들이었다. 몇몇 영화는 봤고, 안 봤지만 제목은 아는 영화도 있었다. 어떤 영화는 볼 가 능성이 있었다. 대부분 영화는 앞으로도 오로지 종이 위의 제목 과 줄거리 설명만으로 존재할 가능성이 컸다. 그래도 좋았다. 많 은 경우 상상 속의 영화는 진짜 영화보다 더 재미있었다.

수많은 영화의 존재를 이 책을 통해 발견했다. 〈세인트루 이스에서 만나요〉, 〈벌집의 정령〉, 〈어둠의 딸들〉, 〈영혼의 카니 발〉... 체계적인 역사책이나 안내서를 통해 접한 게 아니라 『무비 가이드』 안을 정처 없이 방황하다가 마주친 것이다. 이런 식으 로 쌓은 지식이 주는 특별한 '자만추'의 매력이 있다. 그리고 전 에는 절대로 볼 수 없을 거라고 생각했건 영화들이 지금은 온라 인에 있다. 예를 들어 나는 언젠가 1939년에 나온 〈낸시 드루와 비밀계단)을 절대로 내가 볼 수 없을 작품의 예로 든 적이 있다. 하지만 이 영화는 지금 유튜브에서 볼 수 있다.

한계가 있는 책이었다. 일단 미국인이 쓴 서구 영화 중심의 책이다. 비서구권의 수많은 영화들이 누락될 수밖에 없었다. 한국영화는 거의 없었다. 있다고 해도 평가가 별로 마음에 안 들었다. 슬슬 머리가 굵어지다 보니 말틴과 의견이 맞지 않기 시작했다. 상관없긴 했다. 난 말틴을 영화평론가라고 생각하지는 않았다. 그 사람은 그보다 광대한 영화 도서관을 관리하는 사서에 가까웠다.

인터넷 시대에 들어와 『무비 가이드』는 점점 존재 이유를 잃어 갔다. 영화 지식을 얻기 위해 굳이 한 권의 두툼한 책에 의존할 필요가 없어진 것이다. 한동안 모바일 앱 버전이 나오기도 했는데, 쓸모 있긴 했지만 종이책이 주는 특별한 기능은 없었고 그걸 이용하느니 IMDb를 뒤적이는 게 나았다.

1969년에 시작된 이 시리즈는 2014년에 종말을 맞았다. 그리고 나는 더 이상 내 『무비 가이드』 책을 갖고 있지 않다. 너무 많이 읽어서 분해되었고 결국 폐지의 운명을 맞았다. 말틴의 데이터베이스는 2014년 이후 업데이트를 멈추었지만 지금도 클래식과 모던, 두 권의 책으로 나뉘어 서점에 놓여 있으니 종종 다시 한번 사면 좋을 거라는 생각을 한다. 하지만 그런다고 그 책들이 옛날처럼 나에게 도움이 되는 일은 없을 것이다. 『무비 가이드』의 시대는 갔다.

듀나
SF 작가 겸 영화 칼럼니스트. 지금까지 쓴 영화 관련 책으로는 『스크린 앞에서 투덜대기』, 『가능한 꿈의 공간들』, 『장르 세계를 떠도는 듀나의 탐사기』, 『여자 주인공만 모른다』, 『남자 주인공에겐 없다』 등이 있다. 듀나의 영화낙서판을 운영 중이다.

『언젠가 세상은 영화가 될 것이다』
『헐리웃 뒤집어보기』
『영화 열정』

나는 대부분의 영화책을 교실에서 읽었다. 영화와 관련된 수업
을 들은 것은 아니었다. 영화와는 하등 관련이 없는 따분한 수업
시간을 그저 흘려보낼 요량으로 딴짓을 하면서 읽었던 것이 내
영화책 독서 경험의 대부분을 차지한다. 당연히 모든 영화책이
앞의 교수자가 떠드는 이야기보다 재미있는 것은 아니어서, 어
쩌다 뻔한 이야기와 교과서적인 서술로 뒤범벅된 책을 가져온
날이면 그날은 어쩔 수 없이 책을 덮고 핸드폰으로 영화와 관련
된 글들을 찾아 읽고는 했다.

교실 맨 뒷자리에서 몰래 읽었던 책 중에서 가장 먼저 떠오
르는 것은 정성일(과 정우열)의 『언젠가 세상은 영화가 될 것이
다』이다. 영화책을 한 권도 읽지 않았다는 사람이 나에게 책 추
천을 부탁하면, 나는 항상 처음으로 이 책을 권하곤 한다. 이 책

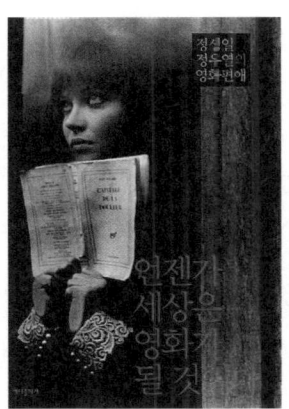

『언젠가 세상은 영화가 될 것이다』, 정성일·정우열, 2010

215

은 비평집이지만, 동시에 나에게는 무협지라는 인상을 준다. 특히 브레송이라는 문파 아래에서 영화사 무림고수들의 지도를 그려낸 「시네마토그라프라는 불가능한 계보학」은 매우 신선한 충격으로 다가왔다. 나는 브레송, 리베트, 심지어 고다르틀 한 편도 보지 않았을 때 이 책을 만났고, 그 후에 브레송, 리베트, 그리고 고다르를 보게 되었다. 좋은 비평은 글이 대면하고 있는 영화를 보지 않은 독자에게도 그 자체로 재밌게 읽히면서도, 더 나아가 그 영화들을 미친 듯이 보고 싶게 만든다는 것을 나는 이 책을 통해 감각적으로 체득했다. 그런 의미에서 나는 아직 이 책을 뛰어넘는 시네필 교양서를 만나지 못했다.

그렇게 감독 중심으로 영화를 보다 보면 어느 순간부터는 그 감독에 대한 책을 찾아보려는 욕구가 생기기 마련이다. (적어도 나는 그랬다.) 몇 가지 예외를 제외하면 한국에 나와 있는 감독론 서적 대부분은 총론격의 글 몇 개와 여러 필자들이 각각 쓴 개별 작품에 대한 비평으로 구성되어 있다. 전주국제영화제에서 나온 총서 중 하나인 『페드로 코스타』도 얼핏 보면 이 점에서는 별반 다르지 않아 보이지만, 무엇보다 이 책은 훌륭한 글을 선별했다는 점에서 최상의 가치를 지닌다. 조너선 로젠봄, 캐그 갤러거, 크리스 후지와라, 톰 앤더슨, 하스미 시게히코, 아오야마 신지, 스와 노부히로 등의 글이 실려 있는데, 한국어로 번역된 그들의 글이 거의 전무하거나 아주 제한적인 경로에서만 읽힌다는 점을 고려해 보면 이 책의 가치는 단순히 영화제에서 의례적으로 출간하는 총서 정도로 간주하기는 어렵다. 유일한 문제는 구하기가 어렵다는 것인데, 이 책이 어딘가 도서관에 있다면 훔치는 것을 권하고 싶다.

다음으로는 다소 알려지지 않은 책인 박성학의 『헐리웃 뒤집어보기』가 떠오른다. 해당 책의 저자가 한국에서 출간된 경화 책 중에서 가장 찰진 욕설들이 난무하는 피터 비스킨드의 『헐리

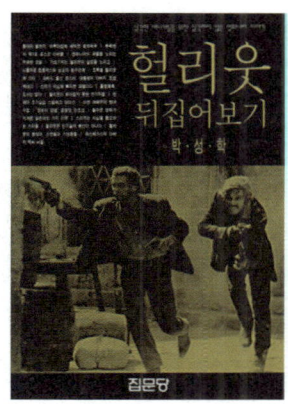

『헐리웃 뒤집어보기』, 박성학, 2002

웃 문화혁명』의 번역자라고 한다면, 조금은 관심을 가질 사람이 있을지도 모르겠다. 이 책을 읽고 나면 헐리웃(저자는 '할리우드'가 왜식 표기라면서 항상 '헐리웃'으로 표기한다)은 꿈의 공장이라기보다는 소돔과 고모라 정도로 보인다. 그러니까, 굳이 데미언 셔젤의 〈바빌론〉 같은 것들을 볼 필요성을 느끼지 못하게 된다. 영화가 불순하고 잡스럽고 상스러운 매체라는 사실을 다소 상스러운 문체로 역설하는 책이지만, 중간중간 날카로운 비평적 논평들을 마주하게 되면 (또한 이 책이 2000년대 초반에 출간되었다는 점을 고려해 보면) 현재에 온전히 계승되지 못한 것이 바로 이런 종류의 저널리즘의 유산인 것 같다는 생각이 절로 들게 되는 책이다. 또한 한나래에서 나온 계간지인 〈필름 컬처〉도 한국에 '정통' 시네필 교양을 스입하려는 시도의 일환으로서 잊혀서는 안 될 유산으로 짧게 언급해 두고 싶다. 모든 호의 글들이 재미있지만, 2000년에 출간된 폐간호인 7호는 '변모하는 영화의 풍경' 특집으로 필름에서 디지털로 이행하는 '포스트-시네마'의 여러 토픽을 매우 일찍부터 다루고 있는데, 이는 어느 정도 『영화도둑일기』의 전사처럼 읽히기도 한다.

　　마지막으로 『영화도둑일기』를 쓰는 데 있어서 가장 크게 영향을 받은 책이 있다면 조심스럽게 유운성의 『유령과 파수꾼들』과 리처드 라우드의 『영화 열정』이었다고 고백하고 싶다. 『유령과 파수꾼들』에서 내가 크게 의식한 것은 물론 「밀수꾼의 노래: 다시 움직이는 비평을 위한 몽타주」 같은 글이다. 그의 파편 같은 글들도 좋지만, 나는 (「밀수꾼의 노래」나 「그 유명으로서의 이미지」 등을 묶은) 「뤼미에르 은하의 가장자리에서」 연작이 그가 말한 의미에서의 '건축적'인 비평의 정수라도 생각한다. 그의 문장은 읽어 나가다 보면 글이 말하고자 하는 어떤 전체적인 상이 어렵지 않게 그려진다는 점에서. 한편 유운성 평론가는 개인적인 자리에서 나에게 『유령과 파수꾼들』을 집필하면서 가장 오랜 시간 걸려서 쓴 글은 「뤼미에르 은하의 가장자리에서」가 아니라, 인용도 각주도 없는 몹시 짧은 글들이라고 말해 준 적이 있다. 나는 생뚱맞게도 이 이야기를 듣고 「뤼미에르 은하의 가장자리에서」 정도가 되는 글을 손쉽게 쓸 정도로 단단한 공부를 하고 싶다고 생각했다.

　『영화 열정』은 리처드 라우드가 쓴 시네마테크 프랑세즈의 창립자인 앙리 랑글루아에 대한 전기다. 여담이지만, 나는 요즘 영화사 최초의 '해적'이었던 에디슨과 랑글루아를 겹쳐 보는 견

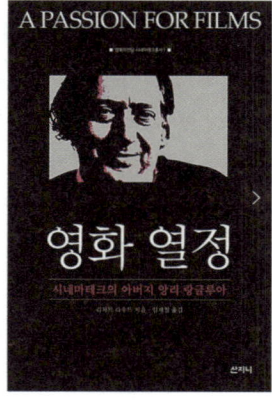

『영화 열정』, 리처드 라우드, 2018

해에 자꾸 이끌리고 있다. 에디슨은 〈달세계 여행〉을 불법 복제해서 미국에 유포하면서 조르주 멜리에스를 파산시키는 데 큰 지분을 차지한 인물이다. 반면 랑글루아는 한편으로 저작권법의 옹호자이기도 했다. (『영화 열정』에는 상영 용도로 프린트를 빌린 후에 이들을 몰래 복사해 자신의 카탈로그를 채우던 아카이브들의 이야기가 나오는데 랑글루아는 이들을 경멸했다.) 그러니까, 동기는 다를지언정 특정한 영화를 '자신'을 통해서 봐야만 한다는 어떤 독선적인 감각이 이들에게는 있는 것 같다. 이러한 지점들이 동시대 '해적'이나 상영 기획자들 일부에게도 나타난다는 점을 나는 유심히 지켜보는 중이다.

*   추가로 추천하고 싶은 책들은 다음과 같은 것들이다. 『루이스 부뉴엘-마지막 숨결』, 『영화의 맨살』, 『영화와 의미의 탐구 1&2』, 『영화, 물질적 유령』. 하지만 이 책들의 일부는 어쩐지 수업 시간에 몰래 읽을 만한 책들든 아닌 것 같다.

한민스
『영화도둑일기』를 썼다. 취미로 영화를 번역한다. 가끔 가다 상영회도 기획한다.

■ 이은선(영화 저널리스트)

『소울메이트: 메이킹 다이어리』

『소울메이트: 메이킹 다이어리』는 민용근 감독의 영화 〈소울메이트〉의 프리 프로덕션, 촬영, 후반작업에 이르기까지 제작 과정 전반과 비하인드를 담은 308페이지 분량의 아카이빙북이다. 영화의 개봉 즈음인 2023년 3월 말에 출간했다. 이 책을 내고 나서 가장 많이 들었던 질문 중 하나는 이거였다. "어떻게 제안을 받아 시작하게 됐나요?" 결론부터 말하자면, 누구도 내게 이 책을 제안하지 않았다. 계기라면 그저 나 자신의 막연했던 구상뿐이다.

한 편의 영화가 완성되는 과정을 가장 가까운 곳에서 지켜보고 진득하게 기록하고 싶다는 마음은 오래 품고 있었다. 영화 현장 및 영화인들과의 직접 대면이 원활했던 과거와는 달리, 취재 환경은 점점 더 제한되고 있어서였다. 개봉 시기에 맞춘 리뷰와 인터뷰가 취재진에게 허락된 거의 유일한 경로였다. 감독과 배우들이 홍보를 위해 예능 프로그램이나 유튜브 등의 콘텐츠를 찍는 동안, 영화제작을 둘러싼 그들의 치열한 고민은 점점 더 찾아볼 수 없다고 느꼈다. 더욱 정확하게는 아무도 웃 하지 않는 듯 보였다. 수백 명의 사람들이 영화라는 하나의 목표를 향해 분주하게 달려간 시간의 흔적 같은 것.

해외에서는 영화 아카이빙북이 드물지 않게 나온다. 각본집에 약간의 구성을 더 붙인 경우이거나 아트북, 영화에 맞춘 콘셉트를 내세운 기록들까지 다양하다. 그런데 한국에서는 전례를 거의 찾아볼 수 없다는 점이 늘 의문이었다. 〈아가씨〉의 아카이빙 『아가씨 아카입』이 발간된 적이 있으나, 여러 명의 필자가 파트를 나누어 작성한 뒤 개봉 이후로부터 멀리 떨어진 시간에 당

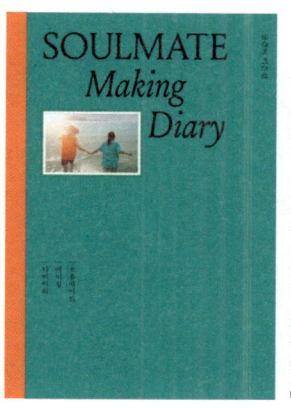

소울메이트: 메이킹 다이어리, 이은선, 2023

도한 시차가 아쉬웠다. 나는 한 명의, 그러니까 나라는 사람의 시선과 글쓰기를 경유한 하나의 영화 기록을 원했다.

　〈소울메이트〉는 〈안녕, 나의 소울메이트〉의 리메이크 소식이 들려올 때부터 관심을 가졌던 영화다. 〈혜화, 동〉을 연출한 민용근 감독이 메가폰을 잡는다고 했을 때는 그의 섬세함을 믿었다. 영화가 어떻게 완성될지 모르는 채로 프로젝트를 시작해야 하기에 믿음직한 연출가의 작품이어야만 했다. 기왕이면 오랜 작업에 지쳐 나가떨어지지 않도록 믿을 만한 파트너가 있어야겠다는 생각도 했다. 일반 출판사보다는 영화와 출판 양쪽 모두에 이해가 깊은 이들이었으면 했다. 그렇게 가장 먼저 제안을 드린 곳이 플레인아카이브(PLAIN ARCHIVE)다. 플레인은 블루레이 전문 제작회사로 출발해 '영화를 간직하는 가장 아름다운 방법'이라는 기조 아래 다양한 출판물로도 영역을 넓혀 가는 중이었다. 다행히 '좋은 기록'을 향한 갈망이 맞아떨어졌다. 이후 플레인과 공동 기획의 형태로 제작사와 배급사에 이 프로젝트를 설명하고 설득하는 과정을 거친 뒤, 영화가 크랭크인한 2020년 하반기부터 취재가 시작됐다.

　제작자와 감독, 주연 배우들과 키 스태프 등 인터뷰를 거친

장시간의 녹취 기록은 1차로 대강 솎아 내도 A4로 300페이지가 넘는 분량이었다. 일일이 검토한 메이킹 영상과 사진 데이터의 양 역시 상당했음은 말할 것도 없다. 그걸 가장 효과적으로 재구성하고 가독성을 고려한 문장들로 만들기 위해 오래도록 고민한 결과가 지금의 형태다. 이리저리 뜯어본 시나리오, 말끔하게 정리되지 않은 생각과 영화의 키워드를 잔뜩 나열한 메모들도 늘 함께였다. 텍스트는 전부 내 책임이었지만 눈에 보이게 만드는 일은 차원이 다른 영역이었다. 소장하고 싶은 아름다움을 의해 플레인아카이브의 기획자들과 스튜디오 알트의 디자이너들이 긴 시간 공을 들였다.

그렇게 애지중지 완성한 『소울메이트: 메이킹 다이어리』가 날개 돋친 듯 팔리거나 영화업계에서 유의미한 평가를 들었는가 하면, 그건 아니다. 세상의 다른 모든 기록물과 마찬가지로 그런 게 있는 줄도 모르는 사람이 태반일 것이다. 나는 그저 하나의 모델을 세상에 내놓았을 뿐이라 생각한다. 아카이빙과 활자 물리 매체의 효용은 어쩌면 극소수만의 관심 영역이 아닐까 하는 합리적 의심과 회의감에 빠지는 순간은 이 책을 작업할 때도 지금도 여전히 많다. 동시에 스스로 과도한 의미의 강박에 갇히지 않도록 유연하게 접근하자는 다짐도 반복한다. 지금은 영화가 관객 각자의 언어로 해석되고 오랜 시간을 거치며 그들 삶의 일부로 자리하듯, 기록의 역할이 그 과정 어딘가에 존재하길 바랄 뿐이다. 더욱 풍성하게 영화를 기억하는 것을 돕는 자리에.

이은선
영화 저널리스트. 영화 전문지 〈스크린〉, 〈무비위크〉, 종합 일간지 〈중앙일보〉에서 취재기자로 일했다. 영화 인터뷰와 GV 진행, 방송과 비평 활동을 겸한다. 에세이집 『착해지는 기분이 들어』, 영화 〈소울메이트〉의 아카이빙 북 『소울메이트: 메이킹 다이어리』, 영화 리뷰집 『깊은 밤의 영화관』을 썼다. KBS1 라디오 〈이은선의 영화관 정여울의 도서관〉을 진행한다.

일련의 추천

– 당신의 머리와 가슴을 채워줄
영화·비영화 책의 목록

일러두기

– 도서를 추천하고 추천사를 쓴 필자: 박
  찬욱(영화감독), 정주리(영화감독), 정
  서경(시나리오 작가), 긴 중혁(소설가),
  박정민(배우) 고민시(배우), 손희정
  (영화평론가), 정성일(영화평론가)

1   『오너러블 스쿨보이 1, 2』
     존 르 카레 지음, 허진 옮김, 열린책들, 2022

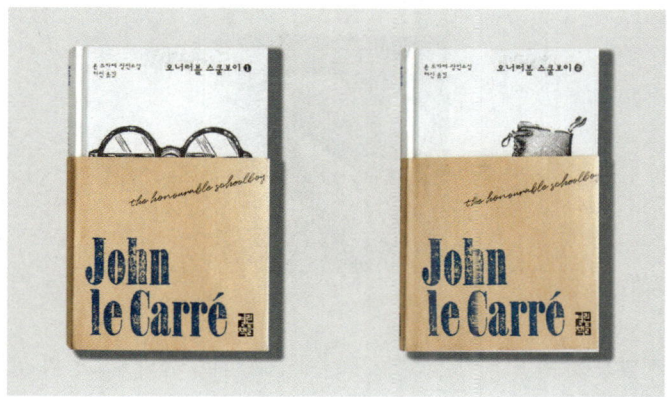

많은 장소, 많은 인물, 많은 사건, 복잡한 플롯의 미로 속으로 독
자를 끌고 들어갑니다. 철저한 취재를 통한 성생한 묘사와 마치
실존 인물인 양 느껴지게 만드는 캐릭터 창조로 압도합니다. 르
카레의 최대 야심작이죠. 이 작품으로 그는 그레이엄 그린과 어
깨를 나란히 하는 대작가가 되었다고 저는 감히 생각합니다.

2 『이민자들』
W. G. 제발트 지음, 이재영 옮김, 창비, 2019

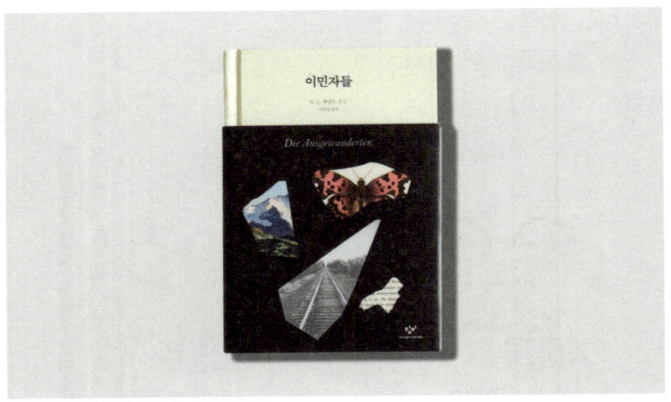

제발트를 왜 이제야 알았을꼬. 『아우스터리츠』와 『토성의 고리』에 이어 『이민자들』까지 발표 역순으로 읽어온 최근 몇 달, 저는 그저 탄식만 거듭할 뿐이었습니다. 제발트를 좋아하는 사람들은 몰래 혼자서만 좋아하는 모양입니다. 아무도 제게 추천하지를 않았어요. 물론 제 견문이 짧아서 못 들었을지도요. 뭐 어쨌든 이제라도 읽을 수 있어 다행입니다. 도무지 어디서도 본 적 없는 스타일로 글을 쓰는데 왜 이렇게 내가 겪는 일처럼 느껴지지?

3 『지속의 순간들』
제프 다이어 지음, 이정현 옮김, 을유문화사, 2022

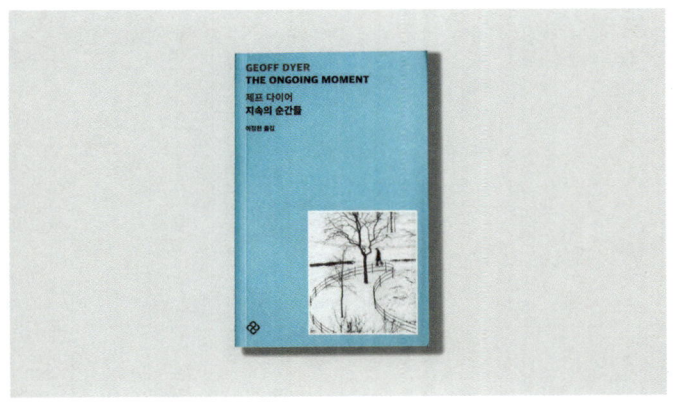

찍힌 사진을 언어로 설명한다는 일이 어떻게 가능한지 저는 몰랐습니다. 이 책을 읽기 전까지는요. 하긴 『그러나 아름다운』을 통해서 음악을, 그것도 클래식 음악도 아닌 재즈를 멋지게 설명해낸 다이어가 사진인들 그렇게 못할까요. 예술 작품에 관한 지적인 사유가 그 자체로 예술이 된 특별한 경우라 할 만하네요. 어설픈 창작자보다 통찰력을 가진 해설자가 훨씬 우리를 흥분시킬 수 있답니다.

4   『창백한 언덕 풍경』
가즈오 이시구로 지음, 김남주 옮김, 민음사, 2012

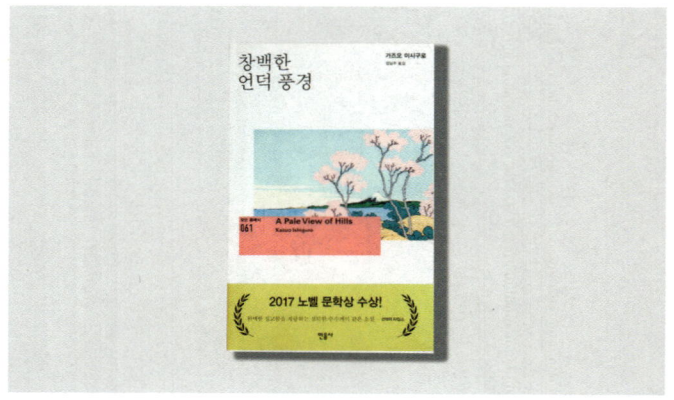

20대 청년이 이런 글을 썼다고요? 그저 잘 썼다는 이야기가 아니에요. 젊은 패기와 야심 대신 깊은 체념과 무기력증이 지배하는 작품이라서예요. 안개처럼 아지랑이처럼 꿈결 같은 분위기가 지배하지만 특정한 순간에는 무시무시한 묘사력으로 눈에 보일 듯 상황을 제시합니다. 아, 제가 왜 이제서야 이 책을 읽었을까요. 영화화 판권을 알아보았더니 이미 늦었더군요.

5 『괴물들—숭배와 혐오, 우리 모두의 딜레마』
　　클레어 데더러 지음, 노지양 옮김, 을유문화사, 2024

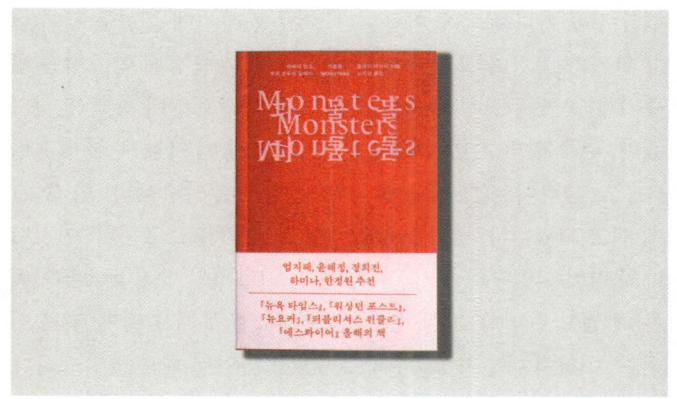

참 솔직하게 쓴 글입니다. 혼란스러운 마음을 있는 그대로 묘사하면서 힘겹게 사고를 밀고 나갑니다. 억지로 내리는 결론 따위는 없습니다. 그 과정 그대로를 음미하면서 따라가다 보면 이 시대의 젊은 여성 예술가, 예술 작품 소비자의 고민과 고통을 고스란히 느끼게 됩니다. 언뜻 보면 중언부언하는 듯도 한데 끝까지 읽다 보면 마음의 혼란을 실감나게 묘사하는 하나의 스타일임을 알게 되네요.

■ 추천: 정주리(영화감독)

한참 길을 가다 문득 돌아봅니다. 어두운 사위에 불현듯 겁이 나고 한기가 스치며 살갗이 떨립니다. 깜깜한 극장에 쏟아지던 빛줄기를 좇아 무작정 빠져들었던 어린 시절로부터 한참을 지나왔나, 너무 멀리 가버렸나 아득해지려는데 저 아래 아직 일정한 속도로 깜빡이는 그 빛을 봅니다. 반갑고 고맙습니다. 한 숨 크게 쉬고 되뇝니다. 영화를 생각하고 쓰고 만들고 있구나, 이것이 나의 일이 되었구나. 아 참 다행이다. 허겁지겁 달려들어 무엇이든 내 것으로 만들고 싶어 부딪혔던 때, 아무래도 힘에 부쳐 어쩌면 이 길이 아닌가 봐 하며 주저앉고 싶었던 때도 많았습니다. 그런 때마다 영화에서 떨어져 삶을 보고 세계를 마주하고, 있는 대로 감각하려 노력했습니다. 아주 넓고 깊고 때론 멀고 오랜 생각들, 모습들, 마음들과 만나는 일은 너무나 짜릿하고 아름답지만 위험하기도 했습니다. 영화를 생각하고 쓰고 만드는 일이 나 혼자 하는 싸움이 되어 지치고 외면하고 싶어 눈을 돌리는데, 언제나 매료된 한가운데에서는 지극히 영화적인 어떤 것을 찾고 있었습니다. 아니, 닿아 있었습니다. 그렇게 여지껏 나를 흔들고 들쑤시고 앗아가고 결국 사랑하는 영화로 돌아가게 했던 몇 권의 책을 소개합니다.

1 『종의 기원』

찰스 로버트 다윈 지음, 장대익 옮김, 사이언스북스, 2019

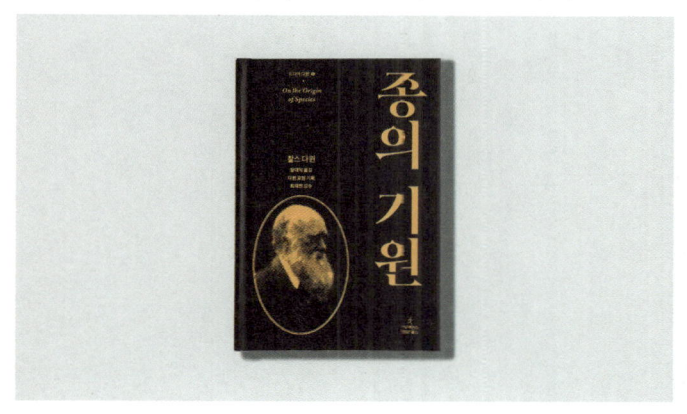

다윈이 직접 그린 커다란 나무 모양의 생명의 계통표를 보고 있노라면 자연히 그 뿌리에 관심이 쏠립니다. 한 점으로 수렴해가는 예의 그 '기원'을 찾을 수 있을 것만 같습니다. 그 과정에서 인종 간의 차이도, 사람과 개의 차이도 심지어 식물과 동물의 차이도 상쇄될지 모른다는 기대가 생깁니다. 뿌리를 향한 수직 추적의 끝에 생명의, 아니 우주의 기원이 있을 것만 같습니다. 그러나 정작 맨눈의 다윈이 주목한 것은 뿌리가 아니라 사방으로 뻗은 무수한 가지의 맨 끝이었습니다. 그의 관심은 우리가 (어쩌면) 하나에서 나왔지만 지금 이렇게나 다르고 앞으로도 얼마든지 달라질 수 있다는 것이었습니다. 생명은 한순간도 가만히 있지 않고, 가능한 새로운 장소로 뻗어 나가려 합니다. 새롭게 열리는 세계와 창조적으로 생겨나는 구조, 끝없는 변화의 가능성은 생명의 나무의 그 무수한 가지가 언제, 어디에까지 뻗어 나갈지 모른다는 깨달음을 줍니다. 더불어 지금, 여기 우리 삶의 현장에서도 누군가 차이로 인해, 남과 다르다는 이유로 고통받을 아무런 근거가 없다는 생각을 하게 합니다.

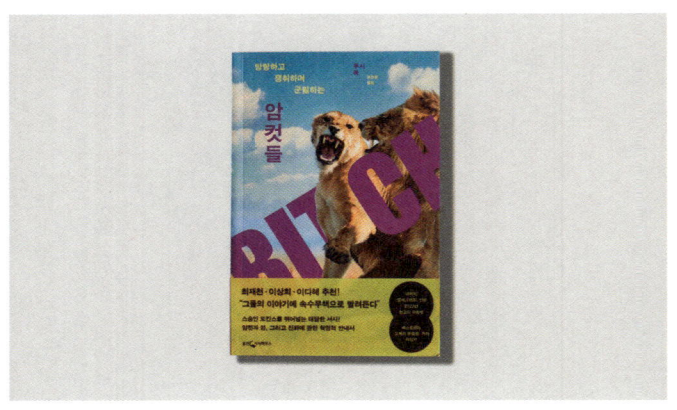

'방탕하고 쟁취하며 군림하는'이라는 부제가 붙었습니다. 원제는 'BITCH'. 숭고하고 위대한 모성이 가장 큰 지분을 차지하는 여성성이라는 것에 '잡년들'이라고 일갈부터 날립니다. 그리고 책을 읽는 내내 그 일갈이 얼마나 멋진 통찰인지 여실히 느끼게 됩니다. 자연 다큐멘터리와 TV 속 의인화된 미어캣 무리는 호의적인 집단생활을 하는 귀엽고 사랑스런 이들이 아니라 슈퍼 암컷을 중심으로 살벌하고 가혹한 번식 투쟁을 일삼는 광적인 살인자들이라는 결론에 이릅니다. 면밀하게 관찰된 동물들의 생식과 삶, 그리고 죽음의 과정은 인간이라는 고루한 틀을 당장 집어던지라고 요구합니다. 한번 깨닫기 시작하면 모든 것이 달리 보입니다. 모성, 여성, 성, 인간, 동물... 그동안 당연하게 여겼던 것들이 차례로 전복되는 것을 보며, 이제껏 어떤 세상에 살았던 것인가 고개를 절레절레 흔들게 됩니다. 매우 복잡한 것을 끈질기게 파고들어 낱낱이 분석하면 도저히 아니라고 여겼던 것들도 결국엔 이해하게 됩니다. 지극히 통쾌하고 아름답습니다.

3 『희박한 공기 속으로』
존 크라카우어 지음, 김훈 옮김, 민음인, 2007

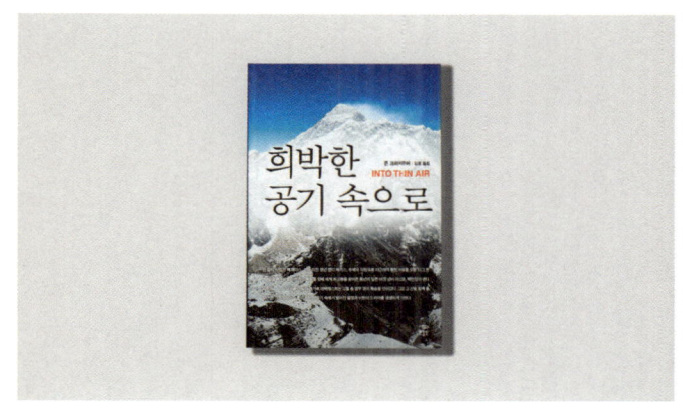

어느 답답한 하루의 끝. 한없이 가라앉으며 실시간으로 더해지는 무게를 느끼는 어떤 날. 도무지 잠이 오지 않습니다. 술을 마시고 흐릿해지고 싶지도 않습니다. 든하고 피곤한 신체와는 대조적으로 의식은 더욱 쨍하고 날카로워지기만 합니다. 그런 때, 미미한 조명 아래 온몸이 잠길듯 소파에 묻혀 멀고 높은 산을 오르는 일을 생각합니다. 세상에서 가장 높은 곳에 이른 사람 저마다의 필요와 이유, 전혀 예상치 못했던 것들과의 만남, 돌연 닥치는 위기, 그리고 당연한 죽음. 산소가 없어 혼미한 가운데 크리스털 클리어로 또렷해지는 의식. 일순간 뼈와 살을 가진 신체와 발아래 만 리 낭떠러지와 세상 한가운데 솟은 이 한 점의 경계가 사라지고 순수한 정신만이 남습니다. 산의 혼과 지구의 혼과 인간의 혼이 맞닥뜨리며 알 수 없는 시간과 공간에 부유합니다. 이 책 이후로 한동안 탐닉하듯 높은 산에서 쓰인 글들, 오지로부터의 육성들, 맨몸으로 극지에 간 이들의 기록을 찾아다녔습니다. 희박한 공기 속으로 기꺼이 걸어 들어가는 것에 관하여, 위험에 매혹되는 것에 관하여 뛰는 가슴으로 반응하게 됐습니다.

4   『아직 멀었다는 말』
    권여선 지음, 문학동네, 2020

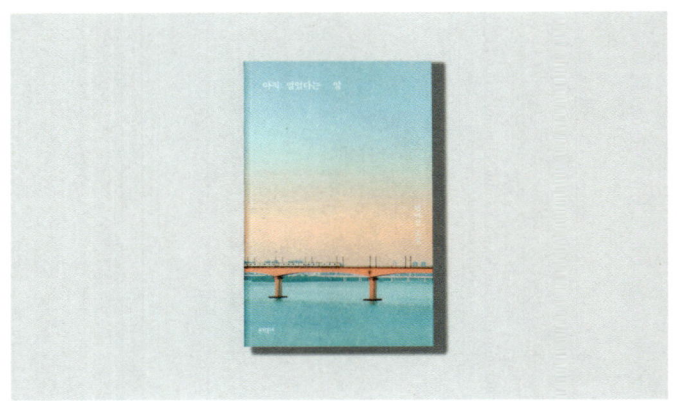

권여선 작가의 글이 너무 좋습니다. 그 묘사의 정확함과 냉정함에, 정말 냉정해서 차라리 고마운 마음이 듭니다. 얼마나 봤으면 얼마나 생각했으면 이렇게 쓸 수 있을까 합니다. 2019년 이 책에도 수록된 「손톱」이라는 단편을 읽고 한동안 멍했습니다. 스무살이 갓 넘은 여성이 노동하며 제 어깨에 진 짐을 감당하며 어쩌지 못해 어떻게든 하고 있는 모습에 한없이 짠했습니다. 그녀 혼자만의 특수한 상황도, 이 모든 것이 우연도 아니었습니다. 소설이 직접 말하고 있지는 않지만 주인공을 둘러싼 그 모든 것이 마치 지독한 필연의 연쇄처럼 그녀를 가두고 있었습니다. 그리고 가장 슬픈 것은 그 모든 것이 이해가 된다는 것이었습니다. 전혀 모르는 이의 불행과 슬픔과 그럼에도 불구하고 품어 보는 작은 희망. 어쩌면 더 큰 절망이 될. 소설 속 그 아이의 이름을 마음에 새겨 두었습니다. 그리고 2021년 〈다음 소희〉의 시나리오 작업을 시작하며 바로 그 이름을 떠올렸습니다. 손톱에 송곳이 박힌 소희. 그렇게 두 소희가 만났으면 좋겠습니다.

안드레이 타르코프스키 지음, 김창우 옮김, 분도출판사, 1991

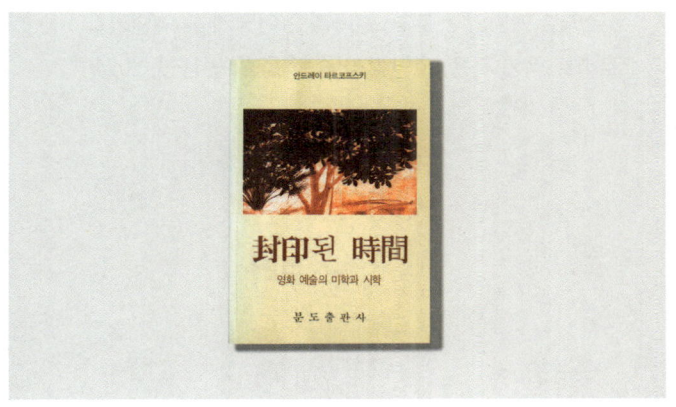

어려서부터 영화를 좋아하고 공부하고 만들고 있습니다만, 아직도 영화란 무엇인지 영화적인 것이란 무엇인지 누군가에게 설명하라고 하면 입만 벙긋벙긋합니다. 무언가 어떤 동력에 의해 분명히 하고는 있는데 좋은 언어로 정리되지 않는 답답함이 있습니다. 막연히 '나에게 가장 중요한 것은 감정의 지극한 현실성이야.' '그것을 담는 순간을 찾고 표현해 내는 것이야.' 합니다만 적확한지 모르겠습니다. 그런 때 『봉인된 시간』을 다시 보았습니다. 막연했던 것들이 명료해지며 제자리를 찾아가는 것 같았습니다. 오래전 다른 곳의 이 사람이 지금 막 내 맘속에 들어왔다 나간 것처럼 영화 만들기에 대해 완전히 일치하는 생각을 만났습니다. 그와 같은 영화를 만드는 일은 제겐 영영 도달하기 힘든 과제이지만, 속을 다 들여다보고 있는 친구이자 스승이 있는 것 같아 아주 든든하고 고맙습니다.

1   『로버트 맥키의 스토리: 시나리오 어떻게 쓸 것인가』
     로버트 맥키 지음, 고영범·이승민 옮김, 민음인, 2024

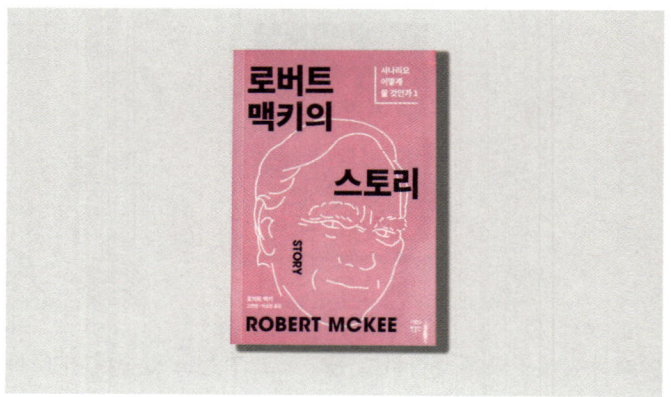

내 책의 434페이지부터 447페이지까지는 너덜너덜하다.* 나는
시나리오의 절정 부분에 닥치면 언제나 절망에 빠지고, 그럴 때
마다 이 책을 펼쳐 시나리오 구성의 위기–절정 부분을 절박하게
다시 읽기 때문이다. 매번 놀란다, 이 책이 알려주는 작법의 진
실함에.

---

*   정서경 작가가 실제 추천한 책은 2002년 출간된 구 버전의 『Story: 시나리오 어떻게
     쓸 것인가』이다. 여기에서 언급한 페이지 역시 2002년 버전을 기준으로 하고 있다.

2   『토지』

박경리 지음, 다산책방, 2023

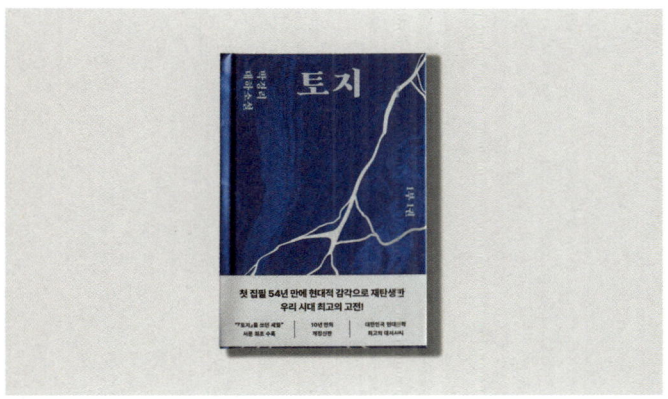

비록 끝까지 다 읽지는 못 했지만, 매번 처음부터 다시 읽을 때마다 이 책이 나에게는 한국 문학사상 '올타임 넘버원'이라는 생각을 한다. 그냥 읽은 부분만으로도.

3 『산다는 것은』
안톤 체호프 지음, 남혜현 옮김, 작가정신, 2003

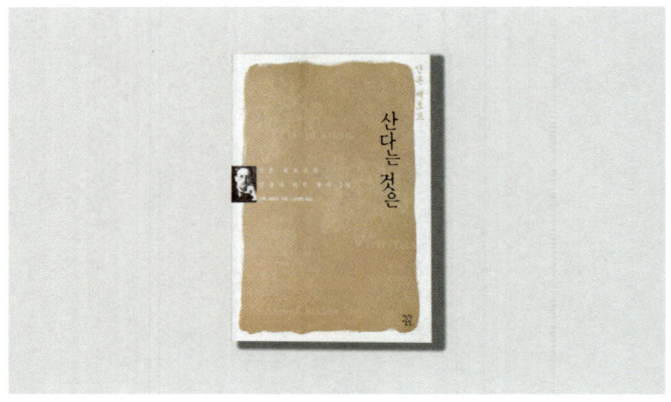

나는 그냥 체호프를 사랑한다.

4   『주기율표』
    프리모 레비 지음, 이현경 옮김, 돌베개, 2007

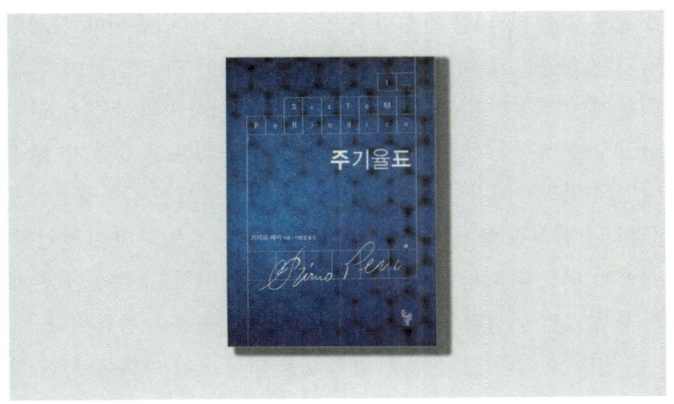

이 책의 몇몇 구절을 외고 있다. 등산을 하거나, 오래 걷거나, 힘
들 때 갑자기 불쑥불쑥 떠올라 중얼거린다. 일부러 외운 게 아니
다. 너무나 충격적이거나 아름다운 문장들은 몇 번 읽지 않아도
우리 머릿속에 콱 박혀버리는 것 같다.

■ 추천: 김중혁(소설가)

소설을 읽을 때 뇌는 자신만의 영화를 상영한다. 종이에 인쇄된 글자는 허공으로 떠올라 소리가 되고 풍경이 되고 인물이 된다. 처음에는 초점이 맞지 않는 듯 모든 게 희미하지만 소설을 읽어 나갈수록 영상은 또렷해진다. 세상 그 누구와도 공유할 수 없는 나만의 영화관이다. 소설 원작으로 영화를 만드는 감독들은, '자신의 뇌 영화관'을 공유하려는 사람들이다. 흐릿하게 보였던 주인공의 외모를 바탕으로 실제 배우를 캐스팅하고, 현실에 존재하지 않았던 풍경과 장소를 직접 설계, 구현하는 사람들이다.

원작 소설과 그 소설을 바탕으로 만들어진 영화를 함께 볼 때 창작자의 머릿속으로 들어가 볼 수 있다. 어떤 내용을 끝까지 지켰고, 어떤 걸 바꾸었는지, 또 무엇이 추가되었고, 어떤 걸 비틀었는지 비교해 보면 비밀을 들여다볼 수 있다. 비포-애프터 사진을 놓고 비교하는 것처럼 단순한 일이 아니다. 보이지 않는 것도 보아야 한다. 사라진 것도 되살려 와야 한다. 우리의 몸이 소설 속 문단 사이에 인쇄된 글자처럼 가지런히 누운 다음 함께 허공으로 떠올라 영화의 공간 속으로 들어가 보아야 한다. 나는 그런 식으로 영화를 사랑하는 법을 익혀 나갔다.

1 『대프니 듀 모리에-지금 쳐다보지 마 외 8편』
대프니 듀 모리에 지음, 이상원 옮김, 현대문학, 2014

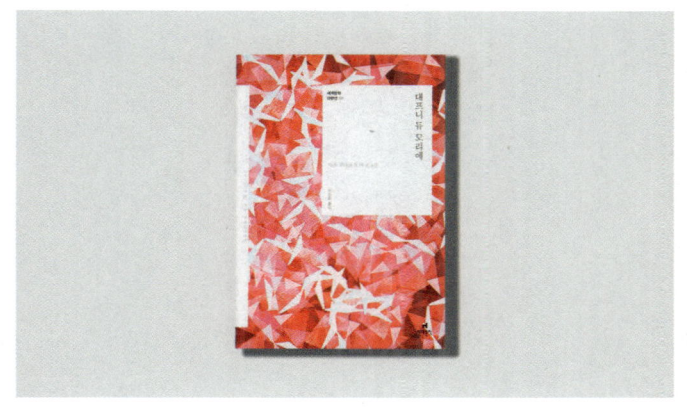

앨프리드 히치콕 감독 〈새〉의 원작이 수록돼 있다. 히치콕의 〈새〉도 무섭지만 원작의 무시무시함이 더욱 소름 끼친다. 종이에서 잉크로 날아오른 새는, 각자의 상상에서 가장 무시무시한 형태로 변모하여 우리의 뇌를 쪼아댄다. 히치콕 감독은 대프니 듀 모리에의 소설 『레베카』, 『자메이카 여인숙』 등도 영화로 만들었다. 소설집에는 니콜라스 뢰그 감독의 〈쳐다보지 마라〉의 원작인 「지금 쳐다보지 마」도 수록돼 있다. 소설은 이렇게 시작한다. "지금 쳐다보지 마." 곁눈질로 누군가를 관찰할 때 나누는 대화다. 우리는 안 보는 척하면서 이야기의 세계로 빠져든다. 소설을 읽다 보면 감독들이 왜 대프니 듀 모리어를 사랑했는지 알 수 있다.

2 『닐 게이먼 베스트 컬렉션』
닐 게이먼 지음, 정지현 옮김, 하빌리스, 2023

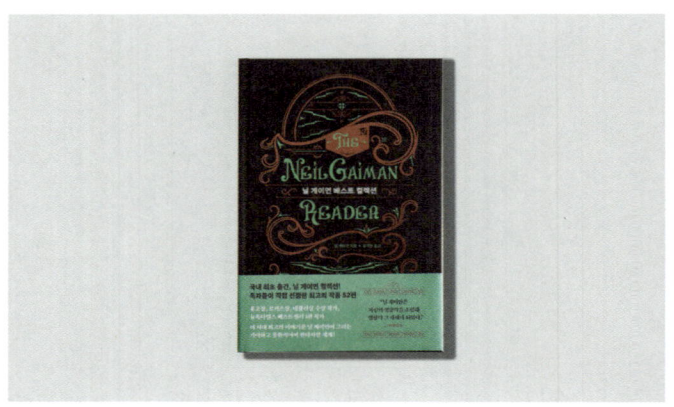

닐 게이먼의 「파티에서 여자에게 말 거는 법」은 아주 짧은 단편 소설이다. 주인공이 외계인 '트리올레'와 이야기를 나눈다. 트리올레가 이렇게 말한다. "트리올레는 시 형식을 말해." 주인공이 묻는다. "네가 시야?" 트리올레가 대답한다. "네가 원하면 난 시이고 패턴이고 세상이 바다에 삼켜져버린 종족이야." 주인공이 묻는다. "한꺼번에 세 가지나 되려면 힘들지 않아?" 존 캐머런 미첼 감독은 짧은 소설을 바탕으로 대담한 영화를 만들었다. 〈런던 러브스토리〉는 시이고 패턴이고 영화라는 바다에 뛰어든 종족의 비명이다. "네가 영화야?"라는 질문에 "네가 원하면 난 영화고, 음악이고, 추상화이면서 춤이야."라고 대답하는 것 같다. 소설은 아름답고, 영화는 기이하다.

호르헤 루이스 보르헤스 지음, 송병선 옮김, 민음사, 2011

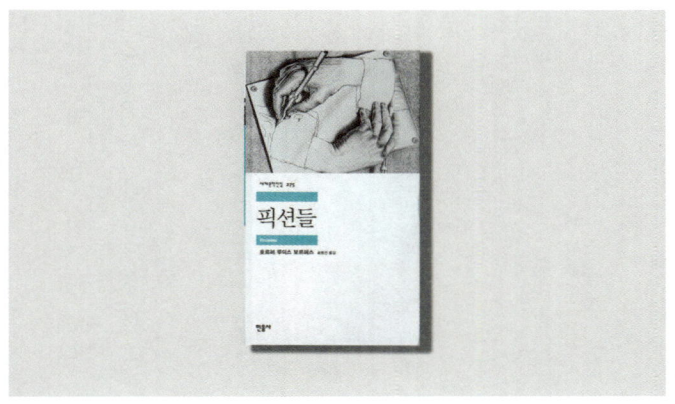

보르헤스는 서부영화를 좋아했다. 〈라이 눈〉을 좋아했고, 요제 프 폰 스턴버그 감독의 〈최후의 명령〉, 〈수사망〉을 좋아했고, 오 슨 웰스의 〈시민 케인〉도 여러 번 보았다. 보르헤스는 요제프 폰 스턴버그의 어두운 분위기와 복잡한 인물 관계에 영향을 받았다 고 말했다. 「장밋빛 모퉁이의 남자」를 쓸 때는 스턴버그의 스타 일을 흉내 내기도 했다. 소설에는 술과 밀롱가 춤과 여자와 욕이 흘러넘친다. 베르나르도 베르톨루치 감독은 보르헤스에게 푹 빠졌다. 보르헤스의 작품에 나오는 모호한 서사 구조를 사랑했 다. 보르헤스의 소설 「배신자와 영웅에 관한 주제」로 영화 〈거미 의 계략〉을 만들었다. 보르헤스는 소설에서 예이츠의 시구 "모 든 사람들은 무용수들"을 인용하고, 소설가 체스터턴을 찬미한 다. 〈거미의 계략〉의 중심에는 오페라 〈리골레토〉가 있고, 배신 자가 등장한다. 소설가는 영화를 사랑했고, 영화감독은 소설을 사랑했고, 그렇게 계속 이야기가 반복된다.

4 『파이 이야기』
얀 마텔 지음, 공경희 옮김, 작가정신, 2022

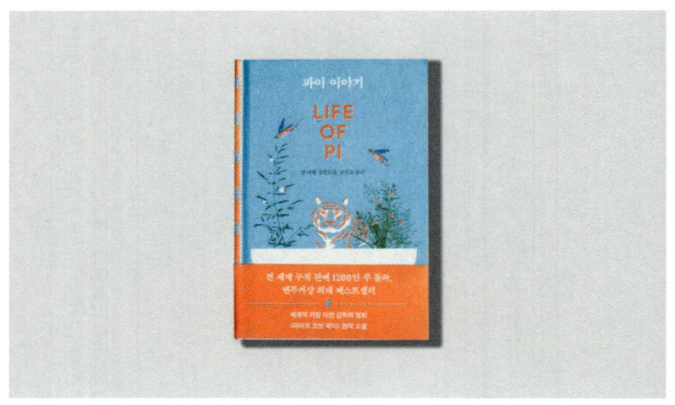

소설가 그레이엄 그린은 영화 제작자의 요청으로 〈제3의 사나이〉 각본을 완성했다. 이후에 이 각본을 바탕으로 중편 소설 『제3의 사나이』가 탄생했다. 소설을 바탕으로 영화가 만들어진 게 아니다. 시나리오 속의 배경과 인물 심리를 깊이 탐구하기 위해 소설을 쓴 것이다. 각본이 완성된 것은 1948년, 소설은 1950년에 출판됐다. 이안 감독의 〈라이프 오브 파이〉는 얀 마텔의 『파이 이야기』로부터 출발한 것이지만, 반대로 생각해 보는 것도 재미있다. 영화를 먼저 보고 소설을 읽으면 인물의 심리를 깊이 들여다볼 수 있다. 망망대해에서 파이는 어떤 생각을 했을까? 소설을 보면 된다. 소설가와 영화감독이 등을 맞대고 앉아서 누군가 들려주는 이야기를 각자의 방식대로 받아 적은 느낌이다. 둘 다 매력적이다. 소설에 나오는 문장으로 질문하게 된다. "어떤 이야기가 더 마음에 듭니까?"

5 『벌레 이야기』

이청준 지음, 문학과지성사, 2013

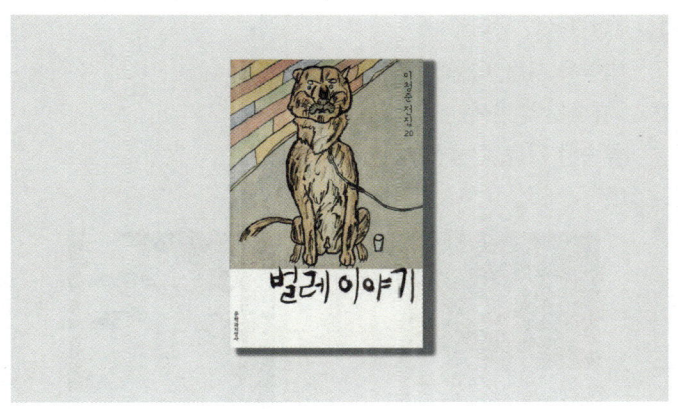

소설과 영화 〈밀양〉의 줄거리는 거의 똑같다. 어느 날 아이가 납치당하고, 며칠 후 시체로 발견된다. 용의자는 쉽게 자백한다. 거기서부터 이야기가 출발한다. 아이를 잃은 어머니는 종교에 의지하며 겨우 살아가다 살인자를 용서하자고 마음먹는다. 살인자에게 면회를 갔는데, 그는 이미 하나님에게 용서를 받았다고 한다. 소설 『벌레 이야기』의 화자는 남편이다. 남편이 아내의 슬픔에 대해 이야기하는 방식이다. 영화에서 남편은 중요하지 않다. 대신 김종찬이라는 사람이 등장한다. 김종찬이 하는 일은 거의 없다. 주인공의 그림자 같은 존재다. 주인공이 울 때 뒤에 있어 주고, 쓰러지려고 할 때 옆에 있어 주고, 혼자 머리를 깎을 때 거울을 들어 준다. 김종찬은 영화 〈밀양〉의 화자 역할을 하고 있다. 이야기를 들려주는 사람이 누군가에 따라 감정의 밀도가 이렇게 달라질 수 있다.

■ 추천: 박정민(배우)

1 『박찬욱의 몽타주』
   박찬욱 지음, 마음산책, 2022
2 『류승완의 본색』
   류승완 지음, 마음산책, 2008

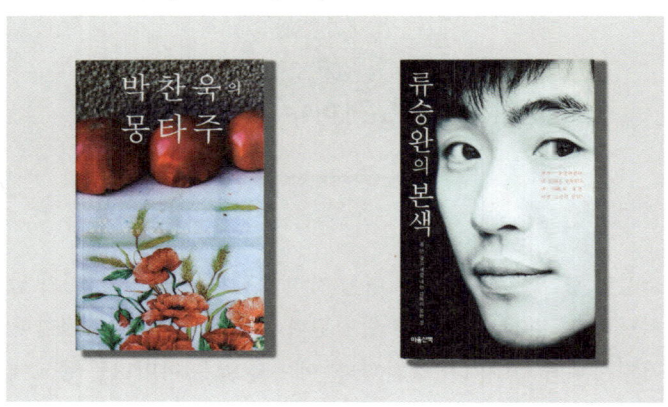

힘들 때마다 들춰 보는 책입니다.
한 분은 "괜찮아, 별거 아니야" 라고 하시고
한 분은 "시발, 내가 더 힘들었어" 라고 하셔서
어찌됐든 힘이 됩니다.
주어는 없습니다.

3 『장진 희곡집』『시나리오집』
장진 지음, 열음사, 2008

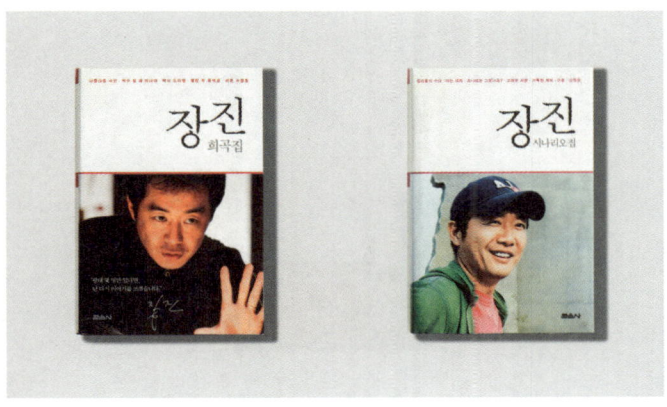

비틀린 소동으로 꽉 찬 이 책이 참 좋았습니다.
특히 「택시 드리벌」은 동기들과 자그마한 공연으로 만들어 올릴
정도로 사랑하는 작품이었습니다.

4 『딸에 대하여』
   김혜진 지음, 민음사, 2017

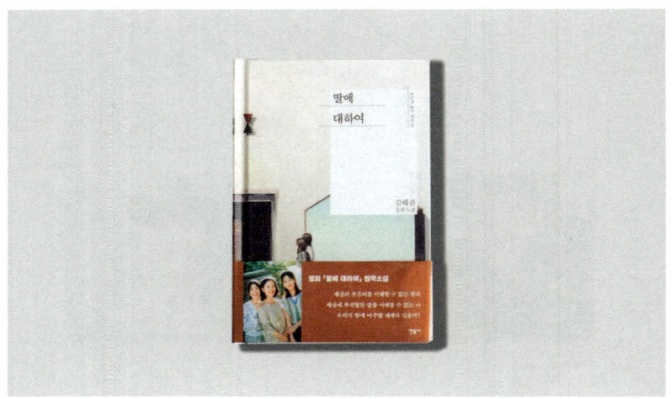

찬란하고 찰랑한 사랑하는 나의 어머니에 다 하여.
소설도 영화도 군더더기 없이 마음을 울립니다.
쌍따봉이요.

5   『살리는 일』
    박소영 지음, 무제, 2020
6   『자매일기』
    박소영·박수영 지음, 무제, 2024

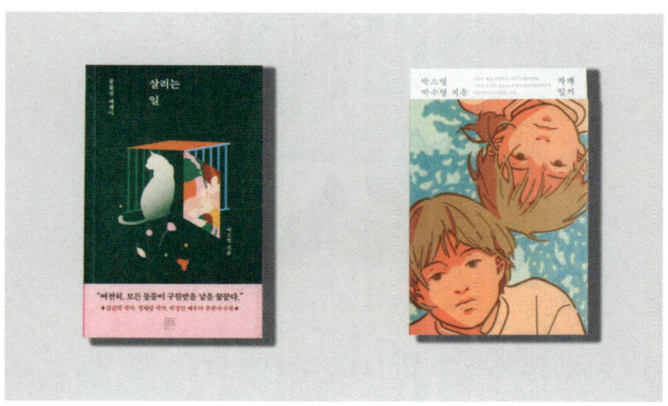

제가 운영하는 출판사에서 나온 책들입니다.
이 회사에서 나온, 그리고 나올 책들기 저의 영화 인생에 미칠
영향이 궁금합니다.

7   『웬만해선 아무렇지 않다』
     이기호 지음, 마음산책, 2016

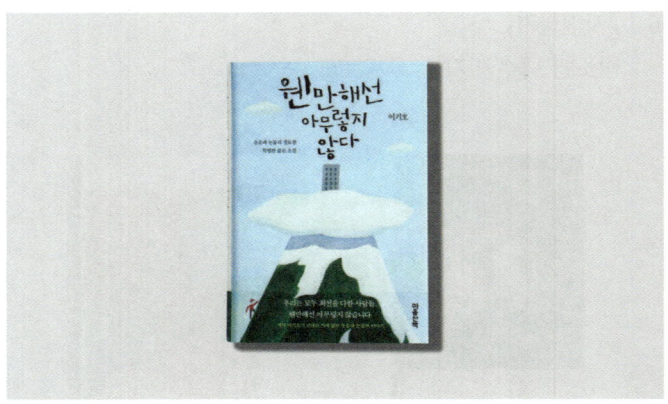

단편 영화거리가 쉴 새 없이 나옵니다.
친해지고 싶은데 작가님이 디엠을 안 받으세요.
작가님 디엠 좀 받아 주세요.

1 『우리가 겨울을 지나온 방식』
  문미순 지음, 나무옆의자, 2023

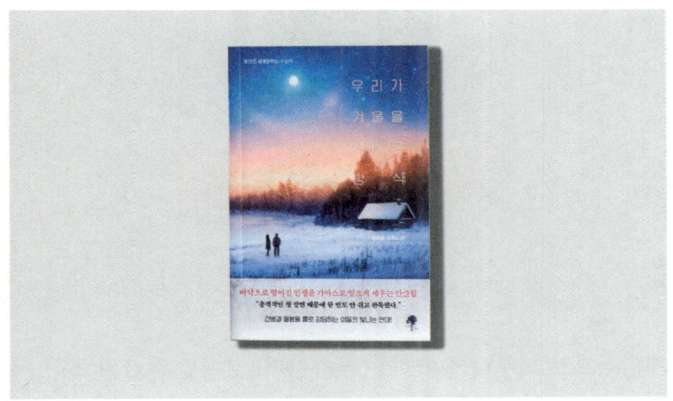

'책을 펼치는 순간 앉은자리에서 단숨에 다 읽을 수밖에 없다'는 얘기를 듣고 읽게 된, 취약 계층 혹은 우리들 사회에 대한 소설이다. 이 책은 내게 꽤 충격적이었고 마지막 장까지 놓을 수 없게 만들었다. 치매를 앓던 엄마가 돌아가시고 그동안 안간힘을 다해 간병해온 딸마저 삶의 끝을 선택하려 한다. 그 찰나, 딸은 엄마의 연금 입금 문자를 받고 엄마를 미라로 만들기로 마음먹는다. 부모의 죽음을 숨김으로써 자신의 삶을 돌보는 것을 선택한 딸, 그리고 사회가 이러한 이들을 지켜주지 못하는 안타까운 현실이 뼈가 시리도록 아팠다. 그들의 삶이 더 이상 춥지 않고 따뜻한 겨울을 보낼 수 있길 바란다.

2 『비행운』

김애란 지음, 문학과지성사, 2012

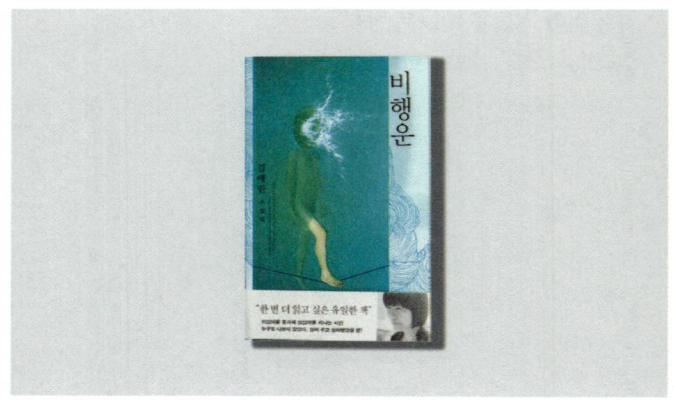

개인적으로 너무나 좋아하는 작가이며, 김애란 작가의 모든 작
품들 중 가장 좋아하는 책이기도 하다. 여덟 개의 단편소설을 묶
은 책으로, 읽는 내내 펑펑 울었고 여운도 정말 길었다. 행운이
라고는 보이지 않는 이들이 저마다의 불운을 안고 삶을 견뎌내
는 모습이 공허하고 건조하달까. 소외되고, 외로운 이들의 쓸쓸
한 이야기가 나의 삶을 다시 한번 되돌아보게 간드는 책이다.

3   『노르웨이의 숲』

무라카미 하루키 지음, 양억관 옮김, 민음사, 2017

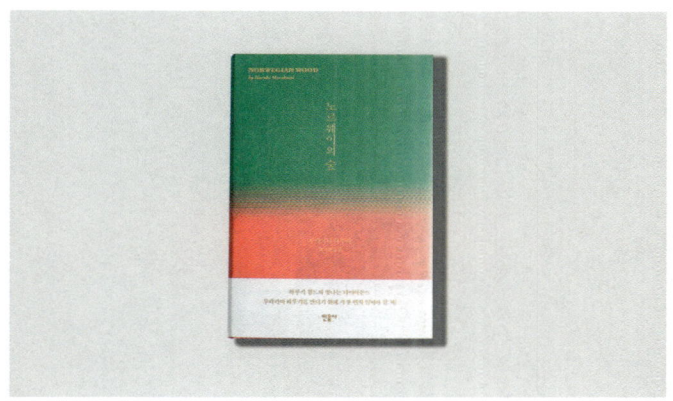

무라카미 하루키의 책을 읽을 때면 추적추적 여름비가 내릴 것만 같은 숲속의 숲 내음, 은은하게 불어오는 바람, 오크향이 가득한 위스키, 연초, 재즈 같은 것들이 자연스레 떠오른다. 부드러운 느낌의 문장과 이야기들이 오감으로 전해지는 듯한 강함이 공존한다. 『노르웨이의 숲』은 복잡한 인간관계, 사랑, 죽음, 상실에 대한 이야기이다. "삶의 한가운데서 모든 것이 죽음을 중심으로 회전했다."

4 『아몬드』
손원평 지음, 다즐링, 2023

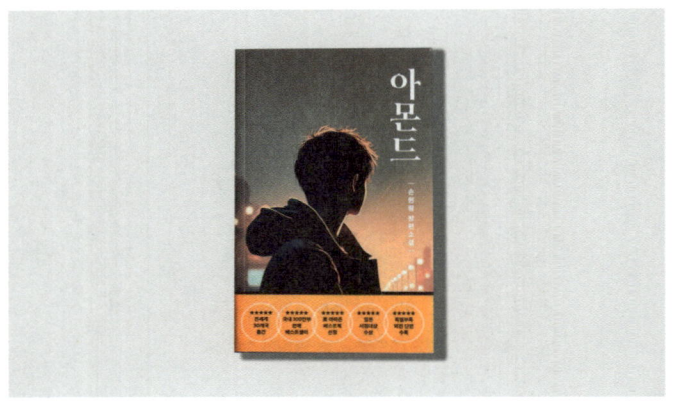

다 읽고 나서 이 책이 영화나 드라마로 만들어졌으면 하는 바람이 들었다. '아몬드'는 편도체를 의미한다. 아몬드를 갖고 터어 났지만 감정을 인식하지 못하는, 감정표현불능증을 지닌 아이가 감정이라는 것을 배워 나가는 성장 과정 속에서 함께하는 사람들의 사랑과 희망의 희로애락이 너무도 좋았다. 가장 좋아하는 구절은 주인공 윤재의 말. "느껴져. 내가 속삭였다. 그것의 이름이 슬픔인지 기쁨인지 외로움인지 아픔인지 아니면 두려움이 었는지 환희였는지 나는 알지 못한다. 다만 나는 무언가를 느꼈을 뿐이다."

5 『좋은지 나쁜지 누가 아는가』
류시화 지음, 더숲, 2019

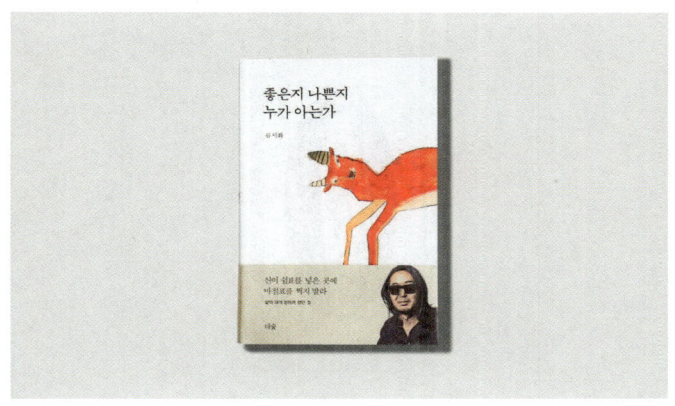

류시화 시인의 에세이다. 에세이 중에서 가장 좋아하는 책. 불안이 밀려오고, 이상한 감정들에 휩싸여 괴로워서 '긍정의 나'를 빚어내고 싶을 때 주기적으로 보게 된다.

"신이 쉼표를 넣은 곳에 마침표를 찍지 말라."

"의미를 찾을 수 있는 고통은 추락이 아니라 재탄생의 순간이고 새로운 여행의 시작이다."

6 『칵테일, 러브, 좀비』

조예은 지음, 안전가옥, 2020

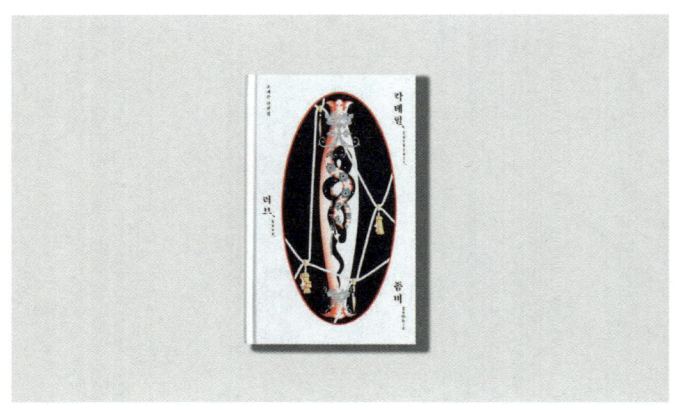

책 두께가 얇은 편이고 제목이 재미있어서 샀지만 기묘한 내용을 다룬 흥미로운 책이라서 더 매력적이었다. 네 개의 판타지 스릴러 단편소설들로 이루어져 있고, 사회 문제들을 가벼운 듯 무겁게 다뤄 좋았다.

시네필에게 책을 추천한다니, 쉬운 일은 아닙니다. 시네필이라
는 저 고색창연한 말에 이미 녹아들어 있듯 틱톡과 숏폼의 시대
에 여전히 시네필이기를 고집하는 사람들이라면 취향이 정체성
이고, 미감이 윤리학이며, 그에 대한 옹호가 정치인 사람들이기
때문입니다. 그건 나에게도 마찬가지입니다. 스스로 '시네필'이
라 생각해 본 적이 없는 '대중'이지만 그럼에도 불구하고 나는
"책들 속에서 내가 누구인지를 보여주고 싶다"는 욕망에 사로잡
히고 말았습니다. 여기 이 다섯 권의 목록이 이런 사사로운 욕심
으로부터 자유롭다고 말하기는 어렵겠습니다.

　　그럼에도 불구하고 "내가 누구다"보다는 "지금/여기에서
우리가 무엇을 공통감각(common sense)으로 공유해야 하는가"
를 중심에 놓고 목록을 뽑으려 고심했습니다. 다섯 명이 모이면
그 다섯이 본 영화와 드라마가 다 다른 시대입니다. 오히려 시
간의 분절이 연결을 가능하게 한다는 환상을 주는 20초짜리 틱
톡 챌린지와 서사가 소멸된 '밈'은 의외로 많이들 공유하고 있죠.
저는 그런 분자화가 변화의 열망이 생동하는 공유지를 형성하
곤 했던, 영화의 바로 그 역할을 부숴버렸다고 생각합니다. (어
쩔 수 없는 근대인인가요?) 공유지를 구축하는 일, 아니 공유지
로서의 영화, 우리가 그것을 회복할 수 있을까요? 이 자리에서
비평은 과연 무엇을 할 수 있을까요? 다섯 권의 책 목록과 함께
질문을 드립니다.

1 『치유라는 이름의 폭력 –
   근현대 한국에서 장애·젠더·성의 재활과 정치』
   김은정 지음, 강진경·강진영 옮김, 후마니타스, 2022

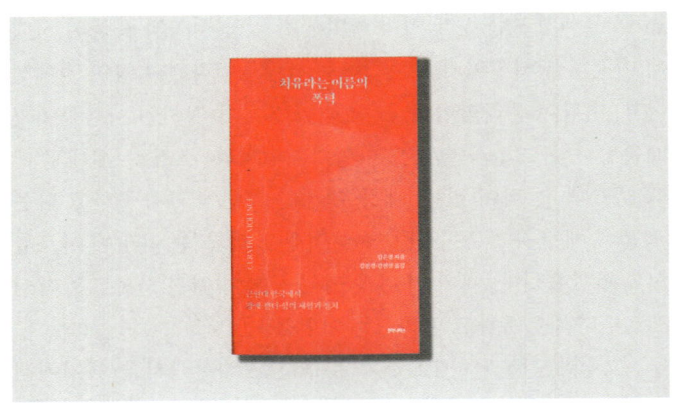

한국의 대중문화는 장애를 멋대로 전유해 대상화해 왔다. 식민
지배나 한국전쟁, 국가폭력 등 어떤 역사적 '실패'의 기억이 여
성화, 불구화되는 건 흔한 재현 관습이다. 물론 남성 중심적 세
계관 안에서 여성화는 이미 불구화의 결과다. 혹은 '장애 극복'
을 '성장'으로 묘사하고 이를 신파적 감동 포인트로 사용하길 즐
긴다. 지긋지긋할 정도다. 『치유라는 이름의 폭력』은 정치와 문
화적 재현, 그리고 사회운동 사이의 상호 작용에 주목하면서 치
유란 무엇이 '정상'이고 '건강'인가에 대한 이해를 만들어내는
하나의 행위이며, "추방된 몸들의 일부를 선택적으로 포섭"함
으로써 그 정상성의 경계를 강화하는 과정임을 보여준다. 저자
는 이렇게 말한다. "이 책은 낮지 않으면 사회에서 추방되어야
한다는 압력과 폭력으로부터 자유로운 삶, 그리고 장애와 질병
과 함께 살 수 있는 삶을 상상하기 위한 작업의 일부입니다." 우
리가 우리 방식대로 당당히 일어나는 이야기를, 더 많이 상상할
수 있다면 좋겠다.

　『헨리에타 랙스의 불멸의 삶』
　레베카 스클루트 지음, 김정한·김정부 옮김, 꿈꿀자유, 2023

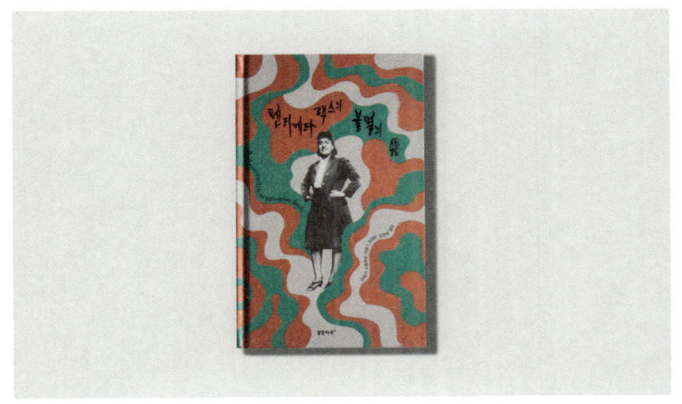

우리는 사이보그다. 다른 생명에 기대어 혼종으로 살아간다는
점에서 그렇다. 우리와 섞여 있는 놀라운 존재 중 하나는 헬라세
포. 1951년 존스 홉킨스 병원에서 자궁경부암 치료를 받던 중 사
망한 흑인 여성 헨리에타 랙스의 암세포다. 헬라세포는 24시간
마다 자생적으로 분열하고, 늙지도 죽지도 않으며, 무한히 증식
한다. '자연사'하지 않는 헬라 덕분에 인류는 소아마비 백신과
자궁경부암 백신을 비롯해 각종 난치병 치료제를 개발할 수 있
었다. 우리가 소아마비와 자궁경부암 등으로부터 다소간 안전
할 수 있다면 그건 헬라, 혹은 70년 전에 세상을 떠난 헨리에타
랙스 덕분이다. 그러나 아무도 이 흑인 여성의 삶에는 주목하지
않았다. 헬라는 〈서던 리치: 소멸의 땅〉에도 잠깐 출연하는데, 영
화가 주는 기이한 감각은 헬라가 보이는 '괴굴스러운' 확장력,
그리고 생명력과도 연결되어 있다.

3 『육두구의 저주–지구 위기와 서구 제국주의』
아미타브 고시 지음, 김홍옥 옮김, 에코리브르, 202?

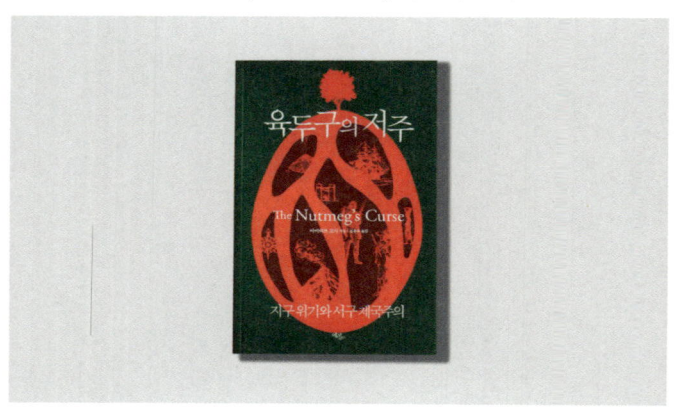

육두구는 유럽 제국주의 침략사의 정점을 장식하는 향신료다. 육두구 나무는 인도네시아의 반다 제도를 중심으로 번식했다. 1600년대 초 이 향신료의 가치를 깨달은 네덜란드인들은 육두구 무역을 독점하려 했고, 대대로 육두구를 재배하고 판매해온 반다인들은 다양한 수완을 발휘해 네덜란드의 무역 통제 시도에 저항했다. 하지만 네덜란드인들은 반다인을 "야수"(brute)라 낙인찍고 말살해 버린다. 『육두구의 저주』는 그 과정을 이렇게 묘사한다. "단 몇 개월 만에 자부심 넘치고 진취적인 무역 공동체였던 반다족은 더 이상 하나의 민족으로서 존재할 수 없게 되었다. 그들의 세계는 10주도 안 되는 기간 사이에 종말을 그했다." 그런데 무역 독점 후 육두구의 가치가 떨어지자, 네덜란드인들은 이제 반다 제도 외부에서 서식하는 육두구 나무를 말살하겠다고 나선다. 공급을 줄여 가치를 높이기 위해서였다. (선진국 혹은 1세계라는 판타지야말로 '야만'의 다른 말일 뿐이지 않은가?) 하지만 육두구는 어떻게든 살아남았다, 지금까지도.

260

4 『떠오르는 숨–해양 포유류의 흑인 페미니즘 수업』
   알렉시스 폴린 검스 지음, 김보영 옮김, 접측면, 2024

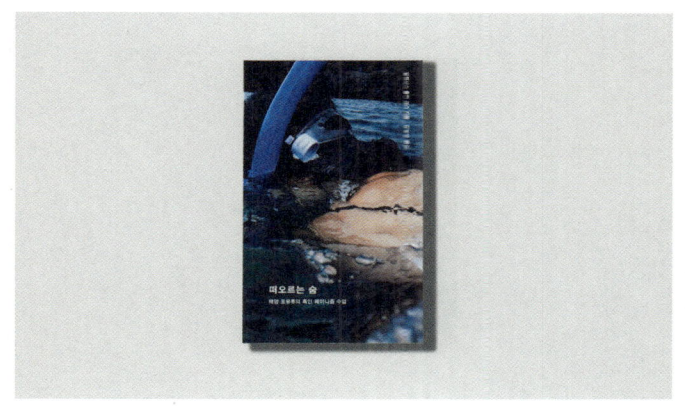

우리는 고래의 이야기에 진실로 귀를 기울여 본 적이 있을까.
1초에 2억 원이 들었다는 비싸디 비싼 악취미가 CG로 짜낸 인공
적인 이야기 말고 말이다. 그렇다, 〈아바타: 물의 길〉에 대한 이
야기다. 북반구 문명이 정복해서 죽여버린 것, 소멸시킨 것을 엄
청난 전기와 테크놀로지를 들여 또다시 가상 화면으로 되살려
놓고서는 "정말로 진짜 같지?"라고 과시한다니, 생각할수록 이
상한 일이다. 『떠오르는 숨』은 그와는 완전히 다른 고래 사람의
이야기다. 알렉시스 폴린 검스는 해양 포유류의 이야기를 듣는
다. 그리고 생태 위기의 시대에 여전히 '익사하지 않은
(undrowned)' 해양 포유류의 생을 통해 "인종, 젠더, 장애에 따
른 차별로 점철된 자본주의가 목을 조르는" 숨 쉴 수 없는 상황
에서 "노예제, 포획, 분리, 지배의 전철을 밟으며 숨 쉴 수 없는
대기를 계속 만들어가는 대신, 다른 호흡법을 연습하기 위한 가
능성으로 나아가자"고 제안한다. 그러므로 인류세에 '숨 쉬는
법'이란 북반구 중심적인 세계관을 넘어서면서 다양한 생명종
과의 공존, 공생을 모색하려는 노력이기도 하다.

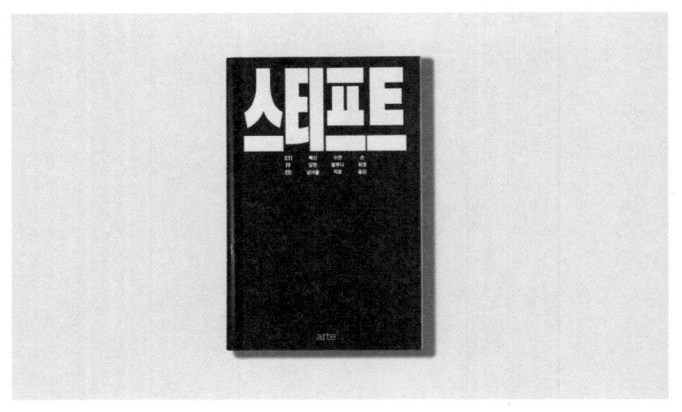

2016년 트럼프가 대통령으로 당선됐을 때, 수전 팔루디는 이렇게 말했다. "내가 이미 20년 전에 국가와 자본으로부터 배신당한 남자들의 분노에 대해 쓰지 않았는가." 그 책이 바로 『스티프트』다. 퓰리처상 수상자이자 미국의 대표적인 페미니스트 저널리스트인 팔루디가 6년에 걸쳐 미국 전역을 돌아다니며 수백 명의 남자들을 인터뷰해 정리한 책이다. 인터뷰 대상 중에는 '하드바디' 실베스터 스탤론과 〈람보〉 프로젝트에 연루되어 있던 영화인들도 있다. 2024년 미국 대선 결과가 어찌 되었든 (나는 이 글을 대선 전에 쓰고 있다) 『스티프트』는 지금 미국에서 벌어지고 있는 황당한 일들에 대해 많은 것을 설명해 준다. 물론 이 이야기는 미국에만 머물지 않는다. 온라인 대안우파의 등장, 하루가 멀다 하고 뉴스 면을 장식하는 여성에 대한 폭력, 인셀의 다중 살인. 뿐만 아니라 외국인 노동자에 대한 차별, 반동성애 집회, 동물권 운동이나 생태운동에 대한 비토 등 억울하고 화가 난 '어떤 남자'들이 이끌어가고 있는 사회의 보수화는 한국을 비롯한 세계 곳곳에서 동시다발적으로 진행되고 있다. 『스티프트』

는 그 뿌리에 무엇이 있는지 친절하게 보여준다. 한 가지 분명히 하고 싶은 것이 있다. '남성성의 신화'를 비판한다는 것은 "남자를 비판한다"는 말이 아니다. 구체적인 이름과 얼굴, 그리고 다양한 기질을 가지고 있는 남자들에게 강요되는 '진짜 남자'라는 만들어진 규범을 비판한다는 것인데, 팔루디가 밝히고 있는 것처럼 그런 신화야말로 남자들을 괴롭히고 나다움을 상실하며 삶에서 길을 잃게 만든다. 남성성의 신화야말로 남자들을 해치고 있는 셈이다.

■ 추천: 정성일(영화평론가)

나는 꽤 오래전에 이미 시네필들을 위한 영화책 추천 목록을 작성한 적이 있다.* 같은 목록을 두 번 제시하는 대신 여기서는 두 번째 판본을 작성했다. 그러면서 한 가지 원칙을 세웠는데 모두 2016년 이후에 한글로 출간된 책이라는 것이다(원저는 이미 훨씬 이전에 출간된 책이 포함되어 있다). 지나치게 고전적인 명단을 피하고 싶었지만 아무래도 당신 서가에 이 책들이 머물면서 언제라도 펼쳐보면 새로운 영감을 불러일으키고 이미 본 영화를 다시 바라볼 수 있게 일깨워줄 수 있는 목록이면 좋겠다는 바람을 담고 싶었다. 사실 책이라는 건 각자의 관심사에 따라 이끌리는 오솔길이기 때문에 항상 목록을 작성하기 망설여진다. 하지만 그 길을 함께 산책하면서 다정한 대화를 나눌 수 있는 누군가를 찾는 마음에서 여기 다섯 권을 골라 보았다. 물론 나와 전혀 다른 다섯 권을 고른 목록도 역시 궁금하다. 바로 당신의 목록.

*　〈영화천국〉 2016년 3/4월호, 48권, 33~39쪽, 한국영상자료원

1   『루이스 부뉴엘-마지막 숨결』

루이스 부뉴엘 지음, 이윤영 옮김, 을유문화사, 2021

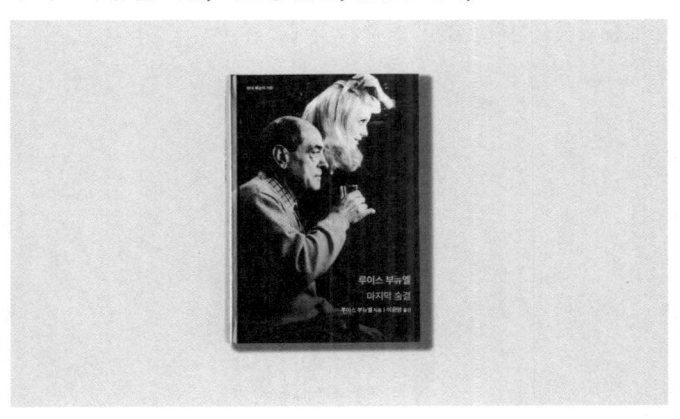

나로서는 안타까울 정도로 뒤늦은 번역이다. 기미 이 책을 (영어
번역본으로) 몇 번이나 읽었고, 부뉴엘에 관한 글을 쓸 때마다
이 책 여기저기서 인용하기도 했다. 하지만 여전히 이 책은 세월
을 견디는 부뉴엘의 헤아릴 수 없는 통찰의 순간들이 있다. 게다
가 이 위대한 예술가의 생애 전체에 걸친 수난을 따라가면서, 다
른 한편으로 거의 모험담에 가까운 삶 속의 유머를 바라보면서,
무언가 곤경에 처할 때마다 이 위대한 부뉴엘에게서 위로를 구
하게 된다. 영화를 선택하면 기다리는 건 수난이다. 영화의 함정
에 떨어졌다고 생각할 때마다 이 책을 읽게 될 것이다. 그러던
그 함정이 은총이라는 걸 알게 된다.

2 『뒤라스×고다르 대화』
마르그리트 뒤라스·장 뤽 고다르 지음, 신은실 옮김,
문학과지성사, 2022

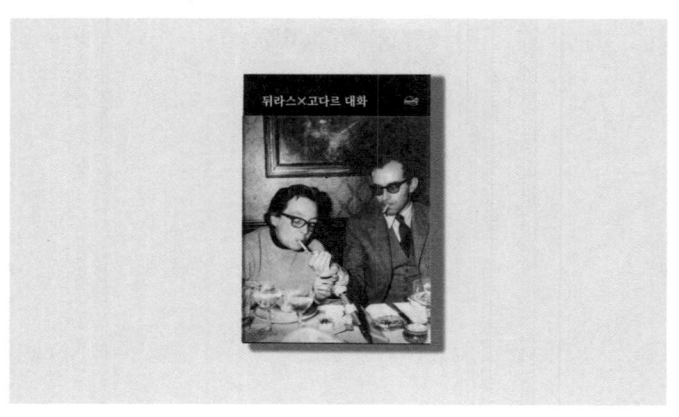

제목 그대로 마르그리트 뒤라스와 장 뤽 고다르의 세 번에 걸친
긴 대화를 담고 있다. 두 사람은 각자의 견해를 자유롭게 펼치지
만 서로의 견해에 항상 동의하는 건 아니다. 첫 번째, 그런 질문
이 가능하구나 라는 걸 배우고, 두 번째, 그 질문에 대한 두 개의
대답을 배우고, 그래서 종종 책을 읽다 말고 밑줄을 그은 다음
세 번째, 책 모퉁이에 내 생각을 메모하게 된다. 그러므로 이 책
은 세 번 읽는 책이다. 읽는 내내 당신을 영화에 관한 창조적인
상태로 고양시켜줄 것이다. 게다가 번역자는 전례 없이 꼼꼼한
주석을 달아 놓았다. 심지어 주석을 통해서 다시 대화의 문장 사
이의 행간으로 되돌아오기도 한다. 번역이라기보다는 주해서라
고 불러 보고 싶다.

3 『카메라를 끄고 씁니다–
   가족을 기록하는 다큐멘터리 영화감독의 특별한 삶』
   양영희 지음, 인예니 옮김, 마음산책, 2022

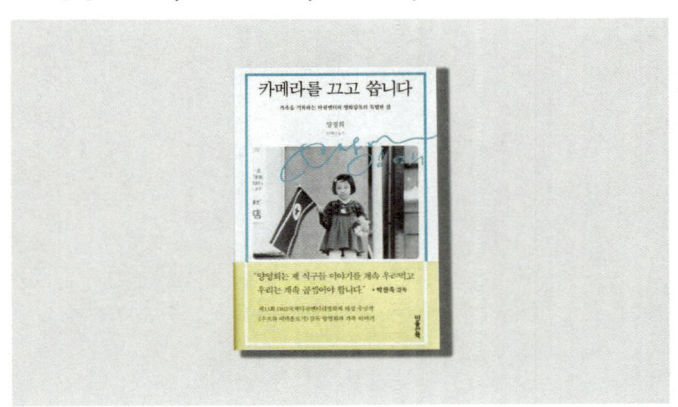

일본 오사카 '조선인 부락(朝鮮人 部落)' 이카이노에서 태어난
양영희는 부모가 조총련(朝總聯, 재일조선인총련합)이었기 때
문에 자연스럽게 조총련계 학교에서 교육 받았고, 그런 다음 도
쿄 조선대학교를 졸업하고 오사카 조선고급학교에서 국어를 가
르쳤다. 자라면서 세 명의 오빠가 조총련의 지시에 따라 차례로
북송선을 타고 북한에 간 다음 돌아오지 않는 것을 지켜보았다.
양영희는 자신의 가족 이야기를 찍기 시작했다. 먼저 양영희의
다큐멘터리를 보길 권한다. 그런 다음 이 책을 읽어 나가면 영화
가 담아 놓은 것을 다시 떠올리게 될 것이다. 영화와 영화를 만
드는 사람의 삶은 얼마나 가까이 있는가. 글기 담을 수 없는 무
엇을 영화가 담는가. 그것이 무엇인가. 그 대답은 '영화가 어디
서 시작되는가' 라는 질문으로 이끌 것이다. 경화의 존재론이라
는 이름 아래 쓰인 수많은 이론서 대신 나는 이 책과 영화를 당
신에게 권한다. 이론서가 안겨 주지 못한 눈물도 흘릴 것이다.

4 『존 포드론』
하스미 시게히코 지음, 박창학 옮김, 이모션북스, 2023

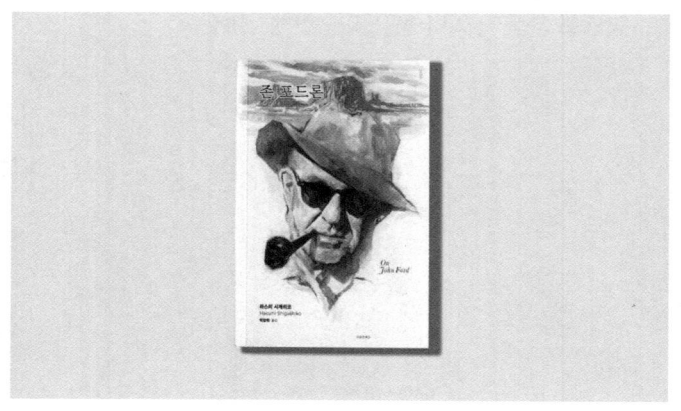

하스미 시게히코는 여기서 다시 한번 괴력을 발휘한다. (내 생각
으로) 오즈에 관한 책과 달리 이 책의 모든 내용이 훌륭하지는
않다. 하지만 제5장 '몸짓의 웅변, 혹은 포드와 '던지는' 것'을 읽
고 나면 영화평론을 쓰는 누구라도 절망감에 빠졌을 것이라고
단언할 수 있다. 내가 모든 하스미 시게히코의 글을 읽은 건 아
니지만 (너무 많이 썼다) 이 글이 이제까지 읽은 중에서 최고였
다. 내가 만일 영화비평 선집을 편집하는 자리에 간다면 무조건
이 글을 포함할 것이다. 주의할 점. 읽고 나면 누구라도 아이디
어, 혹은 문체, 주제를 발전시키는 방법, 하여튼 모든 점에서 변
주하듯이, 때로는 영화만 바꿔서 옮겨 쓰고 싶어진다. 그러니 부
디 두 번 읽지 말 것. '영화비평이란 무엇입니까' 라고 누가 내게
묻는다면 나는 이 글이라고 대답할 것이다.

5 『타르콥스키, 기도하는 영혼』
안드레이 타르콥스키 지음, 이다혜 옮김, 알마, 2023

이 책을 읽기 전에 준비가 필요하다. 먼저 일곱 편의 안드레이 타르콥스키의 영화를 모두 보아야 한다. 그런 다음 아들 안드레이 A. 타르콥스키가 만든 아버지에 관한 다큐멘터리 〈타르콥스키, 기도하는 영혼〉을 보아야 한다. 이 책은 이 영화에서 타르콥스키가 그 자신의 영화에 관해 한 말의 녹취다. 단 한마디도 허튼 말이 없다. 아니, 그 반대로 자신의 영화에 담아 놓은 그 무언가를 다시 한번 말로 우리에게 돌려주기 위해 거의 그 자신의 영혼을 쥐어짜듯이 말한다. 그래서 말을 글로 옮긴 이 책은 마치 구어체 시집과도 같다. 이 책을 읽다 보면 자신도 모르게 낭독하게 될 것이다. 그래서 이 위대한 영혼에 조금이라도 가까이 다가가고 싶어진다. 이 책은 선물이다.

16명 필자가 추천하는 영화도서

일러두기

- 도서를 추천하고 추천~를 쓴 필자: 권
  세미, 금정연, 문성경, 손희정, 이다혜,
  이도훈, 이상용, 이승민, 이주라, 이지
  수, 정경담, 정대건, 정종화, 차한비, 하
  승우, 황미요조
- 일러스트: 황상준
- 이 내용은 한국영상자료원 기관지 〈아
  카이브 프리즘〉 6호(2021년 가을)에 게
  재된 바 있다.

■ 『이미지의 폭력』
올리비에 몽젱 지음, 이은민 옮김, 동문선, 1999

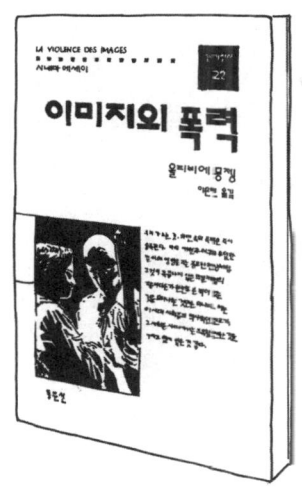

"가장 견디기 힘든 폭력은 가장 통증이 없는 폭력이다. 스크린 위에서는 폭력이 더 광적이 돼가는 반면 관객들은 무감각에 길들여지고 있다." 이 책을 쓴 올리비에 몽젱은 영화 이미지의 폭력성과 무뎌지는 관객성을 우려스럽게 바라본다. 저자는 스크린이 관객들 혹은 시청자들에게 별도의 지대, 환상의 공간으로 여겨지면서도 한편으로 우리의 무의식에 위중하게 기여하고 있다는 위험한 사실을 지적한다. 영화 속의 폭력은 때때로 아주 직접적이고 거침없는 형태로 재현되고, 우리는 안전한 극장 혹은 일상생활의 공간에서 폭력 이미지를 무차별적으로 수용하고 있다. 그러나 폭력의 화면들이 파생시킨 현실의 폭력을 맞닥뜨렸을 때 우리는 그것을 일시정지할 수도, 외면할 수도, 스트리밍을 종료시킬 수도 없는 상태로 속수무책이 된다. 나아가 폭력의 이미지들은 우리를 폭력의 주동자로 전락시킬 수도 있다. 몽젱은 이러한 문제의식을 다만 제시하는 것에서 그치지 않고, 이미지가 폭력을 어떻게 다루어야 파국에서 벗어날 수 있는지에 대한 적절한 대안의 사례들을 제시한다. 국역된 지 스무 해 이상이 지난 책이지만 『이미지의 폭력』이 전언하는 바는 여전히 시의적이고 유효하다.

■ 『스크린 앞에서 투덜대기』
듀나 지음, 문학과지성사, 2001

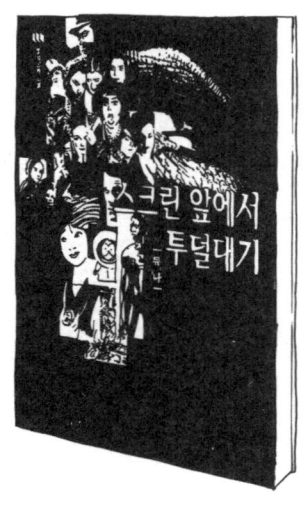

작가 듀나가 1990년대 후반 〈씨네21〉을 비롯한 잡지와 통신망에서 발표했던 글을 엮은 책으로, 2001년 '문지 스펙트럼' 시리즈를 통해 출간되었다. 서문에서 작가는 책에 실린 글 중 "몇몇은 시효가 지났"다고 밝힌다. 영화를 둘러싼 환경은 거듭 변화했고, 영화 역시 때마다 새로운 옷으로 갈아입기를 요구받았다. 그렇다면 영화에 관한 글은 얼마나 빠르게 휘발될까? 불과 몇 년이 지났을 뿐인데도 유효 기간을 장담할 수 없다면, 지금 관객의 눈에 90년대 '스크린 앞'과 PC통신 게시판을 오가며 쓴 칼럼은 옛날 옛적 이야기처럼 보일 수도 있겠다. 하지만 바로 그런 이유에서 이 책은 당시 영화를 향유했던 관객의 정서와 대중문화 환경을 들여다볼 기회를 준다. 온라인 공간에서 맞닥뜨리는 소외감, 리얼리티 부재에 관한 의

구심 등 여기 모인 글들은 동시대를 적극적으로 반영하는 동시에, 영화를 접하고 소화하는 또 다른 방식을 소개한다. 무엇보다 '투덜대기'라는 태도가 매력적이다. 작가는 〈접속〉(장윤현, 1997)에서 재현한 PC통신 로맨스와 실제 통신망에서 주고받는 대화 사이에 얼마나 큰 괴리가 발생하는지 지적하고, 험프리 보가트에서 리어나도 디캐프리오에 이르기까지 유구하게 이어져온 남성 캐릭터의 전형성을 "똥들의 변천"이라고 짚어낸다. 이는 "툴툴거리며 불편함을 상기시키는" 일이고, 불평과 불만은 종종 "대안을 제시할 능력이 없는 대다수의 사람들이 구체적인 변화에 참여할 수 있는 유일한 길"이 된다. 눈앞에 놓인 세계를 어떻게 옹호하고 반박할지 실마리를 제공하는 책.

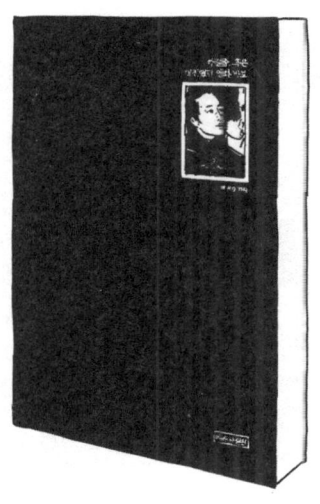

하길종의 영화세계에 관한 독보적인 연구서. 저자는 영화감독 하길종을 신화의 자리에서 과감히 내려놓고 서술을 시작하지만, 이 책을 다 읽고 나면 한국영화의 가장 어두웠던 시기, 그가 얼마나 특별한 존재였는지 알 수 있다. 하길종은 1972년 〈화분〉으로 충무로 영화계에 데뷔한 후 1979년 〈병태와 영자〉까지 모두 7편의 영화를 남기고 38세에 요절했다. 그가 한국에서 영화를 만든 시기는 한국사회가 마치 병영과도 같았던 유신체제 기간과 정확히 겹쳐진다. 미국으로 유학을 다녀온 하길종은 그의 영화가 동시대 영화미학의 최전선에 위치하고 있음을 증명하고 싶었지만, 결국 관객들과 만난 영화는 혹독한 검열로 만신창이가 된 채였다. 하길종의 필모그래피에 대한 저자의 해설을 끝까지 따라가면 우리 앞에는 1970년대 한국영화의 전체상이 펼쳐질 것이다. 하길종의 영화는 70년대 한국영화사의 본질에 다름 다니다. 돌이켜보니 이 책은 2000년대 중·후반 한국 영화학계가 비평 작업으로도 한국영화사 연구에서도 가장 치열했던 시점의 산물이다. 영화평론가이자 영화사 연구자인 저자의 문장은 이제 더 노련해졌지만, 젊은 날의 호기로움과 열정이 빛나는 이 책의 의미가 더 소중하게 느껴지는 지금이다.

■ 『밝은 방』
　　롤랑 바르트 지음, 김웅권 옮김, 동문선, 2006

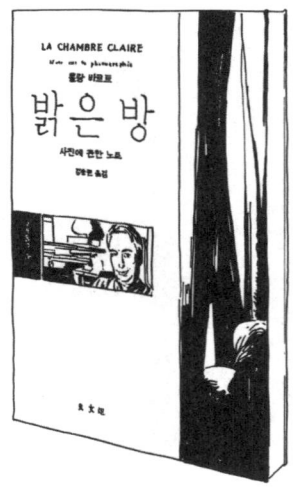

롤랑 바르트가 말년에 쓴 『밝은 방』은 기호학자였던 바르트의 입장으로 사진에 다가간다. 1장에서 바르트는 '사진의 분류 불가능성'을 논하면서 널리 알려진 '스투디움과 푼크툼'이라는 분류를 다룬다. 스투디움은 일반적으로 널리 공유되는 기호의 해석이다. 사진 속에 비둘기가 있으면 평화를 상징한다는 식으로 읽어내는 방식이다. 푼크툼은 사회적으로 공유된 방식이 아니라 개인적인 기억이나 경험 그리고 주관성을 따른다. '찌른다'는 의미를 지닌 라틴어 푼크툼은 개인의 무의식과 주관성이 강하게 찔리면서 사진의 의미를 받아들인다. 그런데 바르트는 스투디움과 푼크툼에 관한 다양한 서술을 시도한 뒤 돌연 '취소의 말'을

내놓는다. 자신은 사진의 본질을 발견하지 못했다고 말하며, 1장에서 펼친 분류를 포기한 채 2장을 전개한다. 어머니와 관련된 온실 사진을 논하면서(사진을 끝내 보여주지 않는다), 사진은 이미 존재하지 않는 것을 말하는 게 아니라 단지 거기에 있었다는 것을 말할 뿐이라는 사실을 강조한다. 바르트는 다양한 사진 이미지의 접근 속에 존재론을 끄집어낸다. 그것은 이미지의 본질을 향해, 탐구를 향해, 무엇보다 개인의 기억을 향해 가는 길을 보여준다. 이미지의 본질을 읽는 것은 실패하지만 읽는 것의 불가능성이야말로 다가갈 수 있는 유일한 길임을 역설한다.

■ 『인간의 마음을 사로잡는 스무 가지 플롯』
　로널드 B. 토비아스 지음, 김석만 옮김, 풀빛, 2007

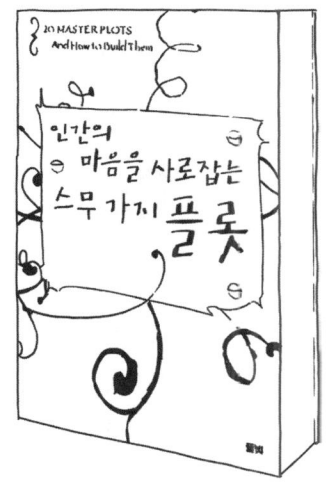

이야기를 플롯으로 접근하는 책은 많다. 하지만 문학과 영화를 넘나들면서 기초적인 플롯의 탐구와 예시를 충실히 보여주는 것으로 이만한 책은 드물다. 추구, 모험, 추적, 구출, 탈출, 복수, 수수께끼, 라이벌, 희생자, 유혹, 변신, 변모, 성숙, 사랑, 금지된 사랑, 희생, 발견, 지독한 행위, 상승과 몰락 등은 장르를 넘어서 많은 영화와 이야기의 원형을 이룬다. 이를 독파하다 보면 결국 대여섯 가지로 축약할 수 있다는 걸 깨달을 것이다. 변모와 성숙의 플롯이 주인공의 변화를 보여준다는 점에서 겹쳐지고, 추구, 모험, 추적은 정신적인 것인가, 물리적인 것인가에 따라 나뉠 수 있으며, 구출과 탈출은 주인공과 대상의 관계에 무엇을 중심에 둘 것인가에 따라 달라진다. 그만큼 동일한 형태의 플롯들은 요소의 중심에 따라 변형되고 복합적으로 생성된다. 하지만 세부적인 구별보다 중시하는 저자의 입장은 플롯에 대한 가괄을 제시하는 1장에 등장한다. "기발한 착상보다 패턴이 중요하다." 이야기를 쓰는 사람들은 새로운 것에 매몰되어 기존의 패턴들을 무시하려고 들기가 쉽다. 하지만 수많은 대중적 서사들이 엇비슷한 관습의 변주라는 것을 이 책을 통해 알게 된다면, 뻔한 것을 뻔하게 따라가면서, 뻔하지 않게 쓰는 것이야말로 진정한 프로 작가가 되는 지름길임을 알게 될 것이다.

대중서사장르연구회·박유희 외 지음, 이론과실천, 2007~2016

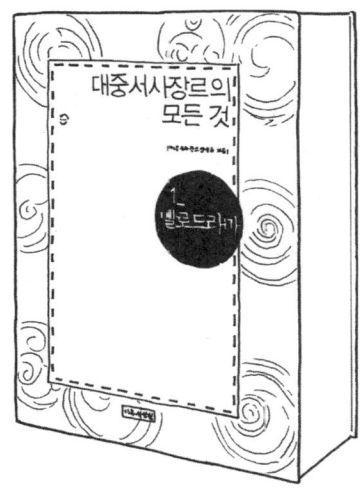

'대중서사장르의 모든 것' 시리즈는 멜로, 역사, 추리, 코미디, 환상과 같은 장르문화의 원론과 역사를 모두 다루고 있는 책이다. 2007년 멜로드라마부터 2009년 역사 허구물, 2011년 추리물, 2013년 코미디, 2016년 환상물까지 완결됐다. 이 시리즈의 가장 큰 특징은 장르문화의 한국적 정착을 연구했다는 점이다. 기존 서구 중심 장르 이론에서 벗어나 각 장르가 한국의 문화 속에서 어떻게 형성되어 발전했는가를 통시적으로 이해할 수 있게 한다. 이 시리즈는 영화뿐만 아니라 소설, 연극, 만화 등과 같은 다양한 문화 양식들이 동시대에 어떤 방식으로 상호 교류했는지를 그려내는데, 이를 통해 독자는 한국 대중문화의 시대별 특징을 공시적으로 이해할 수 있다. 더불어 이 시리즈는 각 장르의 서사적 특징에 대한 원론적 설명을 제공하는 한편 영화의 역사 및 한국적 특징을 다른 대중예술 양식과의 상호 관계 속에서 파악할 수 있게 하준다. 이런 점에서 이 시리즈는 영화에 대한 이해를 넘어서, 한국 대중문화 전반에 대한 파악을 단 한 번에 가능하게 하는 유용한 책이다.

■ 『근대의 원초경-보이지 않는 영화를 보다』
   김소영 지음, 현실문화, 2010

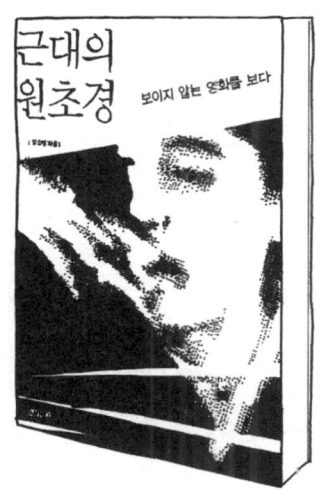

페미니즘, 동아시아 근대성, 디아스포라 연구 등 다양한 방법론을 통해 한국영화를 (트랜스) 아시아 시네마의 맥락에서 바라보고자 많은 노력을 기울인 영화학자 김소영의 저작이다. 이 책은 해방, 전쟁, 군사 독재라는 역사적 조건 속에서 부재와 공백의 형태로 비가시화된 조선·한국영화를 이론적, 역사적으로 가시화하고자 대안적 접근 방법을 제안한다. 이 책을 읽기 전에 눈여겨봐야 할 키워드는 저자가 개척한 '원초경'이란 개념이다. 유년기에 목격한 부모의 성행위를 가리키는 프로이트의 "원초적 장면"에 착안한 '원초경'은 장면(景)을 거

울(鏡), 경계(境), 경전(經) 등 중의적 의미를 띤 "경"으로 치환해 연구의 실마리, 첫 장으로 설정한다. 김소영은 조선영화의 원초경으로 김도산의 키노드라마 〈의리적 구토〉를 제시하며, 개화된 아들이 단죄한 '계모'의 형상을 통해 활동사진에서 구현된 '정의'가 신여성 담론으로 굴절되는 과정을 보여준다. 역사적 실증과 해석의 유희가 서로를 가로지르는 희열 속에서 김소영은 영화사 연구의 새로운 궤적을 만든다. 촘촘한 이론과 날카로운 비평의 언어로 연대기 중심 영화사 연구의 틈새를 파고드는 '원초경'을 경험할 수 있다.

■ 『이미지의 삶과 죽음—서구적 시선의 역사』
레지 드브레 지음, 정진국 옮김, 글항아리, 2011

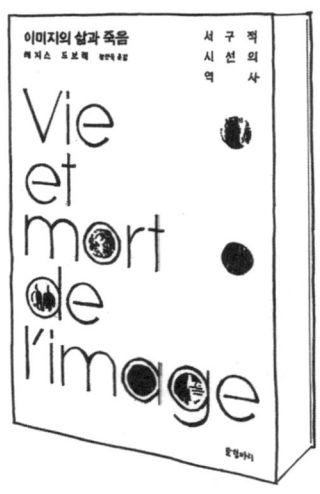

이미지의 전반적인 역사를 성찰하는 책이다. 제1부 '이미지의 기원'을 중심으로 고대적 이미지뿐만 아니라 서구 이미지의 근간을 이루는 기독교적 이미지에 대해서 충분한 논의를 보여준다. 2부는 기원에서 제시된 이미지의 변화와 저항의 역사를 다룬다. 그리고 가장 흥미로운 3부는 사진과 영화의 탄생을 기술하면서 비디오와 텔레비전을 통해 확장되어간 매체적 이미지들을 건드린다. 오늘날 전개되는 전자복제의 이미지까지 언급하지는 않지만 정식 판권을 맺어 출간된 판본에는 여러 사진들이 수록되어 있기에 이미지의 변천사를 시각적으로 확인해보는 이점도 크다. 현실을 모방한 이미지는 점점 힘을 갖게 되면서 오늘날에는 실체를 대체하기에 이르는데, 이 책의 또 다른 관심사는 이미지와 현실의 위계가 역전되는 과정이라고 할 수 있다. 이를 위해 드브레가 제안하는 방법은 '메디올로지' 즉 매개론이다. 사람들은 더 이상 이데올로기에 지배되어 사는 것이 아니라 이코놀로지(iconology)에 사로잡혀 있다는 것이다. 실체보다 더 사람의 관심을 끄는 것은 재현된 이미지다. 인스타그램을 포함한 수많은 이미지의 창조야말로 이러한 이코놀로지의 현실을 대변하는 셈이다. 역사적으로 이미지는 존재에서 사물로, 그리고 지각으로 변해왔다. 오늘날 지각하는 것만으로 사물이 되고, 존재 자체로 인정받는다. 그것은 이성이 아니라 감각에 의해 경험하는 현실을 이룬다.

■ 『다큐멘터리의 새로운 역사』
잭 C. 엘리스·베시 A. 멕레인 지음, 허욱 외 옮김, 비즈앤비즈,
2011

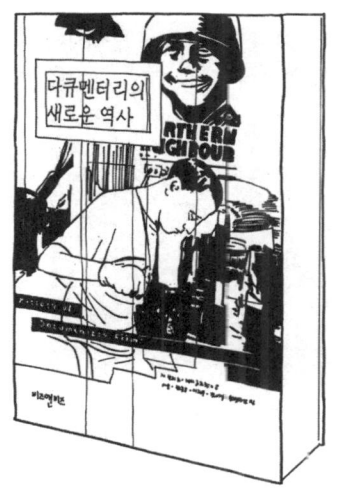

다큐멘터리 영화의 현황과 맥락을 중심으로 장르의 역사에 대한 설명을 제공하는 동시에 미래를 전망하는 역사책이다. 잭 C. 엘리스와 베시 A. 멕레인 공동 저자는 다큐멘터리의 역사만이 아니라 미래의 가치에도 중점을 뒀다. 책에서는 다큐멘터리의 점진적인 성장 원인으로 기술의 발전을 강조하는데, 이를테면 휴대용 카메라의 출현으로 인해 길고 연속적인 촬영이 가능해지면서 어떻게 매체가 진화하게 되었는가를 고찰하는 식이다. 최근 다큐멘터리 안에서 일어나고 있는 급격한 변화를 고려할 때 이 책의 가치는 커진다. 실험 다큐멘터리와 환경 경화, 시각 인류학, 스마트폰을 매개로 한 초연결 세계에서 논픽션의 본질이 어떻게 달라질 것인지 등의 주제를 광범위하게 논의하기 때문이다. 참고 문헌 및 부록을 포함해 다큐멘터리 역사에서 중요한 위치를 차지하는 영화들에 대한 논평과 스틸, 현장 사진 등 사료적인 가치도 충실히 담았다. 다큐멘터리의 과거와 진화, 변모를 아우르는 『다큐멘터리의 새로운 역사』는 영화를 가르치는 교사와 학생뿐 아니라 다큐멘터리 애호가들에게 유용한 정보와 지식을 제공한다.

■ 『대부 시나리오&제작 노트』
  제니 M. 존스 엮음, 심산 옮김, 늘봄, 2011

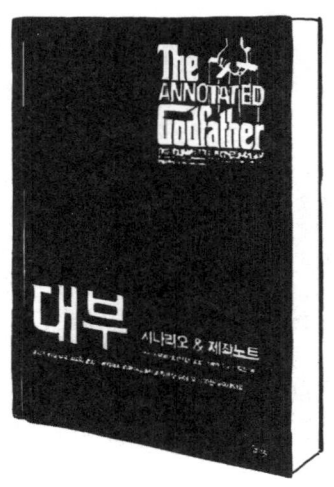

영화사가 제니 M. 존스가 쓴 이 책은 많은 이들이 영화사상 최고의 걸작으로 꼽는 〈대부〉(1972)의 제작 과정을 상세히 소개한다. '주석이 달린 대부'(The Annotated Godfather)라는 원제가 말해주듯, 책은 프랜시스 포드 코폴라와 마리오 푸조가 1971년 3월 탈고한 촬영용 각본인 제3고에 200여 컷의 현장 스틸과 세세한 영화 제작 뒷이야기를 마치 주석처럼 빼곡히 담았다. 작품의 개발 초기부터 마리오 푸조는 파산 상태였고, 말른 브랜도를 제외하고는 대부분 무명 배우들이었으며, 32세의 애송이 코폴라 감독은 촬영감독 고든 윌리스와 사사건건 으르렁댔고, 이탈리아계 미국인

들의 격렬한 반대에 부딪혀야 했던 프로젝트. 〈대부〉의 탄생을 마리오 푸조, 파라마운트 영화사, 프랜시스 포드 코폴라를 중심으로 각기 서술한 서론에 이어, 시나리오의 각 페이지마다 영화 촬영 장소에 대한 기술적 디테일, 각 파트별 스태프들의 세세한 역할, 배우 캐스팅 과정, 현장의 온갖 우여곡절, 그리고 옥의 티와 삭제 장면 등에 대한 설명들이 엄청난 양으로 담겨 있다. 자칭 대부 '덕후'인 시나리오 작가 심산의 공들인 번역과 편집진의 섬세한 페이지 디자인 등 국내 번역본의 만듦새도 매우 뛰어난 책이다.

■ 『페미니즘 영화이론』
쇼히니 초두리 지음, 노지승 옮김, 앨피, 2012

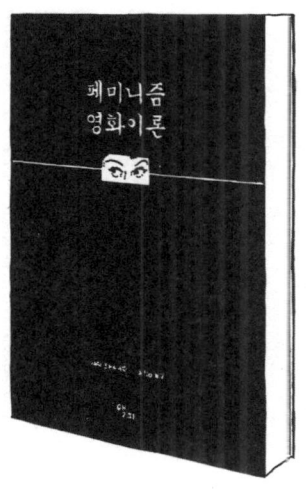

"페미니즘은 보편이 아니라 부분만을 본다. 페미니스트 영화비평은 편향적이다." 종종 듣는 말이다. 과연 그런가? 페미니즘은 남성 중심적인 사회가 생각하는 '보편'이 '비남성'을 타자화함으로써 비로소 구성된 관념이라는 사실을 꾸준히 비판해왔다. 페미니즘 영화이론 역시 마찬가지다. 특정한 남성만을 배타적으로 '인간의 얼굴'로 재현하고 상상해온 영화 및 영화이론에 도전하면서 새로운 관점을 도입했다. 페미니스트 비평이 편향적이라면, 이를 배제한 관점 역시 편향적이다. 물론 페미니스트 영화비평은 그 자체로 완벽하지 않다. 무엇이 성차별인지, 그 성차별의 원인은 무엇이고 그것을 어떻게 해소할지를 둘러싸고 페미니즘 내에서 오랜 시간 다양한 입장 차가 서로 경합해온 것처럼, 페미니스트 비평 역시 논쟁의 시간을 쌓아왔다. 수잔 헤이워드는 『영화 사전 – 이론과 비평』에서 시네페미니즘을 1기, 2기, 3기로 나누고 있는데, 2021년에 돌아봤을 때 이는 연대기적 구분이라기보다는 입장 차에 가깝다. 『페미니즘 영화이론』은 1960년대 페미니즘 제2물결과 함께 태동한 페미니즘 영화이론의 역사와 맥락을 짚고, 로라 멀비, 카자 실버만, 테레사 드 로레티스, 바버라 크리드 등 네 명의 입지전적인 이론가들의 세계를 개괄한다. 덕분에 우리는 책을 읽으며 페미니스트 비평 내의 다양한 입장 차의 아웃라인을 경험할 수 있다. 유용한 입문서다.

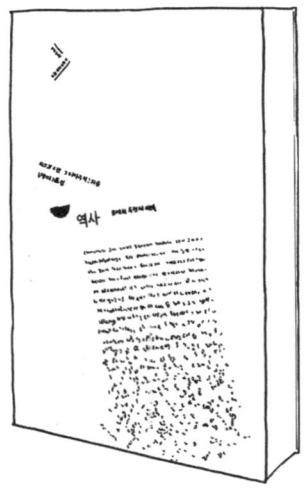

독일 태생의 문예비평가로 알려진 지그프리트 크라카우어가 쓴 역사에 관한 책이다. 크라카우어는 1920년대 독일에서 문예비평가로 활동했으며, 그 당시에만 약 2,500편의 글을 남겼다. 나치즘의 박해를 피해 프랑스를 거쳐 미국으로 망명한 이후에는 영화 저술 활동에 집중해『칼리가리에서 히틀러까지』,『영화이론』과 같은 책을 남긴 것으로도 잘 알려져 있다. 『역사-끝에서 두 번째 세계』는 크라카우어의 미완성 유작이다. 이 책은 저자의 지적인 관심이 사진과 영화를 거쳐 역사로 이어졌음을 드러낸다. 사진, 영화, 역사 모두 "미처

이름을 못 가진 탓에 무시되고 오해받는 존재 목적들과 존재 양식들을 복권"시키는 것을 목표로 한다. 그리고 사진, 영화, 역사 모두 세계에 접근하는 방식에서 공통점을 갖고 있다. 그것은 크게 리얼리즘적 충동과 조형적 충동으로 설명된다. 전자는 모든 데이터를 손에 넣으려는 성향이며, 후자는 자료를 배열하고 구성하려는 성향이다. 크라카우어는 역사라는 것이 영화의 클로즈업처럼 세부적인 것에 집중하는 눈을 가져야 할 필요가 있다고 보았다. 그가 보기에 역사는 이름 없는 것들이 자신의 존재가 확인되기를 기다리는 대기실과 같은 곳이었다.

■ 『다른 방식으로 보기』
   존 버거 지음, 최민 옮김, 열화당, 2012

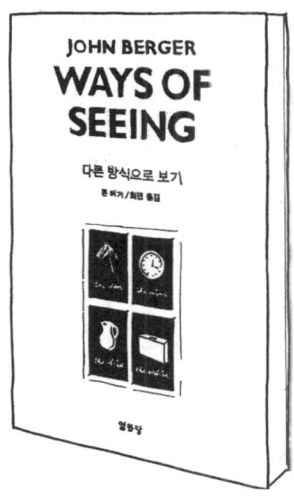

존 버거는 이미지의 관찰자이자 이미지의 생산자였고, 시각과 관련된 저작을 여러 권 내놓았다. 『사진의 이해』를 비롯해 『어떤 그림-존 버거와 이브 버거의 편지』, 『제7의 인간-유럽 이민노동자들의 경험에 대한 기록』, 『랑데부』 등 에세이와 서간 그리고 소설을 포함하면 국내에 번역되어 있는 것만으로 40여 권에 이른다. 하지만 어떤 책들은 번역이 너무나 심각하기에 주의가 필요하다. 그의 다양한 에세이 중 추천하는 책은 국내에서도 여러 차례 번역되었던 『다른 방식으로 보기』이다. 원제는 '보는 법'(Ways of seeing)인데 BBC 강연본을 근간으로 삼고 있다. 그만큼 보는 법에 대한 변천사와 중요한 핵심들을 쉽게 전달한다. 오늘날 이미지들이 넘쳐나지만 정작 보는 법에 대한 교육은 한국의 경우 전무하다. 광고 이미지들을 오독하거나 과잉 해석하는 경우가 넘쳐나는 현실에 비춰볼 때 충실한 가이드가 되어 준다는 점에서, 무엇보다 존 버거의 유려한 글 속에 이미지를 차분히 대하는 법을 보여 준다는 점에서, 그리고 자본주의의 현실이 이미지와 어떻게 관련을 맺는지를 개괄적으로 안내한다는 점에서 지나치기 어려운 책이다.

■ 『차학경 예술론』
김종국·김지하 외 지음, 북코리아, 2013

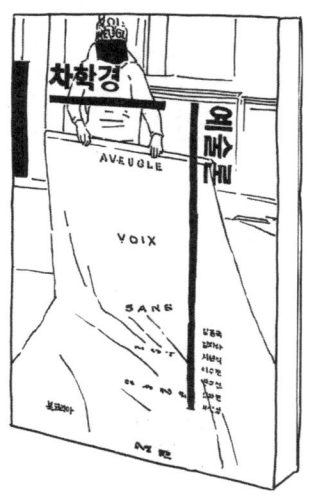

차학경이라는 이름을 처음 접한 건 2000년 대 초 『딕테』라는 책을 통해서였다. 그 책은 수수께끼 시집처럼 특이한 글이라 이해하기가 어려웠지만 동일한 이유로 매력적이었다. 그 글들은 수많은 단어로 이뤄져 있고, 그 단어들은 하나의 결론을 향해 가기보다 서로를 연결하며 어떤 근원을 찾아 허공을 헤맨다는 감각을 전달했다. 그의 미디어 전시를 보고서야 기호학을 바탕으로 영상 작업을 한 개념예술의 선구자 '테레사 학경차'(Theresa Hak Kyung Cha)에 대해 조금 더 알게 됐지만 이후 한국에서 그의 작업을 보기는 힘들었다. 2013년 발간된 『차학경 예술론』은 6인의 비평가가 그의 예술 세계를 분석하고 작가의 가족이 그의 삶을 소개한 책이다. 한국전쟁 중에 부산에서 태어나 미국에 이르는 유랑을 거친 작가의 디아스포라로서의 배경을 모른다던 지배 언어를 단절시키고 재배치시키며 기존 질서 속 고유한 개념을 흔드는 차학경의 작업을 오롯이 이해하기란 쉽지 않다. 이 책은 작가 개인의 삶의 궤적부터 매체의 형식에 강조점을 둔 작업에 대한 다방면의 분석이 포함되어 있다. 이민자, 망명자, 시인, 비디오 아티스트, 영화감독, 개념미술 가로 31년이라는 짧은 삶을 살았던 그의 역사가 이 책으로 다시 알려지길 바란다.

■ 『뉴미디어의 언어』
레프 마노비치 지음, 서정신 옮김, 커뮤니케이션북스, 2014

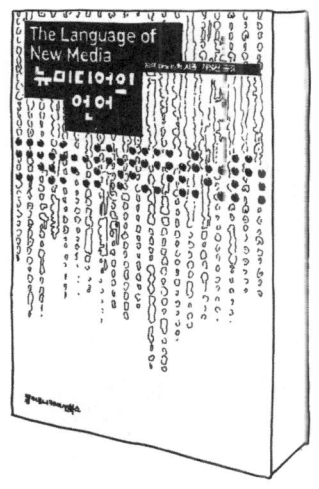

새로운 미디어는 오래된 미디어를 대체한다. 2000년대 초반, 일부 학자들은 디지털 기술의 발전을 역사적으로 검토하면서 새로운 미디어의 출현에 대해서 이야기했다. 2001년 출간된 레프 마노비치의 『뉴미디어의 언어』는 오늘날 뉴미디어 분야를 대표하는 작업으로 꼽히는데, 저자는 뉴미디어의 중심이 되는 것이 영화언어에 있다고 보았다. 이 책은 디지털미디어 또는 뉴미디어 그리고 영화에 관심이 있는 독자를 겨냥하고 있다. 마노비치는 웹사이트, CD-ROM, 멀티미디어 백과사전, 컴퓨터 게임 등이 인간-컴퓨터-문화를 매개한다는 것에 주목하면서 이러한 미디어 양식을 '문화 인터페이스'라고 부른다. 그리고 이를 인쇄 양식, 영화 양식, HCI(Human Computer Interaction) 양식으로 구분해서 설명한다. 한편 이 책은 합성, 환영, 데이터베이스, 애니메이션과 같은 논의를 통해서 디지털미디어를 지배하는 영화언어에 대해 분석한다. 마노비치가 보기에 영화의 개념은 찍는 것에서 그리는 것으로 바뀌고 있다. 그것은 영화가 컴퓨터 그래픽의 힘을 빌려 과거와 전혀 다른 모습으로 재탄생하고 있다는 말과 같다.

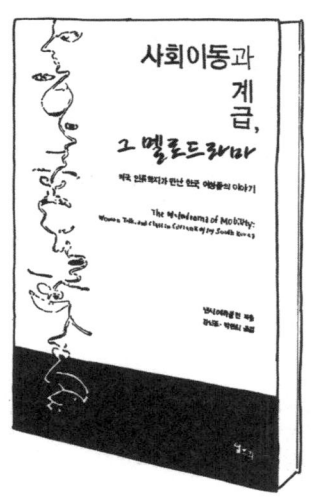

1980년대 민중사로부터 시작해 한국을 연구해온 인류학자 낸시 에이벨만의 저서로, 전후 한국의 민족지를 8명의 중·노년 여성의 인터뷰, 이 책의 표현으로 하자면 '이야기'를 통해서 탐구하고 있다. 이 책은 흥미롭게도 이 여성들의 자신의 삶에 대한 구술을 증언이나 기록이라기보다 '이야기', 즉 하나의 재현물 형태로 파악하고 있으며, 그것을 영화연구에서 멜로드라마의 '과잉'의 특징과 연결시킨다. 책에서 정리한 대로, 1970년대 이후 영화연구에서 멜로드라마는 "젠더화된", "(지나치게 넘치고 후한) 감정과 줄거리(이상하고 극단적인 반전, 우연의 일치, 인연, 우연한 만남 등) 등의 과잉으로 특징지어진 연극적, 문학적, 영화적 관습의 집합체"로 합의되어왔다. 이 책은 이 멜로드라마적 작법, '과잉'을 전후 한국 사회에서 살아남은 여성들기 자신의 삶과 주변의 삶을 '이야기'하는 뱅식에서 발견한다. 특유의 급속한 경제 성장을 한 남한 사회의 변화와 젠더화된 개인이 자신의 삶과 사회를 이해하는 특수한 서사를 만드는 방식을 발견하는 것이다. 이 책에 따르면 한국사회는 멜로드라마적 사회이다. 멜로드라마의 과잉을 둘러싼 (폄하와 이론적 의미 부여 사이에서) 교착된 논의를 돌파하는 하나의 방법을 제시한다

■ 『캐스린 비글로—젠더를 넘어서』
피터 커프 엮음, 윤철희 옮김, 마음산책, 2015

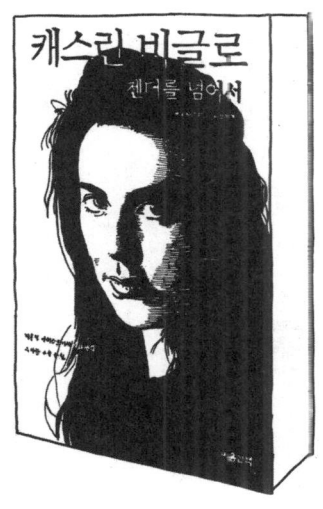

비행기는 납치되고 건물은 불에 탄다. 사람들은 죽음을 직감하며 울음을 터뜨리거나 믿을 수 없는 광경에 비명을 내지른다. 그렇게 2001년 9월 11일은 비극으로 끝나고, 영화는 곧장 2년 후 사우디아라비아로 배경을 옮긴다. 〈제로 다크 서티〉는 전쟁영화다. 오사마 빈 라덴을 뒤쫓는 CIA 요원을 중심으로 잔인하고 폭력적인 묘사가 이어진다. 〈죽음의 키스〉를 선보였을 때부터 캐스린 비글로에게는 비슷한 질문이 따라붙었다. "어째서 비글로처럼 아름다운 여성이 이토록 끔찍한 영화를 만드는가?" 비글로는 "영화연출을 젠더와 관련된 직업이나 스킬로 생각하지 않는다"라고 답했다. 이 책은 비글로가 참여한 인터뷰와 기자회견 내용을 작품별로 엮어낸 책이다. 〈블루 스틸〉(1989)부터 〈제로 다크 서티〉(2012)에 이르기까지 약 20년을 아우르는 대화이며, 비글로의 경력을 단절시킬 뻔한 〈스트레인지 데이즈〉의 실패담과 〈허트 로커〉로 거둔 화려한 성공담을 고루 포함한다. 비글로는 "왜 남자 감독들만 모든 재미를 보는 거죠? 내 관심은 여자들의 액션영화를, 그렇지만 남자들도 공감할 수 있는 영화를 만드는 거였어요"라며 새로운 액션영화의 탄생을 알리고, "영화는 우리가 사는 세상에 대해 코멘트할 수 있는 위대한 전달 시스템"이라는 말로 자신이 걷는 길을 정의한다. 연출, 촬영, 연기에 관해 캐스린 비글로가 들려주는 이야기를 듣다 보면, 다양한 정체성을 지닌 창작자로서 살아가는 그만의 노하우에 감탄하게 될 것이다.

■ 『정치적 무의식–사회적으로 상징적인 행위로서의 서사』
프레드릭 제임슨 지음, 이경덕·서강목 옮김, 민음사, 2015

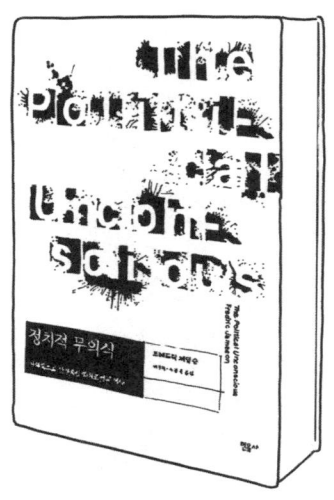

프레드릭 제임슨의 핵심 이론이 농밀하게 응축된 책이다. 제임슨은 대문자로 쓴 역사와 텍스트, 서사를 구별하고, 대문자 역사를 라캉의 실재 개념과 연동시킨다. 제임슨의 대문자 역사 개념은 접근 불가능한 심연을 뜻한다. 반면에 텍스트 또는 서사는 역사의 중핵이 부과하는 압력에 응답하는 것으로 풀이된다. 한편으로 『정치적 무의식』을 소망 성취의 실현이라는 차원에서 조명할 수도 있다. 현실에서 좌절된 소망은 꿈을 통해 부분적으로나마 성취된다. 대중문화 역시 꿈과 마찬가지로 소망 성취를 실현하고자 하지만, 꿈보다는 현실 원칙의 지배를 더 받게 된다. 그것은 현실의 모순을 '상상적'으로 해결하면서, 동시에 그러한 해결

을 사회 안에서 허용된 표현으로 해결한다는 점에서 '상징적' 해결을 모색한다. 제임슨의 '정치적 무의식' 개념은 '상상적', '상징적' 해결을 모두 포함하는 개념이다. 이에 뒤늦게 번역된 『정치적 무의식』의 중요성은 아무리 강조해도 지나치지 않다. 단지 특정한 영화를 좋고/나쁨의 비평적 척도를 통해 해석하는 문제가 아니라, 영화를 포함한 대중문화를 대문자로 쓴 역사에 반응하는 '상상적'이고도 '상징적' 해결로 간주함으로써, 대중문화가 사회적 모순을 어떤 방식으로 해결하는지, 그럼으로써 우리를 둘러싼 세계가 어떤 모순으로 둘러싸여 있는지 인식할 수 있는 방법을 이 책이 제공하기 때문이다.

■ 『영화를 만든다는 것』
　시드니 루멧 지음, 이태선 옮김, 비즈앤비즈, 2016

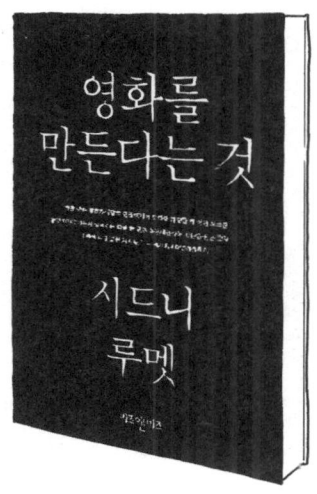

시드니 루멧은 〈12인의 성난 사람들〉로 데뷔해 수많은 작품을 남긴 감독이다. 그가 직접 경험하고 느낀 것들만을 서술했다는 『영화를 만든다는 것』의 가장 큰 미덕은 밑줄 긋고 싶은 문장이 많다는 것이다. 그리고 '밑줄을 긋고 싶다'는 생각을 할 때면, 당장 머리 아픈 영화사나 작법, 영화이론, 가능한 비평적 관점들에 대해 떠올리지 않아도 된다. 이 책은 제목에서도 알 수 있듯 처음부터 끝까지 영화제작에 대해서만 이야기하고 있지만 그럼에도 보편적인 형태로 도려내어 취할 수 있는 통찰과 정서로 가득하다. 그러니까 사실 이 책을 무척 좋아하고 주변에 쉽게 추천해왔던 이유는 삶의 태도에 대한 깨달음을 주면서, 그 사례로 영화 이야기만을 아주 자세하고 집요하게 해대는 특별한 책처럼 느껴지기 때문이다. 둘론 머리말 협탁에서 책상으로 이 책을 옮겨도 괜찮은 이유 역시 있다. 이는 루멧이 평론가에게 불만 많은 감독들 가운데 가장 뼈가 되고 살이 될 만한 지침을 세워주는 사람이기 때문이다. 형식(스타일)이 사랑 다음으로 가장 오용되어온 단어라는 일갈이나, 스코어와 카메라를 잘못 사용하는 일이 어떤 결과를 낳는지 일러주는 지점에 이르러서는 그가 비평가들을 흰눈으로 보고 있지만 한편으로는 감독으로서의 역량단큼이나 이미 훌륭한 비평가임을 깨닫게 된다.

■ 『독립영화 나의 스타–10인의 배우를 만나다』
서울독립영화제 엮음, 한국독립영화협회, 2016

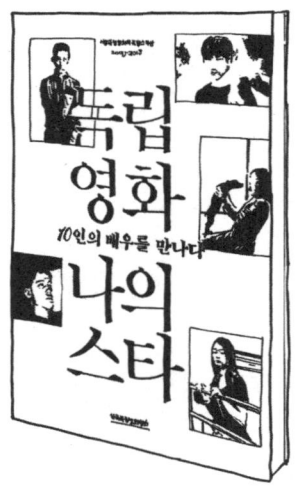

언제부턴가 독립영화에도 '팬덤'이 생겨났다. 아이돌을 찍는 '대포' 카메라가 독립영화전용관에서 진행하는 관객과의 대화(GV) 행사에 나타났고, SNS에는 특정 배우를 응원하는 팬 계정이 등장했다. 한 배우의 출연작만 모아서 상영하는 기획전도 쉽게 찾아볼 수 있다. 이처럼 배우는 스크린을 다채롭게 채우는 영화의 얼굴인 동시에, 특히 관객과 만날 창구와 기회가 부족한 독립영화에서 흥행을 이끄는 중요한 요소로 자리 잡았다. 『독립영화 나의 스타–10인의 배우를 만나다』는 유다인, 이민지, 이상희, 변요한 등 역대 서울독립영화제 독립스타상 수상 배우 열 명을 한자리에서 소개한다. 평론가와 칼럼니스트 등 오랫동안 배우에게 주목해온 전문가가 배우론을 작성하고,

극장과 영화제에서 작품을 접한 독립영화 활동가가 배우 인터뷰를 진행한다. 배우와 수상작의 특징에 따라 저마다 다른 콘셉트로 촬영한 사진도 함께 실려 있다. 이는 독립영화에서 배우가 차지하는 비중이 점차 늘어나게 된 변화의 경로를 들여다볼 시간을 마련하며, 무엇보다 작품에 고유한 매력을 새겨넣은 배우에게 아낌없이 박수를 건넨다. 책을 따라가다 보면, 영화라는 거대한 세계에서 유영하는 열 명의 개인을 마주하게 된다. 이들은 연기라는 일과 배우라는 직업에 관해 치열하게 고민하고, 도전을 향해 자유롭게 나아간다. 현재 독립영화뿐만 아니라 상업영화와 드라마, 영화연출 등 다양한 갈래로 영역을 확장해나가는 배우들에 관한 기록.

■ 『영화와 공간–동시대 한국 다큐멘터리 영화의 미학적 실천』
이승민 지음, 갈무리, 2017

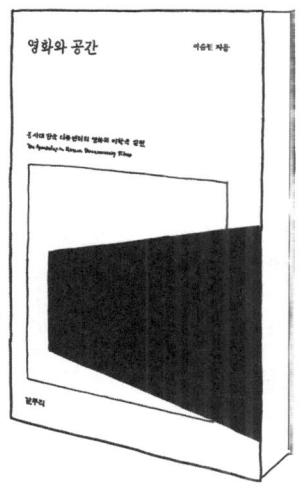

2010년 이후 한국 다큐멘터리 영화를 다룬 다큐멘터리 이론서이자 비평서이다. 동시대 한국 다큐멘터리 영화의 새로운 경향으로 공간성을 주목한 이 책은 한편으로는 한국 다큐멘터리 영화의 역사성과 특수성을 인지하면서, 다른 한편으로는 한국 다큐멘터리 영화의 새로움에 주목한다. 과거 한국 다큐멘터리 영화가 사건의 '현장'을 주목해왔다면, 2010년 이후 한국 다큐멘터리 영화는 '현장'을 '공간'으로 확장한다. 이 책은 이 현상을 '공간적 전환'이라 부르며 공간을 크게 근대적 잔여로서의 공간, 미학적 질료와 매개로서의 공간, 비재현적·비서사적 공간 이미지로 분류해 한국 다큐멘터리 영화의 미학적 실천을 분석한다. 한국영화에서 한동안 공백이던 2010년 이후 한국 다큐멘터리 영화의 담론을 구축한 단독서로, 한국 다큐멘터리 영화를 영화의 자장에서뿐 아니라 현대예술의 자장에서 읽어낸다. 특히 한국 다큐멘터리 영화를 고정적으로 해석하지 않고 다양한 이론과 담론으로 접근 가능함을 일깨우는, 창작자와 연구자 모두에게 유의미한 이론서이다.

■ 『영화와 의미의 탐구-언어·신체·사건 1 & 2』

미하일 얌폴스키 지음, 최선·김수환·이현우 옮김, 나남출판,
2017

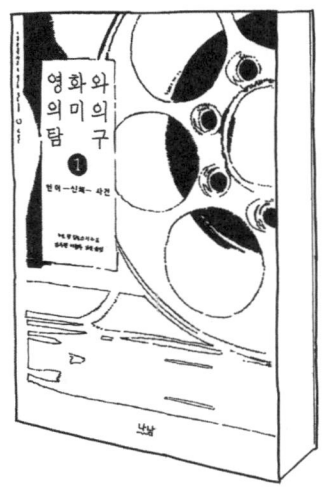

포스트-소비에트 이주 지식인으로 대표되는 미하일 얌폴스키가 1982년부터 2002년까지 쓴 영화에 관한 글을 모은 논문집이다. 얌폴스키는 서구와 러시아를 접속시켜 서구에서는 개념과 이론을, 러시아에서는 영화적 실천으로서 감독과 작품을 불러와, 책의 부제인 언어, 신체, 사건이라는 세 가지 키워드로 영화에 대한 사유를 역동적으로 펼쳐낸다. 언어·기호학적 접근에서 현상학적 접근을 거쳐 철학적 접근으로 이어지는 유려함은 얌폴스키의 영화적 지식과 깊은 인문학적 사유를 바탕으로 소비에트 영화사를 재조명하게 한다. 특히 책 첫머리

에 언급된 소쿠로프 감독과 더불어 알렉세이 게르만 감독, 키라 무라토바 감독을 집중적으로 조명해 비평과 창작의 상호 경향을 가늠케 한다. 좋은 비평은 창작에 경향을 주고, 창작 또한 비평의 새로운 길을 제시하는 것이다. 이 책은 무엇보다 국내에서 거의 소개되고 있지 않은 동시대 소비에트 영화사에 관한 입문서이자 심도 깊은 연구서이다. 무엇보다 영화사에 가장 역동적인 20년에 걸친 글들은 얌폴스키의 사유를 넘어 "영화학적 사유 자체의 전기"로 "영화 그 이상의 어떤 것"에 도달하게 한다.

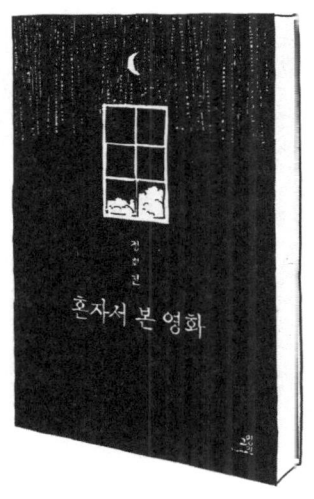

영화비평은 때때로 다른 분야의 시선이 유입되어 확장된다. 전문성을 기반으로 문제의 근원을 새로운 시각으로 해석할 때 더욱 그렇다. 『혼자서 본 영화』는 여성주의 평화연구자 정희진이 체제 밖의 시선으로 본 스물여덟 편의 영화에 대한 글이다. 그가 써내려간 영화평은 그만의 고유한 시선임을 책 제목은 밝히고 있다. '혼자'라는 단어에서 느껴지는 고립감과는 대비되게 이 제목은 역설적이게도 다양성을 대변하는데, 같은 영화를 보더라도 우리는 모두 자신만의 해석으로 영화를 볼 수밖에 없기에 모든 영화는 '혼자서 본 영화'가 되기 때문이다. 그의 글은 학문적 분석보다는 우리가 사는 세계의 정치 구조 속에서 한 편의 영화가 취하는 윤리적 태도와 관점을 논한다. 영화 속 인물들이 처한 현실, 그들의 삶을 사로잡고 있는 고통과 정서 또한 개인의 잘못으로만 치부할 수 없는 권력 관계에 의한 사회 구조적 문제라는 것을 명쾌하게 제시한다. '이해는 언제나 구체적이어야 한다'는 시몬 베유의 말처럼 그는 자신과 타인을 이해하기 위해 영화와 다르지 않은 우리 삶 속 정치적 현실들 직시하며 절실한 태도로 독자를 위로하고 일깨운다.

■ 『우나기 선생』
이마무라 쇼헤이 지음, 박창학 옮김, 마음산책, 2018

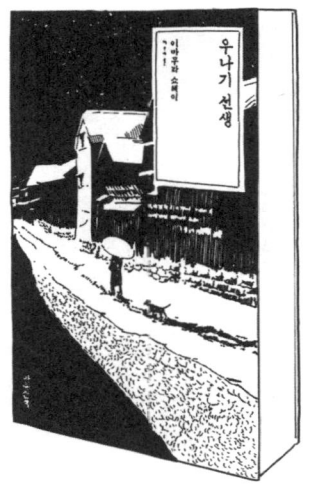

2006년에 작고한 이마무라 쇼헤이에 관한 방대한 기록. 감독이 매체에 기고했던 산문, 도서 출간을 위해 진행한 인터뷰, 현장 대본 등 여러 자료를 엮었다. 이마무라 쇼헤이는 1951년 쇼치쿠 영화사에 조감독으로 입사하며 본격적인 영화 작업을 시작했고, 이후 〈나라야마 부시코〉(1983) 〈우나기〉(1997)로 칸영화제 황금종려상을 두 차례 수상했다. 괴이하고 자극 넘치는 걸작을 만들어낸 거장으로 칭송받는 감독이지만, 산문에서 느껴지는 주된 정서는 담백함이다. 감독은 일상적 풍경을 향해 호기심을 드러내고, 주변 인물을 연민 어린 시선으로 바라본다. 오즈 야스지로의 조감독으로 일하던 청년 시절부터 '이마무라 프로덕션'을 설립하고 독립한 과정, 영화학교를 운영하면서 겪은 일화 등 긴 시간 동안 영화 현장에서 체험한 바가 솔직한 어조로 적혀 있다. 여성 배우와 캐릭터를 인식하는 비합리적 사고방식("남우는 그대로도 괜찮지만 여우 쪽은 여수(女獸)라든지 여호(女狐)라든지 다른 이름을 붙여야 한다. 이성디 아니라 직감으로 움직이기 때문이다.")은 그야말로 낡은 이야기가 됐지만, 후배 감독에게 편집에 관해 조언하는 대목("너는 괴롭다고 생각하겠지만 오히려 사랑하고 있는 걸 조금 자르는 편이 좋을 거야.")에서는 경쾌한 통찰이 눈에 띈다. 일본영화 시스템의 변화 과정을 엿볼 수 있는 동시에, 전후 사회 풍경부터 버블 경제 시기 생활상까지 풍부하게 담아냈다는 점에서 현대사 사료로서의 가치도 충분하다.

■ 『예술, 형식 그리고 영화에 관한 생각들의 애너그램』
마야 데렌 지음, 김병철 옮김, 미디어랩2084, 2018

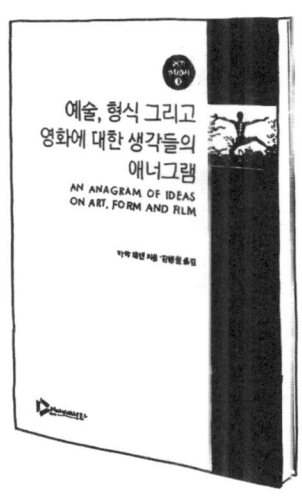

미국 실험영화 전통의 개척자인 마야 데렌(1917~1961)이 자신의 영화이론을 정리한 몇 편의 글 가운데 가장 긴 에세이를 번역한 책이다. 1946년 발표된 이 글은 과학, 인류학, 철학, 종교 등에 대한 그녀 자신의 생각을 응축하는 가운데, 매우 흥미로운 구조적 실험을 담고 있다. '철자 바꾸기 놀이'를 뜻하는 '애너그램'의 형식으로 전개되는 이 글은 가로 행에 '형식들의 본질(A)', '예술의 형식들(B)', '영화 예술(C)', 그리고 세로 열에 '자연의 상태와 인간의 특성(1)', '자연의 역학과 인간의 방법들(2)', '발견의 도구와 발명의 도구(3)'을 두고 행과 열이 만나는 각각의 교집합에 따라 예술로서 영화의 지위와 잠재력에 대해 성찰한다. 그것은 전쟁 뉴스릴 필름 같은 다큐멘터리나 리얼리즘도 아니고, 아방가르드 미술운동에서 나타난 초현실주의나 추상영화도 아니다. 카메라를 통해 매개되는 사실의 지표적 특성에 움직임이라는 요소를 부여하면서, 창조적 영화는 시간과 공간을 조작하며 새로운 경험을 만들어내야 한다는 것이다. 온 생애를 할리우드 상업주의와 결별하면서 영화예술의 본질을 탐색하고자 했던 마야 데렌은 지금도 유효한 아래와 같은 선언으로 글을 맺는다. "예술의 역사는 인간의 역사이자 우주의 역사이며 그들 사이의 도덕적 관계의 역사이다... 오늘날 영화는 그 운명의 엄청난 잠재력을 존중하는 사람들의 창조적 기여를 간절히 필요로 한다."

■ 『눈의 폄하–20세기 프랑스 철학의 시각과 반시각』
마틴 제이 지음, 전영백·이승현·안선미·최정은·강인혜·김정
아·황기엽 옮김, 서광사, 2019

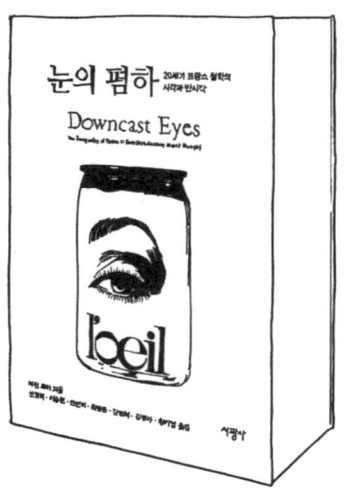

역사학자 마틴 제이가 저술한 『눈의 폄하』는 서구 사상사에 뿌리내린 시각 중심주의와 1차 세계대전 전후로 20세기 프랑스 철학이 제기한 반시각주의 담론의 역사를 총망라한 대작이다. 과학, 수학, 신학 등 합리주의에 기반한 지배적인 시각체계에 반발한 반시각주의의 도전은 세잔의 정물화, 에밀 졸라의 소설 등 예술적 실천에서 비롯됐다. '본다'는 행위의 역량을 끌어올리기 위해 인간이 발명한 영화를 둘러싼 사유 역시 반시각주의와 무관하지 않다. 본문 중 8장 「메멘토 모리로서 카메라: 바르트, 메츠 그리고 〈카에 뒤 시네마〉」는 구조주의자들의 논의를 중심으로 사진과 영화에서 반시각주의적 담론이 어떻게 조성됐는지 보여준다. 사진에 관한 뛰어난 사유를

남겼지만 결국 "완전한 죽음"으로 귀결된 롤랑 바르트의 사진론, 영화기호학의 개척자 크리스티앙 메츠와 그의 동료들이 〈카이에 뒤 시네마〉를 통해 발표한 '장치' 이론에 반영된 이데올로기적 효과와 정신분석학적 접근은 반시각주의에 입각한 견해를 보여준다. 엄밀히 말해 『눈의 폄하』는 "시각"이란 지각에 대한 역사적, 철학적 접근을 집대성한 서적으로 수많은 시각 경험을 추적하며, 사진과 함께 필연적으로 영화를 경유한다. 그럼에도 '본다'는 행위로부터 줄기를 뻗은 사유의 계보에서 영화가 어디쯤, 어떻게 위치하고 있는지 파악할 뿐 아니라 시각매체로서 영화의 성격을 다시 검토하는 기회를 준다.

■ 『기생충 각본집&스토리보드북』
봉준호 지음, 플레인, 2019

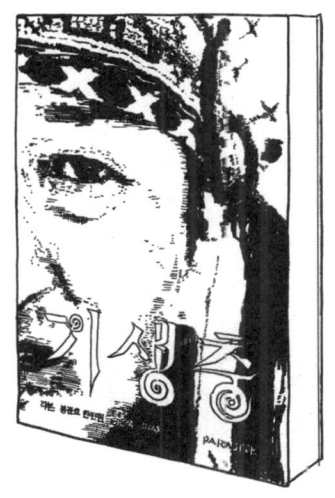

완성도 높은 블루레이 타이틀을 만들어내는 플레인은 2018년 『옥자 각본집』을 시작으로 영화 각본집, 포토북을 비롯한 영화 관련 단행본 사업에 뛰어들었다. 그중 가장 큰 관심을 모은 책은 바로 봉준호 감독의 『기생충 각본집』(각본 봉준호·한진원, 윤색 김대환)과 스토리보드북(봉준호)이다. 봉준호 감독은 스토리보드 작업을 직접 하는데, 그 자신의 말에 따르면 "제 영화는 제가 그린 스토리보드와 거의 다를 바가 없습니다". 이는 자신이 정교하게 영화를 준비하는 데 대한 자랑이기도 하지만, 또한 이 시나리오/스토리보드와 완성된 영화의 다른 점이야말로 촬영 현장과 후반작업의 긴 시간 동안 고딘을 계속한 증거라는 것이 '감독의 말'에 적혀 있다. 시나리오가 (카메라의 위치와 움직임을 알 수 있는) 그림으로, 영화로 바뀌거가는 과정을 볼 수 있는 이 두 권의 책은 영화가 만들어지는 과정을 압축해 경험할 수 있는 결과물이다. 특히 감독이 직접 그리는 경우가 거의 없는 스토리보드의 경우, 그림뿐 아니라 화살표를 비롯한 시선의 이동 방향과 여백에 적힌 메모를 꼼꼼히 살펴볼 것. 자세히 보아야 재밌다.

■ 『여자 주인공만 모른다』
　　듀나 지음, 제우미디어, 2019

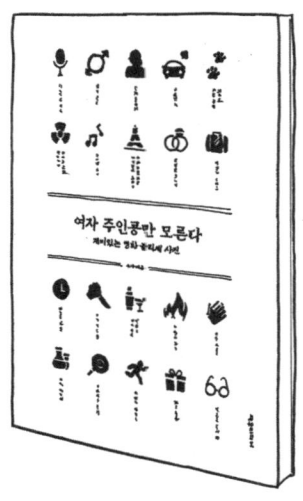

영화평론가이자 SF 소설가인 듀나의 클리셰 사전. 이 책이 좋은 반응을 얻어 이후 『남자 주인공에겐 없다』라는 후속작도 출간되었다. 듀나 게시판을 자주 들락거린 사람이라면 1999년부터 업데이트되어온 '클리셰 사전'이라는 섹션을 기억할 것이다. "장르 관습이 오해되고 과대평가되거나 과소평가받는 것이 짜증" 났던 듀나는 게시판에 진부한 관습들을 하나씩 간략히 설명하기 시작하는데, 다른 말로 하면 이 책의 글 태반은 십여 년 전에 쓰였다는 뜻이다 (물론 게시판 원고를 그대로 싣지는 않았으며 어떤 글은 대폭 수정되었다고 한다).

애초에 출판을 목적으로 하지 않았으므로 지금 구해볼 수 없는 미국 TV 시리즈를 비롯해 낯선 작품이 다수 눈에 띈다. 클리셰는 클리셰라서, 예로 든 작품을 보지 않았다 하더라도 클리셰 내용만큼은 낯익고 때로 우스우며 가끔은 오싹하다. 호기심 많은 조연은 꼭 죽게 되어 있고, 각당은 왜인지 자기 계획을 묻지도 않았는데 혼자 술술 털어놓는다. 고아이거나, 부모 한쪽이 없는 설정의 주인공이 등장하는 작품들은 너무나 많다. 일단 바로 떠오르는 〈겨울왕국〉이나 〈해리포터〉 시리즈만 해도. 가볍게 읽고 오래 써먹을 수 있는 책이다.

■ 『멈추지 않는 눈』
　자크 오몽 지음, 심은진·박지회 옮김, 아카넷, 2019

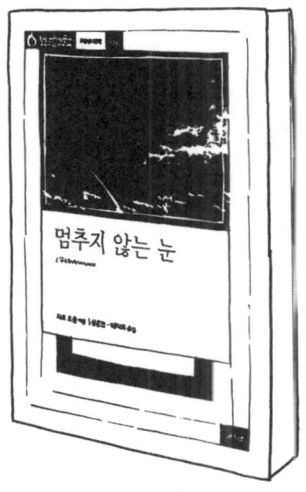

무빙이미지 담론이 적극적으로 전개되고, 비교문학적 영화연구와 탈매체 특정적 영화연구가 활발히 이뤄지고 있는 지금에도 회화와 영화의 비교를 방법론 삼아 이미지의 형상성을 탐구하는 시도는 여전히 조금 생소하다. 유려하고 친절한 문장, 풍부한 사례들로 무장된 『멈추지 않는 눈』은 후기 인상주의 회화와 영화를, 기차와 영화 기계를, 회화 속에 재현된 공간과 영화 속에 재현된 공간을 비교하면서 영화가 그 무엇보다도 '시각적'이며 '이미지적'인 매체라는 결론으로 나아간다. 영화언어나 기호학을 거쳐 해석되기 이전의 영화에 순수한 이미지 그 자체로서만의 영역이 존재할 수 있을 것이라는 믿음을, 그리고 무빙이미지라는 분류에 대한 낙관을 가진 이들에게는 반드시 흥미롭게 다가올 것이다. 또한 그의 다른 저서를 읽고 자크 오몽을 참조점 삼고자 한 적이 있었던 이들이라면 꼭 읽어봄직한 책이기도 하다.

■ 『한국근대영화사—1892년에서 1945년까지』
이효인·정종화·한상언 지음, 돌베개, 2019

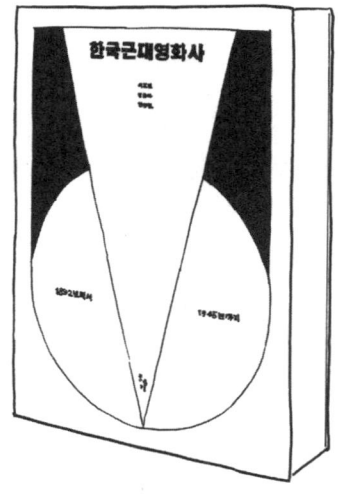

한국영화의 출발은 언제인지, 그 유명한 나운규의 〈아리랑〉은 과연 어떤 작품인지, 도대체 일제강점이라는 엄혹한 상황에서 어떻게 영화를 만들 수 있었는지 같은 질문들이 생긴다면 이 책을 추천한다. 해방 이전까지의 한국영화사를 놓고 세 명의 연구자가 각자의 전문 분야를 3부로 나눠 썼다. 1부는 대한제국 시기 한반도에 영화가 도래한 시점부터 1920년대 중반 조선에 건너온 일본인들의 자본을 중심으로 영화산업이 형성되기까지를 서술했다. 한국영화사의 기점을 어떻게 볼 것인지, 식민지 영화산업의 본질은 무엇인지 확인할 수 있는 챕터다. 2부는 〈아리랑〉을 계기로 본격화된 무성영화 제작에 관해 다룬다. 〈아리랑〉은 대중영화의 문법으로도, 영화운동의 동력으로도 이후의 무성영화 신에 결정적인 영향을 미쳤다. 이 영화의 플롯과 스타일, 그리고 영화적 에너지는 지금 우리가 상상하는 이상으로 압도적인 것이었다. 3부는 1935년 〈춘향전〉으로 시작된 발성영화 시기부터 1940년대 일제의 국책영화 제작까지 다뤘다. 일제 말기 조선영화는 단순히 친일영화로 명명하기보다, 제국과 식민지, 자본과 예술, 근대와 전통 사이에서 복잡하게 형성된 텍스트임을 강조한다. 이 책의 저자들이 일제강점기 조선영화를 '한국근대영화'라고 명명한 것은 이 영화들에서 서구와 일본 사이 한국의 근대가 형성되는 주목할 대목이라고 생각했기 때문이다.

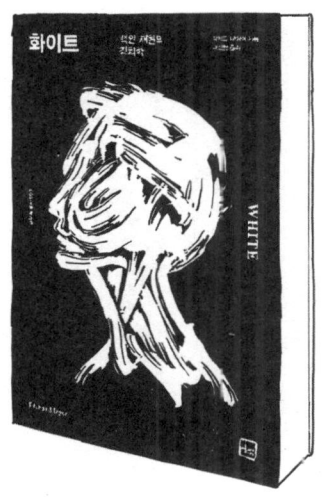

이 책은 서구 문화 속 인종 재현을 비평하면서 '생물학'으로 여겨졌던 '백인성'을 문화적 구성물의 자리에 위치시킨다. 저자는 우선 '흰색'(white)이 감각되고 이해되는 세 가지 방식, 즉 색조/피부/상징의 문제를 살핀다. 색조로서 흰색은 색이기도 하지만 색이 아닌 것으로 여겨지기도 한다. 때로는 '빛' 그 자체로 다뤄지기도 하는데, 그러면서 선(善)의 지위를 차지한다. 흰 색조의 이런 속성은 피부로서 '흰색'이 지닌다고 생각되는 여러 자질들(이성, 문명, 도덕성 등)과 연결된다. 그러나 피부로서 흰색은 자의적인 범주다. 피부색이란 "특정한 역사적 순간에 누가 (보편 인간의) 범주에 포함되고 제외될 것인가를 통치하는 수단"일 뿐이

다. 7-톨릭에선 유대인이, 영국에선 아일랜드인이 흑인이었다. 부르주아에 비해 노동자는 언제나 더 검었다. 다만 백인 여자에 비해 백인 남자는 더 어둡게 묘사되는데, 전자의 가치란 순수함과 소극적인 태도인 관면에 후자에겐 자기 단련으로 획득한 신체성과 진취성이 그 가치이기 때문이다. 이렇게 '흰색'은 젠더화되어 있다. 서구의 영화 선진국들은 흰색-흰 피부를 보편이자 우월함으로 재현하는 각종 영화언어와 테크놀로지를 발전시켰다. 그렇게 백인은 '그냥 인간'이 되어왔고, 비백인은 '유색인종'이 되었다. 한국인이 내면화하고 있는 인종차별은 '화이트'의 문화/젠더정치로부터 얼마나 자유로운가.

■ 『아녜스 바르다의 말―
   삶이 작품이 된 예술가, 집요한 낙관주의자의 인터뷰』
   아녜스 바르다 지음, 제퍼슨 클라인 엮음, 오세인 옮김, 마음
   산책, 2020

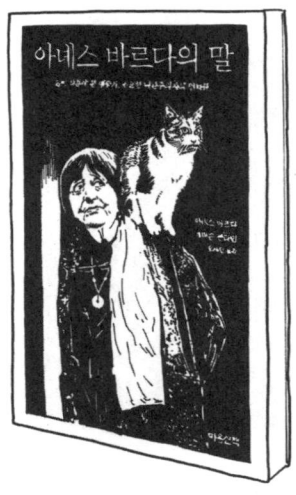

2020년대 들어 인터뷰 콘텐츠는 그 어느 때보다 주목받고 있다. 서면으로든 영상으로든 마찬가지다. 이 책은 2015년에 시작된 마음산책 출판사의 인터뷰집 '말' 시리즈에 포함되었다. 1962년부터 2017년까지 55년의 세월을 가로지르는 스무 편의 인터뷰가 실린 이 책은 연도순으로 각본가, 영화평론가, 배우 등 스무 명의 인터뷰어와 나눈 대화다. 400여 쪽에 달하는 분량으로, 바르다의 영화 인생 전체를 다소나마 알 수 있으며, 그가 영화와 페미니즘에 대한 생각을 어떻게 벼려왔는지 볼 수 있다. 또한 흘랍게도, 그의 영화를 한 편만 본 사람에게도 전부 본 사람에게도 흥미로운 부분이 많다. 아녜스 바르다의 팬이라면, 그의 영화를 보며 받은 인상이 그의 영화철학과 일치한다는 사실을 알게 되는 순간마다 기쁜 마음이 들지도 모르겠다. 예를 들어 이런 말. "다양한 상인들, 일터, 일상의 나날. 이런 모습을 묘사한 그림을 보고 있으면 일종의 겸손함 같은 게 느껴져요."

김경태·김비·김혜리·박한희·이동윤·이문우·조혜영·허남
웅·허윤 지음, 국제프라이드영화제, 2020

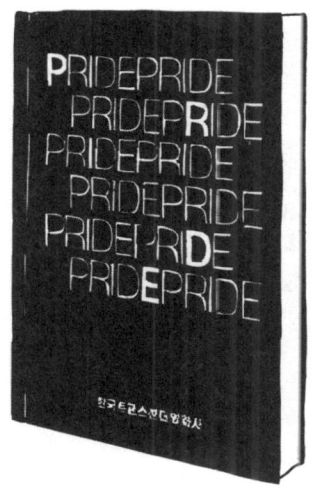

국제프라이드영화제가 펴낸 책으로, 한국 퀴어영화 속 트랜스젠더 이미지를 고찰해 보는 기획이다. 트랜스젠더 배우와 활동가 인터뷰도 실려 있다. 필진으로는 우리나라에서 처음으로 커밍아웃한 트랜스젠더 변호사인 박한희와 트랜스젠더 소설가 김비 작가의 글을 비롯해 김혜리 기자, 조혜영, 허남웅 등 전문 영화연구자와 평론가들이 참여했다. 이 중 박한희 변호사는 트랜스젠더라는 용어와 역사, 제도를 아우르는 글을 실었으며, 이후 여러 필자들이 기고한 영화들이 보여주는 트랜스젠더 이미지를 해설한다. 몰이해와 대상화가 트랜스젠더 재현의 주요한 정서였음을 보게 되는 순간은 답답하지만, ㅅ작들을 만날 기회를 제공하는 책이기도 ㅎ·다. 한국 퀴어영화 속에서 트랜스젠더 재현 작품들을 새롭게 의미화해 고유의 미학적 가치를 읽어내고자 한 이 책의 갈미에는 트랜스젠더 재현 작품 리스트가 망라되어 있다. 국제프라이드영화제는 2C19년에 『한국퀴어영화사』를, 2021년 11월에는 『한국레즈비언영화사』를 출간했다.

■ 『다큐의 기술–
다큐멘터리스트는 무엇을 발견하고 어떻게 설득하는가』
김옥영 지음, 문학과지성사, 2020

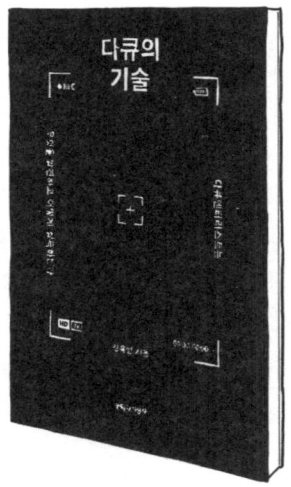

다큐멘터리 제작의 기술을 다룬 책이다. 여기에서 기술은 통상적 의미로 만드는 방법이 아니라 사고하는 능력을 말한다. 동음이의로 '기록하고 서술'하는 기술이기도 하다. 다시 말해 『다큐의 기술』은 현실 기록을 전제로 하는 다큐멘터리 영화가 기록하고 서술하는 능력, 즉 부제에 언급한 것처럼 다큐멘터리스트가 발견하고 설득하기 위해 단계별 사고 능력을 기술하고 있다. 다큐멘터리 작가로 30년, 제작자로 10년 경력을 가진 책의 저자 김옥영은 두터운 현장 경험을 바탕으로, 다큐멘터라는 장르에 대한 총체적 이해와 사유 방법을 다큐멘터리 제작기에 간결하고도 예리하게 녹여내고 있다. 쉽고 유려한 글은 다큐멘터리에 대한 깊이 있는 사유를 촉발하는 동시에 비단 다큐멘터리뿐 아니라 현실의 삶을 대하는 태도와 시선으로 확장된다. 『다큐의 기술』은 최근 한국에서 제작되고 상영되는 작품 사례에서부터 한국사회에서 마주하는 사회문화적 이슈까지 망라하는 다큐멘터리적인 다큐멘터리 보고서이다.

■ 『영화하는 여자들』
  주진숙·이순진 지음, (사)여성영화인 모임 기획, 사계절, 2020

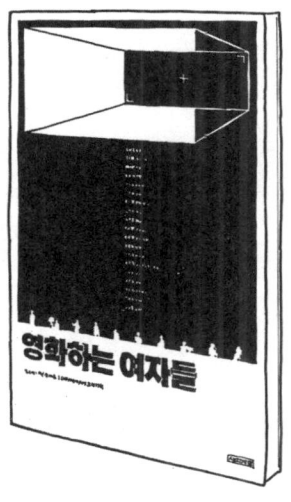

1980년대까지 한국영화계에서 여성은 소수였다. 몇몇 배경을 생각해볼 수 있는데, 영화판이 남성 중심의 비즈니스로 지극히 배타적으로 조직되었기 때문이고, 제작 현장의 문화가 군대에 버금가는 방식으로 꾸려졌기 때문이기도 하다. 여성 감독은 박남옥부터 이미례까지 불과 다섯 명뿐이었고, 대체로 여성들에게는 배우를 제외하면 스크립터, 의상, 편집 같은 제한된 역할만이 주어졌다. 분위기가 바뀌기 시작한 것은 80년대 후반부터다. 채윤희를 위시로 기획과 마케팅 분야로 영화계에 진입한 여성들이 꿋꿋이 버텼고 그 에너지를 모아 1990년대의 새로운 판을 주도했기 때문이다. 한국영화계의 이러한 변화를 응축해낸 것인 2010년 창립한 '(사)여성영화인모임'이다. 0 듬해 모임이 주축이 되어 여성영화인 다큐멘터리 〈아름다운 생존〉(임순례)과 1950년대부터 80년대까지 한국영화에서 활동한 『여성영화인사전』을 내놓으며 그간의 역사를 정리하고 앞으로의 행보를 다짐했다. 2020년 창립 20주년을 맞은 여성영화인모임이 또 하나의 귀중한 성과를 내놓았다. 한국영화가 그 어느 때보다 빛난 1990년대부터 현재까지 여성 영화인들을 기록한 책이다. 저작자 심재명부터 배우 천우희까지 여성 영화인 15인의 인터뷰를 단숨에 읽고 나면, 그들의 활동이 여성의 영화사가 아닌 지난 30년간의 한국영화사 그 자체임을 깨닫게 된다.

■ 『다큐하는 마음』
　양희 지음, 제철소, 2020

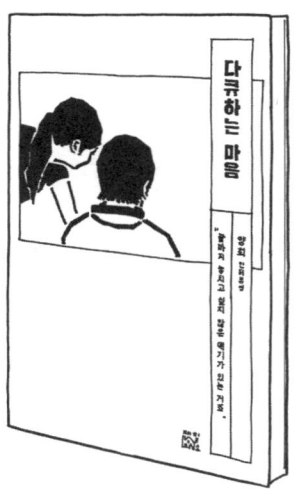

〈마리안느와 마가렛〉(윤세영, 2017), 〈노무현입니다〉(이창재, 2017), 〈김군〉(강상우, 2019) 등 다수 다큐멘터리에 작가로 참여한 양희의 인터뷰집. 보통 다큐멘터리라고 하면 사실을 있는 그대로 찍어서 보여주는 것이라고 여긴다. 이때 다큐멘터리는 실존 인물과 실제 사건을 촬영한 결과물로 가치를 존중받을 만하다고 평가받는다. 다만, 재미까지 보장하기는 어렵다. "너는 왜 농담을 다큐로 받냐?"라는 흔한 핀잔은 다큐멘터리를 유머의 반대말처럼 사용한다. 여기서 다큐멘터리는 웃고 넘어가면 될 일에 정색하는 엄격한 태도를 가리키고, 의미는 있으나 너무 심각해서 따분한 이야기를 일컫는다. 과연 그런가. 감독, 프로듀서, 편집감독, 촬영감독, 비평가, 홍보마케터, 수입·배급업자, 영화제 스태프가 말하는 '다큐하는 마음'을 듣다 보면, 다큐멘터리에서 사실만큼이나 중요한 것이 시선임을 깨닫게 된다. 다큐멘터리를 만들고 세상에 선보이는 사람들은 각자 어느 위치에서 무엇을 바라볼지, 이를 어떻게 해석하고 전달할지 고민한다. 영화가 끝나도 삶은 이어지기에 타인을 관찰하는 과정은 진지할 수밖에 없지만, 메시지를 발견해나가는 여정에는 종종 아름답고 유쾌한 순간이 함께 담긴다. 다큐멘터리를 둘러싼 오해 혹은 반쪽짜리 진실을 밝혀내는 시도이자, 동시대와 부지런히 호흡하며 다큐멘터리를 만들고 배급하는 분야별 직업인의 목소리를 기록한 책.

■ 『우연히, 웨스 앤더슨-
　그와 함께 여행하면 온 세상이 영화가 된다』
　윌리 코발 지음, 김희진 옮김, 웅진지식하우스, 2021

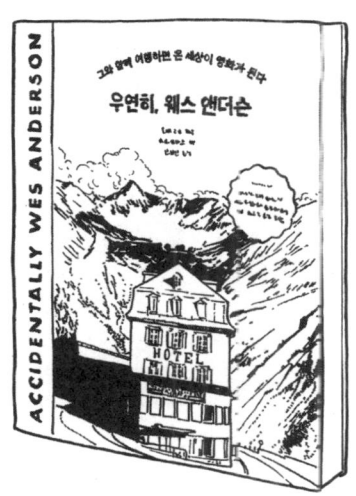

미디어 여행자들에게 가장 핫한 인스타그램 계정 중 하나로 꼽히는 @ACCI-DEN-TALLY WESANDERSON (우연히웨스앤더슨)의 게시물들을 엮은 사진집이다. 150만 명에 육박하는 팔로워를 거느린 '우연히웨스앤더슨'은 새로운 감수성들이 교차하는 시각 문화의 플랫폼이라고 할 만하다. 이 책 안에서 웨스 앤더슨은 우리 시대의 중요한 감독을 넘어 독창적인 영감·모험의 표상으로 설정되었다. 저자 윌리 코발은 웨스 앤더슨의 영화에서 추출해낸 것처럼 보이는 실제 장소들과 건물, 인간의 스토리를 수집한다. 책에는 웨스 앤더슨의 상상 세계에서 얻은 영감을 바탕으로 1만 5천 장이 넘는 사진과 수많은 장소에 대한 조사 끝에 선택된 200개 이상의 장소가 수록되어 있다. 도시와 호텔, 팬케이크 매대에 이르기까지 강박적인 대칭 구도와 팝 파스텔 색상, 생생한 패턴의 벽지 등 앤더슨의 시각적 시그니처가 독특한 디자인, 멋진 사진, 예측 불허의 서사로 우리들을 끌고 간다. 영화 속 환상이 세상에 실재한다는 것을 확인하는 즐거움, 그 뒤의 흥미로운 이야기를 찾는 이들에게 권한다.

■ 『영화의 고고학–20세기의 기억』
장 뤽 고다르·유세프 이샤그푸르 지음, 김이석 옮김, 이모션북스, 2021

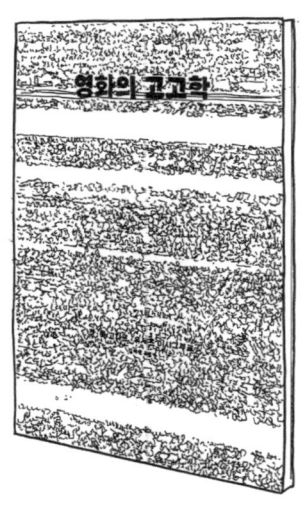

2021년 4월 국내 번역 출간된 이 책은 '영화의 고고학과 세기의 기억'이라는 제목으로 지난 2000년 프랑스에서 발행된 영화감독 장 뤽 고다르와 이란 태생의 비평가 유세프 이샤그푸르의 대담을 수록한다. 고다르가 4부작으로 구성된 〈영화의 역사(들)〉(1988~1998)을 마무리하고 이샤그푸르를 지명해 그 비평적 의미를 짚어보고자 나눈 이 대담에서, '세기의 기억'은 다름 아닌 20세기의 기억이다. 고다르에게 영화는 20세기의 예술이었고, 그는 이 작업을 통해 자신이 살아온 20세기와 영화에 대한 역사를 써 내려가고자 했던 것이다. 이샤그푸르는 이 난해한 작품들 영화의 고고학, 특히 "여기저기 산개된 순간이나 기념물로부터 시작해서 거의 우연적이라고 볼 수 있는 것을 구축하는 과정으로 나아가는 고고학"이라고 정의한다. 둘의 대담은 영화의 존재론과 윤리학의 차원에서 20세기를 관통하면서 나치즘과 할리우드에 굴복한 영화가 역사에 대해 무엇을 했는지, 그리고 무엇을 할 수 있는지를 질문한다. 이샤그푸르의 별도 비평문 「장 뤽 고다르, 현대의 시네아스트」와 역자인 김이석 동의대 교수가 쓴 후기 「〈영화의 역사(들)〉, 부활과 회복을 향한 운동」이 이해를 돕는다.

나에게 좋은 영화란 엔딩 크레디트가 올라갈 때도 나를 의자에 계속 붙들어두는 영화다. 끝없이 흘러가는 수백 개의 이름을 멍하니 바라보며 방금 본 영화의 장면 장면을 곱씹는 순간은 영화 팬이 누리는 은밀한 기쁨 중 하나가 아닐지. 그 순간의 두근거림은 종종 극장을 나와서도 오래도록 이어져 영화나 감독에 관한 책을 찾아보게 만든다. 그중에서도 특히 영화의 미세한 주름과 결을 하나하나 들여다보게 해주는 책, 요컨대 영화에 현미경을 대주는 책을 몇 권 소개한다.

1 『아가씨 아카입』
김혜리·신형철·박찬욱 외 지음, 그책, 2017

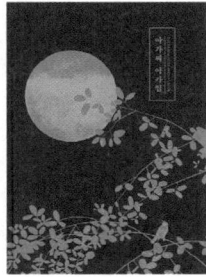

제작자가 들려주는 〈아가씨〉의 탄생 비화부터 박찬욱 감독과 배우 인터뷰, 평론, 미술·의상·조명·촬영 등 각 분야 감독들의 이야기까지, "〈아가씨〉의 모든 것을 담았다"라는 소개가 과언이 아니라고 느껴지는 책이다. 나의 경우 배우들의 일본어가 너무 자연스러워서 놀랐는데 일본어 대사 교육 담당자들의 인터뷰까지 자세히 실려 있어 궁금증이 해소되었다. 먼지에 히데코 방의 벽지 무늬를 넣는 등 장정에도 정성을 들인 티가 나서 펼칠 때마다 기분이 좋아진다.

2 『로칸에서 바닷소리 들으며 시나리오를 씁니다』
니시카와 미와 지음, 이지수 옮김, 마음산책, 2019

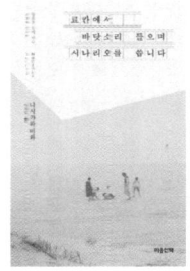

일본의 영화감독 니시카와 미와의 산문집으로 영화 〈아주 긴 변명〉을 촬영할 당시의 제작기가 실려 있다. 이 책은 내가 번역했는데 작업하는 내내 저자의 필력과 유머 감각에 감탄했던 기억이 생생하다. 걸핏하면 화를 내는 노(老) 카메라맨, 손이 많이 가는 주연 배우, 통제 불능의 아역과 함께 좌충우돌 영화를 만들어나가는 과정을 다 읽고 나면 영화의 단 한 장면도 허투루 볼 수 없게 된다.

3 『캐롤 한/영 각본집』
필리스 나지 지음, 박예하 옮김, 들레인, 2020

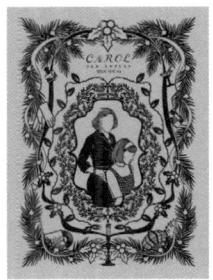

각본집을 따로 그해 읽은 것은 이 책이 처음이었는데, 의외로 영화와 다른 부분이 많

아서 그것을 찾아내는 재미가 쏠쏠했다. 이를테면 각본에 녹색으로 묘사된 캐롤의 스카프가 영화에서는 진분홍색이라거나, 지문에는 "캐롤이 테레즈의 볼을 쓰다듬는다"라고 쓰여 있었는데 영화에서는 쓰다듬지 않는다거나. 왜 그렇게 바꾸었을까 가만히 짐작해브는 건 곧 영화에 대한 이해의 폭을 넓혀주는 일이기도 했다.

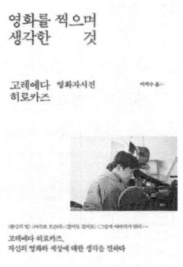

영화를 찍으며 생각한 것

고레에다 영화자서전 히로카즈

고레에다 히로카즈, 자신의 영화와 작업에 대한 생각을 말하다

4 『이안-경계를 넘는 스토리텔러』 카를라 레이 풀러 엮음, 윤철희 옮김, 마음산책, 2019

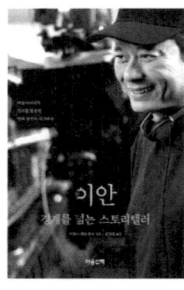

장르와 국가를 뛰어넘는 작업을 해온 이안 감독의 인터뷰집이다. 1993년부터 2019년까지 총 스무 번에 걸쳐 진행된 인터뷰들은 마치 〈음식남녀〉를 만들 때의 이안을, 〈센스 앤 센서빌리티〉를 만들 때의 이안을, 또 〈색, 계〉와 〈라이프 오브 파이〉를 만들 때의 이안을 순차적으로 눈앞에 데려다놓는 것 같아 한 사람의 인생이 담긴 다큐멘터리를 '빨리 감기' 하는 듯한 감각을 맛봤다. 그렇게 이안의 궤적을 한차례 훑은 다음 그의 영화를 다시 감상하는 것도 무척 즐거운 일이었다.

5 『영화를 찍으며 생각한 것- 고레에다 히로카즈 영화자서전』 고레에다 히로카즈 지음, 이지수 옮김, 바다출판사, 2017

1995년의 데뷔작 〈환상의 빛〉부터 2016년작 〈태풍이 지나가고〉까지, 고레에다 히로카즈가 자신의 작품과 그 제작 과정에 대해 쓴 영화 자서전이다. 작품에 관해서 뿐만 아니라 제작비와 흥행 수익, 배급 수입 등 금전적인 부분에 대해서도 자세히 이야기하고 있어 앞으로 영화를 찍을 사람들이 참고하면 좋을 책이다. 이 책 역시 내가 번역했는데, 작업 후 고레에다 감독을 인간적으로도 무척 흠모하게 되었다.

이지수
일본어 번역가. 『영화를 찍으며 생각한 것』, 『키키 키린의 말』, 『작은 이야기를 계속하겠습니다』 등의 책을 우리말로 옮겼고 『아무튼, 하루키』, 『할 수 있는 일을 하고 있습니다』(공저)를 썼다.

■ 추천: 정대건(영화감독)

시나리오 쓰기를 포함한 '영화 만들기'를
책으로 배운다는 것은 악기 연주나 수영을
책으로 배우는 것만큼이나 허황되게 느껴
지는 일이다. 그럼에도 지푸라기라도 잡는
심정으로 수많은 선배 창작자들의 체험담
을 찾아다니며 지혜를 얻고자 갈급하던 때
가 있었다. 뭐든 자료를 찾아보고 공부하는
습관이 있던 나는 각종 시나리오 작법서를
읽으며 위로받곤 했다. 영화 창작에 관심
있는 사람이라면 누구나 알 만한 『시나리
오 어떻게 쓸 것인가』 같은 위대한 작법서
의 이름을 열거하기보다는 덜 알려졌지만
진정 도움 받았던 창작기를 선정했다. 꼭
창작에 관심 있는 사람이 아니더라도 영화
를 사랑하는 사람들이라면 즐겁게 읽을 수
있을 것이다.

1 『유혹하는 글쓰기-스티븐 킹의
창작론』
스티븐 킹 지음, 김진준 옮김, 김영사,
2017

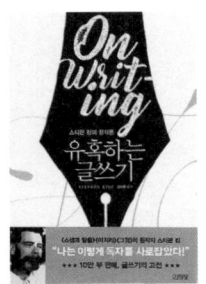

이 책은 '스티븐 킹의 창작론'이라는 부제
에 걸맞게 실질적인 작법서라기보다는 작
가의 에세이에 가깝다. 독자는 작가의 자세
에 대해서 많은 것을 배우게 될 것이다. 미
사여구를 거둬내고 단문으로 쓰라는 것. 글
쓰기에는 왕도가 없다는 것만이 왕도라는
것. 뮤즈를 기다리지 말라는 것. 그중 압권

은 스티븐 킹이 본인 아들의 색소폰 레슨을
중단시킨 에피소드다. 고민하고 있는 창작
지망생이라면 이 에피소드를 읽고 더 이상
창작 지 망생의 길을 걷지 않게 될 수도 있
다. 그것도 나름 나쁘지 않은 일이다.

2 『21일 만에 시나리오 쓰기-
당신의 마음속에 있는 영화를
종이에 옮기는 법』
비키 킹 지음, 조고은 옮김,
비즈앤비즈, 2015

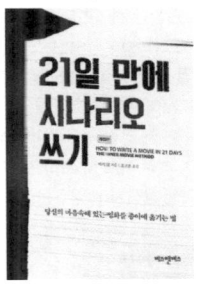

여러 작법서를 전전하던 내가 제목에 혹해
집어 든 책이다. 작법에 대한 내용은 유명
한 책들에 비해 부실한 편이지만 선배 작가
에게서 심리 치료를 받는 기분으로 읽었다.
창작자가 겪게 될 정신적 두려움과 그 해결
책에 대한 따뜻한 말들이 있다는 점이 다른
작법서와 차별점이다. 작가 생활을 하며 연
인이나 가족과의 관계에서 겪는 트러블에
대한 코멘트도 였는데, 이 부분은 작가 본
인뿐단 아니라 조 가의 주변 사람들에게 읽
어주려 권할 만하다.

3 『발칙한 카메라의 이면』
한국영화아카데미 지음, 씨네21북스,
2010

한국영화아카데미 장편영화 제작연구과정
3기으 생생한 저예산 장편영화 제작기다.
윤성현 감독의 〈파수꾼〉, 조성희 감독의
〈짐승의 끝〉, 박수민 감독의 〈간증〉 제작기

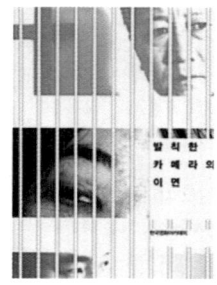

가 있으며 각 촬영감독의 제작기도 담겨 있다. 이 책 외에도 같은 시리즈로 발간된 『영화의 꿈을 향해 쏴라』나 『영화를 꿈꾸다』 모두 값을 매길 수 없는 진솔한 '첫 장편영화' 제작 일지다. 어디에서도 듣기 힘든 기술적인 팁과 영화 제작 현장의 곤란한 상황들이 생생하다. 특히 이제 막 프리프로덕션에 들어가야 하는 창작자에게 추천한다.

4 『GV 빌런 고태경』
정대건 지음, 은행나무, 2020

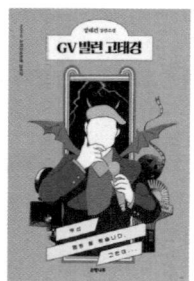

영화와 영화인, 극장과 영화제를 둘러싼 꿈에 대한 이 야기이다. 독립 다큐멘터리 영화 제작기 소설이자 창작자 소설이기도 하다. 낯 간지럽게 이 책을 추천하는 이유는 소위 '성공'한 영화인들의 보석같이 훌륭한 인터뷰집은 꽤 찾아볼 수 있지만, 창작자가 '실패'에 대하 1인칭 화자로 들어가서 다루는 이야기는 희소성이 있기 때문이다. 특히 창작에 어려움을 겪고 다음으로 넘어가고 싶

은 사람에게 이 책을 추천하고 싶다.

정대건
한국영화아카데미에서 영화연출을 전공했다. 다큐멘터리 〈투 올드 힙합 키드〉, 극영화 〈사브라〉, 〈메이트〉를 연출했다. 저서로는 『GV 빌런 고태경』, 『아이 틴더 유』, 『급류』 등이 있다.

■ 추천: 금정연(서평가)

히치콕의 〈현기증〉에서 고소공포증에 시
달리는 퇴직 경찰 스카티는 수상한 동창의
부탁으로 그의 부인 매들린을 미행한다. 낡
은 호텔에서 유령에라도 홀린듯 그녀를 놓
친 스카티가 미지의 집으로 되돌아온다. 미
지! 샌프란시스코의 역사에 대해 잘 아는
사람 있어? 버클리대학의 교수 이름을 대
는 미지에게 스카티가 말한다. 그런 역사
말고 있잖아, 사소한 일화(small stuff)나 유
명하지 않은 사람들에 대한 것들. 그러자
미지가 되묻는다. 뒷골목에서 누가 누굴 쐈
다는 식의 흥미로운 이야기(juicy stories)
말이야? 바로 그거야! 때마침 미지는 그런
사람을 알았고, 그래서 둘은 서점을 향한
다. 샌프란시스코 역사 전문가를 만나기 위
해서, 영화의 또 다른 역사가 궁금할 때 내
가 그렇게 하는 것처럼.

1 『할리우드』
**찰스 부코스키 지음, 박현주 옮김,
열린책들, 2019**

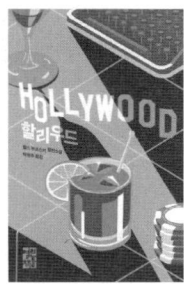

본인의 소설 『팩토텀』을 영화화한 〈술고
래〉의 시나리오를 써달라는 의뢰를 받은
부코스키가 지옥에서, 그러니까 할리우드
에서 보낸 한철에 대해 쓴 지나치게 생생한
기록. 언제나와 같은 부코스키 스타일에 당
대의 스타 감독과 배우들이 대거 등장한다.
베너 체어고크(베르너 헤어조크), 종뤼크

모다트(장 뤽 고다르), 톰 펠(숀 펜)과 라모
나(마돈나) 등등, 본명보다 더 본명 같은 가
명으로...

2 『복안의 영상-
나와 구로사와 아키라』
**하시모토 시노부 지음, 강태웅 옮김,
소화, 2012**

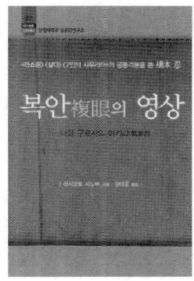

하시모토 시노부는 전후 일본에서 활동
한 시나리오 작가이자 감독으로 〈라쇼몽〉,
〈살다〉, 〈7인의 사무라이〉 등을 구로사와
아키라와 함께 공동으로 썼다. 제목의 '복
안'은 원래 홑눈이 벌집 모양으로 여러 개
모여 이루어진 곤충의 겹눈을 뜻하지만, 여
기서는 혼자가 아닌 복수의 시선으로, 다시
말해 둘 혹은 셋이서 함께 여관에 틀어박혀
아침부터 밤까지 함께 시나리오를 쓰던 구
로사와의 작업 방식을 가리킨다. 읽다 보면
나도 모르게 친구들이랑 같이 시나리오나
한번 써볼까? 하는 생각이 든다는 단점이
있다.

3 『한국 액션영화』
오승욱 지음, 살림, 2003

〈킬러 만자로〉와 〈무뢰한〉의 감독 오승욱
이 털어놓는 B급이라고 하기에도 한 꾸 모
자란 60·70년대 한국 액션영화에 대한 애
증의 고백. 우리에겐 할리우드나 일본보다
오히려 더 멀게만 느껴지는 그 시절 한국영
화에 대한 흥미진진한 가이드로, 박노식이

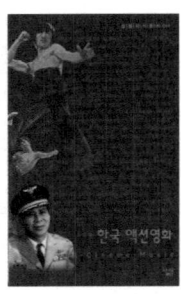

연기했던 용팔이 시리즈나 재미교포 챠리
셸이 나오는 외다리 시리즈 같은 그 시절의
영화를 전혀 모른다고 해도(나도 그렇다!)
즐겁게 읽을 수 있다.

4 『영화의 맨살-
하스미 시게히코 영화 비평선』
하스미 시게히코 지음, 박창학 옮김,
이모션북스, 2015

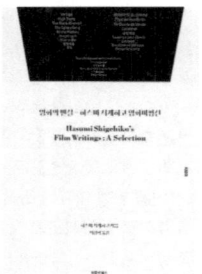

책의 마지막에 실린 해설에서 영화평론가
임재철은 하스미 시게히코를 가리켜 '영화
광인'이라고 말한다. 하스미는 불문학자이
자 영화평론가로 도쿄대학교 총장을 역임
한 일본을 대표하는 지식인이지만 이 책을
읽다 보면 그 말이 무슨 뜻인지 알게 된다.
"하스미, 이 미친 사람..."이라는 감탄이 절
로 나오는 책.

5 『영화와 시』
정지돈 지음, 시간의흐름, 2020

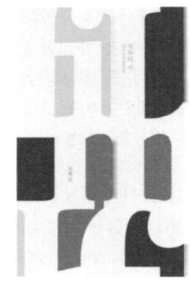

나는 영화와 시에 대한 책 중에 이렇게 사
랑스럽고 웃긴 책을 알지 못한다. 만약 내
게 약간의(실은 매주 많은) 과장이 허락된
다면, 나는 감히 알랭 레네를 빌려 이렇게
말하고 싶다. (만약 이 책을 보지 않았다면)
당신은 아직 아무것도 보지 못했다, 라고.

금정연
서평을 쓰지 않는 서평가. 굳이 제목을
밝힐 필요 없는 몇 권의 책을 썼고, 제
목을 밝힐 수 없는 한 편의 시나리오를
함께 썼다. 한국영상자료원 웹진에 정
지돈과 함께 「한국영화에서 길을 잃은
한국 사람들」을 연재했다.

필자

권세미(한국영상자료원 학예연구팀)
『근대의 원초경』,『눈의 폄하』

문성경(전주국제영화제 프로그래머)
『차학경 예술론』,『혼자서 본 영화』

손희정(영화평론가)
『페미니즘 영화이론』,『화이트』

이다혜(영화기자)
『기생충 각본집&스토리보드북』,『여자 주인공만 모른다』,『아녜스 바르다의 말』,『한국 트랜스젠더 영화사』

이도훈(〈오큘로〉편집위원)
『역사—끝에서 두 번째 세계』,『뉴미디어의 언어』

이상용(영화평론가)
『밝은 방』,『인간의 마음을 사로잡는 스무 가지 플롯』,『이미지의 삶과 죽음』,『다른 방식으로 보기』

이승민(연구자)
『영화와 공간』,『영화와 의미의 탐구 1&2』,『다큐의 기술』

이주라(원광대 문예창작학과 조교수)
『대중서사장르의 모든 것 1~5』

정경담(〈마테리알〉 공동 편집인)
『이미지의 폭력』,『영화를 만든다는 것』,『멈추지 않는 눈』

정종화(한국영상자료원 학예연구팀장)
『하길종, 혹은 행진했던 영화 바보』,『한국 근대영화사』,『영화하는 여자들』

차한비(영화 저널리스트)
『스크린 앞에서 투덜대기』,『캐스린 비글로』,『독립영화 나의 스타』,『우나기 선생』,『다큐하는 마음』

하승우(연구자)
『정치적 무의식』

황미요조(영화평론가)
『사회이동과 계급 그 멜로드라마』

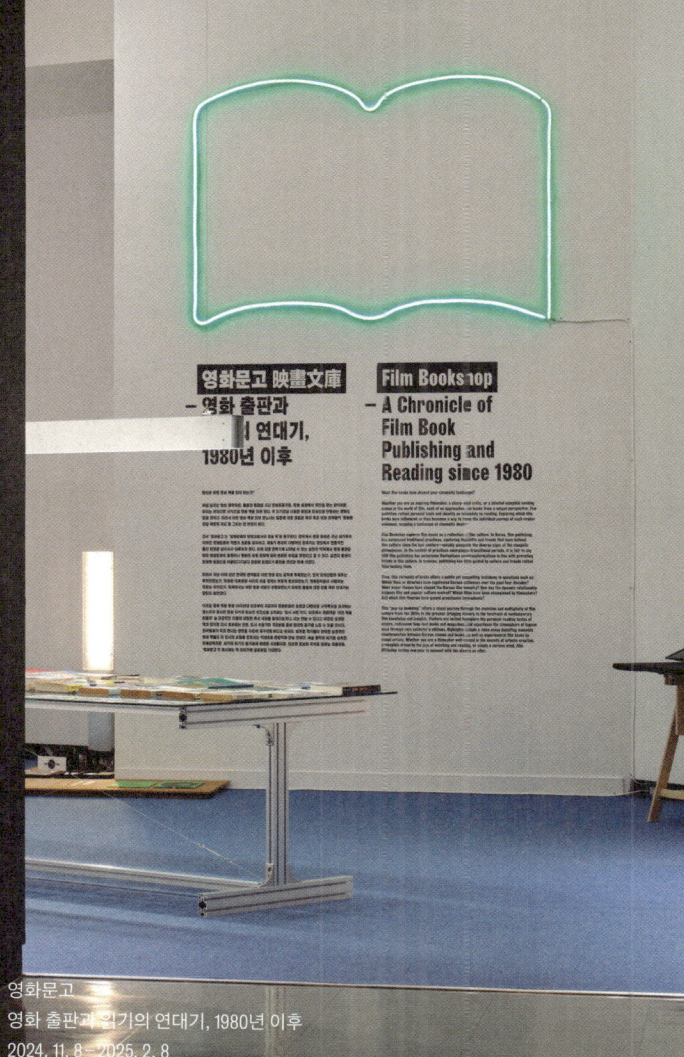

영화문고
- 영화 출판과 읽기의 연대기, 1980년 이후
2024. 11. 8 – 2025. 2. 8
한국영상자료원 한국영화박물관

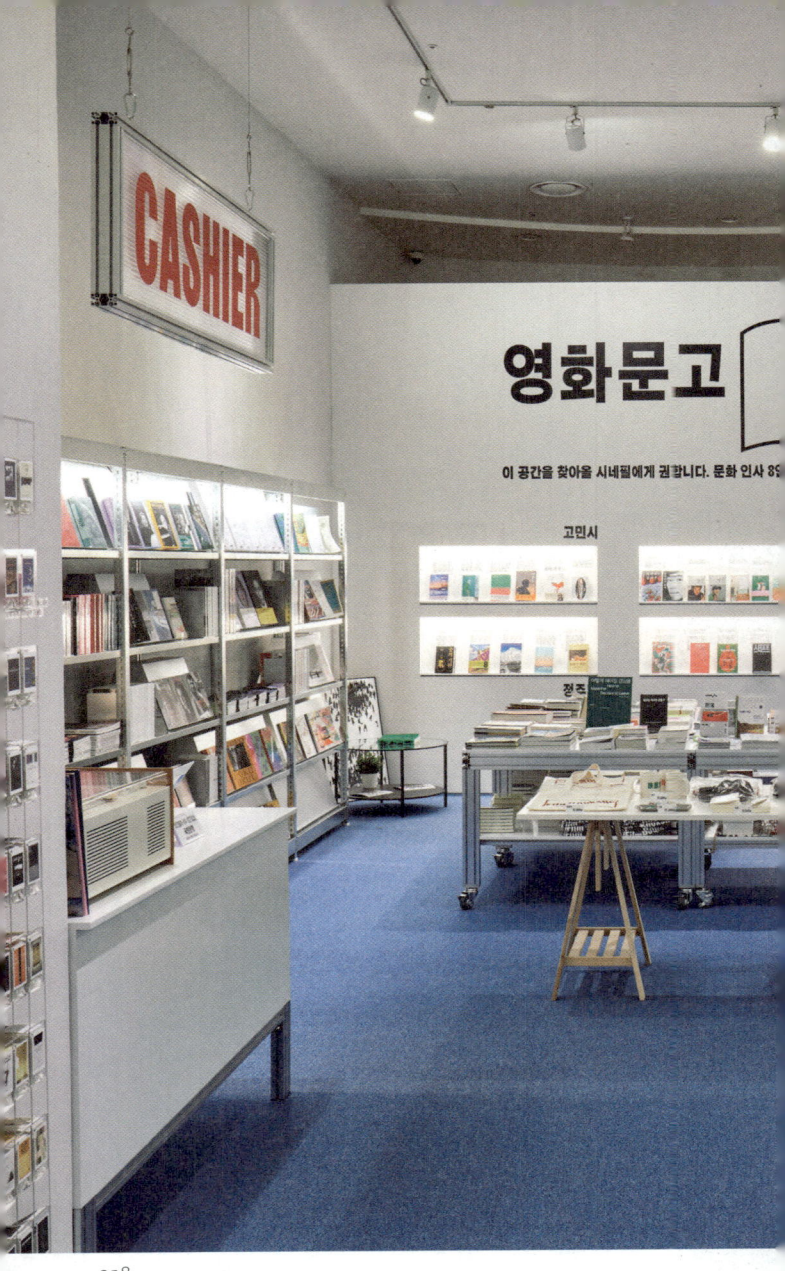

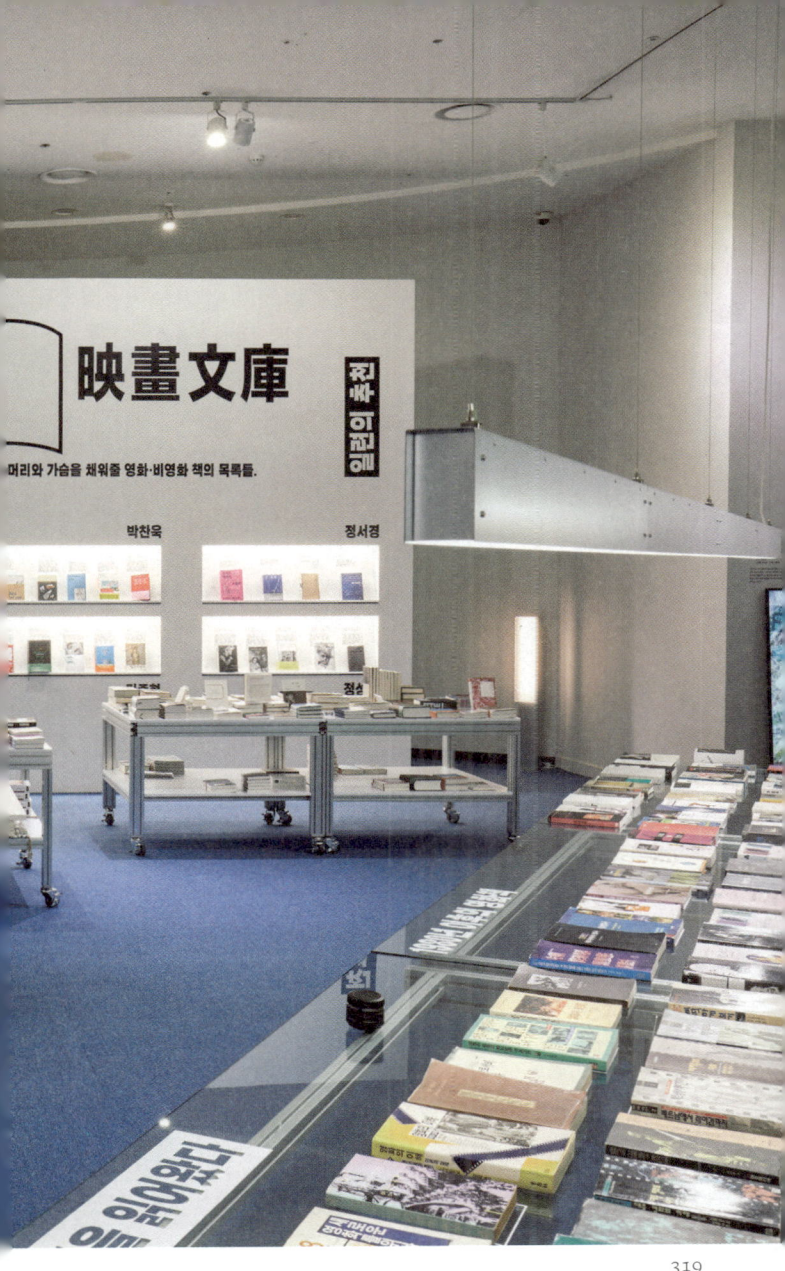

映畫文庫

머리와 가슴을 채워줄 영화·비영화 책의 목록들.

박찬욱   정서경

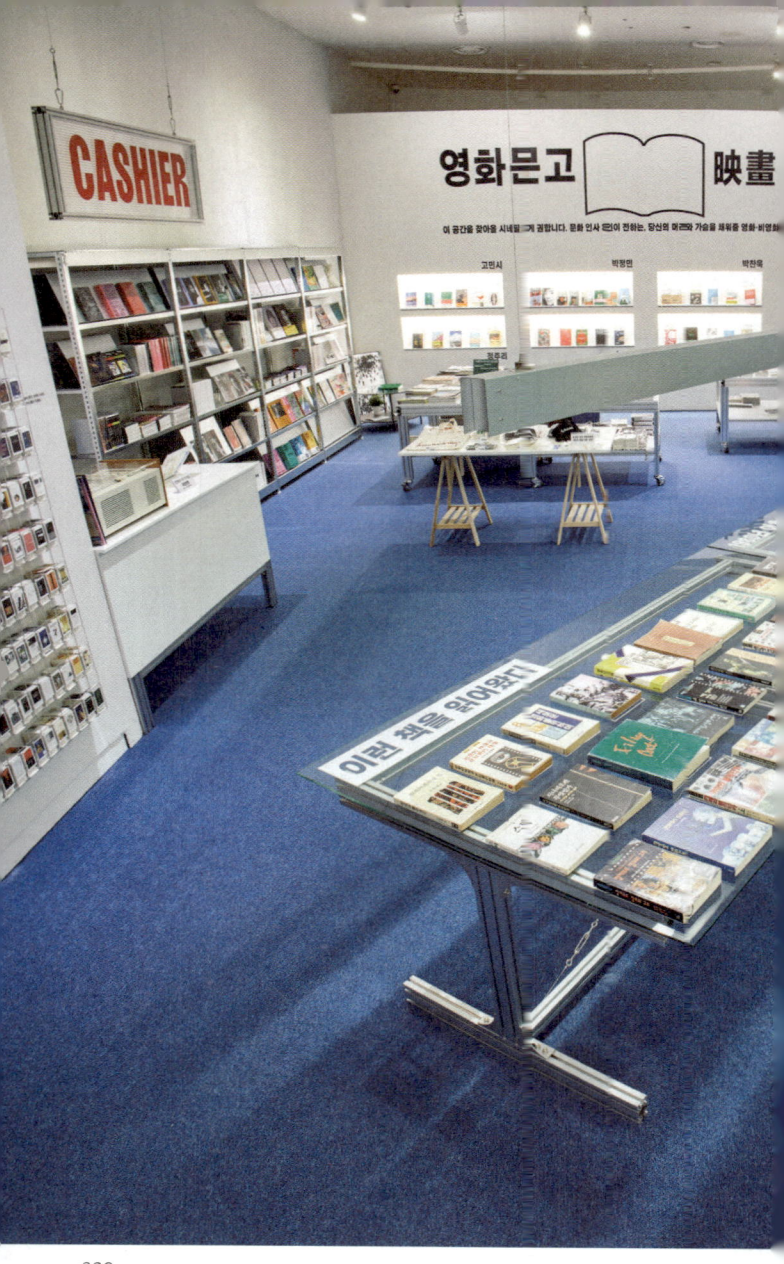

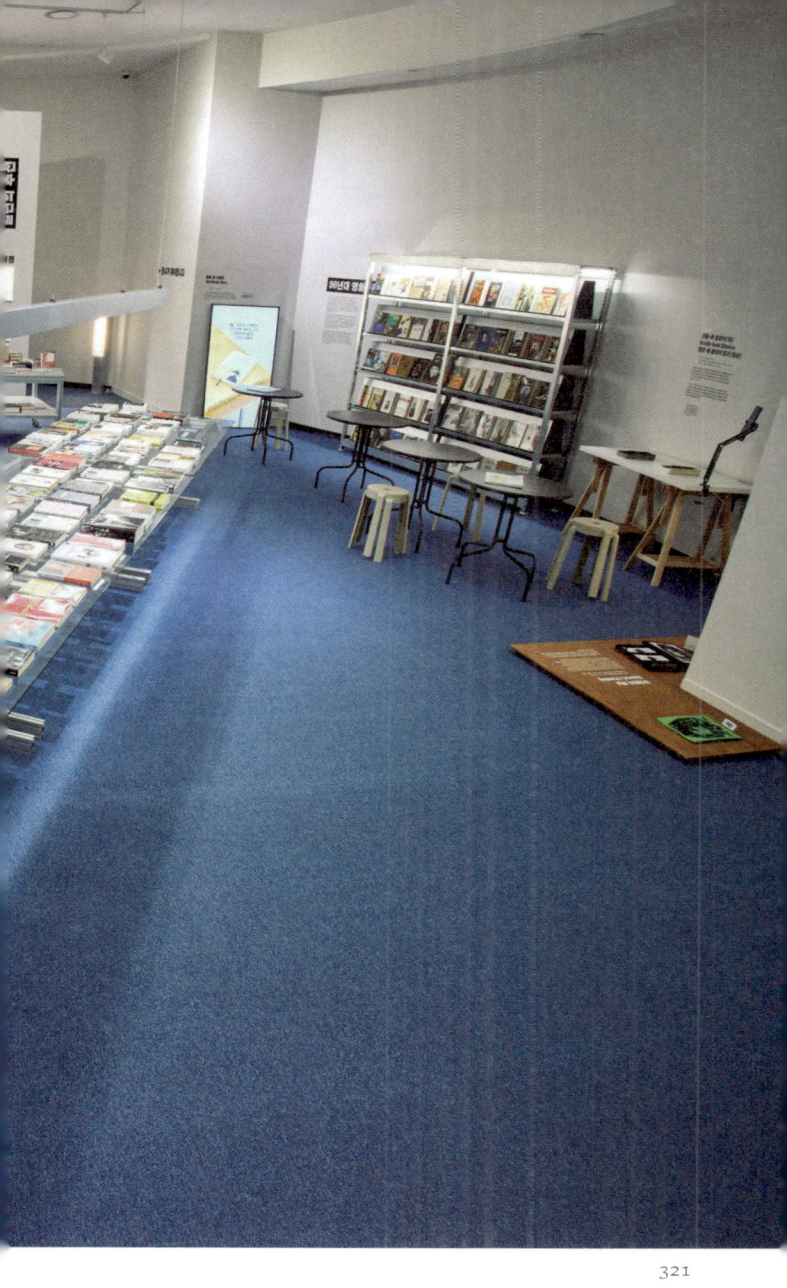

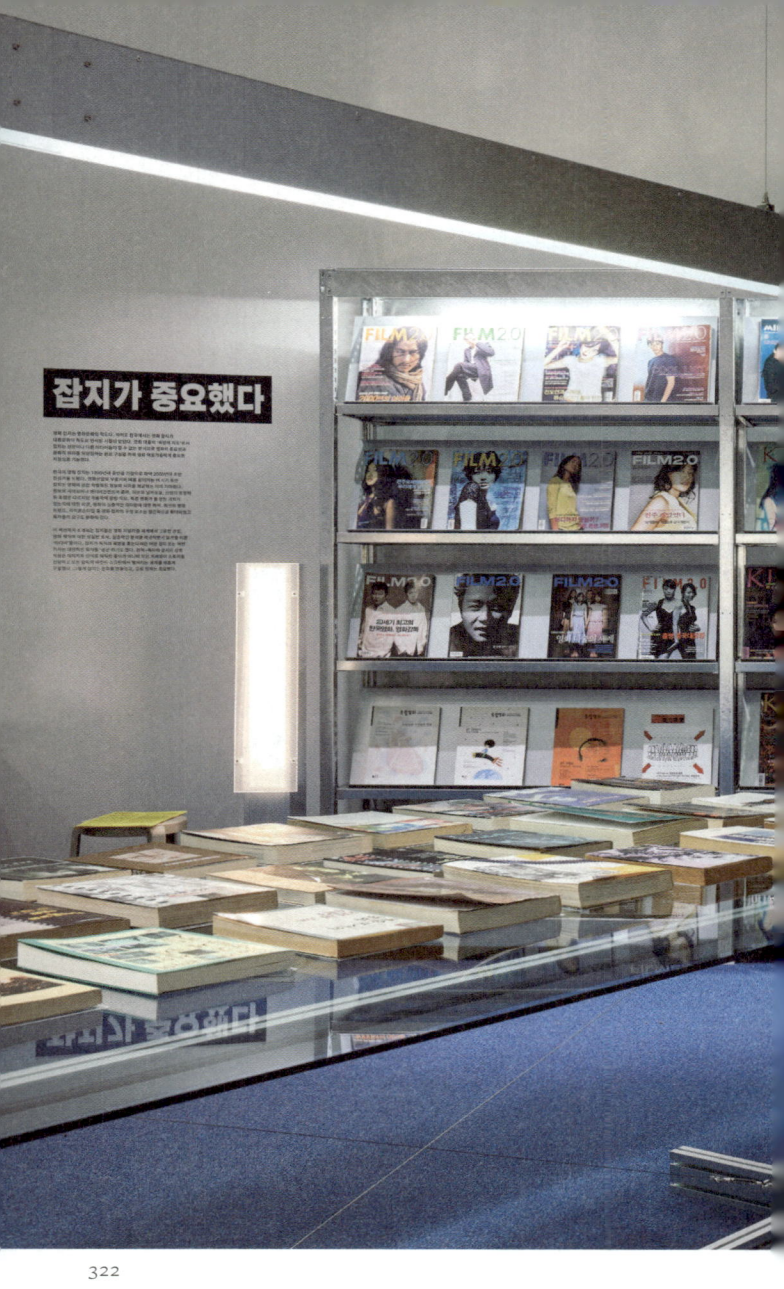

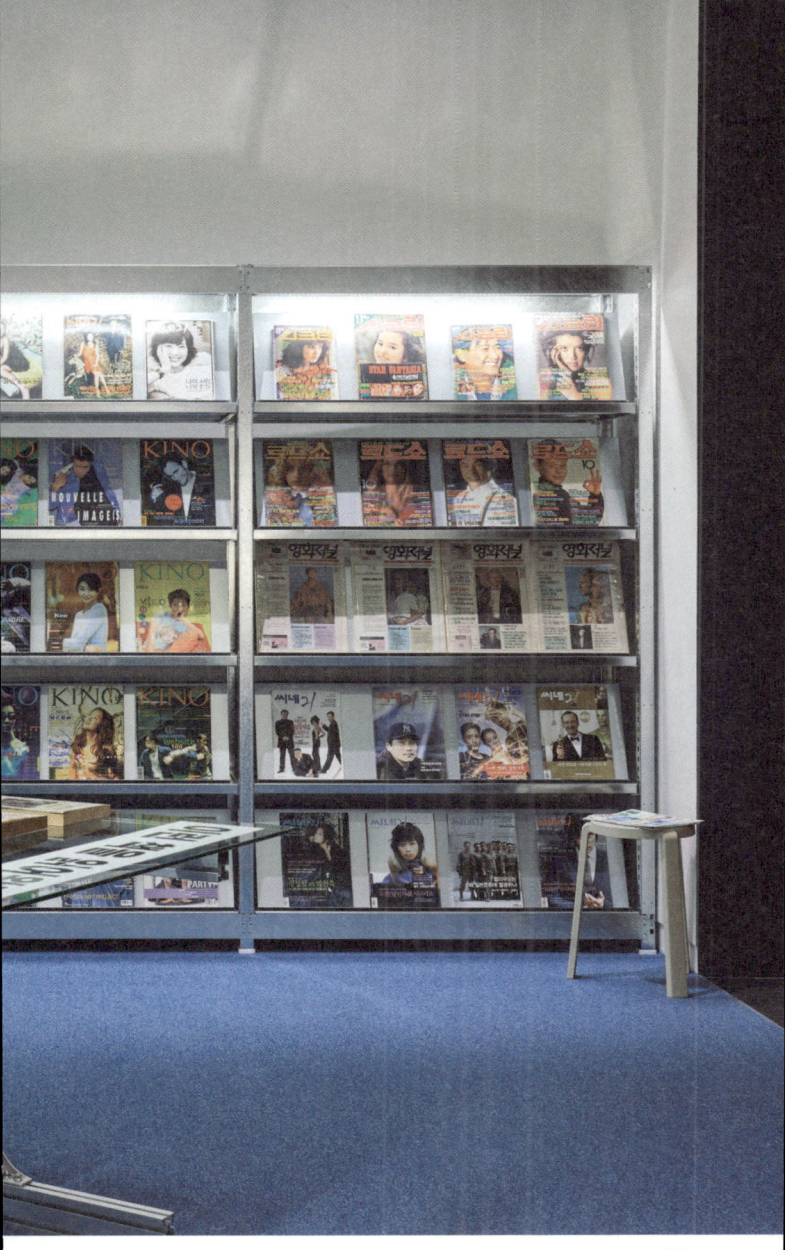

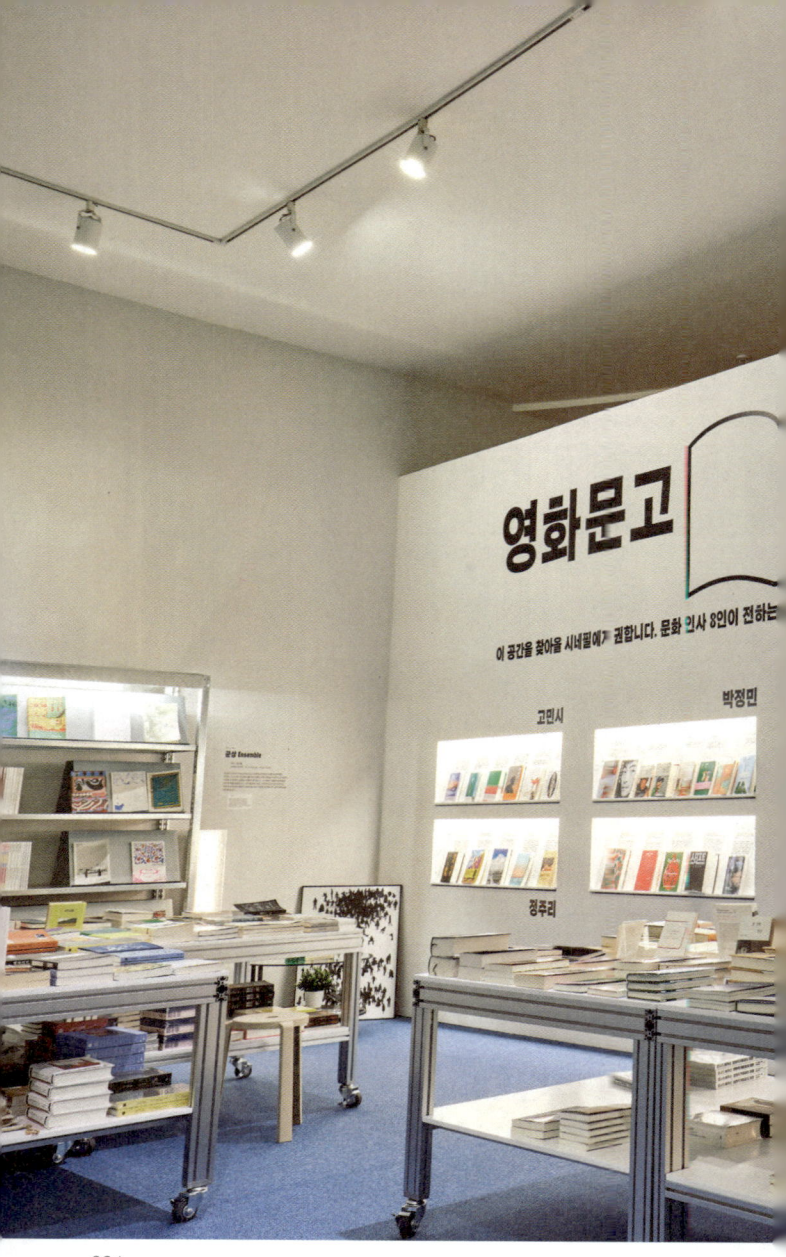

영화문고

이 공간을 찾아올 시네필에게 권합니다. 문화 인사 8인이 전하는

고민시   박정민

정주리

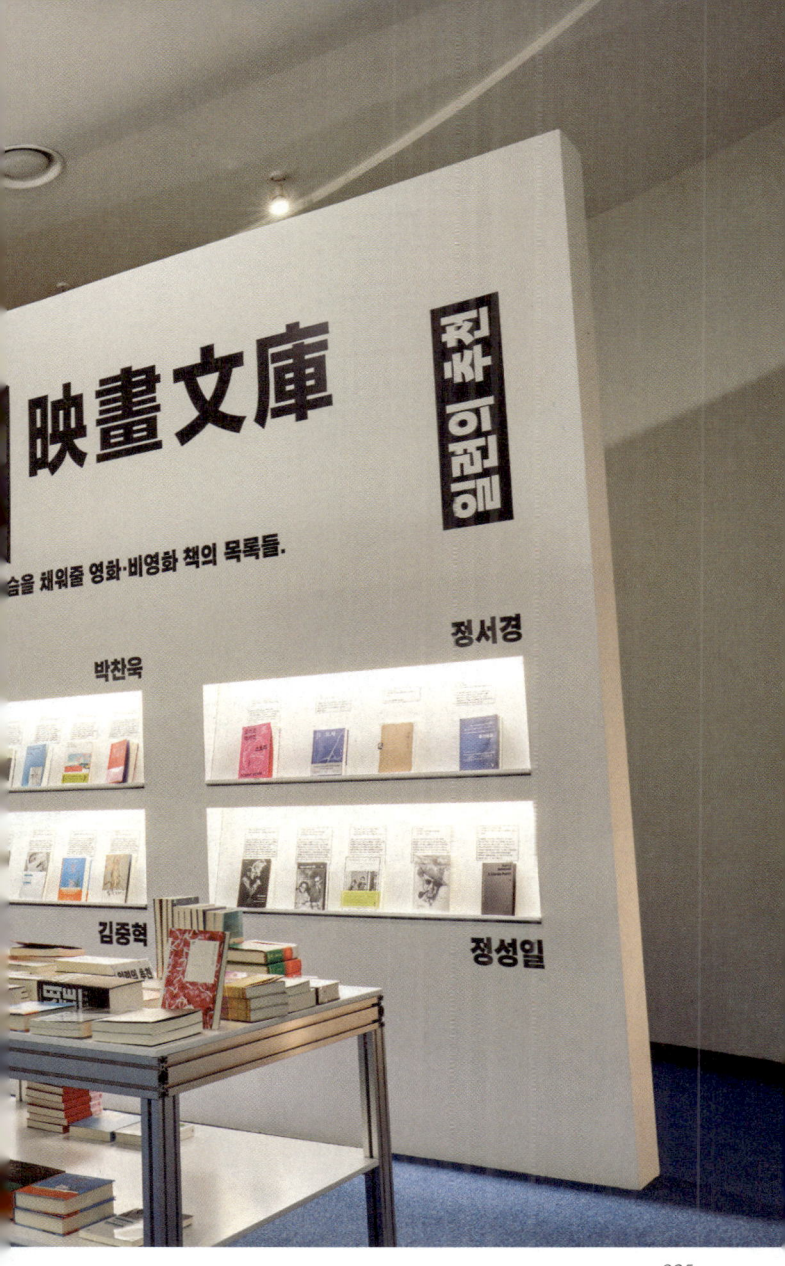

映畫文庫

...슴을 채워줄 영화·비영화 책의 목록들.

박찬욱

정서경

김중혁

정성일

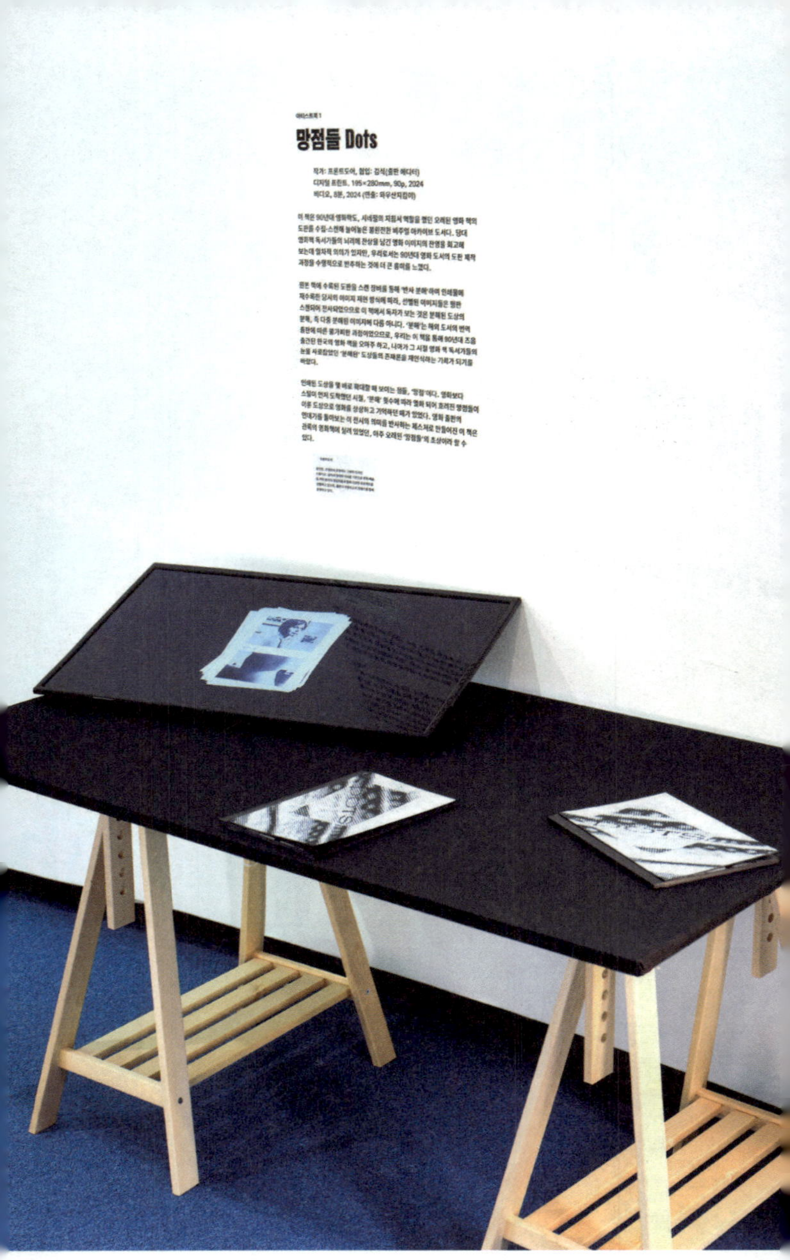

망점들 Dots

저자: 프랜시스카, 정집: 강지(휴먼 에디터)
디자인 프린트, 195×280mm, 90p, 2024
비디오, 6분, 2024 (편을: 파수샨지킴아)

이 책은 90년대 영화계와, 사세탈의 지점시 책임을 맡던 요께된 영화 책의
도판을 수입·스캔해 늘어놓은 불완전한 배경될 아카이브 도서다. 당대
영화계 독시가행나 뇌게비 문성을 남긴 영화 이미지의 원본을 최고재
보는데 절자로 의미가 의자된, 우리로서는 90년대 영화 도서의 도판 체작
과정을 수행적으로 반추하는 것에서 큰 흥미를 느낀다.

한번 책에 수목된 도판들 스캔 경비들 통해 번식 문화·마녀 인쇄물에
재수록된 이사의 마지의 재판 방식체제, 선별된 이미지들은 많은
스캔데이 인사테데인으로 이 책체시 독자가 보는 '것은 분체된 도상의
분득, 즉 다음 문테든 이미지에 다음 아니고, '망쳐'는 책의 도시의 번식
흔번에 따른 옮겨지며 과잉자였으므로, 우리는 이 책을 통해 90년대 조금
동간인 한국의 영화·핵심 남아가고, 나아가 그 시장 영화 핵 독시가행들이
눈물 자공있었던 '망쳐떠' 도상들의 존재본을 재분석하고 가깨가 되기를
바란다.

인쇄된 도상을 볼 바로 제작할 때 보이는 점들, '망점 때다, 영화 때다
스릴러 번식 도색했던 시절, '번식' 영수·백 매라 영화 퇴어 흐려진 망쳐들이
아무 도상으로 영화들 상상자 그 기억에무 세수 있었다, 영화 울천에
번식가들 들어보는 이 전시에 의미를 반식하는 테스처로 만들어진 이 책은
각각의 영화핵색 남아 있었던, 아주 요째된 '망혈들'의 조상이라 할 수
있다.

기획자전시
(설명 텍스트 블록)

망점들 Dots

작가: 프론트도어
디지털 프린트, 195 × 280 mm, 90p, 2024
비디오, 8분, 2024(연출: 와우산지킴이)

이 책은 90년대 영화학도, 시네필의 지침서 역할을 했던 오래된 영화책의 도판을 수집·스캔해 늘어놓은 불완전한 비주얼 아카이브 도서다. 당대 영화책 득서가들의 뇌리에 잔상을 남긴 영화 이미지의 잔영을 회고해 보는 데 일차적 의의가 있지만, 우리로서는 90년대 영화 도서의 도판 제작 과정을 수행적으로 반추하는 것에 더 큰 흥미를 느꼈다.

　원본 책에 수록된 도판을 스캔 장비를 통해 '반사 분해'하여 인쇄물에 재수록한 당시의 이미지 재현 방식에 따라, 선별된 이미지들은 평판 스캔되어 전사되었으므로 이 책에서 독자가 보는 것은 분해된 도상의 분해, 즉 다중 분해된 이미지에 다름 아니다. '분해'는 해외 도서의 번역 출판에 따른 불가피한 과정이었으므로, 우리는 이 책을 통해 90년대 즈음 출간된 한국의 영화책을 오마주하고, 나아가 그 시절 영화책 독서가들의 눈을 사로잡았던 '분해된' 도상들의 존재론을 재인식하는 기회가 되기를 바랐다.

　인쇄된 도상을 몇 배로 확대할 때 보이는 점들, '망점'이다. 영화보다 스틸이 먼저 도착했던 시절, '분해' 횟수에 따라 열화되어 흐려진 망점들이 이룬 도상으로 영화를 상상하고 기억하던 때가 있었다. 영화 출판의 연대기를 돌아보는 이 전시의 의디를 반사하는 제스처로 만들어진 이 책은 관록의 영화책에 실려 있었던, 아주 오래된 '망점들'의 초상이라 할 수 있다.

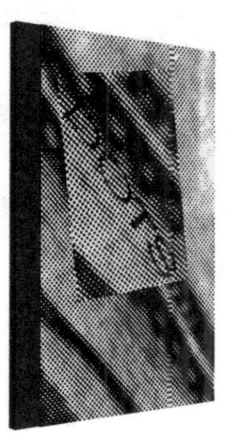

프론트도어
강민정, 민경문이 운영하는 그래픽 디자인 스튜디오. 글자의 형태와 의미를 기반으로 문화·예술 등 여러 분야의 협업자들과 함께 다양한 프로젝트를 진행하고 있으며, 출판사 프론트도어 프레스를 함께 운영하고 있다.

쿠아론의 패닝 Cuarón's Panning

작가: 배민기, 제작 협업: 김명수(북 아티스트)
디지털 프린트, 188 × 80 mm, 6p, 2권 1세트, 2024

알폰소 쿠아론은 〈그래비티〉(2013)와 〈로마〉(2018)에서 롱테이크, 패닝/틸팅, 트랙킹, 딥 포커스와 같은 기술적 영화언어들을 정교하게 활용한 것으로 잘 알려져 있다. 그중 나는 그의 패닝 숏이 무언가 독특하다고 생각했는데, 누군가 이걸 "VR같다"고 이야기한 것을 들은 후 더욱 그런 생각이 강해졌다. 이것을 'VR적 시선'이라고 한다면, 그의 영화는 변화한 미디어 기술 기반 위에서 세상을 인식하는 방법을 미학화하여 제시하는 가장 의외의 교보재라고도 할 수 있다.

나는 이 영화들 속의 패닝 숏을 수집하고, 그것을 두 권의 연속적인 파노라마로 구성했다. 또한 이 패닝 파노라마를 담는 박스의 앞면을 위해, 우주와 지상이 동심원 형태로 끊김 없이 연결되는 휠 차트 모양의 아트워크를 만들었다.

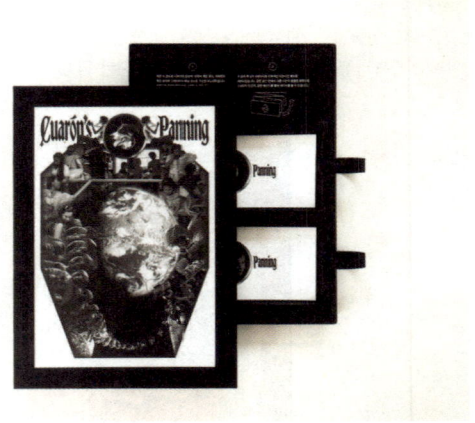

배민기
디자이너. 대학 강의 업무와 상업 영역 회사들과의 협업 업무를 병행하며, 그래픽 디자인을 포함한 다양한 분야에 종사하고 있다.

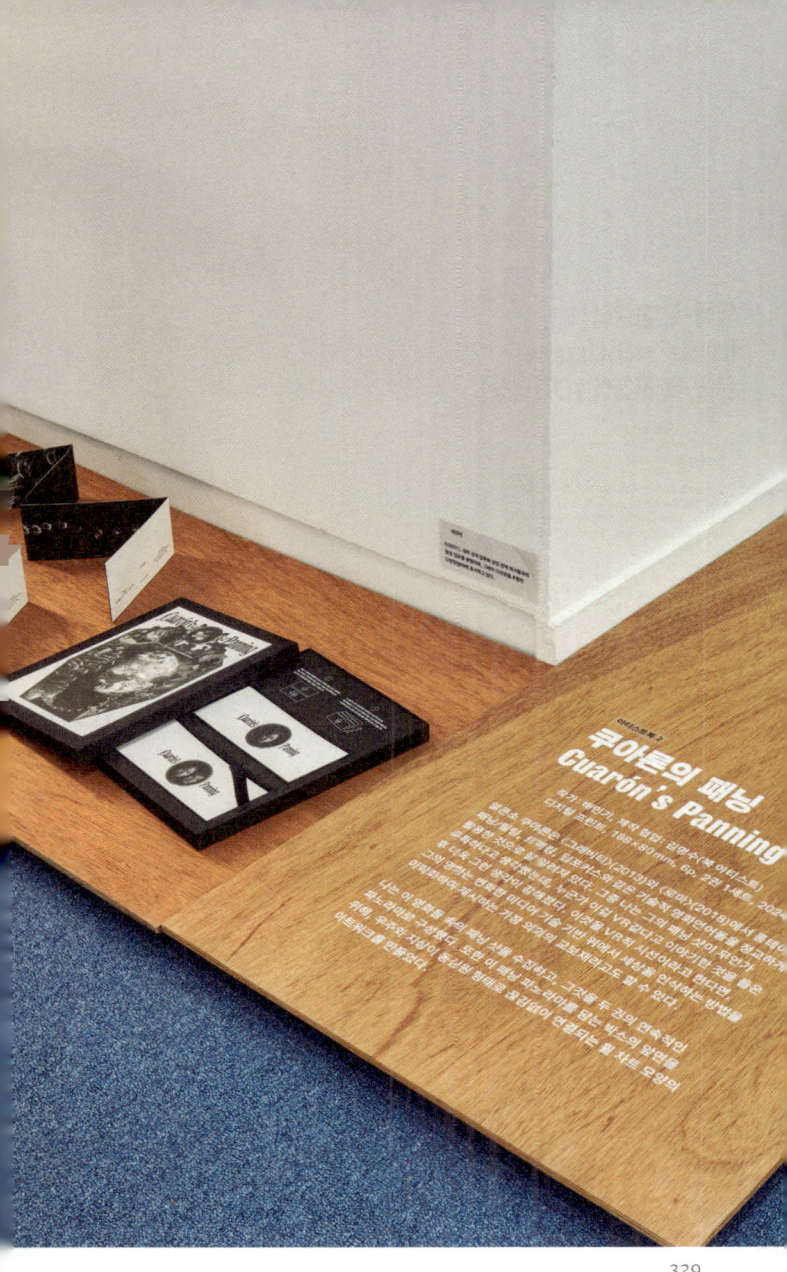

핸들-북 클래식(책)
Handle-book Classics
핸들-북 클래식 읽기(영상)

작가: 신신, 촬영: 박성수
디지털 프린트, 120×240mm, 600p, 2권 1세트, 2024
비디오, 1920×1080px, 60초, 2024

영화에서 자동차 운전 장면은 다종다양하게 등장한다. 핸들을 자유자재로
돌려가며 극에에 가까운 운전을 선보이는 특주 장면이 등장하기도
하고, 빨리돌으로 인해 갑작스럽게 꺾인 핸들은 주인공들이 향해가던
길의 반대로 차를 돌려 그들의 이야기 역시 다른 방향으로 펼쳐질 것을
암시하기도 한다.

우리는 이 전시를 위해 책 두 권에 한국고전영화 속 운전 장면을 수집해
담았다. 한 권에는 영화 속 운전하는 다양한 인물의 손과 핸들 그리고 창 밖
풍경을, 다른 한 권에는 대사와 방향을 모았다. 책을 읽는 행위는 운전하는
행위로 간주하여, 페이지가 순차적으로 펼쳐지며 앞으로 나아가는 동역에
새로운 방향성을 제시한다.

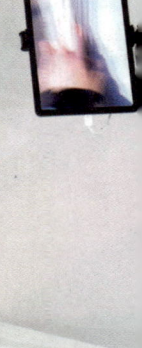

330

핸들-북 클래식(책) Handle-book Classics
핸들-북 클래식 읽기(영상)

작가: 신신, 촬영: 박성수
디지털 프린트, 120×240mm, 600p, 2권 1세트, 2024
비디오, 1920×1080px, 60초, 2024

영화에서 자동차 운전 장면은 다종다양하게 등장한다. 핸들을 자유자재로 돌려가며 곡예에 가까운 운전을 선보이는 폭주 장면이 등장하기도 하고, 말다툼으로 인해 갑작스럽게 꺾인 핸들은 주인공들이 원래 향하던 길의 반대로 차를 돌려 그들의 이야기 역시 다른 방향으로 펼쳐질 것을 암시하기도 한다.

우리는 이 전시를 위해 책 두 권에 한국 고전영화 속 운전 장면을 수집해 담았다. 한 권에는 영화 속 운전하는 다양한 인물의 손과 핸들 그리고 창밖 풍경을, 다른 한 권에는 대사와 방향을 모았다. 책을 읽는 행위를 운전하는 행위로 간주하여, 페이지가 순차적으로 펼쳐지며 앞으로 나아가는 동력에 새로운 방향성을 제시한다.

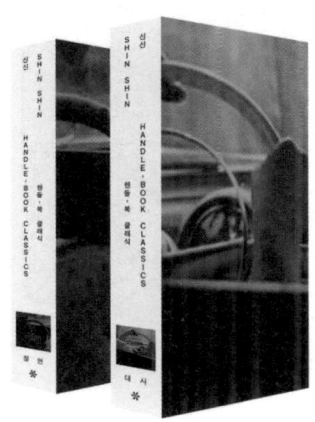

신신
신해옥과 신동혁이 2014년 결성한 디자이너 그룹. 신해옥은 책을 구조로 삼아 텍스트, 이미지, 페이지를 서로 교차시키며 직조된 것의 관계성을 탐구하며, 신동혁은 그래픽 디자인의 역사나 양식, 관습, 전통, 이론 등을 재료 삼아서 '지금, 여기'라는 맥락에 걸맞은 결과물로 갱신해내는 방식을 고안하는 작업을 하고 있다. 2021년 책 『FFEJILLES』로 〈세계에서 가장 아름다운 책〉 골든 레터를 수상했다.

작가: 정사록
디지털 프린트, 170 × 240 mm, 510p, 2024

국내외 군상극(Ensemble Cast) 50편에 등장하는 인물의 실루엣을 모았다. 군상극은 사건에 대해 여러 인물이 처한 상황을 보여주어 관객에게 다양한 시점에서 상황을 이해하도록 돕는다. 극 속에서 이들은 함께 힘을 모아 문제를 해결하거나, 위기를 버텨내고, 각자의 모습으로 살아간다. 영화 속 장면에서 형태의 외곽선을 따라 인물을 평면화시켜 삶의 파편상을 표현해 보았다.

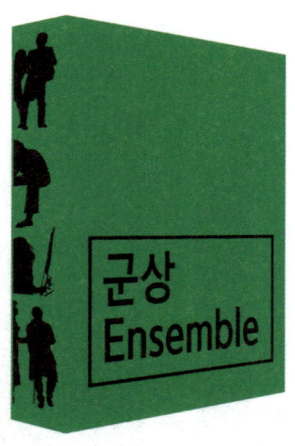

정사록
일상에서 포착한 순간에 다가가 이를 늘리고 연결하고 포개며 전체를 조망하기를 즐긴다. 디자이너가 자신의 동기에 따라 2년 반 동안 디자인한 과정을 담은 책 『가지런히 어지르고 흩트리며 정리하기(Arrange Tangly, Disarrange Tidily)』를 기획하고 디자인했다.

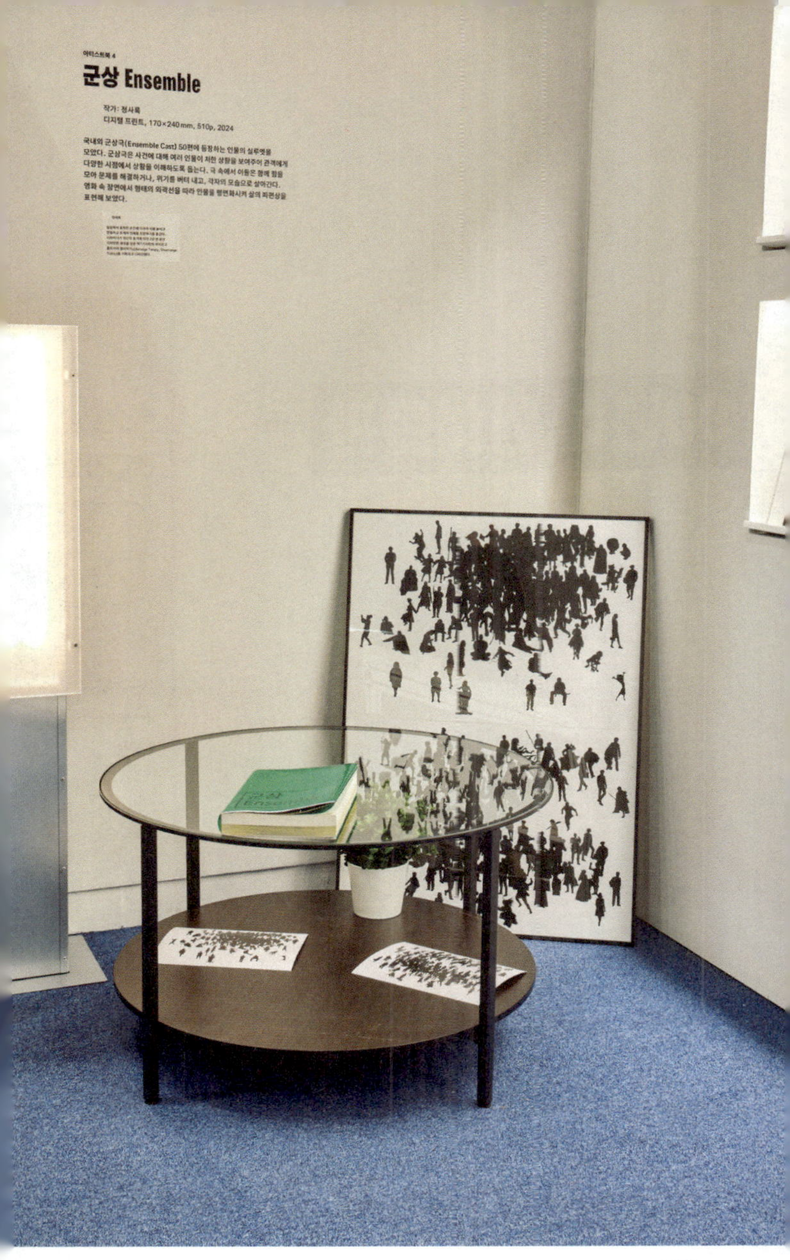

군상 Ensemble

작가 : 정사록
디지털 프린트, 170×240 mm, 510p, 2024

국내외 군상곡〈Ensemble Cast〉 50편에 등장하는 인물의 실루엣을
모았다. 군상곡은 사건에 대해 여러 인물이 저런 상황을 보여주어 관객에게
다양한 시점에서 상황을 이해하도록 돕는다. 극 속에서 이동은 캐릭터의 방향을
모아 문제를 해결하거나, 리기를 빠뜨 내고, 각자의 모습으로 살아간다.
영화 속 장면에서 형태의 외곽선을 따라 인물을 평면화시켜 삶의 치관성을
표현해 보였다.

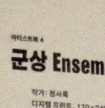

90년대 영화출판

'VHS의 시대'로 정의할 수 있는 1980년대 영화 관람 수단의 확대는 지식과 정보를 향한 대중의 욕구를 촉진했다. 미지의 영화를 보고, 매혹되고, 탐구하는 애호 취향의 진화 경로는 1990년대 새로운 국면을 맞는다. 다양한 영화의 의미망을 분석하고, 기술적 비밀을 파헤치고, 역사와 이론을 학습하는 한편 시장에서 소외된 영화들을 발굴해 그 존재 가치를 변론하는 본격적인 영화 담론의 시대가 열리게 된 것이다. 대학마다 영화 교양 수업이 개설되었고, 매체에 대한 호기심이 무르익으면서 교육에 필요한 교양서들 비롯해 역사, 작가, 장르, 이론, 산업을 망론하고 다양한 유형의 영화 서적이 쏟아졌다.

특별히 1995년은 영화 출판 역사에서 분수령이 된 해이다. 영화 탄생 100주년을 맞은 이 해에 영화 주간지 《씨네21》, 월간지 《키노》 《프리미어》 등의 영화 잡지가 창간했고, 다양한 초점을 가진 100주년 기념 서적들의 출판 러시가 있었다. 시네마테크의 행아가 된 영화 공동체 '문화학교 서울'이 발행한 『불타는 필름의 연대기』 같은 비(非) 제도권 출판까지 활발하게 이루어지면서 영화 출판의 전성시대가 열렸다. 시네필 문화의 발아기에 영화 책의 부흥은 애호 취향과 담론의 정립을 이끌면서 새로운 영화 관객층의 유입과 확대에 기여했다.

20년 이상의 시간이 지나는 동안, 영화가 격변한 만큼이나 영화 출판의 양상도 닮아졌다. 이 시기 출간된 주요 영화 서적은 손품을 들인 예외를 제외하곤 거의 절판 상태에 있다. 노장 영화 애호가의 책장 한 구석, 천박상의 서고에서 잠자고 있는 이 책들은 한데 영화라는 새로운 문화의 담론을 전파하는 데 헌신했던 출판사, 필자, 번역자 들의 노작일 뿐만 아니라 90년대 한국 시네필 문화의 지적 유산일 것이다. 낡대 책자들이 읽은 것을 오늘 다시 읽는 것의 의미는 적지 않다. 앞으로 나아가기 위해선, 반드시 뒤돌아봐야 한다.

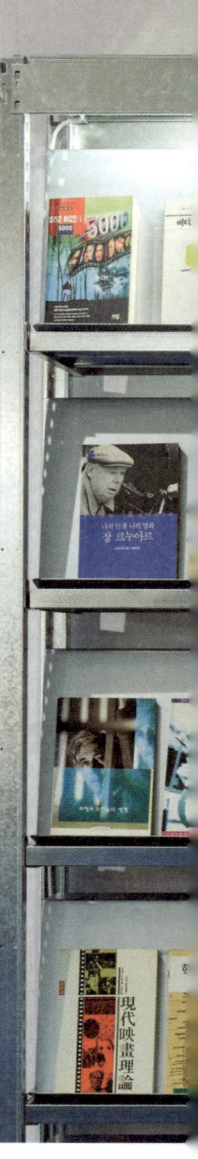

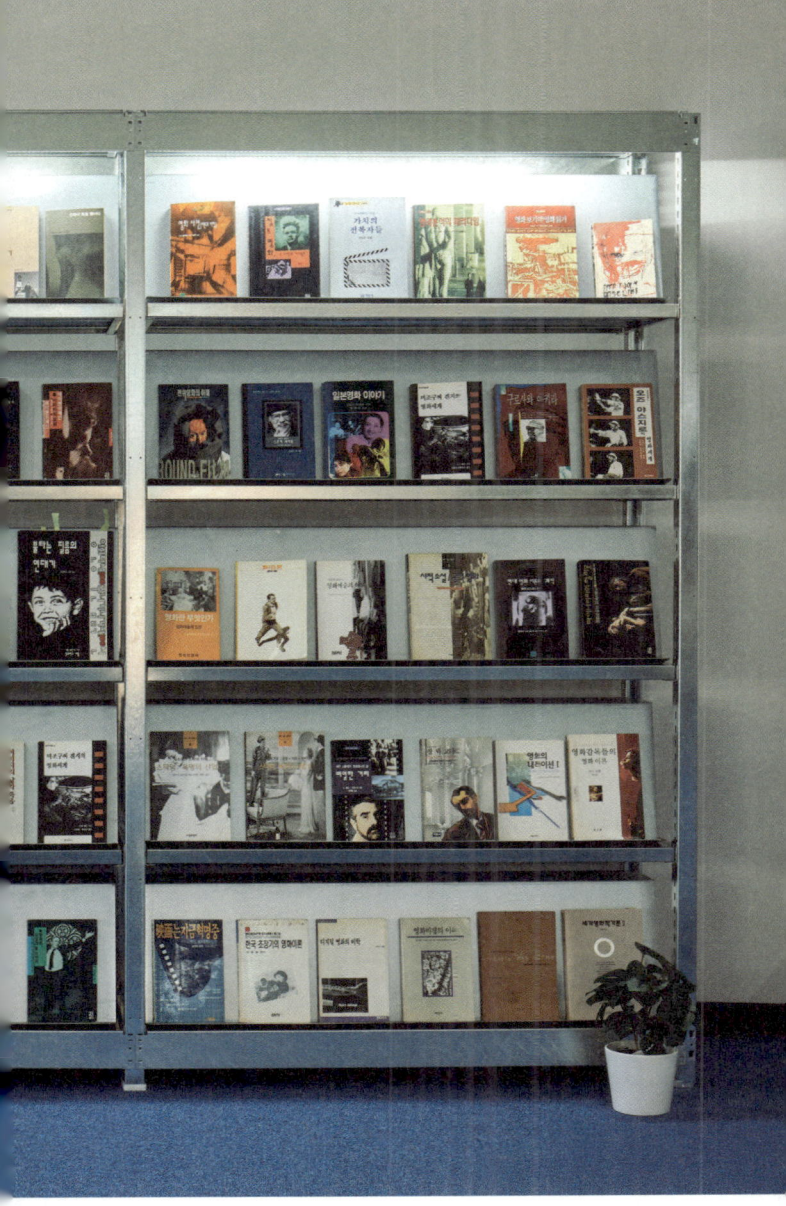

필름 북 스토리 Film Books Story

작가: 강보연
디지털 비디오, 17분, 2024

1980년 이래 출간된 중요한 영화 도서 99권을 동시대 공간 속 99곳에 놓아 보았다. 24시간 동안만 노출되는 인스타그램 스토리 저작 도구로 만들어진 이 영상은 대부분 시효를 다했으나 한때 시네필의 열독 대상이었던 영화책들에 존경의 마음을 담는 형식으로 뭔가 은유하는 바 있다고 느낀다.

강보연
사람과 사물을 담는 비디오그래퍼이자 아트 디렉터. 암스테르담에서 공부했다. 영화 감상 후 깨달음을 짧게 글로 남기는 것을 좋아한다.

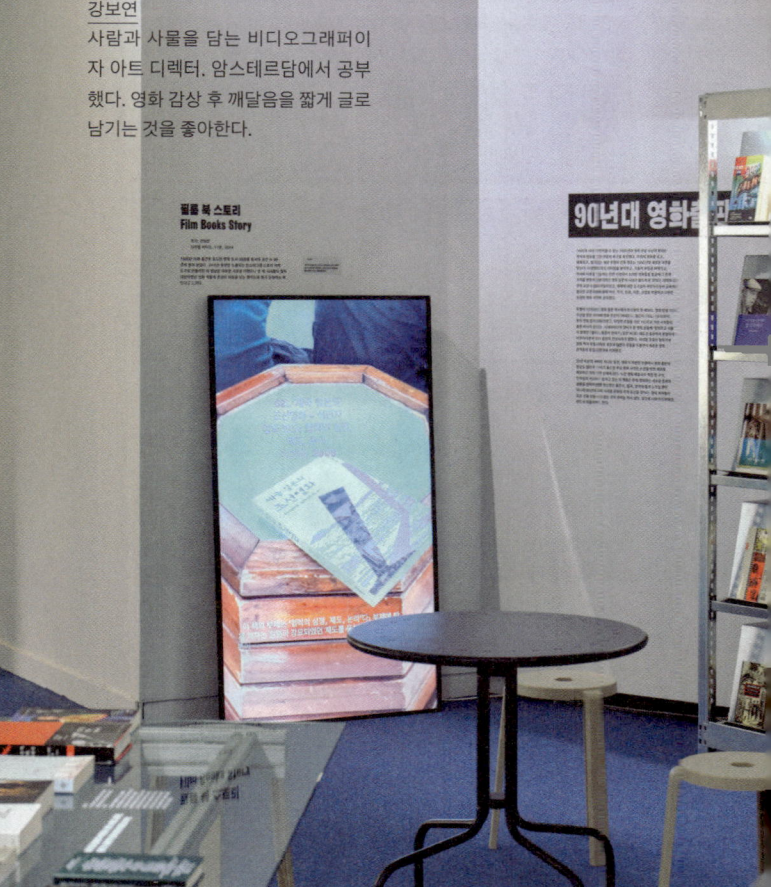

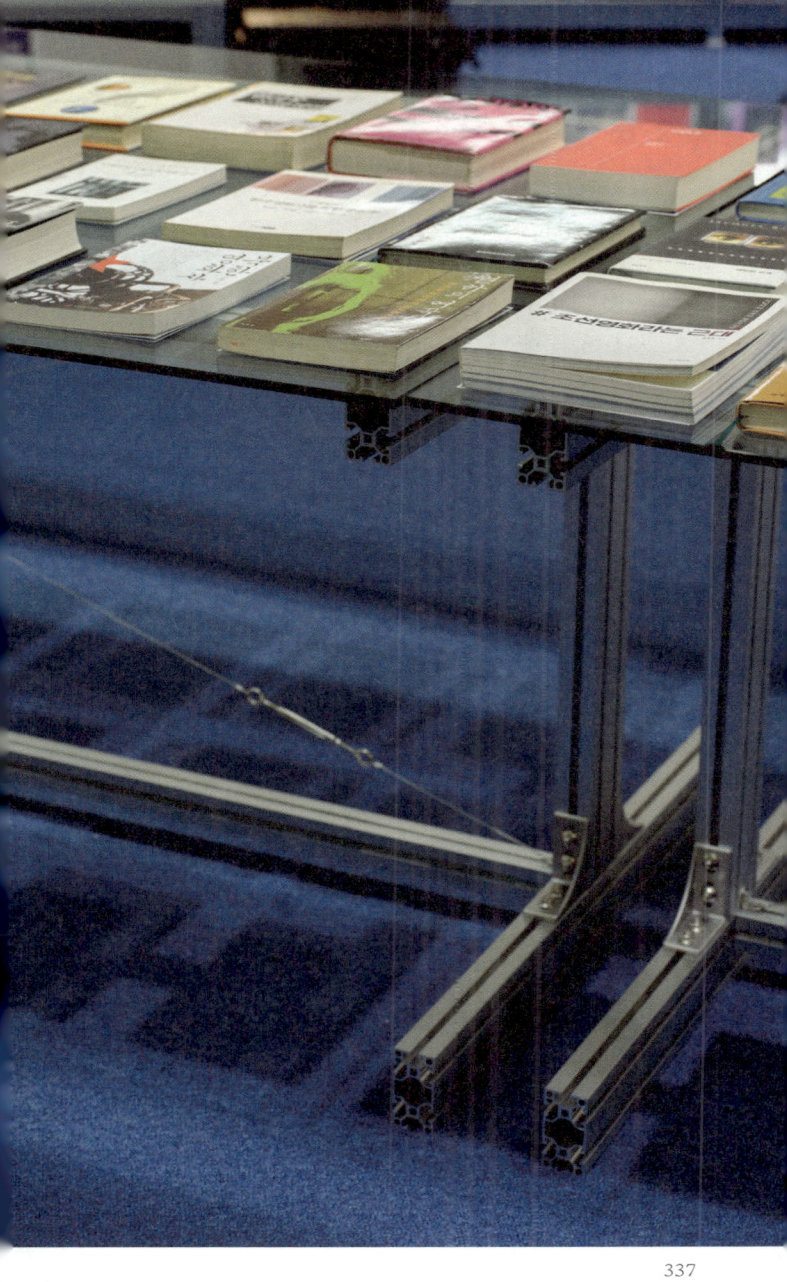

귀중본 – 어느 수집가의 책

동아시아의 영화 역사적 영화문화를 연구하기위해 2018년 설립한 한성앤영화연구소와의 협력속 중 일부다. 한성앤영화연구소 협력 선은 크게 세 가지 주제로 구분된다. 첫 번째는 해방기 시나리오 관련 자료, 두번 째는 해방 전후 영화인들의 활동을 가늠해볼 수 있는 자료들이며, 마지막은 북한의 영화 관련 자료들이다.

이번에 소개되는 자료들은 영화현황을 영화의 연속시키는 도구이자 영화문화가 달라는 데 일익을 담당한 영화사적 자료들이다. '특수 자료'라는 이름표를 달고 우리 곁에 유령처럼 배회하는지 곰곰해도 모든 오랫동안 잃고 지내던 형제들의 소식처럼 반갑고도 신기한, 호기심 넘치는 경험으로 다가올 것이다.

주석

한성앤영화연구소의 이름은 건축기자재가중복이며, 지나친 자료관리가중복되는지지나치고 자료관리가중복지지않는다. 지나친 자료관리가중지않는다.

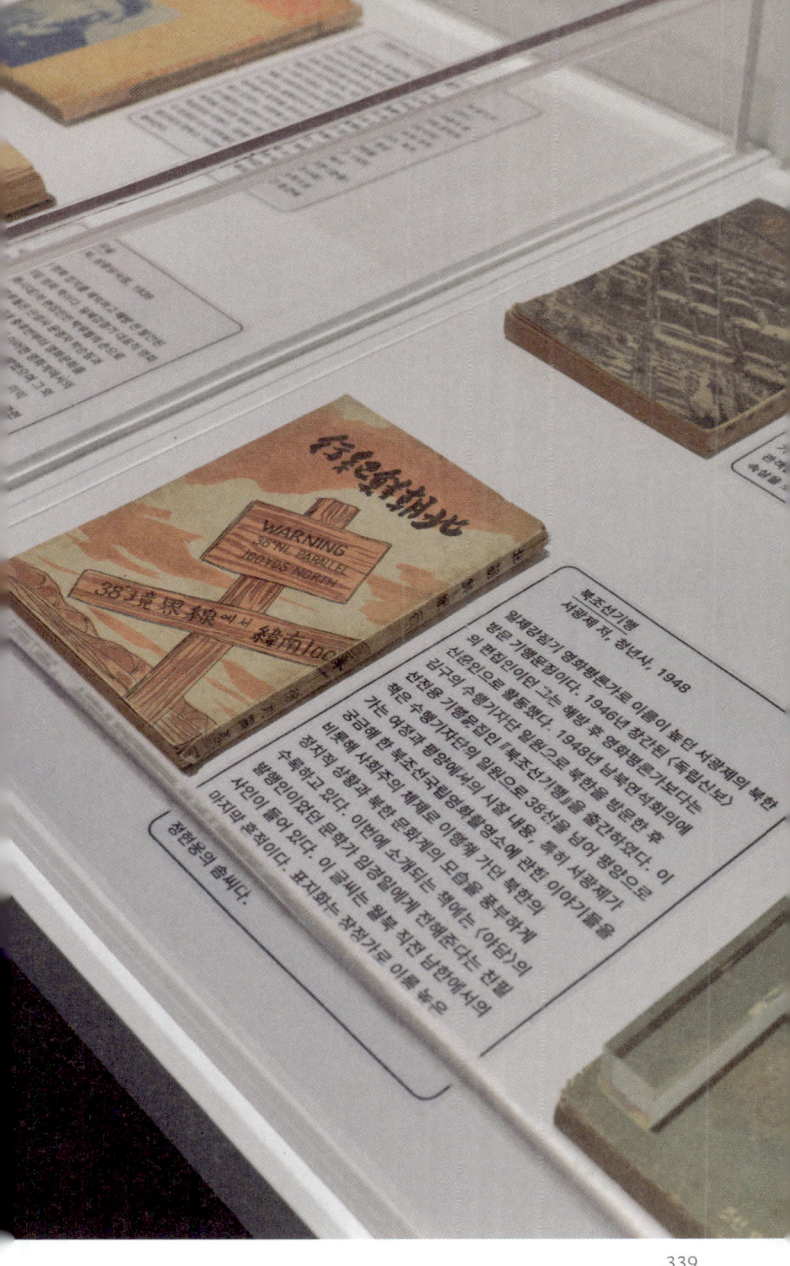

책이 장무르 익을 때

작가: 김태양
비디오, 10분 7초, 2024

비디오 에세이를 편집하면서 새삼스레 느낀 건 30년내, 2000년대엔
장르를 떠나 서점, 헌책방이 영화의 주요 배경으로 자주 등장한다는
것이었다. 그 시절의 문학과 영화가 사람들의 삶에 어떻게 녹아 있었는지
엿볼 수 있는 지점이었다. 제자리에서 그 자리를 지키는 책과 쉴 새
없이 움직이는 영화. 그것은 어지러웠던 그 시대를 비추는 한 조각 빛이
아니었을까 생각해 본다.
– 김태양

김태양

1988년생. 건국대학교에서 영화를 전공했다.
다수의 단편영화를 연출했으며, 영화 현장에서
활영/연출 스태프로 일했다. 〈마망〉은 첫 상편
연출작이다.

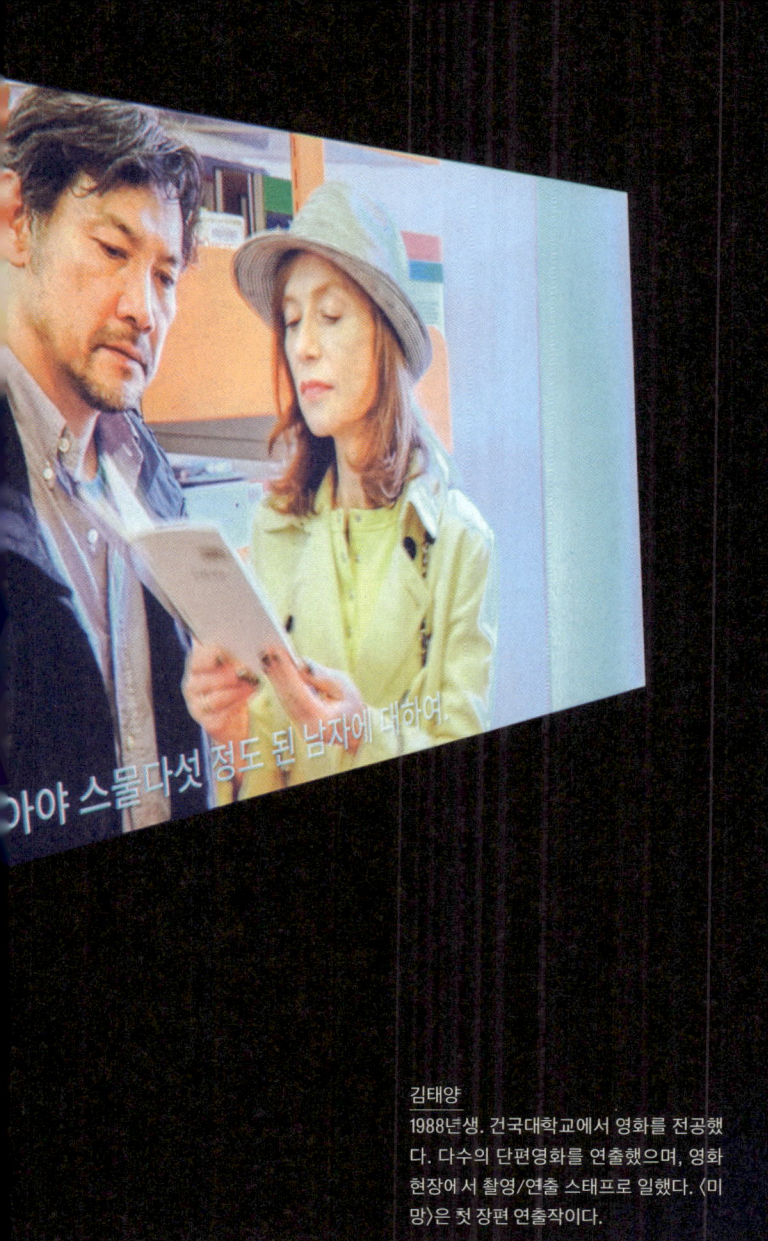

아야 스물다섯 정도 된 남자에 대하여

김태양
1988년생. 건국대학교에서 영화를 전공했
다. 다수의 단편영화를 연출했으며, 영화
현장에서 촬영/연출 스태프로 일했다. 〈미
망〉은 첫 장편 연출작이다.

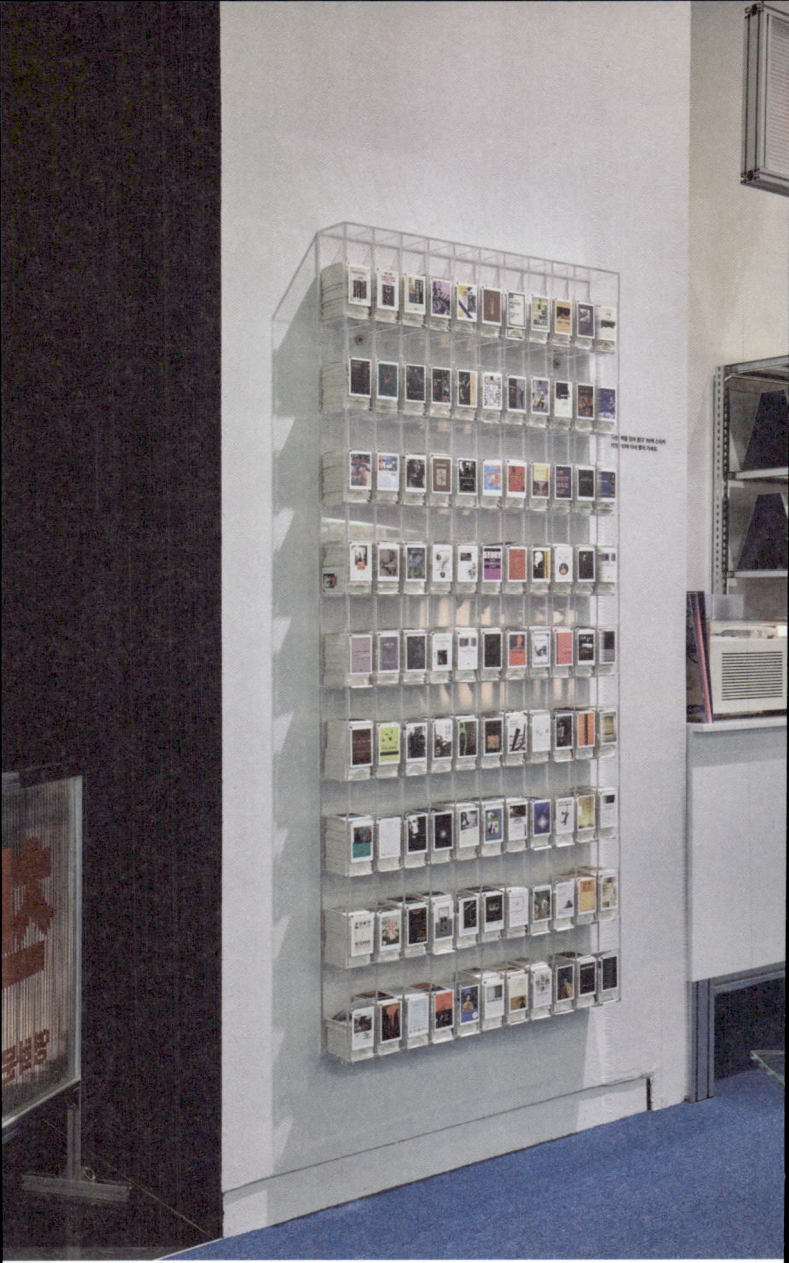

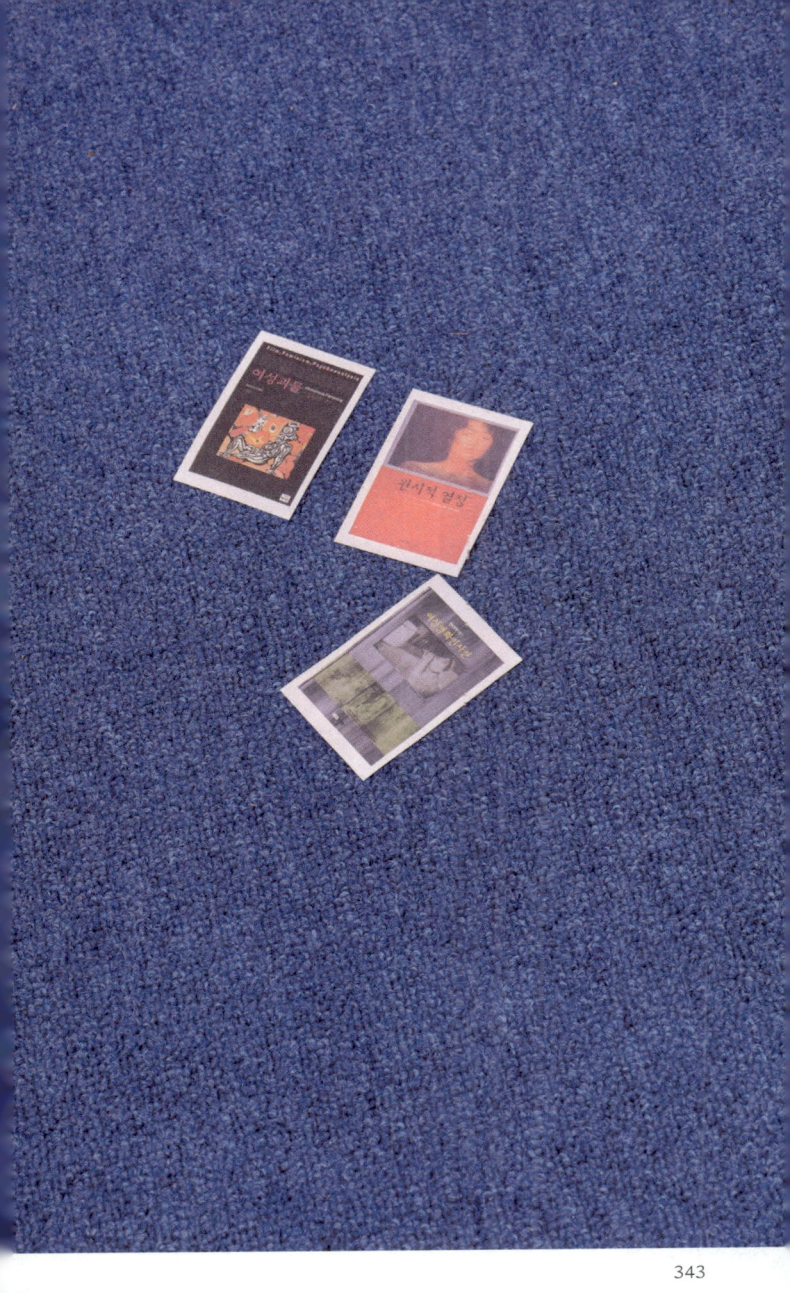

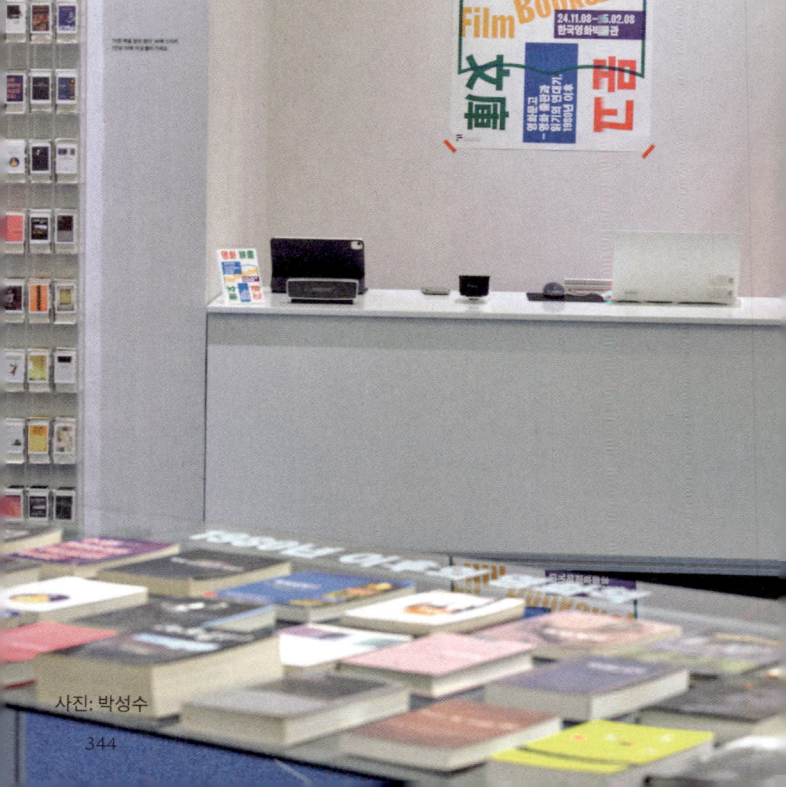

사진: 박성수

찾아보기

영화문고

\- 영화 출판과 읽기의 연대기, 1980년 이후

초판 2024년 12월 18일

기획
프로파간다

편집
박아녜스

사진
박성수

북디자인
오렌지 슬라이스 타입

프로파간다
전북 군산시 구영4길 16-2
T. 02-333-8459
F. 02-333-8460
www.graphicmag.co.kr

이 책은 한국영상자료원 부설 한국영화박물관에서 개최된 '영화문고–영화 출판과 읽기의 연대기, 1980년 이후'(24. 11. 8–25. 2. 8)의 전시 연계 출판물입니다.

ISBN 978-89-98143-90-9